Klartext

Veröffentlichungen des Stadtarchivs Essen
Band 3

Dorothea Bessen / Klaus Wisotzky (Hg.)

Buchkultur
inmitten der Industrie

225 Jahre G. D. Baedeker in Essen

Das Titelbild zeigt: Baedeker in 1950er Jahren,
Stadtbildstelle Essen

Die Deutsche Bibliothek – CIP-Einheitsaufnahme

Buchkultur inmitten der Industrie : 225 Jahre G. D. Baedeker
in Essen / Dorothea Bessen/Klaus Wisotzky (Hg.). – 1. Aufl. –
Essen : Klartext-Verl., 2000
   (Veröffentlichungen des Stadtarchivs Essen , Bd. 3)
   ISBN 3-88474-786-X

1. Auflage, Mai 2000
Ausstattung und Satz: Klartext
Druck und Bindung: Koninklijke Wöhrmann B.V., Zutphen (NL)
© Klartext Verlag, Essen 2000
Alle Rechte vorbehalten
ISBN 3-88474-786-X

Inhalt

Zum Geleit

Baedeker – das Synonym für Reiseführer – ist weltbe-
kannt. Doch kaum jemand weiß, daß der Verlag Karl
Baedeker seine Wurzeln in Essen hatte und daß hier ein
zweiter Baedeker-Verlag existierte, der im 19. Jahrhundert ebenfalls überregionale Bedeutung besaß und der in
diesem Jahr sein 225jähriges Bestehen feiern kann. Als
Gründungsdatum dieses Unternehmens gilt der 20. Juli
1775. Der Tag, an dem Zacharias Baedeker Anna Theodora Wohlleben heiratete. Durch die Hochzeit gelangten
Verlag und Druckerei in den Besitz von Baedeker, unter
dessen Namen der Betrieb bis heute firmiert.

Für Essen hatte das Unternehmen Baedeker, das
seine Blütezeit in der ersten Hälfte des 19. Jahrhunderts
erlebte, große Bedeutung. Und das nicht nur, weil es
1841, als Krupp und der Bergbau noch in den Kinderschuhen steckten, der größte
Steuerzahler in Essen war. Der Verlag, die von Baedeker herausgegebene Zeitung –
lange Zeit das einzige Essener Presseorgan – die Leihbibliothek mit ihren 7.000 Bänden und die Buchhandlung – seit beinahe 200 Jahren an der Kettwiger Straße am
Burgplatz beheimatet – prägten nachhaltig das kulturelle Leben Essens, das sich dann
innerhalb weniger Jahrzehnte von der verschlafenen Kleinstadt zur Industriemetropo-
le des Ruhrgebiets wandelte. Gerade an der Verlagsgeschichte ist diese Veränderung
abzulesen, denn neben die pädagogische Literatur, die das Verlagsprogramm der An-
fangsjahrzehnte mit Autoren wie Diesterweg, Krummacher und Natorp bestimmte,
trat nun die Bergbauliteratur. Die Zeitschrift „Glückauf" sowie das Bergbau-Jahrbuch,
die beide noch heute in Essen erscheinen, wurden zuerst bei Baedeker verlegt.

Die Familie Baedeker zeichnete sich im 19. Jahrhundert auch durch politische
und gesellschaftliche Betätigung aus. Gottschalk und Eduard gehörten dem Stadtpar-
lament an. Sie wirkten im Vorstand der Kirchengemeinde ebenso wie im Kuratorium
des (Burg)Gymnasiums mit und waren Mitglieder in zahlreichen Vereinen. Die Tradition gesellschaftlichen Engagements wird vom heutigen Eigentümer, der Fa. A. Sutter
GmbH, zum Wohle der Stadt weiter gepflegt.

Die Verbundenheit zwischen dem Unternehmen und der Stadt Essen zeigt sich
nicht zuletzt darin, daß die beiden fundamentalen Stadtgeschichten von Konrad Ribbeck und Robert Jahn im Baedeker-Verlag erschienen sind.

Die lesenswerte Festschrift beschreibt anschaulich die wechselvolle Geschichte
der vergangenen 225 Jahre, in denen Verlag und Buchhandlung Höhen und Tiefen erlebt haben. Ich wünsche dem Unternehmen und der Buchhandlung, die zu den bedeutendsten der Bundesrepublik zu zählen ist, viel Erfolg.

Essen, im März 2000

Dr. Wolfgang Reiniger
Oberbürgermeister

Zum Geleit

Von den 225 Jahren, die G. D. Baedeker nun als Firma in Essen besteht, hat die Sutter-Gruppe „nur" die letzten 17 Jahre mitgestaltet. Wenn ich mir ins Gedächtnis rufe, was in diesem vergleichsweise kurzen Zeitraum geschehen ist, damit die Buchhandlung mit der rasanten Entwicklung der Branche Schritt halten konnte, dann wird mir bewußt, wie viel Anpassungsbereitschaft in den Wechselfällen des Geschäfts, wie viel Durchhaltewille auch in schwerer Zeit, ganz allgemein: welcher unternehmerische Elan in diesen 225 Jahren nötig war, um den Fortbestand von Baedeker zu sichern.

Dieses Buch würdigt die namhaften Unternehmerpersönlichkeiten, die mit dem großen Namen Baedeker verbunden sind, von Zacharias Baedeker bis zu seinem Ururenkel Alfred Baedeker. Es beschreibt die verschiedenen Geschäftsfelder, in denen das Unternehmen tätig war, zunächst als Druckerei und Zeitungsverlag, als Leihbibliothek, als erfolgreicher Buchverlag und schließlich als größte Sortimentsbuchhandlung der Region. Und es ordnet die Firmengeschichte in den größeren Zusammenhang der Stadt- und Wirtschaftsgeschichte ein.

Ich möchte an dieser Stelle an jene erinnern, von denen uns in den Archiven allenfalls noch die Namen in alten Gehaltslisten überliefert sind, und oft genug nicht einmal das; von deren persönlichen Schicksalen wir so gut wie nichts mehr in Erfahrung bringen können; und ohne deren Fleiß und alltäglichen Einsatz doch der Erfolg von Baedeker nicht möglich gewesen wäre: an die zahllosen Drucker und Setzer, Buchhalter und Gehilfen, Botenjungen und Anzeigenakquisiteure, Korrektoren und Schaufensterdekorateure, Telefonisten und Fahrer, Sekretärinnen und Buchhändler – kurz: an all jene Mitarbeiterinnen und Mitarbeiter der Firma G. D. Baedeker, die durch die Jahrhunderte ihr Bestes für „ihr" Unternehmen gegeben haben.

Ihnen und den heutigen Mitarbeiterinnen und Mitarbeitern sei dieses Buch gewidmet – verbunden mit der Hoffnung, daß es auch in der Zukunft mit ihrer tätigen Unterstützung gelingen möge, an die Erfolge der Vergangenheit anzuknüpfen und die Herausforderungen der Zukunft gemeinsam zu bestehen.

Essen, im März 2000

Christian Sutter
Geschäftsführender Gesellschafter der A. Sutter GmbH

Vorwort

> „Die Zerstreuung eines Buches durch die Welt ist fast ein
> ebenso schwieriges und wichtiges Werk als die Verferti-
> gung desselben."
> *Friedrich Schiller*

Am 20. Juli 2000 feiert die Essener Buchhandlung G. D. Baedeker, eine der renom-
miertesten und ältesten Buchhandlungen Deutschlands, ihr 225jähriges Bestehen.

Mit der Heirat des Buchdruckers Zacharias Gerhard Diederich Baedeker mit
Anna Theodora Bastian beginnt die wechselvolle Geschichte einer Familie und einer
Firma, deren Name weit über Essen hinaus bekannt wurde und ein bedeutendes
Stück Essener Kulturgeschichte darstellt. Denn der Name Baedeker bezeichnet viel
mehr als eine reine Buchhandlung. Steht am Anfang eine kleine Druckerei und Buchhandlung, die zugleich eine Schreib- und Gemischtwarenhandlung war, so entwickelte sich diese im Laufe der Zeit zu einer bedeutenden Verlagsbuchhandlung mit großem Sortiment und sich verändernden Schwerpunkten und Profilen. Darüber hinaus
errichtete Baedeker schon früh eine Leih- und Lesebibliothek und gab mit der „Essendischen Zeitung von Kriegs- und Staatssachen" fast einhundert Jahre lang das einzige Nachrichtenblatt in Essen heraus.

In den Aufsätzen werden nicht nur die wichtigen Stationen und Ereignisse erzählt, sondern die unterschiedlichsten Aspekte der Buch- und Verlagskultur in Essen
aufgezeichnet. Behandelt wird auch die Architektur der Baedekerhäuser, und die Familie Baedeker wird als ein Beispiel für eine Essener Bürgerfamilie des 19. Jahrhunderts geschildert. Die Festschrift ist damit auch eine Essener Kulturgeschichte und
will zugleich „Lust auf Lesen" machen, ganz dem heutigen Motto der traditionsreichen Buchhandlung entsprechend.

Es gilt Dank zu sagen der Unternehmensgruppe A. Sutter GmbH, die in Form einer
Public-Private-Partnership mit dem Historiker Prof. Dr. Justus Cobet ein „Historisches Praktikum" im Fach Geschichte an der Universität GH Essen finanziell unterstützte. Im Rahmen dieses Praktikums, unter der Leitung der Herausgeberin, führten
Matthias Anstötz und Gabriele Jakubowski umfangreiche Quellenrecherchen durch.
Die Ergebnisse fanden Eingang in die Chronik, sie kamen aber auch allen Autorin-
nen und Autoren zugute.

Unser Dank gilt weiterhin den Mitarbeitern und Mitarbeiterinnen in den Archiven, Bibliotheken, Museen und anderen Institutionen, die unsere Forschungen unterstützt haben. Ohne ihre Hilfe wäre dieses Buch nicht entstanden. Stellvertretend für
viele seien genannt: Peter Ameely-Slaby (Fotografische Sammlung im Ruhrlandmu-
seum), Ursula Bramsiepe (WAZ-Text-Archiv), Birgit Bramsiepe (Archiv Ernst
Schmidt), Horst Bühne (Stadtbildstelle Essen), Conny Förster (WDR-Archiv Essen),
Dr. Helmut Frühauf (Rheinische Landesbibliothek Koblenz), Dr. Jan Gerchow und
Dr. Frank Kerner (Ruhrlandmuseum), Walter Koretz (NRZ), Dipl.-Volkswirt Herwig
Müther (Historisches Archiv Krupp), Alfred Peter (Heimatkundliche Abteilung der
Stadtbibliothek Essen), Lothar Poethe (Deutsche Bücherei Leipzig), Corinna
Schmidt-Thomé, Hermann Staub (Archiv und Bibliothek des Börsenvereins des Deut-
schen Buchhandels e. V. Frankfurt/M.).

Essen, im März 2000   Dorothea Bessen/Klaus Wisotzky

Ute Küppers-Braun

Die Anfänge der Firma G. D. Baedeker in Essen
Handel, Druck, Verlag und Leihbibliothek

1775 gilt als das Gründungsjahr der Firma Baedeker in Essen. In diesem Jahr heiratete Zacharias Baedeker die Witwe des Buchdruckers Wohlleben, Anna Theodora Bastian, und kam somit in den Besitz des Unternehmens seines Vorgängers. Bereits Zacharias legte alle späteren Zweige der Firma Baedeker an: Druckerei, Buch- und Zeitungsverlag, Buchhandel und Leih- bzw. Lesebibliothek. Doch der Durchbruch blieb seinem Sohn Gottschalk Diederich vorbehalten. Wie die anderen Essener Buchdrucker und Buchbinder vor ihm kämpfte Zacharias ständig ums wirtschaftliche Überleben. Die Konkurrenz auf dem Markt war groß, zumal es keine klare Trennung zwischen Buchdruckern, Verlegern, Buchhändlern oder ‚Buchführern' (wandernde Buchhändler) und Buchbindern gab. Nur diejenigen Verleger, die ein obrigkeitliches Privileg für den Druck und Absatz ihrer Erzeugnisse hatten, konnten einer einigermaßen gesicherten Zukunft entgegensehen. Erst Gottschalk D. konnte dem Unternehmen eine fundierte Grundlage schaffen, die seine Söhne – Eduard und Julius in Essen, auch Karl in Koblenz/Leipzig und Adolf in Rotterdam – geschickt auszubauen verstanden.

Essener Vorgängerfirmen

Während das Essener Zeitungswesen durch Käthe Klein bereits in den zwanziger Jahren recht gut erforscht wurde, muß man für den Buchdruck auf Arbeiten aus dem neunzehnten Jahrhundert zurückgreifen, d.h. das facettenreiche Bild der Essener Druckerzeuger ist sehr unklar.

Wenn auch Walther Däbritz vereinzelte Essener Drucke aus dem frühen 17. Jahrhundert nachweisen konnte, so nahm das Druckgewerbe doch erst im 18. Jahrhundert seinen Aufschwung. 1613 ist ein Essener Almanach gedruckt worden, 1614 erschien bei Johann Zeisse, der 1618 bereits in Soest lebt, das später mehrfach aufgelegte ‚Essendische Gesangbuch'. Für die 2. Hälfte des 17. Jahrhundert läßt sich ein Buchbinder Nicolas Herman Hülßhoff nachweisen, der 1676 ein umfangreiches Oktavbüchlein, betitelt ‚Neu vermehrtes Essendisches Gesangbuch', verlegte und bei Anton Rühl in Dortmund drucken ließ.

Ein weiterer Buchbinder und Verleger, Henrich Kaufmann (1683-1766), verheiratet mit Anna Margarethe Waldthausen (1683-?), erscheint im frühen 18. Jahrhundert; seine Arbeiten wurden bereits von Julius Baedeker in seinem Aufsatz über die Anfänge des Buchdrucks zusammengestellt. Als ältestes Druckstück aus seiner Offizin gilt die ‚Feur- und Brandordnung der Stadt Essen' aus dem Jahre 1719.

1738 begründete Johann Henrich Wißmann eine neue Druckerei und plante die Herausgabe einer Zeitung. Obwohl er schon eine kleine Grammatik erscheinen lassen konnte, mußte das Unternehmen bald wieder aufgegeben werden; 1740 ging die Wißmannsche Druckerei an das städtische Waisenhaus über. Um die Druckerei wieder in *brauchbaren Stand* zu setzen, nahm der Magistrat bei der Kirche S. Gertrud ein Kapital von 75 Rtlr auf und berief den *wolbestelten Buchtrucker in der Kayserl. freyen Reichs Statt Dortmund*, Gottschalk Diederich Baedeker (Vater von Zacharias), der *en compagnie* mit dem Waisenhaus das Unternehmen in Schwung bringen sollte.[1] Im Juni 1742 war eine weitere Anleihe von 200 Rtlr nötig, die Baedeker zur Hälfte übernahm, um neue Schrifttypen zu kaufen. Doch obwohl der Magistrat sich bemühte, die finanzielle Basis zu verbessern, und entsprechend dem Vorbild der Franckeschen Stiftungen in Halle verordnete, daß die im Waisenhaus gedruckte Zeitung, ‚Neueste Essendische Nachrichten von Staats- und Gelehrten-Sachen‘, von allen Ämtern, Gilden und Korporationen abonniert werden müsse, rentierte sich das Unternehmen nicht.

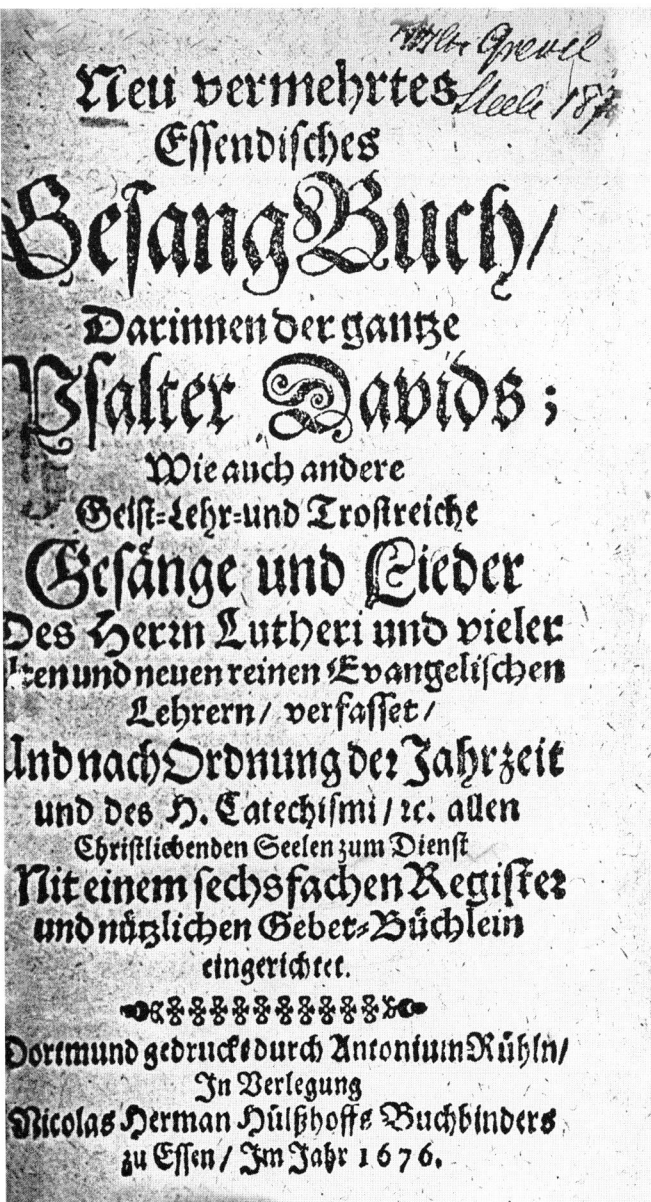

Neu vermehrtes Essendisches
Gesangbuch, 1676

Um 1748 übertrug der Magistrat die Druckerei dem früheren Faktor Johann Sebastian Straube mit dem ausdrücklichen Vorbehalt, daß die Druckerei in der Stadt bleiben müsse. Straube konnte das Unternehmen bis zu seinem Tode halten. Aus seinem Verlag sind neben der Zeitung verschiedene Kalender (1751, 1760),[2] Schulprogramme (1747, 1749, 1755), das Essendische Gesangbuch in 10. Auflage und einige Schriften des Essener Pfarrers Bohnstedt bekannt. Auch der bekannte Mystiker Gerhard Tersteegen publizierte in Straubes Zeitung. 1756 erschien von ihm ein Artikel über den Überfall der Indianer auf die Siedlung der Herrnhuter im Jahre 1755, der hundert Jahre später nachgedruckt wurde und nur daher bekannt ist.[3] Schließlich kaufte Straube 1753 die Waisenhaus-Druckerei für ca. 640 Rtlr. Er muß um 1760/61 gestorben sein, denn 1761 erschien die Zeitung in der Druckerei *von Joh. Seb. Straubens sel. Wittib*.[4]

Offensichtlich konnte Agneta Luise Straube den Betrieb allein nicht weiterführen, und so heiratete sie im September 1762 ihren aus Jena gebürtigen Druckergesellen Gottfried Lebrecht Schmid. In einem vor dem Magistrat geschlossenen *Heirats-Vergleich* mußte Schmid sich verpflichten, die aus dem Kauf der Druckerei noch ausstehenden Schulden an das Waisenhaus zu zahlen und die blinde Tochter seiner Frau, Sophia Theodora Straube, als eigenes Kind anzunehmen und bis ans Lebensende zu versorgen.[5] Er hatte auf diese Weise zwar eine eigene Druckerei erworben, doch die Probleme wohl unterschätzt. Bereits ein Jahr später muß es zu Konflikten mit der städtischen Obrigkeit gekommen sein, denn ihm wurde aufgetragen, nichts mehr zu drucken, *ehe es dem Burgemeister zum Nachsehen vorgelegt*.[6] 1766 erregte ein Artikel in der ‚Essendischen Zeitung' so sehr den Unwillen des Kaisers Josef II., daß dieser dem Magistrat befahl, *den Zeitungs-Verleger [...] in gefängliche Verhaft zu bringen, und darinnen vierzehn Täge bei Wasser und Brod zu belassen*.[7] Hintergründe und Folgen dieser Affäre sind unbekannt. Schmid hielt nur wenige Jahre in Essen aus: Am 14. Januar 1769 brachte der Magistrat in Erfahrung, *daß der hiesige Buch- und Zeitungs-Drucker sich gestern mit Hinterlaßung vieler Schulden heimlich aus dem Staube gemachet und viele Effecten [...] mit fortgenommen* hatte.[8] In dem anschließenden Verhör, u. a. des Buchdruckergesellen Johann Gottfried Meyer aus Dresden, stellte sich heraus, daß Schmid seine Flucht von langer Hand vorbereitet und vorab bereits einige Habseligkeiten nach Düsseldorf geschickt hatte. Anlaß zu dieser Flucht war offensichtlich die Tatsache, daß seine katholische Magd, Elisabeth Westhoff, die seit dem Tode seiner Ehefrau (1767) den Haushalt geführt hatte, von ihm schwanger war. Die angedachte Heirat bereitete offensichtlich Komplikationen, *zumahlen das Mensch, die Liesbeth, catholisch und überdem der Process wegen der Rosenkrantz noch nicht völlig aus wäre*. Finanzielle Probleme kamen hinzu, denn Schmid hatte die blinde Stieftochter zu versorgen, dem Waisenhaus die rückständigen Schulden aus dem Kauf der Druckerei zu zahlen und sich überdies wiederholt beklagt, daß man in Essen zu nichts kommen könne, zumal die Zeitung nicht mehr als zehn Rtlr erbringe.

Als Nachfolger Schmids erscheint im gleichen Jahr ein gewisser Johann Christoph Theodor Wohlleben, über dessen Herkunft nichts bekannt ist. Er ging anscheinend rührig an die Arbeit und verlegte bereits im ersten Jahr nicht nur die Zeitung, sondern auch die ‚Einleitung zu dem Geheimniß des Gnadenbunds' des Bremer Predigers Friedrich Adolf Lampe. Doch auch mit diesem Buchdrucker und Verleger hatte die Stadt wenig Glück, denn Wohlleben starb bereits am 24. Dezember 1773 und hinterließ seine Witwe mit zwei kleinen Kindern, von denen eines wenige Monate später ebenfalls starb.[9] Wenn auch noch 1774 im Verlag Wohlleben die von Joh. Waitz gehaltene ,Gedächtniß-Rede auf den Tod des wohlseligen Herrn M. Joh. Heinrich Zopf', des ehemaligen Direktors des Essener Gymnasiums, im Druck erschien, konnte die Witwe das Unternehmen wohl kaum allein weiterführen. Am 20. Juli 1775 heiratete sie den Buchdrucker Zacharias Baedeker,[10] wodurch der Verlag Wohlleben an diesen überging und der Grundstein der Firma gelegt wurde.

Die Baedekers

Herkunft und Familie

Die Baedekers oder ,Bödekers', ursprünglich aus Bremen stammend, wo sie bereits im 14. Jahrhundert urkundlich nachweisbar sind, waren seit dem frühen 18. Jahrhundert im Buchdruck und -handel tätig. Zacharias' Großvater, Diederich Baedeker, verließ Bremen und heiratete 1712 in Bielefeld die Witwe des Buchdruckers Johann Traenkner, wodurch er die Buchdruckerei seines Vorgängers erwarb. Im gleichen Jahre ernannte Friedrich I. ihn zum Königl. Preuß. privil. Buchdrucker der Grafschaft Ravensberg. Diederich starb bereits 1716, doch seine Witwe führte den Betrieb weiter, heiratete den Buchdrucker Jobst Nicolaus Süvern und ermöglichte ihrem einzigen Sohn aus erster Ehe, Gottschalk Diederich Baedeker (geb. 1713, Vater von Zacharias), eine gründliche Ausbildung im Buchdruckerhandwerk. Nach mehrjährigem Besuch des Gymnasiums, das er aus familiären Gründen verlassen mußte, lernte er zunächst in der Druckerei seines Stiefvaters, die er 1730 verließ. Anschließend arbeitete er in Lemgo in der damals berühmten Meyer'schen Offizin, später in Bremen, Hildesheim, Halle, Leipzig und Gotha. 1737 kaufte er in Dortmund die Stadtbuchdruckerei und verlegte eine Reihe wichtiger historischer Werke. 1769 erschien in seinem Verlag die erste Dortmunder Zeitung. Gottschalk Diederich starb in Dortmund am 9. April 1778. Nach dem Tode des Vaters übernahm der älteste Sohn, Friedrich Gottschalk Heinrich (geb. 1744) den väterlichen Betrieb, doch nachdem er 1797 kinderlos gestorben war, verkaufte seine Witwe die Buchdruckerei an die Firma Blothe & Co.

Der zweitälteste Sohn Zacharias (geb. 1750) ging nach Essen. Er wurde – wie Julius Theodor Baedeker es formuliert hat – „der Stammvater einer in Essen, Koblenz, Bonn, Mülheim a. d. Ruhr, Leipzig und an andern Orten weit verzweigten Familie [...], aus der eine große Zahl Buchhändler und Buchdrucker hervorgegangen sind."[11]

Zacharias Baedeker (1750-1800)

Über die Gründe, die den 25jährigen Baedeker aus seiner Geburtsstadt Dortmund nach Essen führten, kann man nur spekulieren. Verbindungen ergeben sich über die Mutter Clara Elisabeth Kaufmann (1714-1784), Tochter des bereits erwähnten Buchbinders Henrich Kaufmann. Vielleicht hat er in der Buchbinderei seines Onkels, Justus Heinrich Kaufmann, gearbeitet, der später vor Gericht zugunsten Baedekers aussagte. Vielleicht hat Zacharias Baedeker bei Wohlleben gearbeitet.

Die Ehe mit Anna Theodora Bastian war in verschiedener Hinsicht vorteilhaft. Sie brachte nicht nur die Druckerei ein, sondern auch Vermögen, Ansehen – und einen Sohn von Wohlleben. Ihr Vater, Henrich Bastian (gest. vor/um 1784), war Vorsteher des Waisenhauses und nach Ausweis des städtischen ‚Kontraktenbuches' recht wohlhabend.[12]

Dieser Ehe entstammten zwei Töchter und ein Sohn, Gottschalk Diederich. Zacharias' „vielgeliebter Vorsohn, Herr Joh. Friedr. Wohlleben, der Arzneygelahrtheit Doktorand" starb 1796 22jährig in Halle.[13]

Baedeker überlebte seine Frau um fünf Jahre, in denen er wohl die meiste Zeit krank war. Bereits auf dem Sterbebett hatte Anna Theodora ihren Sohn gebeten, sich des *verwaisten* Geschäftes anzunehmen, und Julius Baedeker berichtet in seiner Festansprache 1878 von einem Augenleiden des Großvaters. Belegbar ist, daß Gottschalk Diederich nach Übernahme der Firma für ärztliche Versorgung und Medikamente mehr als 20 Rtlr aufbringen mußte, das sind etwa 10 Prozent des Jahreslohns eines Buchdruckers. Zacharias Baedeker starb am 19. August 1800.

Zacharias Baedeker

Gottschalk Diederich Baedeker (1778-1841)

Gottschalk Diederich Baedeker sollte ursprünglich Jurist werden. Er hatte in Essen das von Kapuzinern geleitete Josephinum, anschließend in Dortmund das akademische protestantische Gymnasium besucht, wo der Grundstein seiner wissenschaftlichen Ausbildung gelegt wurde. Während dieser Dortmunder Zeit wohnte er bei seinem Onkel, Friedrich Gottschalk Heinrich Baedeker, dem er „von seiner Jugendzeit her viel verdankte".[14] Doch die Krankheit des Vaters und der frühe Tod der Mutter (1795) veränderten den Lebensplan. Auf ihren Wunsch verzichtete er auf das Studium und trat bereits 1796 als *Adjunct* in das väterliche Geschäft ein. Er schilderte seinem jüngsten Sohn die damaligen Umstände in der Rückschau folgendermaßen: *Ich habe, als ich im Jahre 1798 von meinem Vater die kleine Buchdruckerey [...] übernahm, mit äußerst geringen Mitteln mein Werk beginnen müssen. Damals hatte ich selbst noch keine Idee von dem eigentlichen Buchhandel [...]. Mein Glück war es aber, daß mein Vater mich bis zu meinem 18. Jahre das Gymnasium hatte besuchen und so wenigstens einen wissenschaftlichen Grund hatte legen lassen. Er hatte mich zum Studium der Jurisprudenz bestimmt, und würde ich nur noch ein Jahr lang auf dem Gymnasium meine Studien haben fortsetzen müssen, um zur Universität abgehen zu können. Da starb meine Mutter, die mich auf ihrem Sterbebette bat, das Studium aufzugeben, und mich des verwaisten väterlichen Geschäftes anzunehmen. Ich gab ihr dieses Versprechen, und die Vorsehung hat das Gebet der Sterbenden erfüllt, als sie den Segen über ihren einzigen Sohn aussprach.*[15]

Am 21. Oktober 1800 heiratete Gottschalk D. die Buchhändlerstochter Marianne Gehra aus Neuwied, die er auf einer Reise zur Leipziger Buchmesse kennengelernt hatte. Gemeinsam hatten sie neun Kinder, die das Erwachsenenalter erreichten.

Gottschalk Diederich Baedeker

Gottschalk D. Baedeker ist als – wenn auch sicher nicht uneigennütziger – Förderer von Bildung und Kultur in Essen und darüber hinaus anzusehen. 1819/24 beteiligte er sich an der Gründung eines neuen Gymnasiums in Essen, dem damals einzigen gemischtkonfessionellen Institut in der Rheinprovinz. Er war dort unentgeltlich bis zu seinem Tode als Rendant tätig, hatte aber in dem Gymnasialgebäude *eine große Bücher-Niederlage* für Bücher im Wert von 12.000 Rtlr.[16] 1820 schenkte er der Bonner Universitätsbibliothek von allen seinen Verlagswerken ein Exemplar und in den folgenden Jahren nochmals 25 Bücher.[17]

Seine 25jährige Tätigkeit als Stadtrat hat in den städtischen Akten keinen Niederschlag gefunden. Erfolgreicher war er im eigenen Gewerbe. Aufgrund negativer Erfahrungen (s.u.) arbeitete er mit anderen Buchhändlern an einer Reform des Buchhandels, die schließlich zur Gründung des Börsenvereins der Deutschen Buchhändler führte.

Gottschalk D. starb am 23. März 1841 im Alter von 63 Jahren. Er hatte den Betrieb seines Vaters in roten Zahlen übernommen. 40 Jahre später – einen Monat vor seinem Tode – versicherte er seine *Mobilien, Buchhandlung* [und] *Buchdruckerey* bei der Aachener und Münchener Feuer-Versicherungs-Gesellschaft im Wert von 26.500 Rtlr nach folgenden Sätzen:

1.	500 Rtlr	*für die gewöhnlichen Möbeln und Hausgeräthe*
2.	800 Rtlr	*Kleidungsstücke, Leinen und Betten*
3.	200 Rtlr	*Spiegel, Uhren, Porzellan, Glas und lakirte Sachen*
4.	150 Rtlr	*einen Flügel*
5.	5.000 Rtlr	*den Vorrath an gedruckten Büchern*
6.	600 Rtlr	*[den Vorrath an] Schreib- und Zeichenpapier*
7.	3.700 Rtlr	*Buchdruckerei-Geräthschaften, Pressen, Typen und Materialien mit allem Zubehör*
8.	3.000 Rtlr	*den Vorrath an Druck- und Schreibpapier im Nebengebäude*
9.	250 Rtlr	*[..] eine Druckerpresse [im Nebengebäude]*
10.	300 Rtlr	*die Gerätschaften der Stereotypie [...]*
11.	12.000 Rtlr	*für die große Bücher-Niederlage auf dem Gymnasialgebäude.*[18]

Seine Söhne hatten einen leichteren Stand als ihr Vater, als sie 1844 die Firma übernahmen.

Eduard und Julius Baedeker

Die beiden jüngsten Söhne, Eduard und Julius Baedeker, hatten die Eltern zu Nachfolgern in ihrem Essener Unternehmen bestimmt. Eduard sollte die Buchdruckerei, Julius die Buchhandlung führen. Beide konnten sich umfassend auf ihre zukünftige Arbeit vorbereiten, indem sie durch Auslandsaufenthalte ihre Kenntnisse vertieften und neue Kontakte knüpften. In der Bekanntmachung ihrer Geschäftsübernahme kündigten sie 1844 an, daß sie die Firma unter dem Namen *G. D. Bädeker* weiterführen würden.[19]

P. P.

Indem wir uns auf die vorstehende Mittheilung unserer Mutter beziehen, haben wir die Ehre, Ihnen anzuzeigen, daß wir das unter der Firma

G. D. Bädeker

seit fast einem halben Jahrhundert bestehende Geschäft — Buchhandlung und Buchdruckerei — nunmehr für unsere eigene Rechnung übernommen haben und von unserer Mutter zugleich mit Einziehung und Auszahlung aller Schuldforderungen beauftragt sind.

Wir bitten um die Fortdauer Ihrer geneigten wohlwollenden Gesinnung und erlauben uns, uns zu allen Arten von Aufträgen, die durch den Buchhandel und die Buchdruckerei ausgeführt werden können, bestens zu empfehlen. Sie werden sich hoffentlich bald überzeugen, daß es unser angelegentliches Bestreben sein wird, Ihre Zufriedenheit in jeder Beziehung uns zu erwerben.

Genehmigen Sie die Versicherung unserer Hochachtung, mit welcher wir verharren als Ihre

ganz ergebenste

Eduard Bädeker.

Julius Bädeker.

Julius Bädeker in Elberfeld hört auf zu zeichnen:

Eduard Bädeker wird zeichnen: *G. D. Baedeker.*

Julius Bädeker wird zeichnen: *Julius*

Bekanntmachung der Geschäftsübernahme durch Eduard und Julius Baedeker, 1844

Die Principalinnen

Viele Handwerker und Kaufleute konnten früher nur durch die Heirat mit einer zunftmäßigen Witwe in das Gewerbe ‚eindringen'. Bei Baedekers war dies wiederholt der Fall. Doch nicht nur dies, denn ohne die tätige Mitarbeit der Ehefrauen hätten sie es schwerer gehabt. Es ist angebracht, deren Arbeit ebenso zu berücksichtigen wie die der Ehemänner, zumal man sich als ‚Hausvater' und ‚Hausmutter' arrangierte.

Zacharias schätzte seine Frau und ließ anläßlich ihres Todes in der Lippstädtischen Zeitung vom 10. April 1795 folgende Todesanzeige erscheinen:[20]

> *Die trauteste Gefährtin meines Lebens, Anna Theodora, eine gebohrne Bastians, mit der ich beinahe 20 Jahren manchen Zephir und Sturm empfand, und Ihr es dann recht deutlich machte, daß alles dieses harmonisch in die Reihe der Dinge paßte, wurde gestern von userm Schöpfer zu einem Freudenfeste eingeladen, das ewig dauern soll; nachdem sie noch vor wenig Wochen mit Freuden Ihren neugebohrnen ersten Enkel elastisch an Ihrem ausgedörrten Busen drückte – ihn mit ihren verwelkten Lippen zärtlich küßte, und so diesen neuen Welt- und Himmels-Bürger nach großmütterlicher Sitte, freudentrunken bewillkommte. – Ihr Körper wurde schon im vorjährigen Augustmonat zu dieser Reise in Ihrem 59. Jahre; zuerst durch eine sehr schmerzhafte Dissenderie und darauf erfolgten völligen Auszehrung mit vielen Leibesschäden begleitet, geschickt gemacht. – Geschmückt mit allen Tugenden der ökonomischen Hausfrauen, ruhe sanft Ihre Hülse im Grabe; im Elisium aber hoffe ich mich dereinst mit ihren hinterlassenen 4 Kindern dicht an ihre Seite zu drängen. – Da ich mich selbst nicht sehr betrübe, wenn eine lang gequälte Dulderin hienieden, die bey einer eisernen Natur, unter der Last der härtesten Leiden endlich ihr Haupt neigt – – und dann erst recht zur frohen Unsterblichkeit neugebohren wird, so verbitte ich mich auch ganz natürlich alle Beileidsbezeigungen von meinen auswärtigen Anverwandten und Freunden auf das ergebenste.*
> *Essen den 3 April 1795   Zacharias Bädeker*

Die Todesanzeige zeigt nicht nur Baedekers tiefe Frömmigkeit, sondern ganz besonders die Wertschätzung seiner *ökonomischen Hausfrau*, ohne die der kleine Laden wohl kaum funktioniert hätte. Anna Theodora Bastian, die von ihren Eltern ein beachtliches Vermögen geerbt hatte,[21] kümmerte sich nicht nur um Haushalt (einschließlich der Versorgung des Personals) und Kindererziehung, sondern war – folgt man der Aussage ihres Ehemannes in einem Verhör vor dem städtischen Magistrat – auch im Verkauf tätig. Schließlich war es ihr zu verdanken, daß der Sohn das Geschäft des Vaters übernahm.

Auch Marianne Gehra, die Buchhändlerstochter aus Neuwied, unterstützte ihren Mann bei der täglichen Arbeit. Ihr Sohn Edmund schildert sie als *treue Lebensgehülfin des Vaters*, der zu sagen pflegte: *Durch Dich, liebe Marianne, bin ich geworden, was ich bin; nächst Gott danke ich Dir.* Sie habe *gemeinsam mit Vater gewirkt und gearbeitet*, ging ihm im Geschäft zur Hand und vertrat ihn in der ersten Zeit im Buchladen und der Leihbibliothek allein, wenn Gottschalk D. zur Leipziger Messe reiste.[22]

Ein Jahr, bevor er starb, hatte Gottschalk D. gemeinsam mit seiner Frau gerichtlich bestimmt, wie es nach seinem Tode gehalten werden solle. Marianne Baedeker war vorübergehend Alleininhaberin des Unternehmens, bis die jüngsten Söhne ihre Ausbildung abgeschlossen hatten, um gemeinsam den Betrieb weiterzuführen.

Auch Marianne Baedeker ermöglichte ihren Söhnen den Start als erfolgreiche Verleger. Als Karl sich selbständig machen wollte, verzeichnete der Vater in seinem Geschäftsbuch ein Darlehen von 500 Rtlr, das er ihm *bei seiner Abreise von hier nach Coblenz [...] zu seinem Etablissement baar mit [gab]. Dieses Capital soll Carl in den ersten 4 Jahren ohne Zinsen haben, später aber davon 4 p.c. [%] zahlen.* Offenbar hatte Karl Schwierigkeiten mit der Rückzahlung, denn zum 27. März 1841 findet sich unter dem Darlehensvermerk folgender Nachtrag: *Obige 500 Rtlr sind diejenige, welche mir Mutter als Ausstattung mitgegeben hat. Nach mehrfacher mündlicher Versicherung hat er mir die Erstattung derselben erlassen, und will sie in gleicher Art angesehen haben, wie meine Schwestern bei ihrer Verheiratung eine Ausstattung erhalten haben.*[23] Ob Karl seine Reisehandbücher ohne den Rückhalt und die Unterstützung der Mutter hätte herausbringen können?

Marianne Baedeker

Wohn- und Arbeitsstätten

Das Stammhaus der Baedekers befand sich am unteren Ende der Limbecker Straße. Hier betrieben Mann und Frau gemeinsam ihren kleinen Buch- und Schreibwarenhandel. Wohn- und Arbeitsstätte befanden sich unter einem Dach.

Für die Pläne Gottschalk Diederichs war das kleine elterliche Geschäft aber schon bald zu klein. 1801 pachtete er die Gebäude des ehemaligen Hospitals (westlich des Kopstadtplatzes) auf 25 Jahre für eine jährliche Miete von 50 Rtlr und nahm gründliche Renovierungen vor.[24] Als Privatwohnung mögen die Räumlichkeiten gereicht haben, doch bald zeigte sich, daß der Platz zu beengt war, um *den drey Zweigen des Geschäfts den nöthigen Spielraum zu verschaffen,* zumal im Herbst 1814 eine neue Schriftgießerei, die *erste und einzige am Niederrhein,* angelegt worden war.[25]

Seit 1816 bemühte Baedeker sich deswegen um den Kauf der Harrachschen Kurie (in der Burg Nr. 686, Haus der ehemaligen Stiftsdame Maria Theresia Gräfin von Harrach-Rohrau), das an der Stelle stand, wo sich noch heute das Baedekerhaus befindet. Er wollte es in Erbpacht übernehmen und anstelle der Nebengebäude ein neues Fabrikgebäude errichten. Nach komplizierten Verhandlungen und Intrigen, die Erwin Dickhoff bereits ausführlich geschildert hat, konnte nach einer öffentlichen Versteigerung am 29. Mai 1817 endlich der Kaufvertrag unterschrieben werden. Der Kaufpreis betrug 2.605 Rtlr, obwohl der Wert nur auf 2.076 Rtlr geschätzt worden war. Nach weitreichenden Umbauarbeiten erfolgte im Sommer 1818 der Umzug, und am 13. Juli 1819 wurden die neuen Geschäftsräume eingeweiht. Der Wahlspruch des

Modell des alten Baedekerhauses

Hauses *Bete und arbeite* erstrahlte in blauer Schrift in einem Treppenfenster des neuen Offizingebäudes. 1851 und 1854 wurden für den anwachsenden Maschinenpark und eine neue Schriftgießerei umfangreiche Erweiterungen erforderlich.

Die Anfänge der Essener Firma unter Zacharias Baedeker

Die Buchhandlung

Die kleine Buchhandlung Zacharias Baedekers darf man nicht mit modernen Maßstäben messen. Es war gleichzeitig eine Schreib- und Gemischtwarenhandlung. Eine vage Vorstellung gewinnt man aus den Zeitungsinseraten, in denen Baedeker neben Büchern und Zeitschriften auch anderer Verlage, die er *den Liebhabern der Lectüre* zur Subskription anbietet, auch Lose verschiedener Lotterien (Mannheimer Lotterie, Essener Silber-Lotterie), Zigarettenpapier, Neujahrskarten, die damals weit wichtiger waren als Weihnachtskarten, und Kalender anpreist. Bei dem Buchbinder Stölting – vermutlich auch bei Baedeker – gab es auch *Strumpfbänder, wohlriechende Kissen* und *Tobackbeutel*.[26] In der Zeitung vom 26. April 1782 liest man: *Es dient denjenigen Herren, welche den Rauchtoback in Papiere schlagen lassen, hiemit zur Nachricht, daß sie dergleichen fertig gedruckt, für billige Preise, hier in der Buchdruckerey finden können.* Dieses *gedruckt Tobackpapier, mit verschiedene Wappen* wird wiederholt angepriesen.[27] Auch Hinweise, die zur Aufklärung verschiedener Diebstähle führen konnten, nahm man entgegen. In der Zeitung vom 19. April 1796 heißt es: *Am 15. d[ieses Monats] ist zu Flüh, einem Dorfe in der Grafschaft Mörs, ein großes schweres Mutterpferd [...] gestohlen worden. Wer von diesem [...] Pferde in hiesiger Buchdruckerey eine gewisse Anweisung zu geben weiß, soll eine Erkänntlichkeit von 2 Carolins erhalten.*[28] Diese ‚Krämertätigkeiten' – Baedeker war Zunftgenosse der ‚Fetten Gilde',[29] der Zunft der Essener Kaufleute – wurden sicher meist von seiner Frau erledigt.

Druckerei (Offizin) und Verlag unter Zacharias Baedeker

Ganz so bescheiden, wie die Enkel des Zacharias es in ihren Festschriften darstellen, ist der Betrieb des Großvaters wohl nicht immer während des 25jährigen Bestehens gewesen. Obwohl Handel und Druckerei über ein bescheidenes Mittelmaß sicher nicht hinauskamen, hatte er als Verleger durchaus beachtliche Erfolge aufzuweisen.

Als Herausgeber und Verleger der Essendischen Zeitung ist Zacharias Baedeker bereits von Käthe Klein in ihrer Dissertation ‚Die Baedeker-Zeitung und ihre Vorgängerin in Essen (1738-1848)' ausführlich gewürdigt worden. Da ihr Quellen zur Verfügung standen, die heute verloren sind, ist dem nichts Neues hinzuzufügen. Baedekers Tätigkeit als Buchverleger ist allerdings weitgehend unbekannt.

Schon 1782, also sieben Jahre nach der Geschäftsübernahme, arbeitete er mit Verlagen in Halle, Dessau, Frankfurt/M. und Wien zusammen. Man kann nur mutmaßen, daß diese Geschäftsverbindungen über Kontakte zu Professoren der Duisburger Universität, besonders zu den Herausgebern der Duisburger Zeitschriften des 18. Jahrhunderts geknüpft worden sind.

Die enge und erfolgreiche Zusammenarbeit mit dem engagierten Theologieprofessor Christoph Georg Ludwig Meister, der die ‚Duisburger gelehrten und gemeinnützigen Beyträge', später das Rezensionsblatt ‚Duisburgische litterarische Nachrichten' herausgab, läßt sich gut belegen: 1781 ließ Meister das wohl erfolgreichste Werk unter seinen zahlreichen religiösen Erbauungsschriften, die ‚Lieder für Christen' (152 S.), bei Baedeker verlegen, „durch die er sich zu seiner Zeit einen Namen machte".[30] Meister sorgte selbst für Werbung und ließ eine Rezension in seinem Blatt erscheinen.[31] Der Erfolg mag Baedeker ermuntert haben, den Weg als Buchverleger fortzusetzen. Bereits im März 1782 kündigte er ein weiteres religiöses Werk an: *Ich habe auf Anrathen verschiedener auswärtiger Prediger aus dem Historischen Catechismo des Herrn Dr. Seilers, die darinn befindlichen Denksprüche für Kinder in Versen, und den Hauptinhalt der christlichen Sittenlehre in biblischen Sprüchen besonders abgedruckt. Die Lehrgaben des Hrn. Seilers sind allzubekannt, als daß man die Nutzbarkeit dieses Auszugs nicht schon daher einsehen und glauben sollte, daß sowohl Eltern als besonders Lehrer diese wohlfeile Schrift, welche hier in der Essendischen Buchdruckerei, in Glanzpapier gebunden, für 3 Stb. zu haben ist, der Jugend in die Hände geben und bestens empfehlen werden. Dieses wird mir als Verleger zur Aufmunterung gereichen, mehrere dergleichen nüzliche Schriften, wie diese ist, um einen billigen Preis zu besorgen.*   *Bädeker.*[32]
Weder von diesem Katechismus noch von den anderen *nüzlichen Schriften* ließ sich ein Exemplar auffinden. Doch Baedeker scheint wiederum Erfolg gehabt zu haben, denn drei Jahre später verwirklichte er ein großes Projekt, das Mut und Risikobereitschaft verlangte: 1784-86 brachte er posthum ein dreibändiges Werk des renommierten protestantischen Mystikers Gerhard Tersteegen (gest. 1769) ohne Angabe des

Verfassers auf den Markt unter dem Titel ‚Auserlesene Lebensbeschreibungen heiliger Seelen'. In diesen drei Bänden, jeweils 412, 444 und 583 Seiten stark, wird das Leben katholischer Heiliger beschrieben. Es ist die erste Biographie, die sich Amerika zuwendet. Tersteegen erzählt u. a. von dem Leben des Gregorio Lopez' in Mexiko und der Marie de l'Incarnation, einer französischen Bürgerin, die Ordensfrau wurde und bei den Indianern in Kanada missionierte. Obwohl das Werk heute in vielen Universitätsbibliotheken vorhanden ist, bleibt offen, ob Baedeker damals den gewünschten Erfolg hatte. In den Leipziger Messkatalogen war er nicht vertreten, und in der näheren Umgebung werden sich kaum genügend Käufer gefunden haben.

Damit war sicher der Höhepunkt des verlegerischen Schaffens von Zacharias Baedeker erreicht. Ob der Erfolg die anderen Essener Buchbinder als Neider auf den Plan rief oder ob Baedeker sich übernommen hatte und die Flucht nach vorn antreten mußte, ist heute nicht mehr zu entscheiden. Wie dem auch sei, zeitgleich mit dem Erscheinen des ersten Bandes geriet er zwischen die Fronten der Essener Obrigkeiten von Stift und Stadt wegen seines Privilegs als Hofbuchdrucker. Der Streit zog sich über Jahre hin. Baedeker scheint sich in der Folge weitgehend auf Publikationen, die durch sein Privileg abgesichert waren, beschränkt zu haben. In dem ersten von G. D. Baedeker angelegten Geschäftsbuch findet sich folgende Notiz, die sich auf den Zeit-

Gerhard Tersteegen, Lebensbeschreibungen Heiliger Seelen, 1784

raum von Juli 1798 bis Juli 1799 bezieht: *An Bücher für Vater eingebunden: 225 große Katechismen, 200 mittlere Katechismen, 350 kleine Katechismen, 300 Gesangbücher, 250 Evangelien, 50 Sprachlehren, 775 ABC-Bücher, 125 Todesängste in Papier, 100 Todesängste mit Deckel und Rücken* (d. i. ‚Bruderschaft der Todesangst unseres am Kreuze sterbenden Heilandes Jesu Christi zur Erhaltung einer glückseligen Sterbstunde. Essen, zu finden b. Z. Bädeker privil. Hofbuchdrucker 1789'[33]). *Auch habe noch im Jahre 1798 den mittleren Katechismus für Vater von neuem wieder aufgelegt, die Auflage war 2500 stark.*[34]

Zacharias Baedeker zwischen Stift und Stadt – Der Konflikt um das privilegium exclusivum des fürstlichen Hofbuchdruckers

Zu einer Zeit, als die seit mehr als 200 Jahren anhaltenden Streitigkeiten zwischen dem Magistrat der protestantischen Stadt und der Fürstin-Äbtissin des katholischen Stifts um die Frage, ob die Stadt der Fürstin untertan sei oder nicht, wegen völlig anderer Dinge wieder aufflammten, erwirkte Zacharias Baedeker von der Fürstin zwei *privilegia exclusiva* zum Druck eines neuen Gesangbuches und eines Katechismus. Das Privileg für das Gesangbuch vom 4. September 1784 ist nicht überliefert, doch der Wortlaut des zweiten, wohl weitergehenderen Privilegs vom 4. Januar 1785 zeigt die Brisanz in Bezug auf die städtische Obrigkeit, denn es handelte sich um weit mehr als nur um die Verleihung des Titels.

Baedeker hatte um *Ertheilung eines Privilegii exclusivi* gebeten, um Nachteile, die ihm durch Nachdrucke des Katechismus und anderer *nützliche*[r] *Lehrbücher*, die er verlegen wollte, abzuwenden. Die Fürstin kam dieser Bitte nach und setzte folgendes fest: [...] *als wird allen und jeden hiesigen hohen Stifts Unterthanen bei Strafe der Confiscation, und dem Befinden nach bei Strafe von zwei Goldgulden auf jedesmaligen Uebertretungsfall gnädigst ernstlich anbefohlen, daß sie dem Bädeker, den auf seine Kosten angeschaften und verlegten Catechismus, wie auch die Schul- und Lehrbücher in hiesigen Landen für sich alleinig verkaufen, oder anderen verhandelen lassen, und ihn auf keinerlei Weise mit Nachdrücken, Feilhaben, Verkaufen, Umtragen, oder Verhandlung fremden Drucks eingreifen sollen; nicht weniger wird jedem hiemit bei Strafe von zwei Goldgülden und Confiscation der angekauften Bücher aufgegeben, daß er von niemand anders, als besagten Bädeker einkaufen, und die demselben inskünftig etwan aufzutragende nützliche Dinge anderwärts suchen, sondern was er etwan von ein- oder anderem Stück zu haben verlangen mögte, bei mehr berührtem Bädeker gegen billige Zahlung erhandelen solle,*
Solchemnach wird allen und jeden Beamten hiemit gnädigst ernstlich anbefohlen, daß sie mehrbesagtem Hofbuchdrucker bei dieser ihm ertheilten Begnadigung, auf sein, oder der Seinigen geziemendes Ansuchen jederzeit schüzen, schirmen und handhaben, dawider auf keinerlei Art und Wege beschweren, noch daß es von anderen geschehe, verstatten, sondern ihm jedesmal schleunige und nachdrückliche Amtshülfe verfahren lassen sollen.[35]

Zunächst schien es, als seien dadurch die Probleme, mit denen zu jener Zeit fast jeder Verleger zu kämpfen hatte, gelöst, denn der Nachdruck von Büchern war ein inflationäres Phänomen und konnte den erhofften Gewinn entscheidend schmälern. Die Erlaubnis, als Drucker und Verleger seine Bücher selbst verkaufen zu dürfen, bedeutete ebenfalls einen entscheidenden Schritt zum Erfolg, denn üblicherweise waren die Buchbinder, allenfalls noch die ‚Buchführer' für den Verkauf zuständig. Baedeker konnte so den Weg zum Leser verkürzen und den Zwischenhandel ausschalten.

Doch die anderen Essener Buchbinder – allen voran Stölting – konnten und wollten sich mit dieser Konkurrenz nicht zufrieden geben, da ihre eigene Existenz auf dem Spiel stand. Als Stölting im Februar 1785 Nachdrucke des Gesangbuchs und des

Privileg des Hochfürstl. Hofdruckers Zacharias Baedeker, 4. Januar 1785

Katechismus, die in Köln hergestellt worden waren, auf den Markt brachte, wurde die Angelegenheit zu einem Politikum zwischen Stadt und Stift. Entsprechend den Zusicherungen des Privilegs erließ die fürstliche Regierung Strafbefehle, wodurch alle Untertanen gewarnt wurden, bei Stölting zu kaufen. Dieser wiederum erhob in *Gesellschaft zweier Weiber,* der Buchbinderinnen Griesenbek und Ascherfeld am 3. März 1785 Klage beim städtischen Magistrat.[36] Der in der Folge geführte Schriftwechsel zwischen Stift und Stadt sowie die Akten der Prozesse vor dem Reichshofrat in Wien beleuchten die jeweiligen Standpunkte und zeigen die Unlösbarkeit des Konflikts. Zu betonen ist, daß es nur um die gebundenen, nicht um die ungebundenen Bücher ging.

Der Magistrat vertrat den Standpunkt, als städtischer Bürger sei Baedeker gemäß seinem Bürgereid verpflichtet, seinen Anweisungen, die nur der *Erhaltung guter Ordnung* dienten, Folge zu leisten und gemäß seinen Mandaten vom 10. und 15. März die gedruckten Bücher dem Buchbinder Stölting zum Binden und Verkaufen zu überlassen.[37] Als Baedeker um das fürstliche Privileg nachgesucht habe, habe er *mit gänzlicher Vergeßen-*

Der kleine Katechismus (Nachdruck von Stoelting)

Catechismus

heit seiner uns eidlich zugesagten Pflichten der Fürstin verschwiegen, daß es bereits 1775 zu einem ähnlichen Konflikt gekommen sei, der dahingehend beigelegt worden wäre, daß man ihm den *Verkauf eintzelner, so wohl gebundener Calender und anderer gebundener von ihm gedruckter Bücher damahls schlechterdings verbothen* habe. Sowohl Baedeker als auch die Buchbinder-Gesellschaft unterstünden als Bürger der Stadt deren Gerichtszwang und seien entsprechend ihrem Bürgereid verpflichtet, sich gemäß den städtischen Ordnungen und Weisungen zu verhalten. Die Argumentation des Magistrats wird dann hochpolitisch: Die Fürstin habe durch Erteilung des Privilegs an Baedeker doch hoffentlich nicht beabsichtigt, gegen das Urteil des Reichskammergerichts, das 1670 nach einem fast hundertjährigen Prozeß gefällt worden war, zu verstoßen. (In diesem Urteil war einerseits der Stadt zugebilligt worden, *dem gemeinen Wesen nützliche Satzungen und Verordnungen zu machen* etc., andererseits wurde die Fürstin-Äbtissin als *ordentliche Obrigkeit* der Stadt bestätigt.[38]) Man habe Stölting bei schwerster Strafe verboten, die Nachdrucke des Gesangbuchs und des Katechismus zu verkaufen, jedoch unter dem ausdrücklichen Vorbehalt, daß im Gegenzug auch Baedeker seine Druckerzeugnisse nicht mehr gebunden und einzeln verkaufe, *sondern sie dutzendweise und in quantitaet den Buchbindern überlasse, damit diese sie binden und verkaufen können.* Das biete allen Vorteile. Mit den von ihm gedruckten *rohen Büchern* könne Baedeker nach Wohlgefallen *handeln, schalten und walten*, doch *die gedruckte Bücher, und wann auch von einem eintzelnen hiesigen Buchbinder solten gebunden seyn, öffentlich zu verkaufen, stehet ihm nicht frey.* Man hoffe, daß das Privileg wieder eingezogen werde, zumal Stölting so empfindlich gestraft sei, *daß ihm die Lust vergehen werde*, weiterhin seine Nachdrucke zu verkaufen.

Das damals übliche Rechtsmittel der Retorsion („wie du mir, so ich dir") verhinderte – wie so häufig – auch in diesem Fall eine schnelle Lösung des Konflikts. Das Privileg zurückzunehmen und der städtischen Obrigkeit die Rechtsprechung zu überlassen, war der Fürstin ohne Gesichtsverlust und Preisgabe herkömmlicher Rechte nicht möglich. Der Konflikt eskalierte, indem der Rat bei nächster Gelegenheit seine Kompetenzen de facto kleinlich durchzusetzen versuchte.

Dieses Mal war Baedekers Zeitung betroffen, und es ging um Bekanntmachungen wegen des Nachlasses des am 14. August 1785 verstorbenen Ex-Jesuiten Heinrich Düsseldorf. Stadt und Stift stritten, wem die Nachlaßregelung zustehe. Baedeker druckte in seiner Zeitung vom 6. Oktober ein diesbezügliches *Abladungs-Decret* des Magistrats, veröffentlichte aber kurz danach am 17. Oktober auch die *Gegen-Erklärung des Offizialatgerichts*. Zwei Tage später erging ein Bescheid des Magistrats, der mit Bezug auf das schon erwähnte Reichskammergerichtsurteil von 1670 seine Jurisdiktion verletzt sah und feststellte, daß Baedeker durch seine Handlungsweise gegen seinen Bürgereid verstoßen habe. Er wurde wegen *seines strafbaren Eid- und Pflichtwidrigen Vergehens* [..] *nicht nur gäntzlich von Ammt*[!] *und Bürgerschaft suspendiret*, sondern erhielt zusätzlich eine Strafe von 25 Goldgulden für jeden *Contraventions-Fall*, wenn er etwas drucken würde, das nicht durch den Zensor, Stadtsyndicus Kaufmann, genehmigt war. Diesem sollte Baedeker ein jährliches Salär von 60 Rtlr zahlen; die Zensur galt bereits für die *morgende Zeitung*.[39]

Baedeker klagte spätestens seit Dezember 1785 vor dem Reichshofrat gegen Stölting und den Magistrat und sah die Sache begreiflicherweise völlig anders. Nach seiner Darstellung hatte er zwar 1775 mit Stölting einen Vergleich geschlossen, demzufolge er Stölting 150 Wand- und 500 Tafelkalender zum Verkauf überläßt, den Rest der Auflage aber selbst verkauft. Gegen den Verkauf seiner gebundenen Bücher sei bisher nie ein Einwand erhoben worden, obwohl er in seiner Zeitung bereits im Dezember 1784 bekannt gemacht habe, daß bei ihm *allerhand Sorten essendischer Calender auf das Jahr 1785* und *gebundene Seilerische Catechismi* zu haben wären.[40]

Besondere Aufmerksamkeit verdient die Anregung des Baedekerschen Anwalts, man solle seinem Mandanten *den allerhöchsten Schutz mittels Ertheilung eines kaiserlichen Protectorii angedeyhen lassen*, da wegen der Unterstützung durch die Fürstin-Äbtissin, die dem Prozeß im Januar 1786 beigetreten war, von der Stadt weitere *Gewaltthätigkeiten* zu erwarten seien.[41]

Der Konflikt zog sich noch über Jahre hin, ohne daß eine Lösung in Aussicht stand, geschweige denn eine Seite nachgegeben hätte. Es erfolgten von städtischer und stiftischer Seite wiederholt Strafmandate, die aber kaum etwas bewirkten, jedenfalls das Problem keiner Lösung näher brachten. Zwar ließ der Magistrat per Dekret vom 24. Oktober 1786 bei Baedeker *wegen seines halsstarrigen unverantwortlichen Ungehorsams* durch den Stadtboten für 25 Goldgulden Hausrat pfänden (24 Teller, 9 Schüsseln, 1 Bettflasche und zwei Bierkrüge aus Zinn, 1 Mörser und einen *Korb, worin die Sachen getragen worden*),[42] doch der Erfolg war fragwürdig, wenngleich Baedeker wohl kurzzeitig den Zeitungsdruck eingestellt hat. In seiner Berufung gegen dieses städtische Dekret heißt es, er sehe, wie wenig er imstande sei, *meine Privat Zeitung der städtischer Seits mir gewaltsamer Weise auffgedrungen werden wollenden Censur zu entziehen*. Die Zensurkosten von 60 Rtlr seien *ohngefehr soviel, wo nicht mehr, als der ganze Gewinn der Zeitung* und so *muß ich einstweilen der Gewalt weichen*.[43]

Daß ein Urteil seitens des Reichshofrats nie ergangen ist, scheint nicht zuletzt auf das Verhalten des Magistrats zurückzuführen zu sein. Obwohl die Stadt am 18. August 1786 durch Kaiser Josef II. aufgefordert wurde, eine Stellungnahme abzuge-

Hochfürstlich Essendischer Kalender

Stadt Essendischer Kalender

ben, ist dies nie erfolgt. Nach mehrmaligen verschärften Aufforderungen erklärte der Stadtsyndicus Wilhelm Gottlieb Kaufmann im April des folgenden Jahres lediglich, die Akten hätten bei dem verstorbenen Bürgermeister Kopstadt gelegen, seien dann zwar von den Erben dem Magistrat ausgehändigt worden, doch der neue Bürgermeister Brüning sei mit Rats- und Vorstandswahlen etc. so beschäftigt, daß er noch nicht dazu gekommen sei; man bat um Fristverlängerung.

Die Sache dümpelte dann mehr oder weniger vor sich hin, und man suchte auf der untersten Ebene nach einem Kompromiß. Am 29. November 1787 erteilte der Magistrat dem Buchbinder Georg Heinrich Stölting das Privileg *über die Staedtischen kleinere und größeren Wandkalender, solchergestalt, [daß] solche von niemand nachgedruckt, vielweniger verkauft werden sollen.*[44] Doch die Angelegenheit führte bald wieder zu neuem Streit. Baedeker, der sich laut Urteil des Magistrats vom 4. Dezember 1788 mit Stölting geeinigt und auf den Kalenderdruck verzichtet haben soll, druckte im folgenden Jahr 300 *Protestantische Kalender*, die er nach Mülheim, Werden, Kettwig und in benachbarte Orte verkaufte. Im Verhör erklärte er, er glaube damit nicht *gefrevelet* zu haben, da er keine stadtessendischen Kalender nachgedruckt, sondern nur im ganzen Reich gängige Kalender zu seinem und seiner Familie Nutzen gedruckt und nach auswärts verkauft habe. Wenn der Magistrat das für strafbar halte, biete er an, *die angedrohten Brüchten cum protestatione zu erlegen.* Das Urteil des Magistrats lautete, Baedeker solle sich bei Strafe von 10 Goldgulden *alles ferneren eigenmächtigen Calender Verlags in seiner sonst a Magistratu privilegirten Druckerey nicht allein gäntzlich [..] enthalten, sondern auch dem Stölting den Schaden ersetzen.* Der Ausgang der Sache ist unbekannt. Doch es wird deutlich, daß man auf den *Stadtbuchdrucker* Zacharias Baedeker nicht verzichten konnte. Denn im Dezember 1793 mußte Stölting, als er dem Magistrat die neuen großen Wandkalender präsentierte, zugeben, daß der kleine Taschenkalender noch nicht fertig sei, weil er *von dem Drucker aufgehalten worden* sei. Die ganze Sache scheint allen Beteiligten mehr Schaden als Nutzen eingebracht zu haben, so daß man gemeinsam einen modus vivendi finden mußte. Wenige Jahre später erschienen in Baedekers Zeitung Anzeigen für Stölting und die anderen Buchbinder der Stadt, die belegen, daß man sich arrangiert hatte.[45]

Das Unternehmen unter der Leitung von Gottschalk D. Baedeker

Die Buchhandlung

Bereits kurz nach dem Tod der Mutter trat Gottschalk D., wenn auch wohl eher inoffiziell, in den Buchhandel ein. Seit 1796 finden sich in der Essendischen Zeitung Anzeigen folgender Art:[46]

Bey Unterzeichnetem ist nicht nur ein vollständiges Verzeichnis der in der letzten Ostermesse erschienenen neuen Schriften für Bücherliebhaber unentgeldlich zu haben, womit derselbe sich zu beliebigen Bestellung unter Versicherung der promptesten Besorgung aufs Beste empfiehlt; sondern es ist auch eine Anzahl der neuesten Meß-Artikeln von Schauspielen, Romanen, Reisebeschreibungen, Gedichten und politischen und philosophischen Schriften für Freunde der Litteratur zur Ansicht und beliebigen Auswahl um die billigsten Preise vorräthig.
Essen den 24. Juny 1796.   *G. D. Bädeker Jun.*

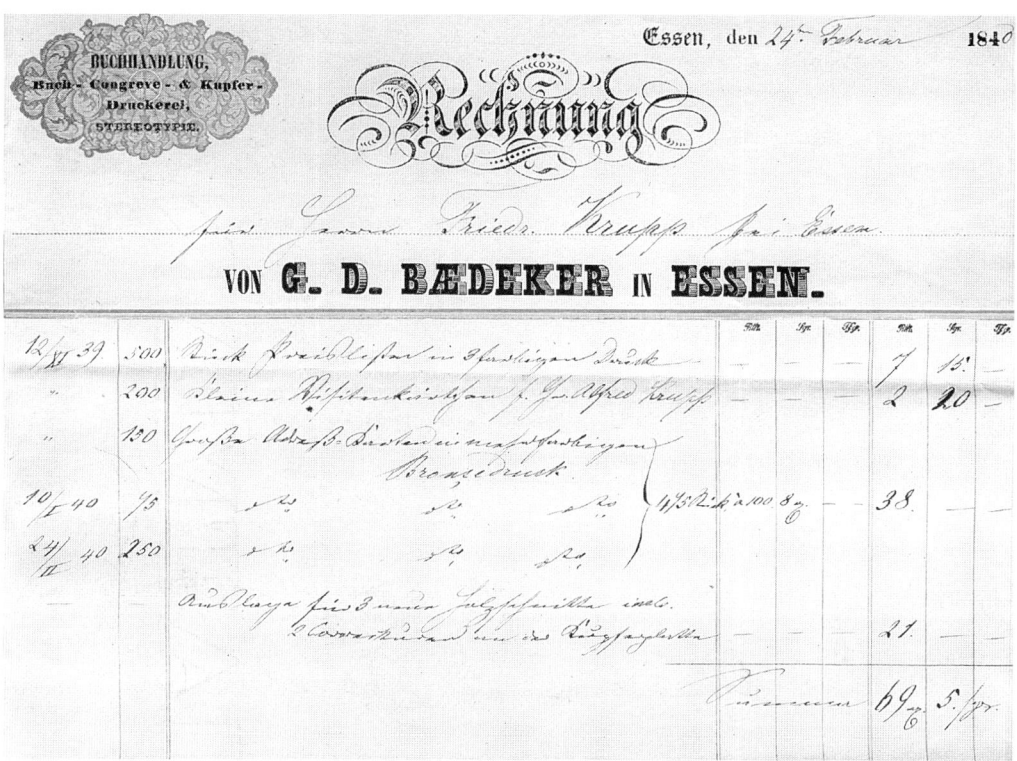

Rechnung mit Briefkopf von G. D. Baedeker, 1840

Schon zu Lebzeiten des Vaters weitete er seine Kontakte zu anderen bedeutenden Verlagen aus und vertrieb deren Werke in Kommission. Zu nennen sind hier z. B. das *Comptoir für Litteratur in Elberfeld*, die Cotta'sche Buchhandlung in Tübingen oder die *Gombarthsche Musikhandlung in Augsburg*.[47] Zum 16. November 1799 notierte Gottschalk über den Buchhändler Behrens in Frankfurt: *sandte* [ich] *ihm einliegende Bücher-Bestellung von Nachdrücken zu, jedoch verlangte ich sie nur dann, wenn er mir wie andern Buchhandlungen 25 p.c.* [%] *Rabatt geben würde*.[48] Abgerechnet wurden diese Geschäfte wohl meist auf der Leipziger Buchmesse, die Baedeker regelmäßig besuchte. Durch den Ankauf der Helwingschen Buchhandlung in Duisburg (1803) konnte er darüber hinaus einen größeren Stamm an Kunden und Geschäftspartnern erwerben, was wiederum zu einem Aufschwung führte. In den folgenden Jahren wurden auch Kommissionsgeschäfte in der näheren Umgebung abgewickelt, so z. B. mit den Buchbindern Köppen (Dortmund), Knauff (Mülheim a. Rhein), Moritz Scherz (Schwelm), Schuerholz (Dorsten), Storck (Hagen), Gondon (Düsseldorf), Stephanie (Soest) usw. Zahlreiche Prediger und Lehrer scheinen später auf eher privater Ebene den Vertrieb der Baedekerschen Druckerzeugnisse unterstützt zu haben – zumal wenn sie Autoren waren. 1812 erschien ein kleines gedrucktes Heftchen: *Verzeichniß einiger wohlconditionirter Bücher, welche um beigesetzte Preise bei Herrn Schullehrer Neuburg in Kettwig, oder durch die Hrn. Bädeker und Kürzel in Duisburg und Essen zu haben sind*.[49] Zu dieser Zeit muß auch in Düsseldorf eine Baedekersche Niederlage existiert haben, an die vorwiegend Schulbücher expediert wurden; Prof. Kortum war ein besonders guter Kunde für die dortige Schulbibliothek.

Die Druckerei (Offizin)

Wirtschaftliche und technische Entwicklung

Die Druckerei ist die Seele des Ganzen – das war der bewährte Wahlspruch meines Vaters, schreibt Julius Baedeker. *Aus ihr heraus hat sich das Geschäft ausgedehnt, sie ist die Wurzel, aus der der große Baum mit seinen Aesten und Zweigen erstanden.*[50] Als Gottschalk D. im Alter von 20 Jahren die Druckerei übernahm, waren die wirtschaftlichen Verhältnisse alles andere als rosig. Das älteste Geschäftsbuch zeigt, daß die Druckerei am Tage der Übernahme (1. Juli 1798) einen Wert von ca. 160 Rtlr hatte. Durch die Zeitung wurden pro Jahr etwa 48 Rtlr eingenommen, und Gottschalk D. mußte sich verpflichten, seinem Vater pro Jahr 100 Rtlr zu zahlen. Am 9. Januar 1799 zeigte die Bilanz Schulden in Höhe von 372 Rtlr gegenüber einem Guthaben von 363 Rtlr.[51] Doch G. D. war in erster Linie Geschäftsmann und fand Wege, bald schwarze Zahlen schreiben zu können.

Er scheint sich zunächst auf die Produktion von Drucksachen, sog. *Accidencien*, beschränkt zu haben, die ab Juni 1799 im Geschäftsbuch verzeichnet sind: Feuerassecuranz-Scheine (2400 Stück) für Wilhelm Siepmann in Menden, 100 *einstweilige Wegeordnungen* für Bürgermeister Termeer in Steele, *5 Buch Quittungen für die Kohlberge* für *Madame Krupp*, 1 Rieß (Papiermaß = 500 Bogen) Tabellen für Gerichtsschreiber Bormann in Bochum, ein Rieß *Ruhr-Pässe* für Inspektor Diedrichson in Steele.[52] Gute Kunden waren später der Arrondissement-Präfect Freiherr von Sonsfeld und das Landgericht Essen, die neben Drucksachen auch Schreibwaren aller Art orderten (Siegellack, Federn, Rötelstifte etc.).[53] Auch der Druck von Losen und Listen für die Zahlenlotterie ist wiederholt vermerkt.[54] Daneben finden sich kleinere Aufträge für den Druck von Gedichten (Auftraggeber: Bohnstedt, Essen; Rektor Lütgert, Hattingen) und Totenzetteln (Pater Albiner Hölsche, Dorsten).[55] Ein gewisser Monsieur Valbrune aus Essen ließ *eine Piece unter dem Titel ‚Ueber den Mechanismus der Töne in der franz. Sprache'*, Auflage 300 Stück, drucken.[56] Daß mit derlei Sachen kein großer Gewinn zu erzielen war, hat Baedeker sicher schnell gemerkt, denn er dachte ökonomischer als sein Vater und versuchte bereits beim Einkauf der Materialien zu sparen.

Nachdem er bereits Ende 1799 von Blothe in Dortmund *Eisenwerk* für zwei Pressen gekauft hatte,[57] um die Offizin zu modernisieren, versuchte er auch beim Einkauf von Papier effizienter zu kalkulieren. Im November 1800 ließ er sich von C. Kaiphas die diesem von der Fürstin *verliehene 7jährige freye Lumpensammlung im Stift Essen* zur Hälfte übertragen unter der Bedingung, *daß ich ihm binnen 1/2 Jahr 140 Rthlr auszahlen und alle Auslagen beym Einkauf der Lumpen thun solle.*[58] Es scheint ein lukratives Geschäft gewesen zu sein; meist wurden mehrere 100, manchmal mehr als 1000 Pfund im Monat gesammelt und an die Papierhändler bzw. -fabrikanten, Friedrich Förster in Broich und Langerbach zu Scheppen (Rellinghausen), mit denen schon Zacharias zusammengearbeitet hatte, verkauft.[59] Bald traten Geschäftsbeziehungen zu anderen Papiermachern in der näheren und weiteren Umgebung hinzu, die das Florieren der Druckerei (und des Verlages) belegen; häufig finden sich Abrechnungen mit folgenden Papiermachern: H. W. Engels Söhne zu Werden, Eberhard Hoesch in Schneidhausen bei Düren (ab Jan. 1803), H. W. Greeven zu Nierenhof bei Langenberg (ab März 1803), J. A. Rive in Dorsten (1812-14), Wiedemann in Attendorn (1814-21) und Brede in Offenbach (1806, 1809).[60]

1807 verkaufte Gottschalk D. seine alten Schrifttypen an Buchdrucker Siebel, der sich in Solingen selbständig machte, nachdem er fünf Jahre bei Baedeker gearbei-

Werbeblatt der
Druckerei, 1836

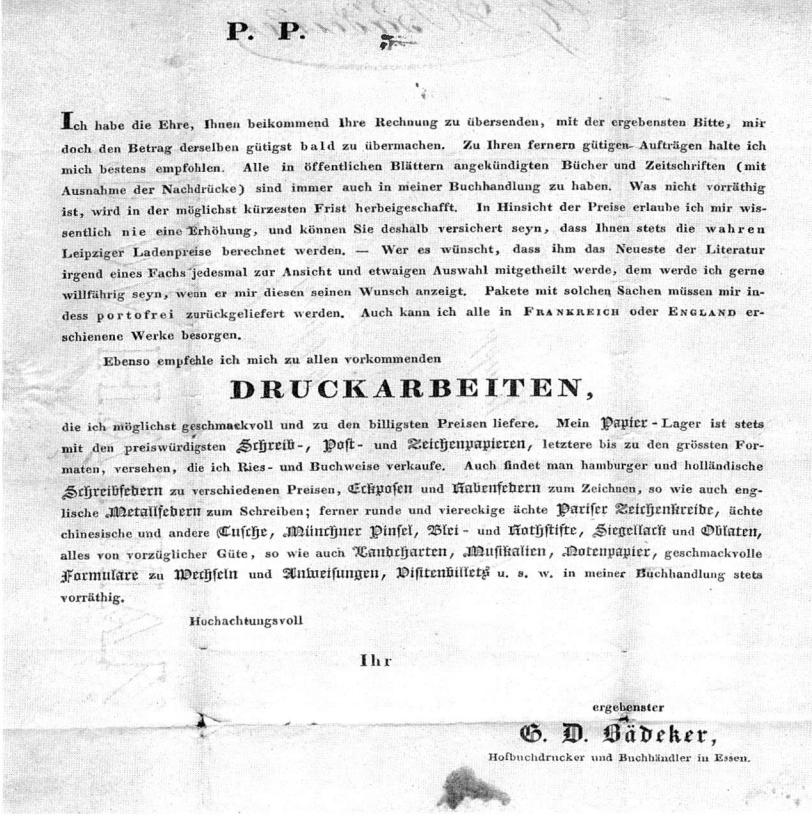

P. P.

Ich habe die Ehre, Ihnen beikommend Ihre Rechnung zu übersenden, mit der ergebensten Bitte, mir doch den Betrag derselben gütigst bald zu übermachen. Zu Ihren fernern gütigen Aufträgen halte ich mich bestens empfohlen. Alle in öffentlichen Blättern angekündigten Bücher und Zeitschriften (mit Ausnahme der Nachdrücke) sind immer auch in meiner Buchhandlung zu haben. Was nicht vorräthig ist, wird in der möglichst kürzesten Frist herbeigeschafft. In Hinsicht der Preise erlaube ich mir wissentlich nie eine Erhöhung, und können Sie deshalb versichert seyn, dass Ihnen stets die wahren Leipziger Ladenpreise berechnet werden. — Wer es wünscht, dass ihm das Neueste der Literatur irgend eines Fachs jedesmal zur Ansicht und etwaigen Auswahl mitgetheilt werde, dem werde ich gerne willfährig seyn, wenn er mir diesen seinen Wunsch anzeigt. Pakete mit solchen Sachen müssen mir indess portofrei zurückgeliefert werden. Auch kann ich alle in FRANKREICH oder ENGLAND erschienene Werke besorgen.

Ebenso empfehle ich mich zu allen vorkommenden

DRUCKARBEITEN,

die ich möglichst geschmackvoll und zu den billigsten Preisen liefere. Mein Papier - Lager ist stets mit den preiswürdigsten Schreib-, Post- und Zeichenpapieren, letztere bis zu den grössten Formaten, versehen, die ich Ries- und Buchweise verkaufe. Auch findet man hamburger und holländische Schreibfedern zu verschiedenen Preisen, Eckposen und Rabenfedern zum Zeichnen, so wie auch englische Metallfedern zum Schreiben; ferner runde und viereckige ächte Parifer Zeichenkreide, ächte chinesische und andere Tusche, Münchner Pinsel, Blei- und Rothstifte, Siegellack und Oblaten, alles von vorzüglicher Güte, so wie auch Landcharten, Mufikalien, Notenpapier, geschmackvolle Formulare zu Wechseln und Anweisungen, Vifitenbillets u. s. w. in meiner Buchhandlung stets vorräthig.

Hochachtungsvoll

Ihr

ergebenster

G. D. Bädeker,

Hofbuchdrucker und Buchhändler in Essen.

tet hatte, und schaffte neue Schriftsätze – *Cicero, Garmond, Petit Quadraten, Tertia, Text* – an, die bei Reiniger in Offenbach gegossen wurden, samt einer neuen Presse – Gesamtwert ca. 500 Rtlr.[61] Der Versuch, 1814 eine eigene Schriftgießerei zu begründen, wurde nach fünf Jahren aufgegeben. Man kaufte wieder bei den Schriftgießern Levrault in Straßburg & Düsseldorf, Tauchnitz in Leipzig, später auch bei Peter Schmitz in Köln.[62]

Trotz der *stagnierenden Verhältnisse der ersten drei Jahrzehnte* blühte das Geschäft, und Gottschalk D. mußte sich 1835 sogar in einem Brief an den evangelischen Theologen Friedrich Ferdinand Gessert (1793-1866) entschuldigen, der Druck seiner kleinen Schrift ‚Das heilige Land' *sei durch überhäufte andere Arbeiten und durch Mangel an Buchdruckergehülfen* verzögert worden.[63]

1839 trat der Sohn Eduard Baedeker, der in der damals berühmten Hänel'schen Offizin in Magdeburg und Berlin gelernt hatte, in das väterliche Geschäft ein und kümmerte sich v. a. um Stereotypie und Kunstdruck. Infolgedessen stiegen die Ansprüche, und die Druckerschwärze reichte nicht aus. Erlesene Druckerfarben (*citronengelb, carmoisinfarbig, fein silber, couleur d'or, ultramarinblau* und *Glacé zu Golddruck*) oder *Goldcouverts* lieferten die Bronze-Fabrikanten Hofmann & Schwarzlohe in Fürth bei Nürnberg (1839-42), Siegmund Rothschild u. Cons. in Offenbach oder die Gebr. Wüst in Darmstadt.[64]

Nachdem Eduard und Julius Baedeker 1844 den Betrieb arbeitsteilig übernommen hatten, erfolgten seit den 50er Jahren erhebliche Erweiterungen, die in der folgenden Tabelle zusammengefasst sind:

Entwicklung des Baedekerschen Unternehmens in Essen[65]

Jahr	Presse(n)	Erweiterungen	Anzahl der Mitarbeiter
vor 1800	1 Handpresse		2-3
um/nach 1800	G. D. kauft Eisenwerk zu 2 Pressen		mehrere Gesellen 2 Lehrlinge
1814-19		Schriftgießerei	
1829	Erwerb einer *Stanhope-Presse*		
1833	5 Pressen		11 Gehilfen, 2 Lehrlinge
1839		Stereotypie, Kunstdruckerei	
1841	3 hölzerne 2 eiserne Pressen		
1844	5 Handpressen		25 (inkl. Lehrlinge)
1850	1. Schnellpresse		
1852	2. Schnellpresse		
1851		1. neue Offizin; neue Schriftgießerei	36: 1 Buchhandlungsgehilfe, 2 Buchhandlungs-, 4 Buchdruckerlehrlinge, 3 Drucker, 1 Faktor, 1 Laufbursche, 1 Maschinenmeister, 2 Maschinendreher, 3 Maschinenknaben, 2 Schriftgießer, 1 Schriftgießerei-Faktor, 2 Schriftgießerlehrlinge, 1 Schweizerdegen (= Setzer u. Drucker), 11 Setzer 1 Stereotypeur
1854	1. Dampfmaschine	2. neue Offizin	
1855	3. Schnellpresse		
1857	4. Schnellpresse		
1863	5. Schnellpresse		
1867	7 Schnellpressen		
1869	Zwillings-Dampfmaschine		56 bzw. 83 (inkl. Lehrlinge u. Laufburschen)
1878	11 Schnellpressen	Dampfkesselraum Schreinerei Satinierstube Verlagsexpedition Buchbinderei Zeitungsexpedit.lokal	

Prospekt für „Die gesammten Naturwissenschaften"

Die Anschaffung der ersten Schnellpresse war durch den Druck der Koblenzer Reise-handbücher notwendig geworden, die der Bruder Karl in Essen herstellen ließ. Auch das reich illustrierte Werk ‚Die gesammten Naturwissenschaften' stellte erhöhte An-forderungen an die Leistungskraft der Offizin. Man war stolz auf diese Druck-erzeugnisse, und Julius schwärmte in seinem Festvortrag anläßlich des 25jährigen Ju-biläums der Geschäftsübernahme: *Es gereicht uns zu großer Befriedigung, wie der Druck der Holzschnitte, der bis dahin in schöner Ausführung nur bei Vieweg üblich war, und die ganze Ausstattung des naturwissenschaftlichen Werkes nicht geringere Anerkennung fand als der gediegene Inhalt desselben. Was aber die Reishandbücher betrifft, so hat die Offizin die Freude – und der Setzer, Herr Seifert, hat dabei ein be-sonderes Verdienst –, mancherlei concurrierenden Anerbietungen gegenüber sich in voller Geltung zu behaupten und diese in der Reisewelt zu einer classischen Autori-tät gelangten Bücher mit i h r e r Druckfirma in das bewegliche Publikum zu brin-gen.*[66]

Wie die Erfindung der Schnellpresse Änderungen in der gesamten Typographie herbeiführte, so gab die Aufstellung der ersten Schnellpresse auch in der Baedeker-schen Offizin den ersten Anstoß zu weiteren Vergrößerungen. Es folgten bald weitere sechs Schnellpressen, Erweiterungsbauten wurden nötig, und schließlich machte der bedeutende Zuwachs an *Accidencien*, die schnell und *der Firma würdig* gedruckt werden mußten,[67] so wie die seit 1860 täglich erscheinende ‚Essener Zeitung' die Um-stellung von Menschen- auf Maschinenkraft durch die Anschaffung der ersten Dampfmaschine erforderlich. Die Industrialisierung hatte sich auch im Druckgewerbe Bahn gebrochen.

Lehrlinge und Gesellen – Arbeitsbedingungen

Baedekers Personal kam von weit her, und viele blieben jahrzehntelang als Mitarbei-ter im Betrieb. Doch besonders in der Anfangszeit gab es Ärger, den Gottschalk D. in einer *Oeffentlichen Warnung* in seiner Zeitung kundtat: Der Elberfelder Zeitungsver-leger Mannes warb Lehrlinge ab mit dem Versprechen, ihnen vorzeitig ein Zeugnis auszustellen.[68] Bereits zum 1. September 1798 hatte Baedeker seinen ersten Lehrbur-schen, Heinrich August Berlisky aus Wesel, um den sich der Streit entspann, eingestellt. Da die Eltern *keine hinlängliche Kaution leisten*, also das Lehrgeld nicht zahlen konnten, war in den Vertrag aufgenommen worden, falls der Junge die Lehrzeit abbrechen würde, solle es Baedeker freistehen, *ihn in jeder öffentlichen Zeitung als ei-nen pflichtvergessenen Schurken zur Warnung Anderer erklären zu können.*

Der Vorfall mag Baedeker ebenfalls zur Warnung gereicht haben, denn die an-deren Lehrlinge wurden nur gegen Zahlung des üblichen Lehrgeldes übernommen. Die Lehrverträge belegen, daß die Ausbildungsbedingungen ziemlich konstant blie-ben: Am 1. April 1801 kam Friedrich Faust aus Neuwied, um *die Buchdruckerkunst in 5 nacheinanderfolgenden Jahren zu erlernen.*[69] 1821 nahm Baedeker Eduard Keu-cker für 3 1/2 Jahre in die Lehre, der 300 Rtlr Lehrgeld zahlen und sich um seine Wä-sche selbst kümmern mußte; Kost und Logis übernahm Baedeker.[70] Eduard Schulte aus Wengern (1836) und Wilhelm Hasbach aus Bensberg (1838) traten 1836 und 1838 zu gleichen Konditionen (4 Jahre Lehrzeit, 75 Rtlr Lehrgeld pro Jahr) ein.[71] 1854 schlossen Eduard Baedeker und W. Vogel in Göttingen folgenden Vertrag: Die Buch-handlung nimmt den Sohn des Vogel als Lehrling auf und verspricht, *ihn während der festgesetzten vier Lehrjahre, nämlich vom 1. Mai 1855 bis 1. Mai 1859, mit allem*

bekannt zu machen, was zur Führung einer Verlags- und Sortiments-Handlung gehört, insofern der gedachte Lehrling selbst allen Fleiß auf das Geschäft verwendet,
auch ihn zu allem Guten anzuhalten und auf seine sittliche Veredlung zu wachen.
Er soll bei seinem Lehrherrn Kost und Logis haben, wofür der Vater jährlich 75 Tlr
zahlt. Er muß ein vollständiges Bett, nebst sechs Bett- und sechs Handtüchern mit-
bringen, die er nach Ende der Lehrzeit zurück erhält. Das Waschen der Wäsche und
das Reinigen der Schuhe und Stiefel geschieht im Hause, wofür der Magd jährlich
1 Rtlr 15 Slbgr. zukommen. Für die sonstige Wäsche und das Ausbessern der Klei-
dungsstücke muß der Lehrling selbst sorgen. Er verpflichtet sich, sich unmittelbar
nach vollendeter Lehrzeit weder in Essen noch in einem Umkreis von acht Stunden
als Buchhändler niederzulassen, es sei denn mit Zustimmung seines Lehrherrn.[72]

Den frühen Aufschwung des Unternehmens belegen die Zugänge an Fachkräf-
ten: Im Herbst 1802 kamen Herr Pross aus Münster und Buchdrucker Siebel aus
Neuwied, der sich 1807 in Solingen selbständig machte, der Setzer König wurde im
Februar 1803 eingestellt. Er starb 1827 im Alter von 82 Jahren.[73] Von 1802 bis mindes-
tens 1839 war der Faktor Bernhard Ritz für Baedeker tätig, der regelmäßig *Vorschuß
für die Hausmiethe* und schließlich sein Gnadenbrot bekam: *Vom Jan. 1839 an be-
rechnete ich mich gar nicht mehr mit ihm über seine Leistungen, sondern gab ihm
wöchentlich 1 Rtlr und überließ es ihm ganz soviel zu arbeiten, soviel er es seines hohen Alters wegen vermochte.*[74]

Zu Beginn der 20er Jahre wurde der Personalbestand wiederum erweitert, und
man erfährt zum ersten Mal etwas über die Löhne: Herr Zobel, der 1818 seinen
Dienst antrat, erhielt 200 Rtlr *nebst seiner Kost und Logis.*[75] 1822 wurde der Buch-
händlergehilfe Fallenstein aus Düsseldorf zu gleichen Bedingungen eingestellt.[76] Der
Verdienst war nicht schlecht, wie der folgende Vergleich zeigt: Die Magd Helene
Tumlohe *trat um Michaelis 1803 bey uns in Dienst und verdient jährlich 10 Rtlr
40 stb. als Mietpfennig.*[77]

In den 50er Jahren hatten sich die Arbeitsbedingungen auch bei Baedeker ge-
ändert. Bedauernd stellte der langjährige Faktor Söchting fest, daß die Arbeiter nicht
mehr *Mitglieder der Familie* unter der *Obhut des Hausvaters* waren. Doch er gab zu,
daß die auswärtigen Kollegen die Arbeiter in *unserer, der Baedekerschen Offizin, nei-
disch betrachteten, weil das Verhältnis zwischen unseren Prinzipalen und uns ein
rein menschliches* ist.[78]

Die Arbeitszeiten waren im Sommer und im Winter verschieden. Im Sommer
arbeitete man morgens von 7 bis 12 und nachmittags von 14 bis 19 Uhr, im Winter
begann man eine Stunde später, arbeitete also von 8 bis 12 und 14 bis 20 Uhr. Express-
sis verbis wird vermerkt: *Sonntag ist ganz frei.*[79]

Verlag G. D. Baedeker

Erfolgreich eine Druckerei und einen Verlag führen zu können, setzte im 18. und frühen 19. Jahrhundert in der Regel voraus, daß man ein Buchdruckerprivileg besaß, um
sich sowohl vor Nachdrucken als auch vor der Zensur zu schützen und die Verluste
möglichst gering zu halten. Als G. D. Baedeker zum 1. Januar 1799 zunächst die Zeitung und nach dem Tode des Vaters den gesamten Verlag übernahm, hatte er aus dessen bitteren Erfahrungen gelernt.

Doch Gottschalk D. Baedeker hatte Größeres im Sinn als sein Vater und wollte sich mit der Essener Engstirnigkeit auf Dauer nicht zufrieden geben, zumal sich Streitigkeiten, wie Zacharias sie erlebt hatte, jederzeit wiederholen konnten. Der Anspruch, den lokalen Essener Rahmen zu verlassen und sich an ein breiteres Publikum zu wenden, wird bereits deutlich im Umgang mit der Zeitung, die er zum 1. Januar 1799 übernahm: Sie hieß von nun an nicht mehr ‚Essendische Zeitung‘, sondern ‚Allgemeine Politische Nachrichten‘. In Bezug auf das Verlagswesen wich er zunächst nach Dortmund, später nach Duisburg aus, wo er das Fundament des Essener Verlages legen konnte. In beiden Städten stand der Erwerb eines Buchdruckerprivilegs in Aussicht.

Anfänge des Verlages G. D. Baedeker in Dortmund und Duisburg

Zusammenarbeit mit der Blotheschen Buchhandlung in Dortmund

Gottschalk D. dachte – ähnlich wie die Mutter? – ökonomischer als sein Vater und bemühte sich zunächst um eine gesicherte finanzielle Basis. Am 6. Oktober 1798 – drei Monate nach der Übernahme – lieh er sich *zu Verbesserung der mir [...] übertragenen Buchdruckerey* mit Einwilligung seines Vaters 650 Rtlr von dem damaligen Pastor primarius Barop in Dortmund.[80] Er legte dieses Geld aber zunächst nicht in Essen, sondern in Dortmund an, wo er sich bereits im Januar 1799 mit dem Buchhändler Johann Heinrich Blothe und dem Advocaten J. G. Nedelmann zusammentat. Baedeker notierte zu Beginn des Jahres 1799 in seinem Geschäftsbuch unter der Rubrik *Blothe & Comp.*: *Total-Betrag des Guthabens an Blothe & Comp. 618 Rtlr 56 1/2 Stb.; das Guthaben von Blothe & C. betrug l[aut] Handl[ungs]b[uch] 654 Rtlr 12 Stb. Ich bleibe folglich Blothe noch schuldig 35 Rtlr 16 1/2 Stb. Die kleine Dortm[under] Kalender sind noch nicht berechnet.*[81] Am 6. März 1799 wurde die Fusion im ‚Westphälischen Anzeiger‘ bekanntgemacht:

In der vom Herrn Doktor Arn. Mallinckrodt und mir geschehenen Trennungs-Anzeige, wornach derselbe die bisherigen [!] Verlagshandlung übernommen hat und ich die Sortimentsgeschäfte von Anfang dieses Jahres an, fortsetze, versprach ich von meiner neuen Handlungs-Verbindung das Nähere bekannt zu machen.

Ich zeige also hiemit an, daß der hiesige Advokat J. G. Nedelmann und der Fürstlich Essendische Buchdrucker G. D. Baedeker mit mir in Compagnie getreten sind.
Wir führen unter der bisherigen Firma:
Heinrich Blothe und Compagnie
nicht nur die Sortiments-Geschäfte, sondern errichten auch eine neue Verlagshandlung, worin wir von dem Herrn Professor J. C. Hoffbauer in Halle, Herrn Archivarius Kindlinger (Verfasser der Münsterschen Beiträge) und Herrn Dr. Castringius bereits gütigst unterstützt worden sind, und überdies etablieren wir neben der in Essen gemeinschaftlichen Buchdruckerei hier in Dortmund eine neue.[82]

Blothe war „gewiß der bedeutendste Buchhändler Dortmunds in den Jahren um die Wende vom 18. zum 19. Jahrhundert" und gab sich nicht mit der in Deutschland üblichen und höchst mangelhaften Typographie zufrieden.[83] Er zählte auch zu den 117 Gründern der 1797 errichteten Buchhändler-Börse, die als Vorläufer des 1825 gegründeten ‚Börsenvereins der Deutschen Buchhändler‘ anzusehen ist und bestrebt war, eine Rationalisierung des Abrechnungswesens im Buchhandel durchzusetzen.

Das Unternehmen nahm zunächst einen rasanten Aufschwung. Baedeker notierte: *Im Anfange des Jahres den Pfeiferschen reform. Katechismus [...] gedruckt, [...] 2000 die Auflage.*[84] Im März erschienen 400, dann noch einmal 600 *Circulare [...] zur Ankündigung unserer Verbindung.* Im Juli druckte man 400 Quartblättchen gleichen Inhalts, dazu *2 Buch Bestellungszettel* und den *Anfang zum Meß-Katalog* (600 Stück). Gottschalk D. wußte, daß Werbung notwendig war, aber auch harte Arbeit. Im September erschienen: der *Dortmunder Lesekatalog* (1.000 Stück), *Natorps Confirmations-Fest* (400 Stück) und drei bzw. vier Werke von Nikolaus Kindlinger jeweils 1.000 Stück: *Nähere Nachrichten vom ältesten Gebrauche der Siegeloblaten und des Siegellacks in dem 16ten und 17ten Jahrhunderte; Versuch einer Ableitung der Worte Herr, Herrgott und Frau und ihrer ursprünglichen Begriffe; Versuch einer Erklärung dessen, was Tacitus Germ. Cap. 24 und 25 von der Spielsucht der Deutschen, von ihren Knechten und Freigelassenen*

Nikolaus Kindlinger

sagt; und – in Baedekers Geschäftsbuch nicht verzeichnet – *Vermischte Aufsätze als Beyträge zur Geschichte, Diplomatik, Sprachkenntnis.* Alle vier Bücher tragen als Druckvermerk Dortmund und Essen 1799 und zeigen, daß man zunächst eher mit historischen als mit religiösen und pädagogischen Werke auf den Markt kommen wollte. Außerdem verlegten Blothe und Baedeker – ebenfalls 1799 – 250 Tafelkalender und Topographien, gedruckt für Carl und Comp. in Osnabrück, 700 Exemplare.

Warum sich Baedeker bereits im Oktober aus dieser Gesellschaft zurückzog,[85] bleibt unklar. Denkbar sind verschiedene Gründe. Der Kompagnon Nedelmann war „ein wunderlich gelehrter, aber für das Geschäftsleben wenig geeigneter Mann".[86] Möglich ist auch, daß die Ausrichtung auf historische Werke nicht den erwarteten Erfolg brachte. Am wahrscheinlichsten ist jedoch, daß das Fehlen eines Druckprivilegs ausschlaggebend war, denn das war 1797 von Baedeker/Dortmund über die Nachfolgefirma Heinrich Blothe & Comp. an die Gebrüder Mallinckrodt übergegangen. Blothe verließ Dortmund und gründete 1801 in Osnabrück einen recht produktiven Verlag. Baedeker orientierte sich nach Duisburg, nachdem in Essen der Versuch, ein Druckprivileg zu erhalten, gescheitert war.

Zusammenschluß mit der Universitätsbuchhandlung in Duisburg

Daß der Erwerb dieses Druckprivilegs für Baedeker eine äußerst wichtige Rolle spielte, läßt sich aus seiner weiteren Geschäftsplanung belegen. 1801/2 muß er sich bei der preußischen Interimsverwaltung darum bemüht haben, ein solches zu erhalten. Doch die Essener Ratsakten vermerken, die Originalunterlagen, aus denen Baedeker mit Bezug auf einen städtischen *Contract* vom 19. Juni 1753 ein Privileg herleiten wollte, seien mit negativem Bescheid zurückgesandt worden.[87] Ein zweiter Versuch (1. März 1803) scheiterte ebenfalls. Das zuständige Ministerium des Königreichs Preußen teilte Baedeker mit, daß für ein Druckprivileg in Essen kein Bedürfnis vorliege, zumal der Antragsteller *bey der vorzüglichen Einrichtung seiner Buchdruckery um so weniger eine Beeinflussung zu befürchten hat, als sich schwerlich jemand entschließen dürfte, sich dort zu etabliren und sich der gefahr zu exponiren, keinen hinlänglichen Verdienst zu haben.*[88] Lediglich das Privileg, das die Fürstin-Äbtissin bereits seinem Vater erteilt hatte, wurde in Bezug auf Schulbücher bestätigt. Für Neudrucke von Schulbüchern mußte er jedoch jeweils um Druckgenehmigung nachsuchen. 1804 erhielt er von der preußischen Kriegs- und Domainen-Kammer lediglich die Erlaubnis, die in den Bezirken Essen und Werden kostenlos aufzunehmenden *gerichtlichen Insertionen* in den Allgemeinen Politischen Nachrichten abzudrucken.[89] Auch Baedekers Antrag, die b e z a h l t e n Bekanntmachungen vom ,Duisburger Intelligenzblatt' abzuziehen und ihm für eine umbenannte und erweiterte *Kön*[iglich] *Pr*[eussisch] *Essen- und Werdensche Provinzial-Zeitung* zu übertragen, scheiterte in Berlin.[90]

Baedeker wandte sich daraufhin nach Duisburg, wo die 1774 gegründete Helwing'sche Buchhandlung verkauft werden sollte.[91] 1779 hatte sie von der dortigen Universität das notwendige Privileg erhalten. Gemeinsam mit Johann Adolf Kürzel, der bei Helwing Buchhandlungsgehilfe gewesen war, kaufte Baedeker 1802/3 den in finanzielle Schwierigkeiten geratenen Betrieb und notierte in seinem Geschäftsbuch: *Für die Handlung Helwing, wovon der Kaufschilling mit dem Privilegio 2350 Rtlr betrug, zahlte ich 1350 Rt und sollte auszahlen 1175 Rt, folglich muß Kürzel ersetzen 175 Rtlr.*[92] Das Buchhandelsprivileg der Universität Duisburg, ausgestellt für Gottschalk Diederich Baedeker und Johann Adolf Kürzel, folgte am 9. Juli 1803.[93] Zunächst erschienen alle Werke unter dem Namen „Baedeker & Comp. in Duisburg und Essen", 1808 wurde der Firmenname in „Baedeker & Kürzel in Duisburg und Essen" umgewandelt.[94] Gottschalk D. sah – so lange Kürzel lebte – sein *Hauptgeschäft in Duisburg.*[95] Dies änderte sich 1816, als Kürzel starb und Baedeker Alleininhaber wurde. Von 1820 an erscheint Duisburg als Verlagsort nicht mehr im Impressum, die dortige Buchhandlung war nur noch eine Niederlage des Essener Geschäftes.

Verlag G. D. Baedeker in Essen

Natorp's ,Kleine Bibel', erschienen 1802, galt den Söhnen als erster Verlagsartikel aus dem Verlag G. D. Baedeker. Das Erscheinen ging wohl nicht ohne Schwierigkeiten vonstatten, denn bereits zwei Jahre zuvor hatte Baedeker in den Allgemeinen Politischen Nachrichten angekündigt, Natorp/Bährens' Kleine Bibel werde *in künftiger Ostermesse erscheinen.*[96] Richtig ist sicher, daß die Werke der mit Gottschalk D. befreundeten Prediger, Natorp und Krummacher, die *Grundsteine des Bädeker'schen Verlages* bildeten und wesentlich dazu beitrugen, *den Ruf der Firma aus der damals unbedeutenden, namenlosen Stadt in weitere Kreise Deutschlands zu tragen.*[97]

Baedeker spezialisierte sich seit 1815 v.a. auf pädagogische Literatur und förderte neben diesen beiden auch Autoren wie Diesterweg, Hoffmeister, Kellner, Wilberg, Rinck, Erk, Greef, Wagner, Koppe und Spieß. Interessant sind Baedekers Ablehnungen. Als Minister von Kretschmann in Düsseldorf den Verlag einer *Allgemeinen Gewerbezeitung*, die täglich erscheinen sollte, (ca. 1816-1820) anbot, oder der Tribunal-Richter Haupt in Düsseldorf vorschlug, eine Biographie der Herzogin Jacobe von Baden zu verlegen, beschied er dies negativ.[98] Man darf vermuten, daß Gottschalk aus der Dortmunder Zeit, als er Kindlingers historische Arbeiten verlegte, gelernt hatte. Er wußte, daß seit Einführung der allgemeinen Schulpflicht in erster Linie mit Schulbüchern Profit zu erzielen war. 810 Werke aus Baedekers Verlag haben wiederholte Auflagen erlebt, so z. B. die Haesters'sche Fibel (800 Aufl. mit 2,5 Mio Exempl.), Koppe's Physik (14 Aufl.), Diesterwegs ,Wegweiser für Lehrer' (5 Aufl.) und die

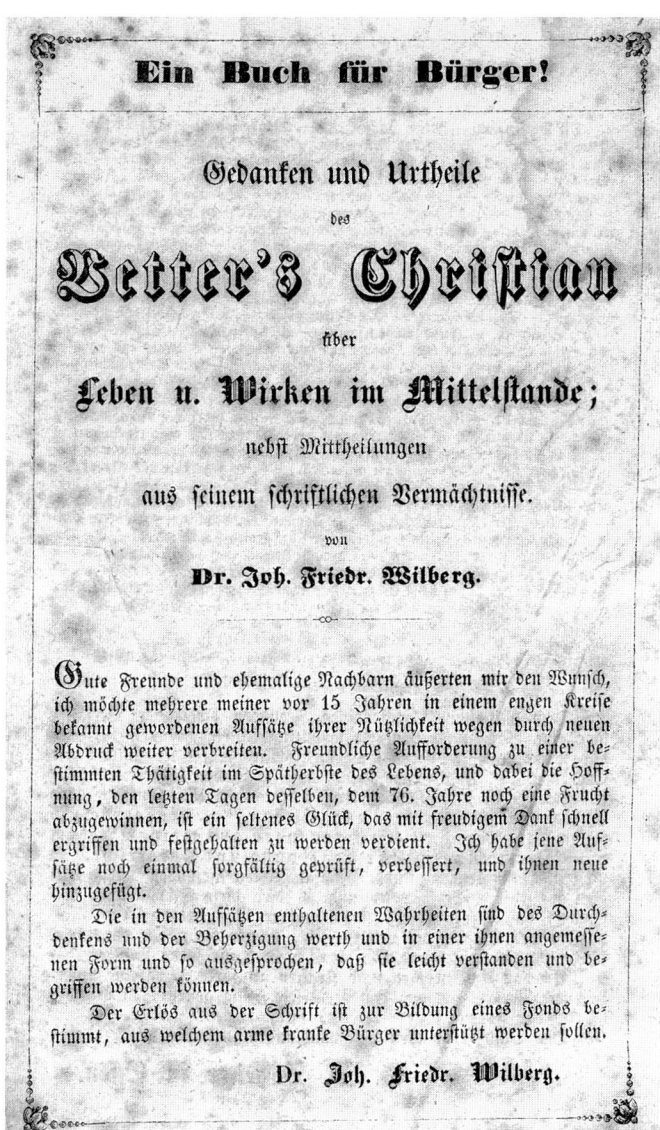

Prospekt für J. F. Wilberg „Gedanken und Urtheile des Vetter's Christian…"

„Gesammten Naturwissenschaften", ein dreibändiges populäres Werk (3 Aufl.).[99] Julius Baedeker bekannte 1851: *Die Schulgeister sind es, die auch seinen Nachfolgern die Treue bewahrt haben. Ihnen verdanken unsere Pressen die gedeihlichste Nahrung.*[100]

Die Baedekersche Leih- und Lesebibliothek

Am 25. Februar 1813 gab Gottschalk D. Baedeker in den Allgemeinen Politischen Nachrichten bekannt, daß seine *Leih- und Lesebibliothek* wieder eröffnet sei. Die Bedingungen *unter welchen man an der Bibliothek Theil nehmen kann*, sollte jeder Interessent genau lesen.[101] Die Unterscheidung ist bemerkenswert und gibt Hinweise, daß auch in Essen bereits eine Lesegesellschaft bestand. Nach Prüsener nahmen diese Lesegesellschaften ebenfalls die Bezeichnung ‚Lesebibliothek' für sich in Anspruch und standen in der Nachfolge der ‚Lesezirkel'. Während sich in den Lesezirkeln Interessenten zum Ankauf der neuesten Literatur zusammenschlossen, um diese nach einem festen Terminplan untereinander zirkulieren zu lassen, bot die Lesebibliothek ihren Mitgliedern, einer geschlossenen Gesellschaft, die Möglichkeit, an zentraler Stelle die Bücher zu einem beliebigen Zeitpunkt auszuleihen. Für Nichtmitglieder fungierte die gleiche Institution unter dem Namen ‚Leihbibliothek'; sie zahlten nur die Leihgebühr für das jeweils entliehene Buch.

Essener Leihbibliotheken

Private Leihbibliotheken waren gegen Ende des 18. Jahrhunderts nichts Ungewöhnliches. Es müssen in Essen sogar mehrere existiert haben, die aber nur sporadisch in den Quellen auftauchen. In der Essendischen Zeitung von 1792 finden sich gleich mehrere Inserate: *Diejenige, so Bücher entlehnt oder auch gekauft haben, worinne der Name J. W. Gierschick geschrieben stehet, werden sehr höflich ersucht, solche an den Eigenthümer gegen Ersaz der Auslage zurückzugeben.*[102] Im April läßt der Organist J. C. Kaufmann ankündigen, er habe die acht Bände der *vortreflichen Annalen der Gesetzgebung und Rechtsgelehrsamkeit in den Preuß. Staaten*, hrsg. v. Prof. Klein in Halle, *zum Verleihen angeschafft*, die *Rechtsgelehrte und andere Freunde einer lehrreichen Lectüre* für 4 Stb. pro Band wöchentlich entleihen könnten.[103] Im September wird bekannt gemacht, daß seine Leihbibliothek *wiederum mit 60 neue geschmackvolle Schriften ist vermehret worden.*[104] Das Verzeichnis kostet 3 Stb.

Für die Gründung der Baedekerschen Leihbibliothek werden in der Literatur verschiedene Daten genannt, die aber allesamt nicht zu belegen sind. Es ist kein genauer Zeitpunkt anzugeben, weder für den Beginn noch für die Schließung der Bibliothek, die sich bis gegen Ende der 50er Jahre des 19. Jahrhunderts nachweisen läßt. Dann verliert sich ihre Spur in den Quellen.

Die Baedekersche Leihbibliothek muß zu Beginn der 90er Jahre oder sogar früher entstanden sein. Käthe Klein, der noch Zeitungsausgaben zur Verfügung standen, die heute verloren sind, schreibt, Zacharias Baedeker habe in vielen Inseraten z. B. auf die 1788 erschienenen Werke Friedrichs II. (12 Bde.) aufmerksam gemacht und sie zur Subskription empfohlen. Da die Anschaffungskosten wohl vielen zu hoch seien, wolle er die Bücher aber auch ausleihen.[105] Für die Essener Lesegesellschaft, die – so Klein – bereits vor 1790 bestand, ließ Baedeker von der Frankfurter Michaelismesse die neuesten Bücher kommen und sammelte die *Pränumerationsgelder* ein.[106]

1792 erscheint in der Zeitung die Aufforderung: *Es ist einem Schauspieler hiesiger Gesellschaft ein Buch, betitelt: Zwei Uhren und kein Geld im Sack [...] ausgeliehen worden. Der gegenwärtige Innhaber desselben wird höflichst ersucht, solches dem Eigenthümer, dessen Namen im Buche vorgemeldet ist, zurückzustellen.*[107] Ob sich diese Anzeige auf Baedekers Leihbibliothek bezieht, ist nicht eindeutig auszumachen, immerhin erscheint der Titel später im Bestand seines Verlags-Kataloges.[108] Gesicherten Boden gewinnt man erst zum Ende des Jahres 1796. Baedeker inseriert in seiner Zeitung: *Aus hiesiger Buchdruckerey sind folgende 4 Bücher verliehen worden, ohne daß man die Leiher derselben mehr weiß: 1) Kayser Josephs des 2ten Leben. 2) Robinson der Jüngere. 3) Lebensformen der würklichen Welt, 1stes und 3tes Bändchen. Man bittet dieselben doch gleich wieder an ihre Behörde* [Besitzer] *abzuliefern, da in jedem Buche der Name vorne eingeschrieben ist.*[109]

Leih- und Lesebibliothek G. D. Baedekers

Gottschalk D. scheint dann bald – ähnlich wie bereits Druckerei und Verlag – auch die Leihbibliothek professioneller geführt zu haben. In dem von ihm angelegten Geschäftsbuch findet sich auf fünf Seiten eine Liste der *Abbonenten zur Leih-Bibliothek,* die wohl rückwirkend im Herbst 1800 angelegt wurde.[110] Es scheint sich bei der Umstellung auf Abonnenten um eine Veränderung, eben um die (Wieder?)-Begründung einer Lesegesellschaft zu handeln, damit ein finanzieller Grundstock für Neuerwerbungen geschaffen werden konnte. Die ersten Abonnenten waren Hofrat Graffweg (15. Juli 1797), Friedrich Ueberfeld, Herr Zopf (1. Aug. 1797) sowie *Oheim Bastian* (1. Okt. 1797); die Mehrzahl begann das Abonnement erst 1799. Es fällt auf, daß sehr viele Leser in Mülheim wohnten, während Essener Bürger eindeutig unterrepräsentiert sind. Möglicherweise läßt sich diese Beobachtung dadurch erklären, daß Baedeker die Abonnenten der Helwing'schen Leihbibliothek in Duisburg, die er Ende Januar 1798 für 200 Rtlr aufgekauft hatte,[111] übernommen hatte. Die Lesegebühren betrugen 50 Stb. (60 Stb = 1 Rtlr) für ein Vierteljahr.[112] Verluste, die es offensichtlich in großer Zahl gab, zeigen, daß die Bibliothek bereits um 1800 mehrere hundert Bücher umfaßte, denn Hermann von Eicken aus Mülheim blieb neben den Lesegebühren auch noch vier Bücher schuldig: Nr. 209: Meine Geschichte, ehe ich geboren wurde, Nr. 239: Ritter Herman von Weidungen, Nr. 360: Stina oder der Klostergaul, Nr. 782: Leben großer Helden von Pauli.[113]

Von 1803-6 wurde für ca. 200 Rtlr eine Reihe von Büchern (u.a. Kotzebue, Salzmann, Historische Gemälde Bd. 11-14, Englische Miscellen Bd. 18-20, Französische Miscellen Bd. 9-11, Der Westfälische Robinson Bd. 1 u. 2) und Zeitschriften (Jgg. 1805, 1806) angeschafft, von denen einige Titel genannt werden sollten: Journal für deutsche Frauen, Der Freimüthige, Zeitung für die elegante Welt, Reichsanzeiger, Nationalzeitung, Jenaer Literaturzeitung, Handlungsmagazin, Archenholz Minerva, Der Europäische Aufseher, Journal für Fabrik, Vereinigungsblätter (Jan.-Juni 1806).[114] Der Versuch einer Bestandsübersicht belegt den Erfolg des Unternehmens bis in die 40er Jahre.

Versuch einer Bestandsübersicht[115]

Jahr	Nummern	Bände	Katalogpreise	Anmerkungen
1800	mehr als 782			
1802	2334	2018	3 Stüber 12 Stüber	Kat. Neuerwerbungen (316 Bde.) Gesamtkatalog (4 Abt.)
1808	2534		3 Stüber	
1813	3333		12 Stüber	
1829/30	2648	mehr als 5000	5 Silbergroschen	
1843		7000		

Offensichtlich versuchte Gottschalk Diederich die Leserschaft für allgemeinere Fragen der Zeit zu interessieren. Erstaunlicherweise hatte er keine Schwierigkeiten, als
1824 auf Veranlassung Metternichs die gesamte Presse einschließlich der Leihbibliotheken, Buch- und Kunsthändler einer scharfen Zensur unterworfen wurde.[116] Es
durften nur noch gebildete und politisch zuverlässige Personen eine Leihbücherei unterhalten unter der Voraussetzung, daß keine Schriften verliehen wurden, die in religiöser, sittlicher oder politischer Hinsicht bedenklich waren. Baedekers Katalog der
Leihbibliothek wurde von dem Gymnasiallehrer Paulsen überprüft, der dann folgenden Bericht erstattete: *Es sind nur wenige Bücher darin, die die Moralität, den Staat
oder die Kirche zu gefährden scheinen. Freilich will man die Sache vom christlich
pädagogischen Standpunkte aus beurteilen, so sind wohl die meisten der in diesem
Verzeichnis stehenden Bücher fast alle Romane und sehr viele Theaterstücke, nicht
ganz unschädlich zu nennen, indem sie teils Zeit rauben, welche für nützlichere Beschäftigung verwendet werden könnte, teils das Leben falsch oder in seinen niedrigsten gemeinsten Gehalt zeichnen und eben dadurch oft die sinnliche Einbildungskraft nachteilig erhitzen.* Paulsen mußte allerdings zugeben, daß ihm die gesamte Ro-
man- und Schauspielliteratur fremd und fast keines der genannten Bücher ihm vertraut war. Baedeker gab Anweisung, daß kein Gymnasiast ohne schriftliche Genehmigung des Lehrers ein Buch ausleihen dürfe.

    1829 war die Leihbibliothek wiederum wegen Erstellung eines neuen Kataloges
vorübergehend geschlossen. Das neue ‚Verzeichniß der Leih-Bibliothek von G. D. Bä-
deker', das 1830 im Druck erschien, ordnet den Bestand nach folgenden Gebieten:
A) *Romane und Erzählungen* (1350 Titel);
B) *Gesammelte Werke deutscher und ausländischer Schriftsteller* (43 Titel), darunter
    Cervantes, Goethe (50 Bde), Herder, Lessing (32 Bde), Schiller (9 Bde), Heinrich
    Zschokke (26 Bde);
C) *Theatralische Werke* (243 Titel);
D) *Gedichte* (188 Titel);
E) *Geschichte, Biographien und politische Schriften* (249 Titel);
F) *Reisebeschreibungen* (228 Titel);
G) *Jugendschriften* (130 Titel);
H) *Schriften vermischten Inhalts* (217 Titel).

Eingangs werden die *Bedingungen* der Ausleihe erläutert: Die Bücher werden nur
nach den im Katalog ausgewiesenen Nummern ausgegeben. *Das Selbstaussuchen*

und mündliche Bestellen wird durchaus verbeten. Auf hohe Nutzung deutet die Bitte, *jedesmal eine Anzahl Nummern aufzuschreiben, weil oft der Fall eintritt, daß eine verlangte Nummer nicht zu Hause ist.* Einheimische Leser konnten täglich ein Buch ausleihen, auswärtige erhielten drei Bände pro Bestellung. Sie sollten die Bücher in steifem Packpapier *oder noch besser in Wachstuch* eingepackt portofrei zurücksenden.

Die Ausleihzeiten wurden ausgedehnt: vormittags von 9-12, nachmittags von 14-17 Uhr (im Winter bis 16 Uhr). An Sonn- und Feiertagen konnten nur vormittags zwischen 10 bis 12 Uhr *Bücher verwechselt werden.* Bedient wurden *hiesige Leser und Fremde,* letztere mußten als Kaution für jedes Buch 1 1/2 Rtlr hinterlegen. Einheimische Leser durften ein Buch 14 Tage, auswärtige 20 Tage behalten. Für jeden Tag Fristüberschreitung mußte eine Strafe von 1 Slbgr. gezahlt werden. Günstig war das Abonnement: Die Lesegebühren betrugen für ein ganzes Jahr 3 Rtlr 20 Slbgr., für ein halbes Jahr 2 Rtlr, für ein Vierteljahr 1 Rtlr 5 Slbgr., für einen Monat 15 Slbgr. Nicht-Abonnenten zahlten pro Band täglich einen Silbergroschen.

Daß Verluste auch damals wohl nicht selten waren, zeigt Baedekers Aufforderung an *jeden rechtlichen Mann, welcher Bücher aus meiner älteren Bibliothek entweder selbst noch vorfinden oder sie auch an einem andern Hause sehen sollte, mir sie doch gleich wieder zurück zu schicken, oder mich davon zu benachrichtigen.*

Warum die Leihbibliothek schließlich einging, ist unklar. Man kann nur vermuten, daß in den 40er Jahren der erwartete Erfolg ausblieb, zumal in Mülheim ein ähnliches Institut gegründet wurde, wodurch die Zahl der Interessenten erheblich abnahm. Immerhin hat sich die Leihbibliothek bis in die 60er Jahre des 19. Jahrhunderts gehalten.

Anmerkungen

1 StA Essen 100 Nr. 334, Bl. 218, 334ff.; vgl. StA Essen 11 Nr. 1120.
2 StA Essen 100 Nr. 145 (ohne Pag.).
3 Allgemeine Politische Nachrichten 1856 Nr. 1, 2.1.1856.
4 Julius Baedeker, Über die Anfänge des Buchdrucks und des Zeitungswesens in Essen und beider Entwicklung im 18. Jahrhundert, in: EB 18 (1898), S. 132-150, S. 140.
5 Auch zum folgenden StA Essen 100 Nr. 145 (ohne Pag.).
6 Baedeker, Anfänge, S. 141.
7 Zit. nach Baedeker, Anfänge, S. 142.
8 Auch zum folgenden StA Essen 100 Nr. 507, Bl. 1-6.
9 Ev. Gemeindearchiv Essen-Altstadt: Sterberegister 1766-1800, Bl. 21f.
10 Ev. Gemeindearchiv Essen-Altstadt: Kirchenbuch der luth. Kirche 1798-1802, Bl. 89. Das Heiratsdatum ist beim Todeseintrag notiert. Für den Hinweis danke ich Herrn Karl-Heinz Bremer, Essen.
11 [Julius Bädeker], Julius Theodor Bädeker. Ein Lebensbild, dargestellt zur Erinnerung an das 50jährige Bestehen der im Jahre 1843 von ihm begründeten Buchhandlung. Ein Beitrag zur Familiengeschichte, Leipzig 1893, S. 7.
12 Vgl. StA Essen 100 Nr. 327, Bl. 238f., 346f., 358ff.
13 Essendische Zeitung 1796 Nr. 39, 13.5.1796.
14 E[duard] und J[ulius] Baedeker, Zur Erinnerung an die Feier des hundertjährigen Geburtstages unseres sel. Vaters Gottschalk Diedrich Baedeker, des Begründers der Firma G. D. Baedeker in Essen am 13. Juli 1878, S. 10.
15 Zit. nach Käthe Klein, Die Baedeker-Zeitung und ihre Vorgängerin in Essen (1738-1848), in: EB 45 (1927), S. 3-127, S. 122.

16 StA Essen 302 Nr. 74, Bl. 205.

17 StA Essen 302 Nr. 134, Bl. 56.

18 StA Essen 302 Nr. 74, Bl. 205.

19 StA Essen 302 Nr. 99 Nr. 10.

20 StA Essen 302 Nr. 1; vgl. Karl d'Ester, Das Zeitungswesen in Westfalen von den Anfängen bis zum Jahre 1813, Münster 1907, S. 41f.

21 StA Essen 100 Nr. 327, Bl. 238f., 346f., 358ff.; Nr. 328, Bl. 328.

22 Karl Baedeker, Die Einweihung der Neuen Offizin von G. D. Baedeker in Essen am 26. September 1851, [Essen 1851], S. 16f.

23 StA Essen 302 Nr. 72, Bl. 289.

24 StA Essen 302 Nr. 74, Bl. 73.

25 Brief Baedekers, abgedruckt in Erwin Dickhoff, Der Erwerb der Harrachschen Kurie. Ein Beitrag zur Geschichte der Buchhandlung Baedeker, in: MaH 28 (1975), S. 81-95, S. 82ff.

26 Essendische Zeitung 1782 Nr. 92, 16.11.1782.

27 Essendische Zeitung 1782 Nr. 45, 4.6.1782.

28 Essendische Zeitung 1796 Nr. 33, 19.4.1796; vgl. auch Nr. 54, 5.7.1796.

29 StA Essen 100 Nr. 146, Nr. 2 (ohne Pag.).

30 Werner Brauksiepe, Geschichte des Duisburger Zeitungswesens von 1727-1870. Würzburg 1937, S. 23. Vgl. auch Peter Jürgen Mennenöh, Duisburg in der Geschichte des niederrheinischen Buchdrucks und Buchhandels bis zum Ende der alten Duisburger Universität (1818), Duisburg 1970, S. 241.

31 Duisburgische literarische Nachrichten 1782, T. 1, 8. Stück, S. 57-59.

32 Essendische Zeitung 1782 Nr. 18, 1.3.1782.

33 Historisches Archiv des Erzbistums Köln (HAEK) Assindia Nr. 31, Bl. 17-53.

34 StA Essen 302 Nr. 72, Bl. 37.

35 Haus-, Hof- und Staatsarchiv Wien (HHSt), Reichshofratsprozesse (RHR) 88/6, Lit. A. – Vgl. auch HAEK Assindia Nr. 31, fol. 65.

36 HHSt, RHR 88/6 (ohne Pag.).

37 Auch zum folgenden StA Essen 100 Nr. 146, Nr. 2, Bl. 4-15 = 100 Nr. 145 (ohne Pag.).

38 Druck des Urteils in Robert Jahn, Essener Geschichte. Die geschichtliche Entwicklung im Raum der Großstadt Essen. Essen 1957², S. 286f.

39 HHSt, RHR 88/7, Ziffer 1: Bescheid des Magistrats, 19.10.1786.

40 HHSt, RHR 88/6, Anlage 19: Essendische Zeitung 1784 Nr. 102, 21.12.1784.

41 HHSt, RHR 88/6 (ohne Pag.).

42 StA Essen 100 Nr. 539, Bl. 1f.

43 HHSt, RHR 88/7, Ziffer 4: Verwahrung und Berufung Baedekers, 24.10.1786.

44 Auch zum folgenden StA Essen 100 Nr. 145 (ohne Pag.).

45 Vgl. auch StA Essen 302 Nr. 74, Bl. 133ff.

46 Essendische Zeitung 1796 Nr. 7, 22.1.1796; Nr. 48, 14.6.1796; vgl. Nr. 33, 19.4.1796; Nr. 54, 5.7.1796, Nr. 88, 1.11.1796; Nr. 89, 4.11.1796; Nr. 102, 20.12.1796.

47 StA Essen 302 Nr. 74, Bl. 106-110, 117, 171.

48 StA Essen 302 Nr. 74, Bl. 92.

49 StA Essen 302 Nr. 75, Bl. 109b.

50 [Eduard und Julius Baedeker], Zur Erinnerung an eine Jubelfeier der Firma G. D. Bädeker in Essen am 1. und 2. Januar 1869, [Essen 1869], S. 7.

51 Auch zum folgenden StA Essen 302 Nr. 72, Bl. 37.

52 StA Essen 302 Nr. 74, Bl. 38ff..

53 StA Essen 302 Nr. 74, Bl. 125ff., 149ff., 199ff.

54 StA Essen 302 Nr. 74, Bl. 47ff.

55 StA Essen 302 Nr. 74, Bl. 40.

56 StA Essen 302 Nr. 74, Bl. 41.

57 StA Essen 302 Nr. 74, Bl. 45.

58 StA Essen 302 Nr. 74, Bl. 59.

59 StA Essen 302 Nr. 74, Bl. 38, 59ff., 115, 121ff., 183ff., 191ff., 249f.

60 StA Essen 302 Nr. 74, Bl. 69ff., 103ff., 167f. (Engels); 75ff., 90 (Hoesch); 107 (Greeven); 145 (Rive); 179ff. (Wiedemann).

61 StA Essen 302 Nr. 74, Bl. 83, 109ff.
62 StA Essen 302 Nr. 74, Bl. 93, 113, 142ff.
63 Hans M. Meyer (Hrsg.), „... was in der Westfalennatur steckt ..." Westfalenbriefe aus der Handschriftenabteilung, ausgewählt, übertragen und kommentiert von Hedwig Gunnemann, Dortmund 1967, S. 53.
64 StA Essen 302 Nr. 74, Bl. 87, 102, 203.
65 Baedeker, Erinnerung an eine Jubelfeier ... 1869, S. 6, 12f., 14, 20; Baedeker, Erinnerung an die Feier des hundertjährigen Geburtstages, S. 5; Wilhelm Sellmann, Verlag und Buchhandlung Baedeker zweihundert Jahre in Essen 1775-1975, Ms. Essen 1975, S. 25; StA Essen 302 Nr. 74, Bl. 45, Nr. 72, Bl. 313; Allgemeine Politische Nachrichten 1800 Nr. 27, 3.4.1800.
66 Baedeker, Erinnerung an eine Jubelfeier ... 1869, S. 15.
67 Ebenda.
68 Auch zum folgenden Allgemeine Politische Nachrichten 1800 Nr. 27, 3.4.1800.
69 StA Essen 302 Nr. 74, Bl. 42.
70 StA Essen 302 Nr. 134, Bl. 44.
71 StA Essen 302 Nr. 74, Bl. 169, 218.
72 StA Essen 302 Nr. 107, Bd. 1, Bl. 2f.
73 StA Essen 302 Nr. 74, Bl. 80ff., vgl. Bl. 92, 213.
74 StA Essen 302 Nr. 74, Bl. 94ff., 117ff., 207ff.
75 StA Essen 302 Nr. 74, Bl. 215.
76 StA Essen 302 Nr. 74, Bl. 269f.
77 StA Essen 302 Nr. 74, Bl. 95.
78 Baedeker, Einweihung, S. 18.
79 StA Essen 302 Nr. 107, Bd. 1, Bl. 30: Vertrag F. Berggold, Berlin, 1859.
80 StA Essen 100 Nr. 328, Bl. 623.
81 StA Essen 302 Nr. 74, Bl. 45.
82 Zit. nach Richard Walter Piersig, Geschichte der Dortmunder Tagespresse, Dortmund 1915, S. 70, vgl. auch S. 29.
83 Gerhard Schulz, 400 Jahre Buchdruck und Buchhandel in Dortmund (1544-1945), in: Alois Klotzbücher (Hrsg.), Literarisches Leben in Dortmund, Dortmund 1984, S. 45-88, S. 61, zum folgenden S. 66.
84 Auch zum folgenden StA Essen 302 Nr. 74, Bl. 43.
85 Hermann Becker, Die Anfänge der Tagespresse in Dortmund, in: Beiträge zur Geschichte Dortmunds und der Grafschaft Mark 11 (1902), S. 97-157, 119 Anm.
86 Ebenda.
87 StA Essen 100 Nr. 145 (ohne Pag.).
88 Zit. nach Sellmann, Verlag und Buchhandlung, S. 49f.
89 StA Essen 100 Nr. 32 (ohne Pag.).
90 Geheimes Staatsarchiv Preußischer Kulturbesitz I HA Rep. 70 IX Nr. 1296, Supplic, 27.11.1804.
91 Zum folgenden Mennenöh, Duisburg, S. 121ff., 126ff.
92 StA Essen 302 Nr. 75, Bl. 197.
93 Druck in Mennenöh, Duisburg, S. 288f.
94 StA Essen 302 Nr. 75, Bl. 197ff., 215ff.
95 Brief Baedekers, abgedruckt in Dickhoff, Erwerb, S. 82.
96 Allgemeine Politische Nachrichten 1800 Nr. 50, 22.6.1800.
97 Baedeker, Erinnerung an die Feier des hundertjährigen Geburtstages, S. 11.
98 StA Essen 302 Nr. 134 Bl. 24, 26.
99 Baedeker, Erinnerung an die Feier des hundertjährigen Geburtstages, S. 17.
100 Bädeker, Einweihung, S. 16.
101 Allgemeine Politische Nachrichten 1813 Nr. 16, 25.2.1813.
102 Essendische Zeitung 1792 Nr. 14, 17.2.1792.
103 Essendische Zeitung 1792 Nr. 28, 6.4.1792.
104 Essendische Zeitung 1792 Nr. 77, 25.9.1792.
105 Klein, Baedeker-Zeitung, S. 54f.
106 Ebenda, S. 55, vgl. S. 60.

107 Essendische Zeitung 1792 Nr. 3, 10.1.1792.
108 Verlags-Katalog von G. D. Bädeker in Essen, [Essen] 1840, S. 7.
109 Essendische Zeitung 1796 Nr. 97, 2.12.1796.
110 StA Essen 302 Nr. 74, Bl. 229-231.
111 StA Essen 302 Nr. 74, Bl. 151.
112 Allgemeine Politische Nachrichten 1808 Nr. 5, 17.1.1808; vgl. StA Essen 302 Nr. 74, Bl. 37, 71 (Rückstände 1802).
113 StA Essen 302 Nr. 74, Bl. 26.
114 StA Essen 302 Nr. 75, Bl. 149f.
115 Allgemeine Politische Nachrichten 1802 Nr. 62, 5.8.1802; 1808 Nr. 5, 17.1.1808; 1813 Nr. 16, 25.2.1813; 1829 Nr. 102 u. 103, 20. u. 24.12.1829; Verzeichniß der Leihbibliothek von G. D. Baedeker, Essen 1830.
116 Zum folgenden Hermann Schröter, Leihbibliotheken und Druckereien in Essen im Anfang des 19. Jahrhunderts, in: MaH 9 (1956), S. 23-26.

Matthias Anstötz/Gabriele Jakubowski

Ausgewählte Kurzporträts
von „Baedeker-Autoren"

Agnes Franz

Geboren am 8. März 1794 in Militisch in Schlesien, gestorben am 13. Mai 1843 in Breslau.

In früher Jugend erlitt Agnes Franz einen schweren Unfall, der sie für lange Jahre ans Haus fesselte. In dieser Zeit entdeckte sie ihre Liebe zur Literatur und die Neigung selber zu schreiben. Um 1820 besserte sich ihr Gesundheitszustand so weit, daß sie mit ihrer Mutter auf Reisen gehen konnte. Während eines Aufenthaltes in Dresden 1821 schloß sie Bekanntschaft mit Künstlern und Schriftstellern. Diese ermöglichten ihr, erste Gedichte in der Erfurter Frauenzeitung zu publizieren.

Schon zwei Jahre später veröffentlichte sie einen kleinen Erzählband mit dem Titel *Glykerion*. Es folgten bis 1830 mehrere Bücher mit Sagen, Parabeln, Gedichten und Erzählungen. Diese überzeugten Gottschalk Diederich Baedeker so sehr, daß er ihren vierbändigen Roman *Angela* 1831 in Essen verlegte.

Die unverheiratete Agnes zog nach dem Tod der Mutter 1822 in die Familie ihrer Schwester, wo sie an der Erziehung ihrer Nichten und Neffen mitwirkte. Hierdurch inspiriert entstanden einige Kinder- und Jugendbücher.

Bis über ihren frühen Tod 1843 hinaus nahm Baedeker an ihrem vielseitigen literarischen Schaffen als Verleger Anteil.

Wichtige Werke:
1831 Angela. Roman in vier Bänden
1834 Niederrhein. Taschenbuch
1837 Gedichte. Zweite Sammlung
1838 Andachtsbuch für die Jugend
1841 Neue Parabeln
1841 Buch für Kinder. Zwei Bände
1845 Vermächtnis an die Jugend
1850 Buch der Kindheit und Jugend

Friedrich Adolph Krummacher

Geboren am 13. Juli 1767 in Tecklenburg, gestorben am 4. April 1845 in Bremen.

Nach dem Studium der Theologie in Lingen und Halle wirkte der Protestant Krummacher bis 1793 als Gymnasiallehrer und Direktor in Hamm und Moers.

Die Mercator-Universität Duisburg berief ihn nach seiner Promotion 1800 zum Professor der Theologie und Beredsamkeit. Als die Universität Duisburg 1807 aufgehoben wurde, nahm Krummacher eine Stelle als Landpfarrer in der Gemeinde Kettwig an. Über die Duisburger Universitätsbuchhandlung Baedeker & Kürzel knüpften Krummacher und G. D. Baedeker enge persönliche und geschäftliche Kontakte. Ihr gemeinsames Interesse für Theologie und Pädagogik mündete in eine fruchtbare und langjährige Zusammenarbeit, die auch nach seiner Berufung zum Generalsuperintendent in Bernburg/Saale und später als Pastor in Bremen weiter Bestand hatte. Im Essener Verlag Baedeker wurde das gesamte Werk Krummachers über seinen Tod hinaus in hohen Auflagen veröffentlicht.

Wichtige Werke:
1808 Die Liebe. Ein Hymnus
1814 Parabeln. Erstes Bändchen
1816 Parabeln. Zweites Bändchen
1817 Parabeln. Drittes Bändchen
1819 Gedichte. Erstes Bändchen
1832 Festbüchlein
1846 Katechismus der christlichen Lehre...

Bernhard Christoph Ludwig Natorp

Geboren am 14. November 1774 in Werden, gestorben am 8. Februar 1846 in Münster/Westfalen.
        Nach dem Studium der Theologie, Philosophie und Pädagogik in Halle/Saale war der Pfarrerssohn Natorp ab 1794 als Lehrer in Elberfeld tätig. 1796 wurde er zum Pfarrer ordiniert und war von 1798 bis 1810 Prediger in Essen. In dieser Zeit entwickelten die Familien Baedeker und Natorp eine enge Freundschaft. Daher wurde ein Großteil der Natorp'schen Schriften von G. D. Baedeker in Essen verlegt, so auch die später verfaßten wichtigen pädagogischen Werke. Seine weitere Karriere als Pädagoge führte Natorp 1810 als Oberkonsistorialrat an die königlich preußische Regierung in Potsdam. 1812 wurde er in Münster mit dem Neuaufbau des gesamten westfälischen Schulwesens betraut. Neben seiner Bedeutung als Pädagoge gilt Natorp auch als Erneuerer der evangelischen Kirchenmusik in Westfalen.

Wichtige Werke:
1799 Das Confirmationsfest
1802 Die kleine Bibel
1804 Grundriß zur Organisation allgemeiner Stadtschulen
1816 Fibel oder Elementarbuch für den ersten Unterricht in deutschen Schulen
        (neue verbesserte Ausgabe)
1816 Lehrbüchlein der Singekunst erster und zweiter Cursus (7. Auflage 1832)

Johann Wilhelm Georg Nedelmann

Geboren am 19. Dezember 1785 in Essen, gestorben am 21. August 1862 in Essen.
        Nach Beendigung der Schulzeit erlernte Nedelmann zunächst den Beruf des Kaufmanns und eröffnete am Essener Flachsmarkt ein Manufakturwarengeschäft. Als Geschäftsmann gehörte er zu den führenden Persönlichkeiten der Essener Bürgerschaft, so daß er über vierzig Jahre auch aktiv das politische Leben der Stadt als Municipalrat, als Stadtrat und als Repräsentant der Bürgerschaft mitgestaltete.

Den Essener Bürgern war Nedelmann ebenso als talentierter wie leidenschaftlicher Musiker bekannt, der schon in jungen Jahren als Orgelspieler und Geiger sowie später als Kapellmeister der Janitscharen viele öffentliche Konzerte initiierte oder an ihnen teilnahm.

Am Essener Gymnasium vermittelte er mehreren Schülergenerationen die Kunst des Gesangs.

Am 1. Februar 1838 gründete er den noch heute bestehenden Essener Musikverein, den er bis 1855 erfolgreich leitete.

Über die Grenzen Essens hinaus wurde Nedelmann als Komponist bekannt, dessen Werke von seinem Freund G. D. Baedeker verlegt wurden. In hoher Auflage erschienen seine Liederbücher *Deutscher Liederkranz* und *Lieder für die Jugend* bis in die vierziger Jahre des 20. Jahrhunderts im Hause Baedeker.

Wichtige Werke:
   Deutscher Liederkranz o.J.
   Lieder für die Jugend o.J.
   Glück auf o.J. (Bergmannslieder)
   Paganini-Souvenir o.J.
   Sammlung von Jugendliedern o.J.

Dorothea Bessen

Karl Baedeker und die Reiseliteratur

„Hierorts wurde heute ein verdächtiges Individuum wegen Landstreicherei aufgegriffen. Besagtes Individuum gibt an, Bädeker, Karl, zu heissen, aus Essen zu stammen und zur Zeit in Berlin die Buchdruckerlehre zu absolvieren"[1], so lautet ein Protokoll der Gendarmerie Pilchow vom 15. Juni 1820. Gemeint war der älteste Sohn von Gottschalk Diederich Baedeker, Karl, der durch seine Erkundungen zahlreicher Länder und Regionen, Städte und Landschaften im 19. Jahrhundert den praktischen Reiseführer neuen Typs schlechthin begründete, den berühmten roten Baedeker, dessen Name sich als Synonym für die Buchgattung Reiseführer eingebürgert hat.

Die akribische Vorgehensweise Karl Baedekers bei der Herstellung seiner Reisehandbücher wird schon in dieser kleinen Geschichte deutlich, so gibt ein Zeuge der Gendarmerie zu Protokoll, „daß das Indidviduum versucht habe, ihn zu Mitteilungen über Bewohner, Anzahl der Pferde, Verkehr der Postkutschen, sowie über Viehbestand und alte Gebäude der Gegend auszufragen. Auch interrogierte besagtes Individuum den Küster der Gemeinde über alle Fremden, die im Gasthof von Pilchow abgestiegen, und über deren Geschäfte hierorts. Angeblicher Bädeker Karl liess sich ohne Widerstand arretieren. Bei sich trug er zwei Schreibbücher mit verdächtigen Eintragungen, sowie Zeichnungen."[2]

Karl Baedeker wurde am 3. November 1801 in Essen geboren. Nach dem Besuch des Gymnasiums in Essen und Hagen verließ er 1817 seine Heimatstadt, um bei J. C. B. Mohr in Heidelberg eine Buchhändlerlehre zu absolvieren. Zwei Jahre später immatrikulierte er sich an der Philosophischen Fakultät der Heidelberger Universität. Nach der Ableistung des sogenannten Freiwilligen Dienstjahres in Wetzlar ging er nach Berlin, wo er von 1824 bis 1825 in der Buchhandlung von Georg Andreas Reimer arbeitete. Dort machte er wichtige Erfahrungen für sein späteres Unternehmertum, nicht nur durch die

Karl Baedeker (Holzstich von A. Pückter aus „Die Gartenlaube", 1861)

Aneigung fundierten Fachwissens und einer regen Reisetätigkeit, sondern auch durch wichtige Kontakte mit vielen Repräsentanten aus Literatur- und Verlagswesen. Dazu gehörten Hoffmann von Fallersleben, Hengstenberg, Diesterweg und Gervinus, die er teilweise schon aus seinem Elternhaus in Essen kannte.

Er entschied sich, nicht in den elterlichen Verlag in Essen einzutreten, sondern im Jahre 1827 nach Koblenz zu gehen. Über die Gründe kann man nur spekulieren. Einige Vermutungen gehen dahin, daß es die neugewonnene Hauptstadtfunktion der Stadt gewesen sei, die den weitgereisten und weltoffenen jungen Mann reizte. Mit der Eingliederung der Rheinprovinz in den preußischen Staat wurde Koblenz Provinzial-hauptstadt und Sitz des königlichen Oberpräsidiums. Vielleicht hatte auch die Herkunft seiner Mutter eine Rolle gespielt, sie stammte ja als Tochter des Buchhändlers Gehra aus dem nahegelegenen Neuwied.

Koblenz war auf jeden Fall zu dieser Zeit noch kein direktes Zentrum des Tourismus, da die regelmäßige Dampfschiffahrt auf dem Rhein – Hauptvoraussetzung für den beginnenden Tourismus im Rheingebiet – erst in diesem Jahr überhaupt eröffnet wurde, so daß dieses Argument keine Rolle für eine Niederlassung gespielt haben dürfte.

Am 1. Juli 1827 eröffnete Karl Baedeker seine eigene selbständige Sortiments- und Verlagsbuchhandlung am damaligen Paradeplatz, Ecke Rheinstraße, wo heute bezeichnenderweise ein Neubau einen Souvenirladen beherbergt. Zur Geschäftseröffnung verfaßte Karls Vater, Gottschalk Diederich Baedeker, ein Rundschreiben an die Buchhandelskollegen mit der Bitte, das Vorhaben seines Sohnes zu unterstützen. Das Geschäft mit seinen Angeboten von Rheinansichten, Panoramen und Stadtbeschreibungen, aber auch den Werken Schillers und Goethes, begann zu florieren. Verlegt wurden, wie im elterlichen Verlag in Essen, Schulbücher, z.B. ein Leitfaden für den geographischen Unterricht, eine Interpretation zu Goethes „Faust" oder eine französische Schulgrammatik.

Offeriert wurde auch das 1828 im Verlag Friedrich Röhling in Koblenz erschienene Buch „Rheinreise von Mainz bis Köln. Handbuch für Schnellreisende" von Professor Johann August Klein, das zum Vorläufer der Baedeker Reisehandbücher wurde. Karl Baedeker erwarb im Jahre 1832 diese Verlagsbuchhandlung und damit das Veröffentlichungsrecht des Buches, mit dessen Neubearbeitung er begann. Bereits in diesem Vorläufer wird die Rolle des Verfassers dieser neuen Form von Reiseliteratur festgelegt: „Voll Ehrfurcht gegen die Helden, welche einst in diesem Thale wandelten, voll Bewunderung der Bürgergröße, welche sich darin entfaltete, war er abentheuerlichen Erzählungen ohne historischen Grund, Geisterfragen und ähnlichen Spielen der Laune von jeher abhold, daher trit auch nur das Gewisse, an den Quellen möglichst Nachgesehene hier als Thatsache hervor."[3]

Vorgeschlagen werden hier schon Attraktionen, für die Stadt Köln zum Beispiel „das Casino, das in jeder Beziehung alles Angenehme bietet, was ein Verein gebildeter und gefälliger Männer, gleich dem Mainzer und Koblenzer, empfehlenswerth macht", die Kirchenweihtage oder der „fernher besuchte Carneval, dem Tausende zuströmen."[4]

Das Buch bietet ein Verzeichnis empfehlenswerter Gasthäuser, ein Kapitel über die Abfahrt der preußisch-rheinischen Dampfschiffe zwischen Köln und Mainz für Passagiere, Frachtgüter, Wagen und Pferde sowie Angaben zu Einwohnerzahlen.

Für die Stadt Bonn ist die Anzahl der Bürger mit „zwölfthalbtausend, Akademiker und Garnison nicht mitgerechnet"[5] angegeben, und zum Bekanntheitsgrad der

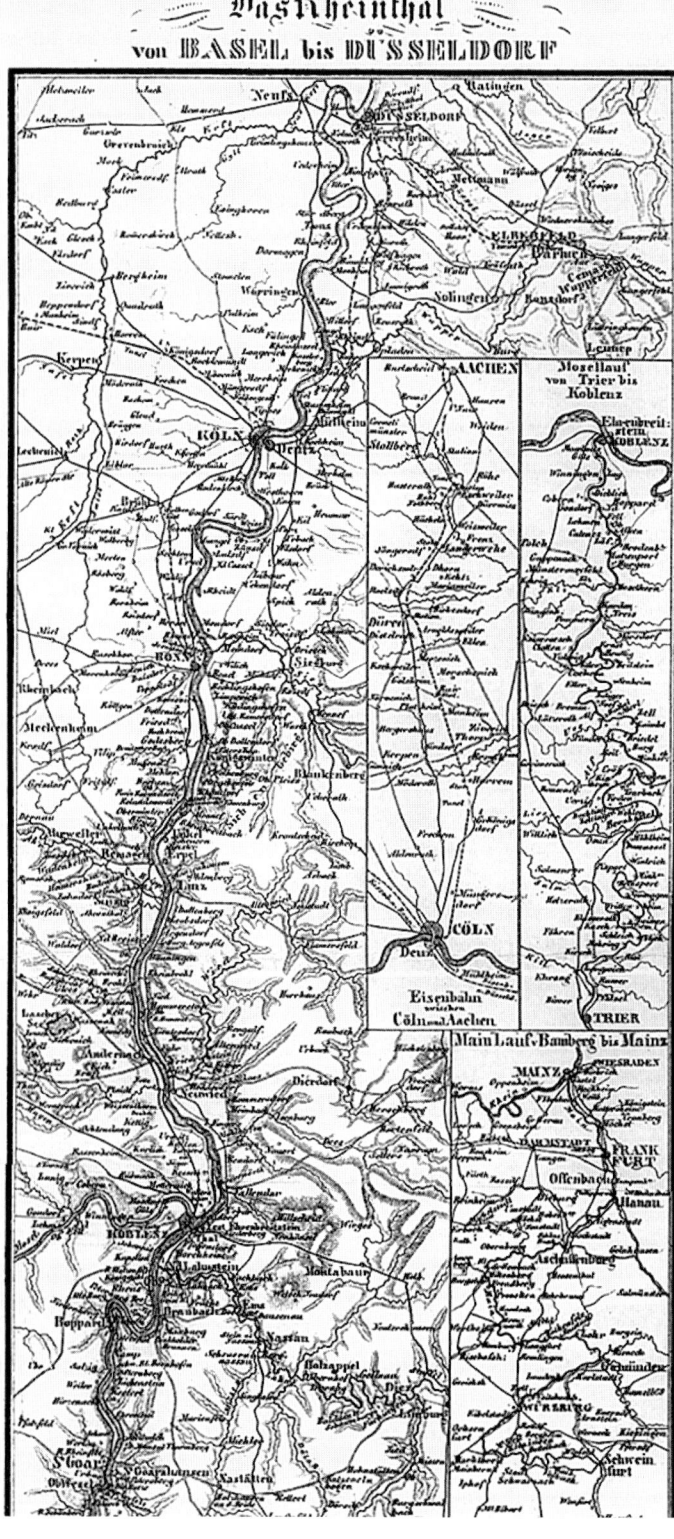

Akademiker folgt der
Hinweis: „Wer in der
gelehrten Welt nicht
gänzlich Fremdling ist,
kennt zur Genüge die
gefeierten Namen der
talentvollen, scharfsin-
nigen Männer, welche
auf den Lehrstühlen
glänzen."[6]

Karl Baedeker ar-
beitete an einer Neuauf-
lage der „Rheinreise",
änderte immer mehr die
Aufmachung, die Glie-
derung und den Inhalt.
1835 erschien die zwei-
te Auflage mit zwölf
verschiedenen Rheinan-
sichten und – dies war
neu – mit zwei Rhein-
laufkarten. Solche Kar-
ten waren zu dieser Zeit
noch sehr selten und
hatten einen hohen In-
formationswert für die
Benutzer. Erstmalig
konnte mit dem Bauin-
spektor v. Lassaulx ein
Autor gewonnen wer-
den, der Artikel zur
Baugeschichte schrieb.

Baedeker ver-
schickte, wie es damals
üblich war, Exemplare
an die verschiedenen
Buchhandlungen am
Rhein, in der Hoffnung,
weitere Absatzmärkte
aufzutun. Außerdem

Rheinlaufkarte (Ausschnitt)
aus J. A. Klein „Rheinreise
von Basel bis Düsseldorf",
Koblenz 1846

forderte er in einer Börsenblattanzeige zur Bestellung auf. Zunächst war der Erfolg nicht allzu groß. Doch Karl Baedeker perfektionierte die Konzeption seiner praktischen Reisehandbücher, die darauf beruhte, die entsprechenden Länder und Landschaften selbst zu erfahren und zu erwandern; nur nach eigener Überprüfung verfaßte er seine Bücher. Bis zu seinem Lebensende war er Reiseschriftsteller und gleichzeitig Verleger seiner Bücher in einer Person. Er stieg auf Berge, zählte Treppenstufen, besuchte Burgen und Kurorte, maß die Zeit für die Zurücklegung verschiedener Wege und studierte die Fahrpläne der Eisenbahn. Auch in den Herbergen recherchierte er streng und natürlich inkognito, vergab dann ein oder zwei Sternchen, wovon die ‚Reisebranche‘ von nun an träumte. Nicht von ungefähr besagt die englische Übersetzung des Librettos zu Jacques Offenbachs Operette „La vie parisienne": „Kings and governments may err but never Mr. Baedeker!"

Diese weniger literarisch ausgerichtete Form der Reiseführer-Literatur stieß in der ersten Hälfte des 19. Jahrhunderts auf eine zunehmende Nachfrage. Zur Erweiterung des Allgemeinwissens wurde das Reisen zur bürgerlichen Bildungspflicht, Goethes Italienreise oder Alexander von Humboldts Forschungsreisen konnten so im einfachen Rahmen einer Erkundung verschiedener heimatlicher Regionen nachempfunden werden.

Bisher bestanden die meisten gedruckten Reisehandbücher dieser Zeit aus Abschriften, Kompilationen und Auszügen der itinerarischen Literatur des 18. Jahrhunderts. Es handelte sich um subjektive Schilderungen individueller Reiseerlebnisse und Panoramabücher, oder sie hatten mehr enzyklopädischen Charakter.

Doch Karl Baedeker stand mit seinen Reisehandbüchern keineswegs allein. So gab es im deutschsprachigen Raum auch Konkurrenzprodukte von Engelmann, Grieben, Meyer, Reichard, Schreiber und Jahn.

Schärfster Konkurrent war jedoch zweifelsohne John Murray mit seinem „Handbook for Travellers on the Continent, being a guide through Holland, Belgium, Prussia, and Northern Germany, and along the Rhine, from Holland to Switzerland", seit 1836 das Reisehandbuch für die Engländer, die Profis mit dem gewissen Know how in Sachen Reise, die auch den Begriff „Tourismus" einführten. Nicht zuletzt war es Thomas Cook, der 1845 das erste Reisebüro gründete, das sich innerhalb von drei Jahrzehnten zu einer weltumspannenden Organisation entwickelte.

Das Buch von Murray verkaufte Karl Baedeker auch in seinem Geschäft, und er lernte zum Teil daraus, worauf er in verschiedenen Ausgaben immer wieder hinwies: „Die Grundlage bildet auch hier Murray‘s berühmtes Reisehandbuch … ; es war indess nur der Rahmen, in welchen die jetzt ausschliesslich eigenthümliche deutsche Arbeit eingefugt wurde."[7] Denn nach Auffassung des Herausgebers war „die Volks- und Länderanschauung des Engländers … häufig von der des Deutschen verschieden."[8] Er betonte immer wieder seine eigene Feldforschung, denn „die meisten deutschen Länder kannte der Herausgeber aus eigener Anschauung, andere bereiste er vorzugsweise zum Zwecke der Abfassung dieses Handbuchs, oder arbeitete nach den vorhandenen Hülfsquellen, meistens aber nach schriftlichen Mittheilungen wohlwollender Freunde."[9]

1839 existierten bereits drei Bände als ein weiteres Etappenergebnis seiner Arbeit: die dritte Auflage der Rheinreise und die ersten Auflagen der Bände Belgien und Holland. Baedeker nannte sie „Handbüchlein für Reisende, die sich selbst leicht und schnell zurecht finden wollen." Sein Zielpublikum war der Typ des bürgerlichen „Schnellreisenden", der sich auch bald für das Ausland interessierte.

Zu dieser Zeit waren die Reisehandbücher noch in gelbem Einband, in kleinem handlichen Format und enthielten zahlreiche praktische Hinweise für die Reisenden. Ab 1856 wurden sie in rotem Leinen eingebunden, auf Deckel und Buchrücken konnte man nun die Titel mit goldener Schrift lesen. Sie waren noch handlicher geworden und mit einer straffen Gliederung versehen, verändert in typographischer und inhaltlicher Sicht. Dazu lobten die „Rheinischen Provinzialblätter": „Ganz besonders zu rühmen ist, daß jedesmal bei den Hauptorten über Gasthöfe, die man wählen kann, Lohnkutscherpreise, Kaffeehäuser, Bäder an Ort und Stelle, Eilwagen, Trinkgelder, Sehenswürdigkeiten in kleiner Schrift Alles das gegeben wird, wozu man sonst viele Fragen thun ... müßte."[10]

Das Reisen entwickelte sich im 19. Jahrhundert zu einer Frühform des modernen Tourismus. Es war zwar noch mit vielen Schwierigkeiten verbunden, teuer und oft auch gefährlich, trotzdem verstärkte sich der Reiseboom; das Bürgertum, das sich ein individuelles Reiseerlebnis wünschte, machte sich auf den Weg. Dieses Phänomen trat neben die zweckgebundene Reise, die seit langem Pilger, Kaufleute, Nomaden und Soldaten antraten, um wichtige Handelsgeschäfte abzuschließen oder an einen geheiligten Ort zu gelangen, um Buße zu tun.

Erst im 17. und 18. Jahrhundert begann die Reise selbst zum eigentlichen Ziel zu werden. Doch auch die „Grand Tour" der jungen Adeligen dieser Zeit war noch motiviert durch den Wunsch der Verfeinerungen der gesellschaftlichen Umgangsformen und der Erweiterung ihrer Bildung. Gleichzeitig wollte man jedoch schon andere Länder und Völker sowie Vergnügungen kennenlernen. Langsam etablierte sich die Vergnügungsreise, die in breiteren, jedoch wohlhabenden Bevölkerungsschichten immer mehr Interesse fand.

Für das Aufblühen des Tourismus wurde dabei das Rheingebiet exemplarisch, für das sich Karl Baedeker immer mehr begeisterte.

Kaum ein anderer Fluß im deutschsprachigen Raum ist so eng mit dem Begriff der Romantik verbunden wie der Rhein, der mittelrheinischen Landschaft wurde in dieser Zeit, in der 1823 auch das Gedicht „Lorelei" von Heinrich Heine entstand, etwas Geheimnisvolles, Mythisches verliehen. Diese Rheinromantik umschloß für das bürgerliche Reisepublikum die von der Zivilisation noch unberührte Natur mit ihren Burgen und Ruinen der mittelalterlichen Architektur, die von den großen Zeiten der deutschen Geschichte zeugten.

J. A. Klein „Rheinreise von Basel bis Düsseldorf"

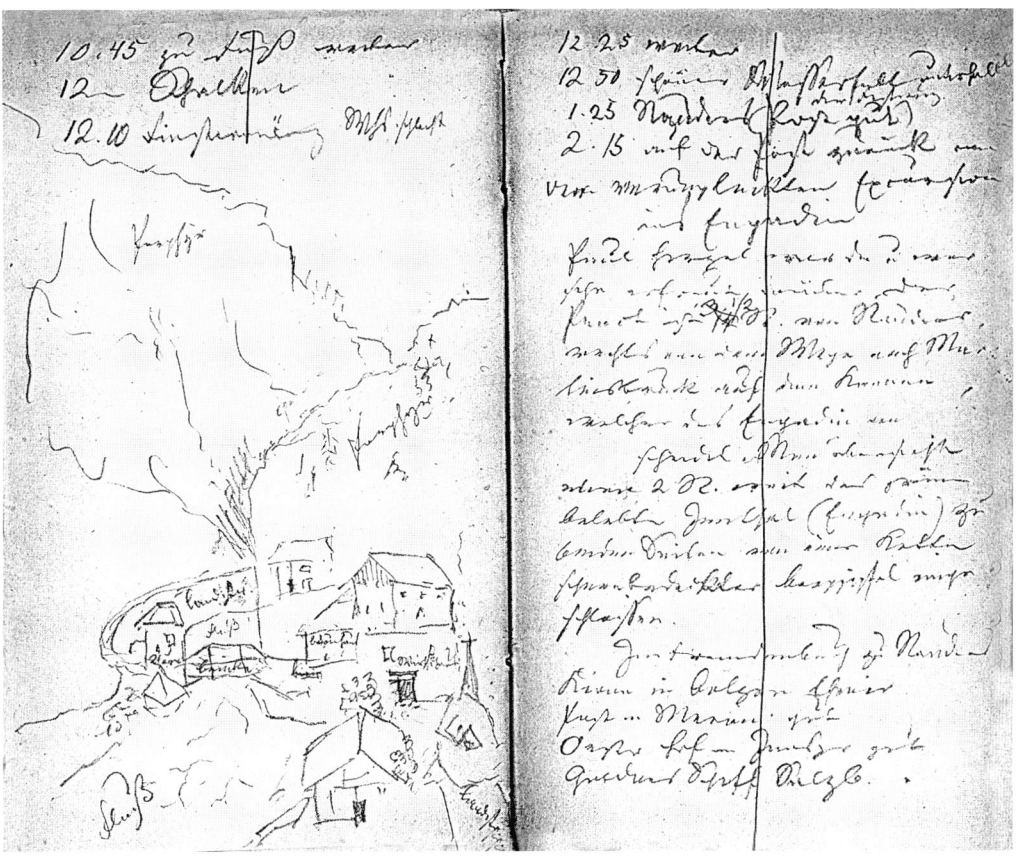

Reisetagebuch von Karl Baedeker, 24. Juni 1850

Fortan wurden in die Nähe der Schiffsanlegestellen Hotels gebaut; vor dieser Zeit hatten Herbergen mehr an den wichtigen Handelsstraßen gelegen, da sie eher Handelsreisenden dienten. Es entstanden zum Beispiel im Kölner Raum völlig neue Hotelviertel und Aussichtsplattformen oder Pavillons. Diese sogenannten Belvederes oder Bellevues wurden auf die Gebäude gebaut, um das Sehbedürfnis der Gäste zu befriedigen.

Ständig wuchs das Bedürfnis nach Information auch über andere sich etablierende Reisegebiete, und Karl Baedeker stieß in diese Marktlücke. Im Jahre 1842 erschien das „Handbuch für Reisende durch Deutschland und den Oesterreichischen Kaiserstaat", dessen 4. Auflage 1851 durch Erweiterungen so umfangreich geworden war, daß man es in mehrere Bände aufteilte: „Oesterreich, Süd- und West-Deutschland" sowie „Mittel- und Norddeutschland".

Die Schweiz, die er auf langen Wanderungen ausgiebig bereiste, war Baedeker besonders ans Herz gewachsen, und so mündeteten seine Erkundungen 1844 in ein Werk, das bis 1937 insgesamt 39 überarbeitete Auflagen erlangte.

Die Nachfrage nach den Reisehandbüchern war so hoch, daß bei Ausverkauf häufig auf ältere, noch vorhandene Auflagen verwiesen wurde.

Mit Paris beschäftigte sich Karl Baedeker seit 1847, der Führer erschien jedoch erst 1855. Da er vergessen hatte, die im gleichen Jahr stattfindende große Industrie-

Bau der
Müngstener
Brücke über
die Wupper

ausstellung, an der zahlreiche Länder teilnahmen, zu erwähnen, kündigte er dies nachträglich auf einem blauen Einklebezettel an.

Günstig auf die zunehmende Reisetätigkeit wirkte sich das moderne Verkehrswesen aus. Die Entstehung der regelmäßigen Dampfschiffahrt und der Auf- und Ausbau des Eisenbahnwesens waren für die Entwicklung des Tourismus von großer Bedeutung. In Deutschland wurden die ersten Eisenbahnlinien 1835 zwischen Nürnberg und Fürth und 1837/39 zwischen Berlin und Potsdam eröffnet. Das Streckensystem wurde bis 1860 allmählich verbunden.

Die „Mitteleuropäische Zeit" wurde erst am 1. April 1893 als einheitliche Zeit im Deutschen Reich eingeführt. Bis zu diesem Zeitpunkt galten noch die unterschiedlichen Ortszeiten, die sich nach dem tatsächlichen Sonnenstand richteten. Diese mußten für die Fahrpläne berücksichtigt werden, das parallele Rechnen mit Eisenbahn- und Ortszeiten war mitunter sehr kompliziert.

Es liegt nahe, daß Angaben über die Bahn- und Schiffahrtslinien somit einen breiten Raum in den Handbüchern einnahmen. Oft wurde auch auf Projekte hingewiesen, die noch nicht abgeschlossen waren, so ein Streckenhinweis auf „72 3/4 Meilen, wovon die letzten 32 Meilen auf der Eisenbahn zurückgelegt werden, also vorläufig und bis zur Vollendung der Hannover-Braunschweiger Bahn, der kürzeste Weg, um aus den westlichen Provinzen des preußischen Staates in die östlichen zu gelangen."[11]

Die Möglichkeiten des modernen Verkehrswesens standen, neben den Angaben zu Gasthöfen und Unterkünften sowie kunst- und ortsgeschichtlichen Hinweisen,

Hauptbahnhof Frankfurt/Main, Wartesaal Erster und Zweiter Klasse, dahinter der Speisesaal, 1890

Hauptbahnhof Frankfurt/Main, Haupteingangshalle, 1890

im Zentrum der Ausführungen der Reiseführer im 19. Jahrhundert. Dies galt auch für spätere Ausgaben, als seine Söhne das Geschäft nach Karl Baedekers Tod 1859 weiterführten und den Verlag 1872 in die damalige Verlagsmetropole Leipzig verlegten. Heute befindet sich die Karl Baedeker GmbH in Ostfildern-Kemnat bei Stuttgart.

Über seine persönliche Begeisterung für die Eisenbahn schrieb Karl Baedeker 1838 aus Belgien in einem Brief an seinen Vater in Essen: „Am 2. Mai mit der Eisenbahn nach Mecheln gefahren. Entfernung 6 Postmeilen in 3/4 Stunden zurückgelegt. Eine Glocke gibt das Zeichen zur Abfahrt, die Remorqueure fangen an zu stöhnen, die Stöße werden immer schneller, und dahin fliegt der Zug ... Welche Lust gewährt das Reisen ... Es ist eine prächtige Einrichtung mit diesen Eisenbahnen; bei Reisen kommt Geld und Zeit gar nicht mehr in Frage ... "[12]

Zwar wurde das neu etablierte Verkehrsmittel empfohlen: „Belgien ist jetzt so mit einem Eisenbahnnetz überzogen, dass der Reisende wenig Veranlassung haben wird, sich einer andern Fahrgelegenheit zu bedienen.“[13] Trotzdem wurde schon damals Kritik gegenüber der allzu schnellen „Schnellreise“ geäußert. In Zusammenhang mit der Erwähnung der Fertigstellung der holländischen Eisenbahnverbindungen mit Deutschland und Belgien wird vor dieser Nutzung gewarnt: „Diese siebentägige Reise vermag wohl, eine ganz flüchtige Anschauung von Holland zu gewähren; der rasche Wechsel der Bilder verwirrt aber und spannt ab.“[14] Hier wird deutlich, daß die Eisenbahn zwar neue Räume erschließt, die vorher nicht verfügbar waren, jedoch gleichzeitig der Raum vernichtet wird, „nämlich der Raum dazwischen ... Die Eisenbahn kennt nur noch Start und Ziel“[15]. Deshalb fehlte es auch nicht an Hinweisen auf alternative Routen und die Nachteile der Schnelligkeit: „Wer also mehr sehen will als die verschwommenen Bilder aus dem Eisenbahn-Waggon, richte sich so ein. Von Köln nach Arnheim mit dem Dampfboot.“[16]

Vielleicht waren in diesem Sinne eher die ausgedehnten Wanderungen von Vorteil, die Karl Baedeker selbst liebte und anpries: „Der Harz, der nördlichste Gebirgszug in Deutschland, ist ungefähr 28 Stunden lang und 8-12 Stunden breit; ... Eine Woche wird völlig genügen, um alle sehenswerthen Gegenden zu durchwandern ... Führer zu den schönsten Puncten sind an jedem Orte zu haben. Sie tragen das Gepäck und erhalten etwa 12 Ggr. für die Meile ... Esel zum Reiten stehen am Fusse der höchsten Berge fast überall. Man miethet sie zu festen Preisen, die in den Wirthshäusern angeschlagen sind.“[17]

In einer Auflage über die Schweiz aus dem Jahre 1853 ist er davon überzeugt, daß von allen Reisenden der Fußgänger der freieste sei: „Er wird unter allen Umständen den grössten Genuss von einer Reise durch die Schweiz haben, körperlich wie geistig.“[18] Seine nachfolgend empfohlene „Eintheilung des Tages“, die um vier Uhr morgens nüchtern beginnen und nach beliebigen Pausen gegen sieben Uhr abends enden sollte, möge ebenso freiwillig gewesen sein. Die Faustregel bei der Wanderung lautete: „Beim Bergsteigen gelte als Regel: langsam, gleichmässig und unverdrossen“[19] und danach „zeitig in's Bett.“[20]

Mit dem Verfasser des Deutschlandliedes, Hoffmann von Fallersleben, hatte er eine Wanderung von Heidelberg bis zu seiner Geburtsstadt Essen gemacht.

Karl Baedeker machte immer genaue Angaben über zu empfehlende Unterbringungen, Hintergrundinformationen zu Land und Leuten bis hin zu Warnungen vor bestimmten Speisen und Getränken, hier dem Tischwein in großen Gasthöfen, der eine schlechte Qualität habe, „augenscheinlich um den Gast zu nöthigen, einen bessern Wein nach der Karte zu fordern.“[21]

Vor dem erhöhten Genuß von Alkohol wird immer wieder gewarnt. In einem Band über Belgien und Holland werden in einem eigenen Kapitel über „Holländische Eigenthümlichkeiten", neben den Nationaltrachten, den Zugbrücken, Grachten, Deichen und Windmühlen auch die „Kirmessen" beschrieben. Sie seien „der Holländer Carneval, sie geben ... besonders in den untern Classen eine gewünschte Gelegenheit zum Trinken und Schwärmen ... Von Branntwein glühende Schaaren beiderlei Geschlechts durchziehen bei hellem Tage mit wüstem Geschrei und Gesang die grossen Städte. Die Kirmessen sind nach dieser Richtung hin die Nachtseiten des holländischen Volkslebens."[22]

Davon abgesehen, zeigte man sich dagegen zufrieden mit der Sauberkeit des Landes, „schauern und schrubben (schoonmaken) wird von den holländ. Hausfrauen mit wahrer Leidenschaft betrieben ... Kein Thier wird eifriger verfolgt als die Spinne. Anderes Ungeziefer ist ebenfalls selten in Holland."[23] Die Hinweise gehen akribisch ins Detail, bis hin zur Veränderung der Bezeichung der Kellner: „Dann auch ist ‚Jan' (Johann), der frühere allgemeine Ruf für den Kellner, nicht mehr üblich, er heisst jetzt wie in Deutschland ‚Kellner', oder in den grössern Häusern ‚Garçon'."[24]

Eines der Hauptanliegen der Reiseführer war es zu verhinden, daß das Budget des Reisenden überstrapaziert wurde, und ihm wertvolle Hinweise zu geben. Im Vergleich zum reisenden Adeligen, der einen gesamten Reisestab in Begleitung hatte, mußten die Bürger diesen entbehren. Baedeker wollte „dem Reisenden die stets kostspielige und nicht selten lästige Begleitung des Lohnbedienten ersparen, er wollte ihm kurz und übersichtlich mit möglichst geringem Zeit- und Geldaufwande dasjenige geben, was seine besondere Aufmerksamkeit verdient."[25]

Häufig warnte er vor der ‚lebenden Konkurrenz', den Fremdenführern. Lapidar empfiehlt er vielmehr „junge Burschen, welche für die Hälfte der Führertaxe und noch weniger den Weg zeigen, findet man an viel besuchten Orten ... allenthalben."[26]

XIV REISEPLAN.

Zeiteintheilung. *Vier Wochen* genügen, um einen aufmerksamen und fleissigen Reisenden zu den bemerkenswerthesten Puncten zu bringen. Sie würden sich so vertheilen lassen:

	Tage.
Von *Freiburg* im Breisgau mit Eilwagen in 11 St. durch das *Höllenthal* nach *Schaffhausen* (oder von Friedrichshafen (R. 62) mit dem Dampfboot über *Constanz* in 6 St. (R. 9) nach *Schaffhausen)*	$3/4$
Schaffhausen und *Rheinfall* (R. 8).	$1/4$
Von *Schaffhausen* nach *Zürich* in 5 St. mit der Post oder Lohnkutscher (R. 10) oder die S. 26 beschr. Rheinfahrt	$1/2$
Zürich und *Uetliberg* (R. 11), *Züricher See* (R. 15), Abstecher auf der Eisenbahn nach *Baden* (R. 6)	2
Von *Zürich* mit Dampfboot in 1 St. nach *Horgen* oder (2 St.) *Richterschweil*, mit Omnibus in 3 St. nach *Zug*, mit Dampfboot in 1 St. nach *Arth*, zu Fuss in $3\frac{1}{2}$ St. auf den Rigi (R. 15, 16, 19, 20)	1
Vom *Rigi* zu Fuss in $2\frac{1}{2}$ St. nach *Wäggis*, zu Wasser in 1 St. nach *Luzern* und in *Luzern* (R. 20, 18) Ruhetag	1
Ueber den *Vierwaldstätter See* mit Dampfboot in 3 St. nach *Flüelen*, zu Wagen in 2 St. nach *Amstäg*, zu Fuss die Gotthardstrasse hinan, in 5 St. bis *Andermatt*, 6 St. bis *Hospenthal* oder $7\frac{1}{2}$ St. bis *Realp* (R. 22 u. 33) .	1
Zu Fuss über die *Furca* an den *Rhonegletscher*, die Maienwand hinan, über die *Grimsel* nach dem *Grimselhospiz* (R. 27), von Andermatt aus zum Hospiz 9 St. . . .	1
Zu Fuss das *Haslithal* hinab in 7 St. vom Hospiz bis nach *Meyringen* (R. 26 u. 25 g)	1
Zu Fuss durch das *Berner Oberland* über die Scheideck (auf das *Faulhorn*, R. 25. f u. g	(1)
Zu Fuss vom Faulhorn) nach *Grindelwald*, von Meyringen zur Scheideck $4\frac{1}{2}$, von da die Scheideck $2\frac{1}{2}$ St., zusammen 7 St. (Von der Scheideck aufs Faulhorn 4 St., vom Faulhorn nach Grindelwald 4 St.) Grindelwaldgletscher (R. 25 e)	1
Zu Fuss von Grindelwald über die *Wengernalp* in 8 St. nach *Lauterbrunnen*, von da zu Wagen in $1\frac{1}{2}$ St. nach Interlaken (R. 25 e u. c)	1
(Oder in Lauterbrunnen bleiben und folgenden Tags *Mürren* und die *Wasserfälle des Schmadribachs* (R. 25 d) besuchen	(1)
Morgen in *Interlaken*, mit Dampfboot an den *Giessbach* und nach Interlaken zurück ($3\frac{1}{2}$ St.), Nachmittags Ruhe	1
Morgens mit Omnibus in $1/2$ St. nach *Unterseen*, von da mit Dampfboot in 1 St. nach *Thun* (R. 25 b u. h). Nachmittags mit der Post in 4 St. nach *Frutigen* (R. 35) .	1

Reiseplan aus K. Baedeker „Die Schweiz", Koblenz 1853

Immer wieder zeigte sich die berühmte Gründlichkeit der Reisehandbücher, welche auch die Söhne und Enkel Karls ernstzunehmen schienen. Wurde diese angezweifelt, verteidigte man sich durch die Angabe fortwährender Wechsel in Besitz und Führung der Gasthöfe, der Verschiedenheit der Ansprüche und der Stimmung der Reisenden, auf die erfahrungsgemäß auch die Gunst oder Ungunst der Witterung Einfluß haben könne. Gleichzeitig wurde die Unbestechlichkeit betont und auf folgendes verwiesen: „Für Gasthofbesitzer, Restaurateure u.s.w. folge hier noch die Bemerkung, daß die Empfehlungen dieses Handbuchs auf keine Weise zu erkaufen sind, auch nicht in Form von Inseraten."[27]

Auch wurden die Wirte mittlerweile vom ‚Tourismusexperten' in Form „einiger Winke für Gastwirte" beraten. Neben bestimmten Qualitätsanforderungen an diverse „Waschapparate", deren Mindestabmessungen thematisiert wurden, empfahl man zum Beispiel für die Art der Betten: „Der innere Raum des Bettes, d. h. die Matratze, soll nicht weniger als 1m 80cm Länge haben ... In eisernen Bettstellen sind im Winter die Matratzen zu verdoppeln, damit die Kälte des Metalls nicht an den Körper gelangt. Bei der Aufstellung der Betten ist dafür Sorge zu tragen, daß das Gesicht des Schlafenden von den Fenstern abgewendet ist; der Blick auf die letzteren, zumal wenn sie im Sommer schon von der frühesten Sonne erleuchtet werden, verursacht Kopfschmerzen."[28]

Die Reiseführer erschienen auch in englischer und französischer Sprache, die französische Übersetzung der Rheinreise begann 1832 mit dem Titel „Voyage du Rhin de Mayence a Cologne", und die englische 1861 mit „A Handbook for Travellers on the Rhine, from Switzerland to Holland".

Das „Biographische Buchhändler-Lexikon" von 1901 erwähnte bereits Frankreich, Griechenland, Italien, Palästina, Rußland, Schweden und Ägypten als weitere beschriebene Reiseziele.

Zwischen 1832 und 1944 verlegte der Verlag Baedeker 550 deutschsprachige, 236 französisch- und 273 englischsprachige Reiseführer-Auflagen, d. h. 1000 Auflagen in gut hundert Jahren.

Die Verlagsgeschichte ist umfassend von dem Bibliographen Alex W. Hinrichsen erforscht worden. Eine dritte Auflage der Bibliographie zur Geschichte der Reisehandbücher wird zur Zeit von Christoph Suin de Boutemard erstellt und in Kürze erscheinen.[29]

Zum legendären Ruf der praktikablen, mit zahlreichen Karten und Plänen versehenen ‚red books' trug später auch bei, daß bekannte Lehrstuhlinhaber und Forschungsreisende als Autoren gewonnen werden konnten. Dazu zählen z. B. der Archäologe Wilhelm Dörpfeld (Troja) oder der Ägyptologe Georg Ebers (Papyrus).

Doch zurück nach Deutschland, zur Region um Karl Baedekers Geburtsstadt Essen, die langsam auch ins Zentrum des Interesses rückte. Das in der Nähe gelegene Wuppertal wird in der 4. Auflage der Rheinreise von 1843 folgendermaßen beschrieben: „Ein anderes höchst merkwürdiges und an Naturschönheiten reiches, durch Gewerbfleiß und ergiebigen Bergbau ausgezeichnetes Thal, welches von Elberfeld aus in zwei oder drei Tagen durchwandert werden kann, je nachdem man sich das Ziel steckt, ist das Ruhrthal."[30]

Anfänge der Industrialisierung des Ruhrgebietes sind zu erkennen, jedoch überwiegen hier noch die Schilderungen über die „Naturschönheiten". Auch die Stadt Dortmund wird noch als alte Reichs- und Hansestadt beschrieben, „heute noch ganz mit Mauern umgeben, innerhalb welcher jedoch ein großer Theil des Bodens zu Gär-

Postkarte von Essen

ten benutzt wird wie überhaupt Dortmund eine ausschließlich Ackerbau treibende Stadt geworden ist."[31]

Die frühen industriellen Ballungsgebiete an Ruhr und Wupper werden als „Sehenswürdigkeiten" angekündigt, ein Hinweis darauf, daß die Reiseführer für eine spezielle Leserschaft, das Bürgertum, angefertigt wurden. Die Arbeiterschaft und deren neue enge Lebensräume schienen in der Vorstellung weit entfernt und besichtigungswürdig: „Elberfeld ... und Barmen ... bilden eine zwei Stunden lange Reihe von Häusern, die sich rechts und links am Abhange des Gebirges ausbreiten, durchschnitten von der Landstraße und der Wupper, der Lebensquelle dieses großartigen und bevölkerten Fabriklandes. Mit Ausnahme einiger englischen Städte mag es kaum einen Raum der Erde geben, wo eine solche Menschenzahl sich zusammendrängt, auf der Quadratmeile 18,000 Bewohner."[32] Weiter heißt es zu den Textilfabriken: „Wer an Manufacturen und Fabriken besonderen Antheil nimmt, wird hier die beste Gelegenheit haben, seine Wißbegierde zu befriedigen."[33]

Ab 1858 wandelt sich das Bild über das Ruhrgebiet, es wird in positivistischer Weise als eine durch den Steinkohlebergbau geprägte Region beschrieben.

Über die Heimatstadt Baedekers, Essen, ist 1892 zu lesen: „In neuerer Zeit als Mittelpunkt eines ergiebigen Steinkohlebergbaus mächtig aufblühend (1854: 10.488 Einwohner; 1891: 78.700). Allenthalben ragen hohe Schornsteine der Gruben-Dampfmaschinen empor: der Kreis Essen zählt 43 Steinkohlengruben und lieferte 1886 6.256.898 Tonnen Kohlen, wobei 19.728 Arbeiter beschäftigt waren. Im Zusammenhang damit steht eine sehr bedeutende Eisenindustrie."[34]

Postkarte von Essen

Einen breiten Raum nimmt die Kruppsche Gußstahlfabrik in der Darstellung ein, „von deren zahlreichen Schornsteinen namentlich einer, von leuchtturmartigem Bau (69 m), zu einem Riesendampfhammer von 1.000 Ctr. Gewicht gehörig, hervorragt. Ein neues großartiges Gebäude mit Glasdach dient hydraulischen Schmiedepressen für Gußstahl und einem Panzerplatten-Walzwerk. Ihren Weltruf verdankt die Fabrik vorzugsweise ihren Gußstahlkanonen, welche sie von den kleinen Feldgeschützen bis zu den gewaltigsten Marinegeschützen (2.400 Ctr. schwer) herstellt. Die Zahl der Arbeiter beträgt ca. 14.000, die zum Teil kolonieartig bei einander wohnen. Der Zutritt ist nicht gestattet."[35]

16 Jahre später, in der 29. Auflage von „Baedeker's Nordwest-Deutschland" aus dem Jahre 1908, zeigt sich die enorme Vergrößerung des Kruppwerkes: „Das Essener Werk, 450 ha umfassend, wovon 74 ha überbaut sind, besteht aus zwei Bessemer-, fünf Martinwerken, zwei Stahlformgießereien, einem Schmelzbau für Tiegelstahl, einer Geschoßgießerei, zehn Kanonenwerkstätten, drei Elektrizitätswerken, einem Gaswerk usw ... die Zahl der in Essen beschäftigten Personen betrug am 2. Januar 1907 35.000 (Gesamtzahl auf allen Werken 65.000 Personen)."[36]

Als Sehenswürdigkeit werden 1912 die Wohlfahrtseinrichtungen der Stadt vorgeschlagen: „Von den acht Arbeiterkolonien verdient die für invalide und pensionierte Arbeiter bestimmte Kolonie Altenhof in Rüttenscheid bei Essen einen Besuch."[37]

Der Weg des Reiseführerbegründers führte immer wieder ins Ruhrgebiet, zu seiner Familie nach Essen, mit der er eng verbunden blieb. 1829 hatte er Emilie Heintzmann, die Tochter des Oberbergrates, geheiratet. Mit seinem Bruder Eduard machte er u.a. eine ausgiebige Reise nach England und Schottland, und seinen jüngsten Bruder Julius unterstützte er fürsorglich bei seiner Ausbildung im Buchgeschäft.

Daß sein Werk selbst auf Familienfeiern seinen gebührenden Platz einnimmt, bezeugt in späteren Jahren, zum Anlaß der silbernen Hochzeit von Julius und Clara Baedeker im Jahre 1884, das schöne Exemplar der Festzeitung, der Sonderdruck von „Glückauf". Dort amüsiert die kleine Anekdote über zwei Reisende in der Schweiz, die einen teuren Führer ablehnten. Dieser ließ sich jedoch nicht wegschicken und schimpfte über seine Konkurrenz in Buchform: „Ei was, Se hänt un allemol dä rothe Bäedeker, da brucke Se user ens nemmer" und auf die Frage, ob er das Buch selbst

Bädeker's

BELGIEN.

Handbuch

für

Reisende.

Fünfte Auflage.

schon einmal zur Hand genommen habe, antwortete er: „Dä Bädeker is unsichtbar, und doch überall sei roth Buch zu sehn, wo alles drin steht."[38]

Auch geschäftlich blieben die Häuser verbunden. Viele Exemplare der Reiseführer wurden in der elterlichen Druckerei in Essen gedruckt, so findet man eine Druckprobe für einen Einband der 5. Auflage von „Bädeker's Belgien" im Essener Stadtarchiv.

Dort wurden immer mehr Schnellpressen und auch eine Dampfmaschine angeschafft, „doch auch diese reichte 1869 für die auf die Zahl 7 gestiegenen Schnellpressen nicht mehr aus, und wurde daher durch eine neue, kraftvollere ersetzt. Gegenwärtig sind es 11 Pressen, die den Druck des Verlages und der Essener Zeitung, sowie auch noch eines Theils der Reisehandbücher besorgen."[39]

Bei einer Jubiläumsfeier im Jahre 1869 rühmte man in Essen den großen Erfolg Karl Baedekers, „der die Lettern und Druckmaschinen durch die berühmten Reisehandbücher stark in Anspruch nehme."[40]

Heute befindet sich ein umfangreicher Bestand dieser Reisehandbücher des 19. Jahrhunderts in der Rheinischen Landesbibliothek Koblenz. Dort fand 1992 eine große Ausstellung über das Koblenzer Verlagshaus Baedeker statt. In den Antiquariaten oder bei Sammlern werden für seltene Ausgaben zum Teil Preise von 800,– bis 6.000,– DM gefordert, glaubt man den „Mitteilungen", die die Baedeker-Freunde bis 1992 herausgegeben haben.

Der Name wurde zur Legende. In vielen Veröffentlichungen wurde immer wieder darauf Bezug genommen wie in Reihentiteln „was nicht im Baedeker steht" oder „ein Baedeker für ...". Der Begriff fand auch Eingang in Literatur und Kunst, so in Arthur Holitschers „Narrenbaedeker", Ludwig Thomas' „Käsebiers Italienreise", den Gedichten Eugen Roths und Erich Kästners „Drei Männer im Schnee". In der bilden-

Augustus
Leopold Egg
„Two travelling
companions"

den Kunst erkennen wir den roten Reiseführer auf Gemälden von Augustus Leopold Egg und Adolph von Menzel.

Aber nicht nur Karl steht als Synonym für das Reisen in der Familie und Firma Baedeker, immer wieder zeigte sich auch die Reiselust anderer Familienmitglieder und ihrer Nachfahren. Schon das Verzeichnis der Essener Leih-Bibliothek aus dem Hause Baedeker von 1830 – der Sohn Karl ist gerade drei Jahre in Koblenz – weist, neben Romanen, Gedichten, dramatischen Werken, auch die Kategorie „Reisebeschreibungen" mit über 200 Titeln auf, darunter z. B. das „Tagebuch einer Reise durch Holland und England" von Sophie von La Roche, „Bemerkungen auf einer Reise durch Westphalen, bis an und über den Rhein" von Johann Moritz Schwager oder „Erinnerungen von einer Reise in den Jahren 1803 bis 1805, von London durch England und Schottland" von Johanna Schopenhauer.

Auch verlegt wurden literarische Reisebeschreibungen wie zum Beispiel „Die Ruhrfahrt. Ein historisches Gemälde" von Friedrich Rautert aus dem Jahre 1827, welches eine Art Fahrt bietet durch die Geschichte der jeweiligen Orte an der Ruhr. Berichtet wird von den Burgen und Grafen aus alter Zeit sowie von sagenhaften Geschehnissen, die im Ruhrtal wohl nicht selten waren.

Gedruckt wurden ferner zahlreiche Landkarten und Radfahrerkarten.

Selbst auf Reisen begab sich der Essener Großneffe Karls, Alfred, der sich schnell zum weitgereisten deutschen Michel(in) entwickelte. Er plante in den zwanziger Jahren eine Weltreise, bereiste Nordafrika und das europäische Ausland, „kennt Italien sehr gründlich" und Spanien noch besser, weil er „hier das Land ausschließlich mit dem Wagen bereist habe"[41], so Alfred Baedeker in einem Brief an Willy Hupertz vom 23. Februar 1926. Dies ist um so bemerkenswerter, als die Herstellung von Reiseführern für Spanien mit brauchbarem Kartenmaterial für Autotouristen erst nach dem Zweiten Weltkrieg in großem Umfang begann.

Alfred Baedeker wollte sich an einem Reisehandbuch für Spanien und Portugal beteiligen, das im Karl Baedeker Verlag herausgegeben werden sollte. Doch aus nicht mehr zu ermittelnden Grün-

Radfahrerkarte

Reisepaß von
Alfred Baedeker

den kam diese Kooperation nicht zustande. In der Korrespondenz mit seinem Vetter, dem Enkel des berühmten Karl Baedeker, besprechen sie ausführlich die Neuauflage des bereits veralteten Reisehandbuches. In einem Brief an Alfred in Essen vom 6. Dezember 1924 weist Hans Baedeker darauf hin, er möge auf seiner Reise viele nützliche Beiträge für das Buch sammeln und ihm später zukommen lassen.

Hier erkennen wir die schon für das 19. Jahrhundert beschriebene Akribie wieder: „Jede Berichtigung, jede mit Kritik versehene Hotelrechnung, Prospekte, Fahrpläne, neue Museumskataloge, neue Eintrittszeiten und -preise, neue Lokalführer und Stadtpläne, soweit sie aus den letzten 2-3 Jahren stammen, (Beschaffung selbstverständlich auf meine Kosten) würden uns willkommen sein.“[42]

Immer stand Baedeker als Synonym für Zuverlässigkeit. Bestand die Gefahr der Nichteinhaltung, etwa bei überholten Ausgaben, mußte man sich der Kritik stellen, ein Umstand, den Hans seinem Vetter gegenüber anspricht: „Die verschiedenen in der spanischen und vereinzelt auch in der deutschen Presse erschienenen Angriffe auf mein Reisehandbuch sind mir von den verschiedensten Seiten zugesandt worden, und ich habe wiederholt dazu Stellung genommen und auch Erklärungen veröffentlicht. Es ist natürlich schwer, an einem Buch, das zuletzt vor bald 15 Jahren bearbeitet worden ist, Kritik zu üben, besonders in einem Land wie Spanien, das in den letzten Jahrzehnten einen so bedeutenden Aufschwung genommen hat.“[43]

Die Familie Baedeker war immer weltoffen und mit Reisen verbunden, da liegt es nahe, daß heute die Buchhandlung in Essen, der Geburtstsstadt des berühmten Karl Baedeker, eine der größten Reisebuchabteilungen vorzuweisen hat.

Anmerkungen

1 Zit. nach Verlag Karl Baedeker GmbH (Hrsg.): Baedeker. Ein Name wird zur Weltmarke, Ostfildern 1998, S. 17.
2 Ebenda.

3 Johann Acugust Klein, Rheinreise von Mainz bis Köln. Ein Handbuch für Schnellreisende, Coblenz 1828, Vorwort, S. III.

4 Ebenda, S. 354f.

5 Ebenda, S. 302.

6 Ebenda.

7 Karl Baedeker (Hrsg.), Die Schweiz. Handbuch für Reisende. 5. verbesserte Auflage, Koblenz
   1853, S. VI.

8 Karl Baedeker (Hrsg.), Handbuch für Reisende durch Deutschland und den Oesterreichischen
   Kaiserstaat. 2. sehr verbesserte Auflage, Coblenz 1844, S. IV.

9 Ebenda.

10 Zit. nach Alex W. Hinrichsen, Baedeker's Reisehandbücher: 1832-1990. 2. Auflage, Bevern 1991,
   S. 22f.

11 Karl Baedeker (Hrsg.), Handbuch für Reisende durch Deutschland ... 1844, S. 452.

12 Zit. nach Peter Baumgarten, Nachwort zur bibliophilen Ausgabe der „Rheinreise von Basel bis
   Düsseldorf von Karl Baedeker. Coblenz 1849." 4. Auflage, Dortmund 1987, S. 383f.

13 Karl Baedeker (Hrsg.), Belgien und Holland, 10. verbesserte und vermehrte Auflage, 1868, S. 1f.

14 Ebenda, S. 202.

15 Wolfgang Schivelbusch, Geschichte der Eisenbahnreise: zur Industrialisierung von Raum und
   Zeit im 19. Jahrhundert, Frankfurt/M., Berlin, Wien 1979, S. 39.

16 Baedeker, Belgien und Holland, 10. Aufl., Koblenz 1868, S. 201.

17 Baedeker, Handbuch für Reisende durch Deutschland und den Oesterreichischen Kaiserstaat,
   1844, S. 474.

18 Baedeker, Die Schweiz, 1853, S. XX.

19 Ebenda, S. XXII.

20 Ebenda, S. XXI.

21 Ebenda, S. XVIII.

22 Baedeker, Belgien und Holland, 1868, S. 205f.

23 Ebenda, S. 207.

24 Ebenda, S. 205.

25 Baedeker, Handbuch für Reisende durch Deutschland, 1844, S. IVf.

26 Ebenda, S. XXVII.

27 Karl Baedeker (Hrsg.), Nordwest-Deutschland. Handbuch für Reisende, Leipzig 1892, S. VI.

28 Ebenda, S. X.

29 An dieser Stelle möchte ich Christoph Suin de Boutemard für wertvolle Hinweise und Anregun-
   gen danken.

30 Rheinreise, 4. Auflage 1843, S. 386f., zit. nach Rolf Becker: Der Aufbruch der Moderne im Spiegel der Baedekerschen Reisehandbücher, in: Romerike Berge, Heft 4, 1983, S.5.

31 Rheinreise, 6. Aufl., 1849, S. 361, zit. nach Rolf Becker, a.a.O, S.5.

32 Baedeker, Rheinreise von Basel bis Düsseldorf, fünfte durchaus umgearbeitete Auflage der
   Rheinreise von J. A. Klein, Koblenz 1846, S. 383.

33 Baedeker, Rheinreise von Basel bis Düsseldorf, Koblenz 1846, S. 383.

34 Nordwest-Deutschland. Handbuch für Reisende, Leipzig 1892, S. 57.

35 Ebenda, S. 58.

36 Nordwest-Deutschland. 29. Auflage 1908, S. 119.

37 Karl Baedeker (Hrsg.), Die Rheinlande, Schwarzwald, Vogesen, 32. Auflage, Leipzig 1912, S. 305,
   zit. nach Ulrike Pretzel, Die Literaturform Reiseführer im 19. und 20. Jahrhundert: Untersuchungen am Beispiel des Rheins, Frankfurt /M., Berlin, Bern, New York, Paris, Wien, 1995, S. 56.

38 StA Essen 302 Nr.19, Bl. 34, Sonderdruck „Glückauf"/ Exemplar der Festzeitung zur Silbernen
   Hochzeit von Julius und Clara B., 1884.

39 StA Essen 302 Nr. 1 (-10), Bl. 15 „Börsenverein für den Deutschen Buchhandel und die ihm ver-
   wandten Geschäftszweige. Eigenthum des Börsenvereins der Deutschen Buchhändler, Nr. 82,
   Leipzig, Mittwoch den 9. April 1879

40 Zur Erinnerung an eine Jubelfeier der Firma G. D. Bädeker in Essen am 1./2. Januar 1869, S. 21.

41 StA Essen 302 Nr. 29, Bl. 48f., Alfred Baedeker an W. Hupertz, 23.2.1926.

42 StA Essen 302 Nr. 29, Hans Baedeker in Leipzig an Alfred Baedeker vom 6.12.1924.

43 StA Essen 302 Nr. 29, Hans Baedeker an Alfred vom 6.12.1924.

Ludger Claßen

Die Druckerei war „die Seele des Ganzen"
Die Verlagsbuchhandlung Baedeker im 19. Jahrhundert

In Rückblicken auf das 20. Jahrhundert steht häufig die rasante Entwicklung der Telekommunikation an erster Stelle. Elektronische Kommunikation, elektronische Medien und die Verbreitung von Telefon, Rundfunk, Fernsehen und Internet durchdringen heute unseren Alltag; grundlegende technische Prinzipien waren zwar bereits zur Jahrhundertwende erdacht, aber Satellitenfernsehen und Mobiltelefonie konnten sich nur über immense Entwicklungssprünge aus Marconis Funkversuchen zur Übermittlung elektromagnetischer Wellen 1898 über den Ärmelkanal entwickeln.

Diese technische Revolution des vergangenen Jahrhunderts könnte auch als Maßstab dafür dienen, um die grundlegenden Veränderungen zu verstehen, die sich im 19. Jahrhundert auf dem Gebiet der Kommunikation mit gedruckten Medien vollzogen haben: Im Laufe von einhundert Jahren entwickelten sich Druck- und Satztechnik von rein handwerklichen Verfahren zu mechanisierten Produktionsabläufen im industriellen Maßstab, wie auch die Papierproduktion mit neuen Rohstoffen und Produktionsverfahren begrenzte Ressourcen überwinden konnte. Wurden Bücher und Zeitungen um 1800 noch Buchstabe für Buchstabe von Hand gesetzt, in einzelnen Bogen auf einer hölzernen Apparatur gedruckt und anschließend in Handarbeit gebunden, so standen am Ende des Jahrhunderts Satzmaschinen neben Rotationsdruckwerken, die fast das Hundertfache einer Gutenbergpresse in der gleichen Zeiteinheit bedruckten.

Neben der Maschinisierung von Satz und Druck veränderten sich auch die wirtschaftlichen und gesellschaftlichen Rahmenbedingungen für die Verbreitung von Büchern, Zeitungen und Zeitschriften grundlegend. Die technischen Weiterentwicklungen wurden begleitet von einer rechtlichen Absicherung der geistigen Schöpfungen im Urheberrecht und einer entsprechenden Handelsorganisation im Verlagsbuchhandel, die mit Börsenverein und Preisbindungsverpflichtung wichtige Voraussetzungen für die logistische Leistungsfähigkeit des Buchhandels schuf, jedes lieferbare Buch ermitteln und auch besorgen zu können. Zugleich wuchs der Markt für Bücher und Zeitschriften mit dem gesellschaftlichen Wandel von „ständisch-agrarischen zu demokratisch-industriellen"[1] Lebensformen; damit stieg vor allem die Nachfrage nach Unterhaltungslektüre und populären Bildungsmedien und Enzyklopädien. Die Industrialisierung führte aber auf der anderen Seite auch zu einem steigenden Bedarf nach technischer und wissenschaftlicher Fachliteratur.

Das 19. Jahrhundert brachte ebenfalls die Emanzipation des Verlagsbuchhandels und der Leserinnen und Leser von der Zensur mit sich. Bis Mitte des Jahrhunderts waren die Presse, aber auch Buchhandlungen und Leihbibliotheken einer staatlichen Bevormundung unterworfen, die bis zur Einführung der Gewerbefreiheit 1869 nicht nur in der Notwendigkeit einer staatlichen Konzession zur Führung eines Unternehmens zum Ausdruck kam, sondern auch eine inhaltliche Prüfung von Publikationen bedeutete.

Die Gefahren der „Lesesucht"

Die Baedekersche Leihbibliothek hatte sich regelmäßig einer solchen inhaltlichen Prüfung zu unterziehen. Ein Bericht des Gymnasiallehrers Paulsen von 1824 ist überliefert, der auf Veranlassung des Bürgermeisters vierteljährlich die Bestände der Leihbibliothek einer Revision unterzog. Darin wird deutlich, daß der Bestand der Bücherei keine politisch zweifelhaften Titel enthielt, aber dem Lehrer aus anderen Gründen höchst bedenklich erschien: „Freilich will man die Sache vom christlich pädagogischen Standpunkte aus beurteilen, so sind wohl die meisten der in diesem Verzeichnis stehenden Bücher, fast alle Romane und sehr viele Theaterstücke, nicht ganz unschädlich zu nennen, indem sie teils Zeit rauben, welche für nützliche Beschäftigung verwendet werden könnte, teils das Leben falsch oder in seinen niedrigsten gemeinsten Gehalt zeichnen und eben dadurch oft die sinnliche Einbildungskraft nachteilig erhitzen."[2]

Lehrer Paulsen äußert hier jedoch keine auf das Angebot der Baedekerschen Leihbibliothek bezogene Ansicht, weil er seinen Bericht mit der Feststellung schließt, „daß ihm die ganze Roman- und Schauspielliteratur unseres Volkes fremd, und er somit mit dem Inhalt fast keiner einzigen der im Katalog der Leihbibliothek genannten Bücher vertraut ist."[3] Die Vorbehalte gegen das Lesen waren seinerzeit fester Bestandteil des pädagogischen Weltbildes, das Pädagogen wie Johann Heinrich Campe ebenfalls vor den Folgen übermäßigen Lesens warnen ließ. Das Lesen, so Campe drastisch, drohe zur Sucht zu werden, zerstöre die zwischenmenschlichen Beziehungen, ruiniere die Moral, schwäche Körper und Seele und führe ins Elend. Die darin zum Ausdruck gebrachte Haltung macht deutlich, daß sich die Leserinnen und Leser in der ersten Hälfte des 19. Jahrhunderts auch gegen pädagogische Vorstellungen zur Wehr setzen mußten, die den Wert des Lesens an sich in Frage stellten – eine aus heutiger Sicht mehr als komische Vorstellung, scheint doch gegenwärtig das Lesen als Kulturtechnik auf dem Rückzug zu sein.

Insofern ist die philanthropische Auffassung, statt aus Büchern müsse man von der Natur und den Dingen selbst lernen, aus heutiger Sicht recht paradox, stellt doch Lesen als Freizeitbeschäftigung insbesondere für Kinder und Jugendliche mittlerweile einen Wert an sich dar – unabhängig vom Inhalt der Lektüre. Ersetzt man nämlich das Medium „Buch" in den Ausführungen des Autors Campe durch „Computerspiele", befindet man sich in etwa auf der Höhe der aktuellen Diskussion, die nun allerdings nicht das wirkliche Leben, wie Campe, als erstrebenswerte Alternative empfiehlt, sondern das Lesen. Aber vielleicht haben im 19. Jahrhundert solche Warnungen von pädagogischer Seite den Erfolg des Buches auch als Unterhaltungsmedium eher befördert als behindert – sollte die Parallele zu den Computerspielen zutreffend sein, mit Sicherheit.

Die Fortschritte der Drucktechnik

Seit dem frühen 19. Jahrhundert mit seinen aus heutiger Sicht etwas befremdlichen Einstellungen zum Lesen hat sich nicht nur auf dem Gebiet des Verlagsbuchhandels und des Zeitungswesens ein enormer Wandel vollzogen. Die einzelnen Entwicklungsschritte hin zur industriellen Produktion von Büchern und Zeitschriften sind in etwa deckungsgleich mit der Entwicklung Essens, das sich im 19. Jahrhundert von einer

G. D. Baedeker, Verlagshandlung, Essen.

Die Kruppsche Gußstahlfabrik im Jahre 1864.

Nach einem von Professor H. Osterwald in Köln im Verlage von G. D. Baedeker, Essen, erschienenen siebenteiligen Stahlstich
von Essen und Umgebung im Jahre 1864.

Kleinstadt mit etwa 5.000 Einwohnern zur Großstadt mit über 100.000 Einwohnern
entwickelte. Zu Beginn des Jahrhunderts noch mit einem Bein im Mittelalter, rissen
die Essener in den 1820er Jahren die mittelalterliche Stadtbefestigung nieder und
weihten 1843 ein neues Rathaus ein, das ihr mittelalterliches ablöste. Die Entwicklung der Industrie und die rasche Zunahme der Bevölkerung setzte Mitte des Jahrhunderts ein, die in der zweiten Hälfte des Jahrhunderts auch in einem sich ausdiffe-
renzierenden gesellschaftlichen Leben mit Bürgervereinen, Bildungsvereinen,
Parteien usw. zum Ausdruck kam. Am Ende des Jahrhunderts war Essen eine Großstadt mit allen Infrastruktureinrichtungen einer modernen Stadt.[4]

Die Entwicklung der Verlagsbuchhandlung Baedeker ist insoweit auch ein
Spiegel der historischen Entwicklung von Stadt und Region. Einzigartig ist diese
Geschichte schon allein deshalb, weil die 225jährige Firmengeschichte innerhalb
der Region Ruhrgebiet ihresgleichen sucht. Das Ruhrgebiet hatte als Standort von
Verlagsbuchhandlungen nie die Bedeutung von Zentren wie Leipzig, München,
Frankfurt, Berlin, Köln oder Stuttgart, wo kirchliche, staatliche oder wirtschaftliche
Machtballung mit ihren publizistischen Interessen schon immer auch Verlage an
sich gebunden hat.

Erst mit der Industrialisierung im 19. Jahrhundert und dem damit verbundenen
Bevölkerungswachstum sowie der aufblühenden Wirtschaft wird das Ruhrgebiet als
Markt für Fachbücher zum Industriestandort Ruhrgebiet wie auch theologische und

pädagogische Publikationen interessant, wie die Geschichte der Verlagsbuchhandlung Baedeker zeigt. Der private Bedarf an Büchern zur Unterhaltung und zur Weiterbildung, vor allem auch an Schulbüchern, stieg damit rasch an.

Zu Beginn des 19. Jahrhunderts war das Unternehmen als Druckerei, Verlag, Buchhandlung und Zeitungsverlag tätig und verkörperte damit die typische Einheit aus Produktionsbetrieb, Verlag und Distribution, die die gesamte Branche seit Gutenberg prägte. Die Firma präsentierte sich bis Ende des 19. Jahrhunderts als Sortiments- und Verlagsbuchhandlung, Buchdruckerei, Schriftgießerei, Papierhandlung, Schreibwarenhandlung, Zeitungsverlag und Leihbibliothek und bot darüber hinaus Spiele, Brieftaschen, Stammbücher, Frachtbriefe, Bilder, Musikalien und Atlanten an. Baedeker war lange Zeit die einzige Verlagsbuchhandlung in Essen. Erst 1851 erwuchs ihr Konkurrenz durch die Buchhandlung Ernst Arthur Seemann, die später nach Leipzig verlegt wurde.

Gottschalk Diederich Baedeker, der im Alter von 20 Jahren im Jahre 1798 das Unternehmen von seinem Vater übernommen hatte, galt als ausgezeichneter Buchdrucker und Setzer, wie sein Sohn Julius in einer

Hölzerne Druckpresse nach Gutenberg

Festschrift 25 Jahre nach Übernahme des väterlichen Geschäfts festhielt: „Besondere Fürsorge wandte er seiner Buchdruckerei zu; es war sein Stolz, als tüchtiger Buchdrucker genannt zu werden. Die Buchdruckerkunst war ihm wie eine Jugendliebe." Er fungierte daher nicht nur als Herausgeber der „Allgemeinen Politischen Nachrichten", sondern besorgte zugleich auch Satz und Umbruch. „In früheren Jahren pflegte er einen Theil der Zeitung, deren Herausgabe eine Lieblingsbeschäftigung des thätigen Mannes war, selbst zu setzen; das Umbrechen derselben besorgte er bis wenige Wochen vor seinem Tode."[5]

Die Produktion von Büchern und Zeitungen erfolgte bis Anfang des Jahrhunderts unverändert seit Gutenbergs Erfindung 350 Jahre im Handsatz des Textes und Druck in einer Handpresse. Die Bleikolumnen (Seiten) wurden in dem „Karren", einem ausziehbaren Teil der hölzernen Presse, mit Druckerschwärze eingefärbt und der Papierbogen darübergelegt; anschließend wurde das Papier durch den Tiegel, eine

Handgießgerät

Schnellpresse

dicke hölzerne Platte, mit großem Druck über eine Spindel auf die Bleilettern gedrückt, so daß sich die Farbe aufs Papier übertrug.

Erst 1811 entwickelte Friedrich Koenig zusammen mit Andreas Friedrich Bauer in London die Schnellpresse, bei der der Karren unter einem Druckzylinder mechanisch hin- und herbewegt wurde. Das Einfärben der Lettern, die Papierzufuhr und der Druck erfolgten maschinell, was zu einer erheblichen Beschleunigung des Druckvorgangs führte. Die Druckgeschwindigkeit ließ sich so von etwa 300 Drucken auf 1.000 bis 1.500 Drucke je Stunde steigern. Schnellpressen mit mehreren Druckwerken brachten es auf bis zu 4.000 Drucke in der Stunde, die 1865 erfundene Rollenrotationsmaschine erreichte 18.000 Drucke eines vierseitigen Bogens.

Die Steigerung der Druckgeschwindigkeit erforderte eine beschleunigte Satzherstellung, die jedoch erst mit der 1883-1886 entwickelten Linotype-Zeilensetzmaschine von Ottmar Mergenthaler möglich war. Bis dahin war auch der Satz von Büchern und Zeitungen ausschließlich Handarbeit, mit der die einzelnen Buchstaben zu Zeilen und Seiten zusammengefügt wurden. In der Linotype war es möglich, mit einer überdimensionalen Schreibmaschinentastatur einzelne Zeilen aus Matrizen zusammmenzustellen, die dann mit Blei ausgegossen wurden und so für den Druck zur Verfügung standen. In dasselbe Jahrzehnt fiel auch die Revolution der Bildwiedergabe mittels Autotypieraster durch Georg Meisenbach (Patent 1883).

Ohne Fortschritte in der Papierherstellung hätte aber auch die Weiterentwicklung in der Drucktechnik keine Steigerung der Produktion mit sich gebracht. Der für die Publizistik wichtige „Rohstoff" Papier wurde ebenfalls seit Mitte des 19. Jahrhunderts industriell hergestellt. Bis Ende des 18. Jahrhunderts blieb die Papiermacherei seit ihren mittelalterlichen Anfängen im 13. Jahrhundert praktisch unverändert. Basis des Papiers waren Textillumpen, die zu Fasern zerstampft und in Wasser aufgelöst abgeschöpft wurden. Um die Jahrhundertwende schuf die Entwicklung der Papiermaschine die Voraussetzung für die Herstellung endloser Papierbahnen in einem kontinuierlichen Prozeß. Das Problem des knappen Rohstoffes Textillumpen löste die industrielle Papierherstellung ab 1840 mit dem Faserstoff Holz als Rohstoff, der im Gegensatz zu den Papierlumpen nahezu unbegrenzt zur Verfügung stand. Die industrielle Papierherstellung basiert auf durch Holzschliff gewonnenen Fasern, die durch ein chemisches Verfahren in reinen Zellstoff umgewandelt und unter Zusatz von Leim, Kreide und anderen Stoffen für den Druck aufbereitet werden.

Die Druckerei als „Seele des Geschäfts"

Der handwerklichen Produktion von Büchern und Zeitschriften in der von Gutenberg entwickelten Technik entsprach die wirtschaftliche Einheit von technischer Produktion in der Druckerei, Verlag und Distribution der Bücher in der Buchhandlung. Diese wirtschaftliche Einheit begann sich im 19. Jahrhundert auszudifferenzieren. War Gottschalk Diederich Baedeker noch Setzer, Drucker, Buchhändler und Verleger, so setzen seine Söhne teilweise innerhalb der Firma eine Arbeitsteilung durch. „Nach seinem Tode übernahmen seine beiden jüngsten Söhne Eduard und Julius am 1. Januar 1844 das elterliche Geschäft, nachdem der Vetter Julius Theodor (1814–1880) drei Jahre als Geschäftsführer mit Eduard zusammen das Unternehmen geleitet hatte, weil Julius erst seine buchhändlerische Ausbildung beenden sollte. In der Interimszeit von 1841–1844 stand auch Karl Baedeker seinen jüngeren Brüdern mit Rat und Tat zur Seite."[6] Da der älteste Sohn Gottschalk Diederich Baedekers, Karl Baedeker, mit seinem Reiseführer-Verlag nicht als Erbe der Essener Firma Baedeker in Betracht kam, übernahmen seine Brüder Eduard und Julius Baedeker

Eduard Baedeker

das Stammhaus. Julius, der jüngste von sechs Söhnen, leitete den Buchhandel und die Redaktion der Zeitung, Eduard die Druckereien. Karl Baedeker gründete seinen eigenen Verlag ohne Druckerei und nutzte statt dessen die Möglichkeiten der elterlichen Firma, die ihrerseits von den Aufträgen des Reiseführerverlags profitierte.

Das Impressum der Baedeker-Reiseführer wies bis zur Jahrhundertwende als Druckort „Druck G. D. Baedeker in Essen" aus. Der Druckauftrag des Bruders gab auch wesentliche Impulse für Investitionen in der Druckerei. „Größeren Anforderungen zu entsprechen, die namentlich durch den Druck der Koblenzer Reisehandbücher

Werbeblatt für die Druckerei, 1846

sich geltend machten, gingen wir im Juni 1850 zur Anschaffung einer Schnellpresse über."[7] Bis zu dieser Innovation druckten bei Baedeker 25 Drucker auf fünf Handpressen. Der Aufschwung setzte sich rasch fort, und in den folgenden Jahren wurde die Druckerei ständig erweitert: Am 26. September 1851 Einweihung eines neuen Druckereigebäudes, 1854 trieb die erste Dampfmaschine mit 5 PS bereits vier Schnellpressen, und zum Firmenjubiläum 1869 vermeldete Julius Baedeker stolz, daß nunmehr sieben Schnellpressen von einer neuen Zwillings-Dampfmaschine getrieben würden.

Die Reisehandbücher des Bruders gaben wesentliche Impulse für die wirtschaftliche Entwicklung des Druckereibetriebs, waren auf ihre Weise aber auch Aushängeschild der Druckerei, wie die Festschrift vermerkt. „Was aber die Reisehandbücher betrifft, so hat die Offizin die Freude ..., mancherlei concurrirenden Anerbietungen gegenüber sich in voller Geltung zu behaupten und diese in der Reisewelt zu einer classischen Autorität gelangten Bücher mit *ihrer* [Herv. i. Orig.] Druckfirma in das bewegliche Publikum zu bringen." Stolz hob Julius Baedeker in der Festschrift daher die besondere „Schönheit des Drucks" seiner Pressen hervor, die in einer hohen Abbildungsqualität zum Ausdruck kommen würden, wie er „bis dahin in schöner Ausführung nur bei Vieweg üblich" gewesen sei. Mit der eigenen Produktion als Aushängeschild konnte die Druckerei zusätzlich wirtschaftlich am Wachstum der Region partizipieren. „Auch des bedeutenden Zuwachses größerer und kleinerer Accidenzien muß ich gedenken, um die größere Regsamkeit unserer Offizin zu motivieren. Der außerordentliche Aufschwung der Industrie und des Verkehrs unserer Gegend übte auch auf die typographische Thätigkeit einen sehr erheblichen Einfluß aus. Die Ausführung der vielen Druckaufträge dieser Kategorie mußte nicht nur rasch, sondern der Firma würdig erscheinen."[8]

Kompetenz und Ausstattung der Druckerei waren darüber hinaus auch Grundlage für den Erfolg des eigenen Verlags, der auf eine eigene Schriftgießerei und – für hohe und mehrfache Auflagen – eine Stereotypie und eine Galvanotypie zurückgreifen konnte. Damit war es möglich, Druckplatten durch Abdruck oder Abguß zu duplizieren oder Holzschnitte über die galvanische Verkupferung von Abdrücken in Druckformen für Bilder zu verwandeln. „Es bedarf in dieser Hinsicht nur des Hinweises auf die 250 Stereotyp-Auflagen der Fibel, von der seit 1853 750.000 Exemplare gedruckt wurden."[9]

Die verlegerischen Erfolge

Insbesondere die großen Erfolge des Verlags mit hohen und zahlreichen Auflagen wären ohne die von Julius Baedeker genannten technische Voraussetzungen nicht wirtschaftlich zu realisieren gewesen. Die Produktion der Fibeln und Lesebücher waren ohne Stereotypie nicht denkbar, weil man die Abdrücke der Bleilettern für einen Nachdruck immer wieder mit Blei ausgießen konnte, um eine neue Druckform herzustellen. So war bei Abnutzung oder Beschädigung von Typen kein Neusatz erforderlich und die kostspielige Archivierung großer Bleimengen für mögliche Nachdrucke entfiel ebenfalls.

Julius Baedeker bezog sich mit seinem Hinweis auf Haesters Fibel auf die größten Erfolge des Verlags, die vor allem im Bereich der pädagogischen und religiösen Bücher lagen. Albert Haesters (1811-83), der 25 Jahre als Lehrer in Werden tätig war,

Ludwig Erk

veröffentlichte 1853 die: „Fibel oder der Schreib-Lese-Unterricht für die Unterklassen der Volksschule". Mit der 1.141. Auflage 1889 waren bereits 3.423.000 Exemplare der Fibel erschienen. Um die Jahrhundertwende rechnete man das Buch „unzweifelhaft zu den verbreitetsten Büchern der Welt."[10] Bis in das 20. Jahrhundert prägte Haesters Fibel den Unterricht vieler Generationen von Schülern und Lehrern.

Die Fibel gehörte zu einer sehr breiten Produktpalette an Titeln rund um den Schulunterricht. Umsatzträger waren vor allem die Volksschulliederbücher des bedeutenden Volksliedsammlers Ludwig Erk, die er allein und unter anderem mit Friedrich Erk und Wilhelm Greef unter Titeln wie „Kindergärtchen", „Liederkranz" oder „Singvögelein" veröffentlichte.

Auch religiöse Titel des Verlags richteten sich in erster Linie an Schüler und Jugendliche. „Die sog. Natorpsche kleine Bibel (1802) und die Krummacherschen Parabeln waren die Grundsteine des Baedekerschen Verlages und trugen wesentlich dazu bei, den Ruf der Firma aus der damals unbedeutenden, namenlosen Stadt in weitere Kreise Deutschlands zu tragen."[11]

Bernhard Christoph Ludwig Natorp und Friedrich Wilhelm Krummacher, beide evangelische Pfarrer, waren die ersten Verlagsautoren und mit dem Firmeninhaber Gottschalk Diederich Baedeker zeitlebens eng befreundet. Natorps erstes Buch „Kleine Bibel. Für Freunde einer zweckmäßigen Bibellektüre und zunächst für die christliche Jugend bestimmt" erschien 1802 und begründete den auf religiöse und pädagogische Schriften ausgerichteten Programmschwerpunkt des Verlags. Der Verlagskatalog von 1875 führt 20 Titel von Krummacher und 18 Titel von Natorp auf.[12]

Gottschalk Diederich Baedeker war sicher nicht zufällig Verleger pädagogischer und religiöser Titel, wie sein Engagement in Bildungsfragen zeigt; aber umgekehrt beeinflußten seine verlegerischen Interessen wohl auch das schulpolitische Engagement in der städtischen Schulkommission und als Vertreter der Elternschaft im Kuratorium des Stadtgymnasiums. Das besondere Gewicht der Titel rund um die Schule entsprach andererseits auch der Struktur des Buchmarktes und dem Leserinteresse; theologische und pädagogische Titel standen hier im Vordergrund. „Noch in

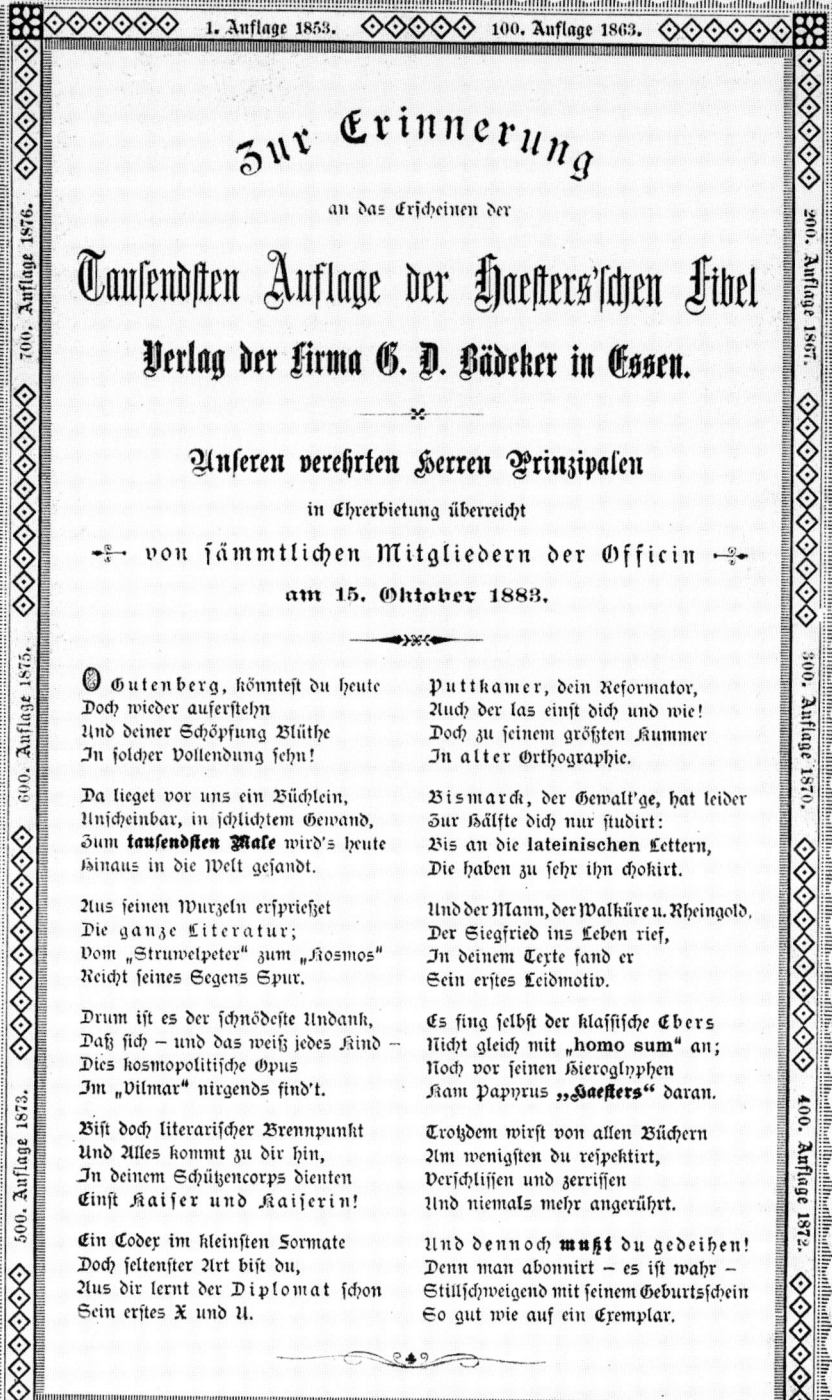

Erinnerungsblatt an die 1000. Auflage von Haesters Fibel, 1883

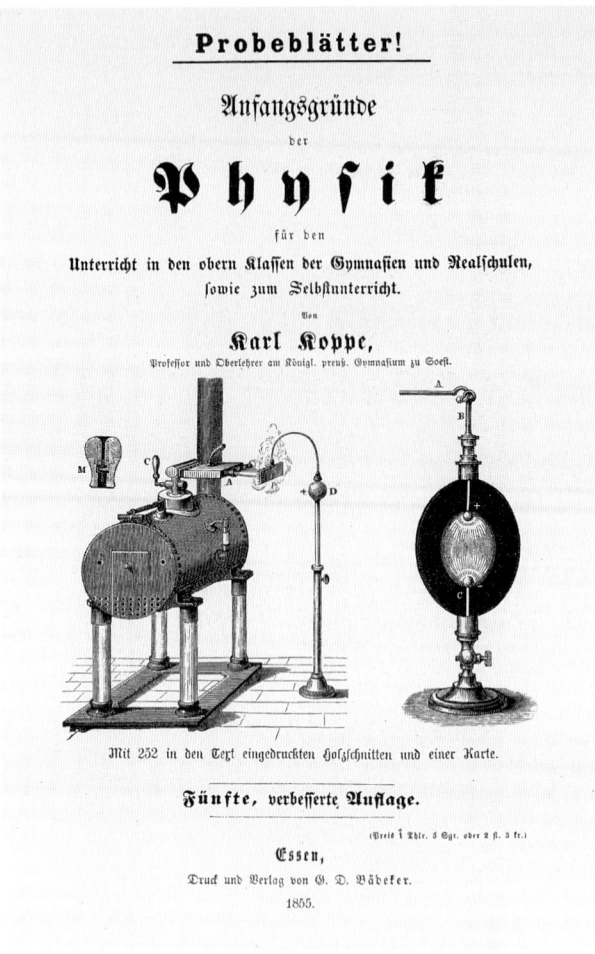

Prospekt für K. Koppe „Anfangsgründe der Physik"

den fünfziger Jahren standen die theologisch-religiösen Werke an erster Stelle, fast jede sechste Neuerscheinung gehörte dazu. Ihnen folgten Schulbücher und Jugendschriften sowie Jurisprudenz und Literatur."[13] Gegen Ende des Jahrhunderts standen Jugend- und Schulbücher und pädagogische Titel mit etwa 15% Marktanteil an der Spitze, während Religion/Theologie nach Naturwissenschaften, Technik/Wirtschaft und Jura/Politik an fünfter Stelle folgte.[14]

Die Baedekerschen Verlagskataloge sind daher durchaus repräsentativ für die zeitgenössische Buchlandschaft. In den Verzeichnissen von 1875 und 1891[15] sind jeweils über 800 Titel aufgeführt. In der Mehrzahl sind es Bücher für den Volksschulunterricht, Bücher zum Schulrecht und zur Pädagogik, religiöse Schriften sowie historische Titel; daneben gewinnt in der zweiten Hälfte des 19. Jahrhunderts die Literatur zum Maschinenbau und zu Bergbau und Bergrecht eine zunehmende Bedeutung. Seit 1856 erscheinen im Verlag Titel wie der „Berg- und Hütten-Kalender" oder der „Ingenieur-Kalender". Das Wochenblatt „Glückauf. Zugleich Organ für Bergbau und Hüttenbetrieb, Industrie und Verkehr" wurde ab 1865 als Beilage in der „Essener Zeitung" geführt und kam seit 1883 als selbständiges Blatt auf den Markt.

Der Buchhandel im 19. Jahrhundert

Um 1880 änderten sich die Handelsbräuche im deutschen Buchhandel. Bis dahin war der „Konditionenverkehr" üblich, eine Mischung aus Tauschhandel und der Bar-Abrechnung von Lieferungen. Der Handel mit Büchern zwischen Verlegern und Buchhändlern war bis zum Ende des 18. Jahrhunderts fast ausschließlich im Tausch üblich. Damit umgingen Buchhändler und Verleger im deutschen Sprachraum das Problem der Vielstaaterei mit unterschiedlichen Rechtssystemen und Währungen. Der weitere Vorteil war, daß nur wenig Betriebskapital erforderlich war, um am Buchmarkt teilzu-

Das Baedekerhaus

nehmen, zumal die Verlagsbuchhändler in aller Regel nicht nur Sortiment und Verlag, sondern zugleich auch ihre eigenen Drucker waren. Zumindest die Einheit von Verleger und Buchhändler war die Voraussetzung für diese Art des Geschäftsverkehrs. „Jeder Buchhändler mußte also, um überhaupt an diesem Markt teilnehmen zu können, Verleger und Sortimenter in Personalunion sein."[16] Die Verlagsbuchhändler trafen sich jährlich an „Cantate", vier Wochen nach Ostern, zur Buchmesse in Leipzig und tauschten ihre Neuerscheinungen gegen Neuerscheinungen der Kollegen; auf diese Art stellten sie ihr Sortiment zusammen.

Im Konditionenverkehr verschickten die Verleger jede Neuerscheinung unaufgefordert an die Buchhandlungen. Verkaufte Bücher wurden beim nächsten Abrechnungstermin auf der Leipziger Messe miteinander verrechnet, unverkaufte Exemplare konnten entweder remittiert werden, oder der Buchhändler „disponierte" für ein weiteres Jahr, d.h. die Abrechnungsfrist wurde verlängert.[17] Die Buchhändler waren also in gewisser Hinsicht lediglich die Vermittler zwischen Verlag und Leser, indem sie die vom Verlag zugesandten Ansichtsexemplare ihren Kunden präsentierten. Die Zusammensetzung des Sortiments ergab sich aus den eingegangenen Novitäten, die Buchhandlung benötigte nur ein geringes Kapital und trug bis auf den Remissionsaufwand kein Risiko. Das Kommissionswesen brachte demnach auch die Möglichkeit mit sich, daß sich der Handel vom Verlag trennen konnte und reine Buchhandlungen möglich wurden. In der Regel nahmen aber weiter Verlagsbuchhandlungen am Marktgeschehen teil, die über die Verrechnung der Eigenproduktionen das Risiko der verlegerischen Tätigkeit verringern konnten, das ansonsten allein beim Verlag gelegen hätte.

Wie den Tausch, so vollzogen die Verlagsbuchhändler auch die Abrechnung an Cantate in Leipzig. Für Verleger und Buchhändler gehörte es zum guten Ton, daß die Geschäftsinhaber selbst die Abrechnung vornahmen, wie ein Nachruf auf Gottschalk Diederich Baedeker im Börsenblatt des Deutschen Buchhandels zum Ausdruck bringt: „Wie sein ganzes Leben ein Bild der regsten Thätigkeit war, so sah man ihn auch in Leipzig unermüdet die nicht geringen Beschwerden des Meßwesens ertragen. Er selbst ging zur Börse und rechnete; er bedauerte mit Vielen, daß durch die immer mehr überhand nehmende Sitte, Untergebene zum Abrechnen zu schicken, die schönste Seite des Meßlebens, die Gelegenheit zu persönlichen Besprechungen und Begrüßungen, schwindet."[18]

Gottschalk Diederich Baedeker gehörte auch zum Kreis der 90 Verlagsbuchhändler, die im Jahr 1825 in Leipzig den „Börsenverein der Deutschen Buchhändler" als erste gesamtdeutsche Körperschaft gründeten, um dem geschäftlichen Verkehr innerhalb der Branche einen verbindlichen Rahmen zu geben.

Von 1861 ist eine Remittendenliste des Baedeker-Verlags überliefert, in der es unmißverständlich heißt, es würden keine „Disponenda" zu dieser Messe anerkannt.[19] Darin kommt das Interesse des Verlags zum Ausdruck, das Disponieren einer weiteren Fristverlängerung für Abrechnung oder Rückgabe der Bücher nicht zu gestatten. Der Konditionenverkehr bedeutete für den Buchhandel nicht nur ein sehr geringes Risiko, sondern war zugleich ein sehr günstiger Kredit zu Lasten des Verlags. Die Weigerung, Disponenda zu akzeptieren, verdankte sich also nicht zuletzt dem Interesse, die Kreditierung des Buchhandels einzuschränken.

Unabhängig vom Problem der einseitigen Risikoverteilung und Finanzierung des Buchhandels zu Lasten der Verlage wuchs für die Verlage zudem das Problem der unverkauften Bücher. Seit Mitte des Jahrhunderts nahmen die Remittenden zu. Um diese Lagerbestände abzubauen, gaben die Verlage die unverkauften Exemplare mit erheblichen Rabatten ab. Antiquariate vertrieben die unverkauften Restauflagen zum Teil bereits nach Jahresfrist zu reduzierten Preisen. Erst der 1887 eingeführte feste Ladenpreis als gegenseitige Verpflichtung der Marktteilnehmer schaffte Abhilfe und führte zu einer Gesundung der Branche, die nun nicht mehr im Konditionsverkehr miteinander Geschäfte machte; der Bar- oder Festbezug setzte sich durch. Damit verbunden war, daß die Buchhandlungen über „Wahlzettel" bei den Verlagen bestellten und so selbst gezielt ein Sortiment zusammenstellten. Diese neue Form des Buchhandels war natürlich auf die Transportmöglichkeiten des schnell gewachsenen Eisenbahnnetzes angewiesen. Mit der Abkehr vom Konditionenverkehr war die Trennung von Buchhandel und Verlag noch leichter geworden, da sich über die Abrechnung der bezogenen Bücher in bar die Finanzsituation der Verlage verbesserte. Zugleich vergrößerte sich der Markt für die Verlage in der Gründerzeit ganz erheblich. Von 1800 bis zur Jahrhundertwende wuchs die Zahl der Buchhandlungen von 300 auf über 5.000, die Zahl der jährlichen Neuerscheinungen steigerte sich im gleichen Zeitraum von rund 4.000 auf etwa 25.000.

Verkauf von Zeitung und Druckerei

Der Übergang der Firma in die nächste Generation setzte die arbeitsteilige Führung fort. Auf Eduard Baedeker folgte dessen Sohn Gustav als Leiter der Druckerei, auf Julius Baedeker Diedrich als Chef der Verlagsbuchhandlung und Herausgeber der Zeitung. Zwischen beiden kam es jedoch häufig zu Meinungsverschiedenheiten, „die erst

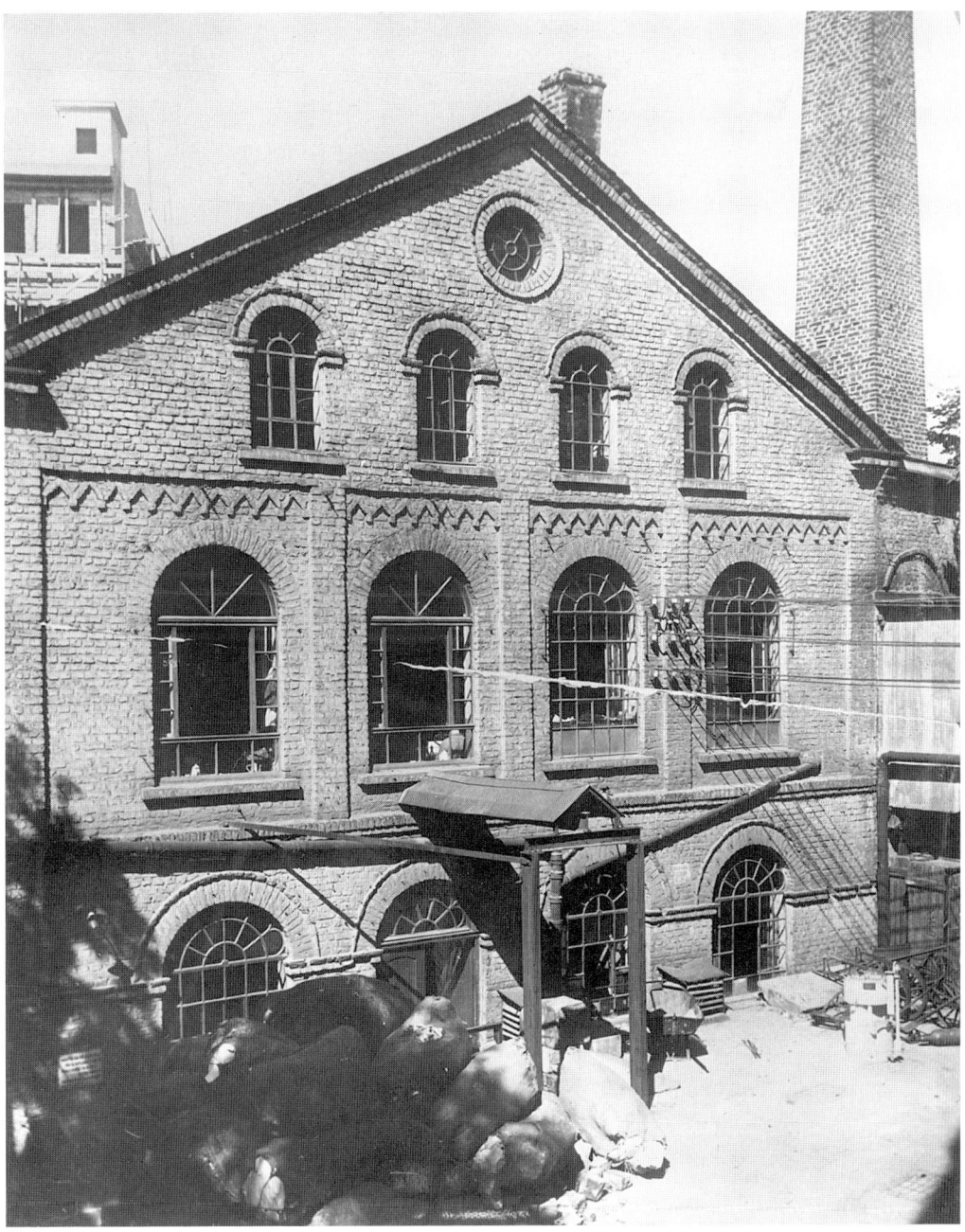

Die Druckerei Reismann-Grone (ehemals Baedeker)

mit dem Ausscheiden von Gustav Baedeker aus der Firma im Jahre 1903 ihr Ende fand[en]."

Sellmann begründet die Meinungsverschiedenheiten mit den unterschiedlichen Temperamenten der beiden Vettern. Es sind aber wohl auch geschäftliche Differenzen, die Anlaß für die Auseinandersetzungen waren. Diedrich, der zehn Jahre nach seinem Vetter in die Geschäftsführung eintrat, konnte „die von Gustav in den Jahren von 1878 bis 1890 vorgenommenen überhöhten Entnahmen im Interesse der Firma und der übrigen Erbberechtigten nicht hinnehmen."[20]

Druckerei und Zeitung gingen am 2. Januar 1903 an Theodor Reismann-Grone über, der schon seit 1895 als Chefredakteur und Teilhaber der „Rheinisch-Westfälischen Zeitung" verbunden war. Es ist möglich, daß hier neben persönlichen Differenzen zwischen den beiden Vettern auch die Situation des Unternehmens einen zusätzlichen Ausschlag gab. Den Verkauf von Druckerei und Zeitung an Reismann-Grone rechtfertigte auch Gustav nachträglich mit einer nicht mehr konkurrenzfähigen Ausstattung. „Die Druckerei wurde nämlich zu ‚altem Kram', weil das Geld zu Neueinrichtungen fehlte."[21]

Die maschinelle Ausstattung könnte in der Tat verantwortlich gewesen sein dafür, daß insbesondere die Druckerei nicht mehr konkurrenzfähig gewesen ist. Das „Biographische Buchhändler-Lexikon" kennzeichnete 1901 die Firma Baedeker folgendermaßen: „Das Geschäft, das über 180 Personen beschäftigt, umfaßt Verlag, Sortiment, Buchdruckerei, Schriftgießerei, Stereotypie, Galvanotypie und Buchbinderei."[22] Da Firmenprospekte der Jahrhundertwende 16 Pressen als Ausstattung des Betriebs angeben, ist anzunehmen, daß der Betrieb weder über eine Rotationsdruckmaschine für den Zeitungsdruck noch eine mechanische Satzmaschine verfügte – eine entsprechende Ausstattung hätte man in Informationen über die Firma vermerkt. Für Münster etwa ist überliefert, daß schon 1890 die erste Tageszeitung über eine Rollenrotation hergestellt wurde, 1897 hatte auch die zweite Tageszeitung nachgezogen.[23] Den Auftrag zur Herstellung der Reisehandbücher des „roten" Baedeker hatte man zur Jahrhundertwende ebenfalls verloren; auch dafür könnte die mangelnde Konkurrenzfähigkeit der Druckerei ein Grund gewesen sein.

Die wirtschaftliche Einheit aus Druckerei und Verlagsbuchhandlung war mit dem Verkauf von Zeitung und Druckerei zerbrochen. Neben internen Ursachen war diese Entwicklung auch Ausdruck für die Modernisierung der Medienlandschaft, deren Dynamik eine zunehmende Spezialisierung mit sich brachte. Die Entwicklung der Satz- und Drucktechnik wie auch der sich ausweitende Buchmarkt setzten zunehmend spezielle Kenntnisse und Investitionen voraus. Damit hatte sich auch die Tradition der Firma Baedeker überlebt, für die zu ihrer Glanzzeit Julius Baedeker noch 1869 festgehalten hatte, die Druckerei sei „die Seele des Ganzen. (...) Aus ihr heraus hat sich das Geschäft ausgedehnt, sie ist die Wurzel, aus der der große Baum mit seinen Ästen und Zweigen entstanden."[24]

Anmerkungen

1 Siehe Reinhard Wittmann, Geschichte des deutschen Buchhandels, München 1991, S. 230.
2 Zitiert nach Hermann Schröter, Leihbibliotheken und Druckereien in Essen im Anfang des 19. Jahrhunderts, in: Münster am Hellweg 9 (1956), S. 24f.
3 Ebenda, S. 25.
4 Siehe dazu Klaus Wisotzky/Michael Zimmermann (Hrsgg.), Selbstverständlichkeiten. Strom,

Wasser, Gas und andere Versorgungseinrichtungen: Die Vernetzung der Stadt um die Jahrhundertwende, Essen 1997.

5 Zur Erinnerung an eine Jubelfeier der Firma Baedeker in Essen am 1. und 2. Januar 1869, S. 12.

6 Wilhelm Sellmann, Familie und Buchhandlung Baedeker zweihundert Jahre in Essen, in: Die Heimatstadt Essen. Jahrbuch 1975/76, S. 102 f.

7 Zur Erinnerung an eine Jubelfeier der Firma Baedeker in Essen am 1. und 2. Januar 1869, S. 13.

8 Ebenda.

9 Ebenda.

10 Karl Friedrich Pfau, Biographisches Buchhändlerlexikon, 2. Aufl. 1901, S. 14f.

11 Eduard und Julius Baedeker, Zur Erinnerung an die Feier des hundertjährigen Geburtstages unseres sel. Vaters Gottschalk Diedrich Bädeker, des Begründers der Firma G.D. Bädeker in Essen am 13. Juli 1878, S. 6.

12 StA Essen 302 Nr. 113.

13 Wittmann, Geschichte, S. 238.

14 Ebenda, S. 271.

15 Stadtbibliothek DII 3053.

16 Wittman, Geschichte, S. 90.

17 Siehe Marion Janzin/Joachim Güntner, Das Buch vom Buch. 5000 Jahre Buchgeschichte, Hannover 1995, S. 283, S. 310.

18 Börsenblatt für den Deutschen Buchhandel 8 (1841) Nr. 88, Spalte 2142.

19 StA Essen 302 Nr. 121.

20 Wilhelm Sellmann, Verlag und Buchhandlung zweihundert Jahre in Essen, Ms. Essen 1975, S. 116.

21 Zitiert nach ebenda, S. 118.

22 Pfau, Buchhändlerlexikon, S. 14.

23 Siehe Stadt Münster (Hrsg.), 500 Jahre Buchdruck in Münster, Münster 1991, S. 66.

24 Zur Erinnerung an eine Jubelfeier der Firma Baedeker in Essen am 1. und 2. Januar 1869, S. 7.

oben: Saal der Setzerei   unten: Stereotypie

oben: Stereotypie

unten: Rotationsdruckmaschine

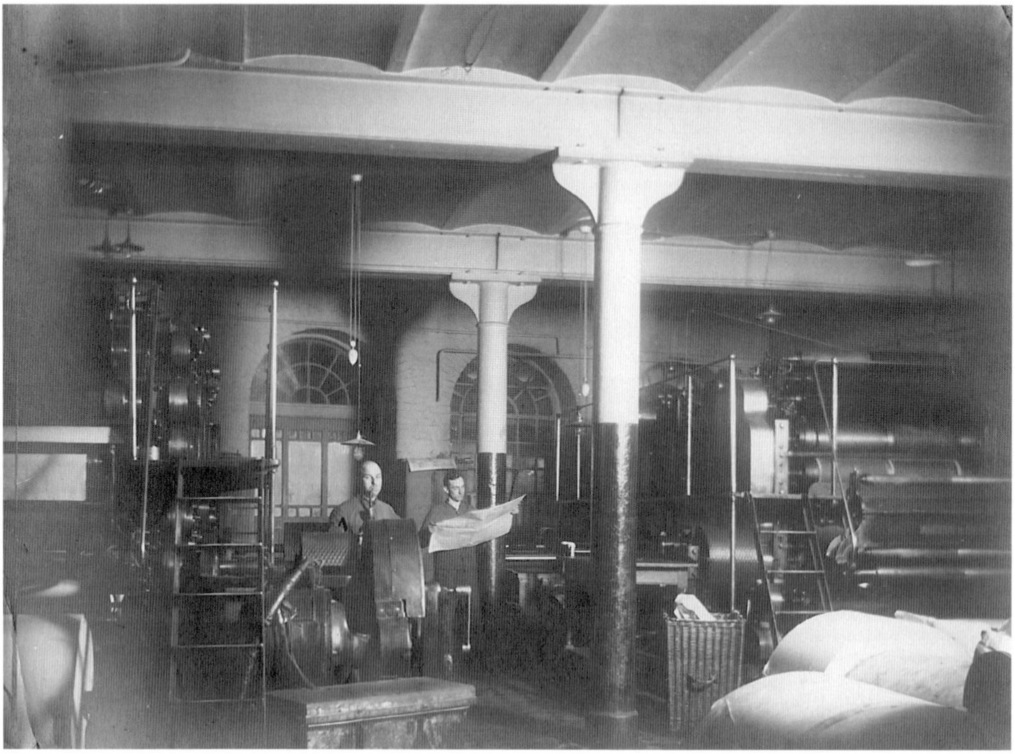

oben: Rotation

unten: Rotation

Claudia Hiepel

Die Baedeker-Zeitung – von den Essendischen Nachrichten zur Rheinisch-Westfälischen Zeitung

„Zeitung, Avisen, Courante, Lat. Nova, Novella, Franz. Gazette sind gedruckte Blätter, so in grossen, sonderlich Handels-Städten, wöchentlich ein oder mehr-mahlen ausgegeben werden, und darinnen zu lesen ist, was merckwürdiges in der Welt vorgefallen."

(Johann Heinrich Zedler, Großes vollständiges Universal-Lexikon, Leipzig/Halle 1749)

Das Wort Zeitung leitet sich ursprünglich vom niederdeutschen ‚theiding' oder ‚thei-dung' ab, was so viel wie Nachricht bedeutete. Noch im 18. Jahrhundert wurde für ge-wöhnlich ‚Zeitung' gleichbedeutend mit ‚Nachricht' gebraucht. Geschriebene Briefzei-tungen, die zwischen Gelehrten, Kaufleuten, Diplomaten oder Fürsten kursierten, stellten eine erste Form der Nachrichtenübermittlung dar. Sie waren nur einer klei-nen Schicht von gebildeten Menschen zugänglich. Die Erfindung des Buchdruckes durch Johannes Gutenberg um 1445 ermöglichte es dann, das stetig wachsende Inter-esse an neuesten Nachrichten zu befriedigen und Zeitungen nun in größerer Stück-zahl herzustellen. Im Laufe des 17. Jahrhunderts entstanden die ersten regelmäßig er-scheinenden Zeitungen, von denen es in Deutschland zur Mitte des Jahrhunderts be-reits 135 gab, 84 davon nördlich der Mainlinie.

Die Essendische Zeitung von Kriegs- und Staatssachen

In Essen lassen sich die Ursprünge der ältesten Zeitung bis 1738 zurückverfolgen. In diesem Jahr kündigte der ‚Duisburger Adresse- und Intelligenzzettel', ein Amtsblatt für das damalige westliche Gebiet des preußischen Staates, das Erscheinen einer neu-en Zeitung in Essen an. Der Essener Buchdrucker Johann Henrich Wißmann sei ent-schlossen – so hieß es darin – *eine Zeitung oder Advise ausgehen zu lassen, welche deren Liebhabern allda 14 Tage vorher gratis kommuniziret werden soll; wer dazu Lust hat, kann sich beliebig melden.*[1] Es ist fraglich, ob diese angekündigte Zeitung jemals erschienen ist. Außer der Meldung im Intelligenzzettel existiert kein weiterer Hinweis. Schon 1740 gingen Druckerei und Verlag Wißmann auf Anordnung des Essener Magistrats an das Essener Waisenhaus, das mit der Herausgabe einer Zeitung beauftragt wurde. Die ‚Neuesten Essendischen Nachrichten von Staats-, Kriegs- und Gelehrtensachen' erschienen nun zweimal wöchentlich. In den folgenden Jahren wechselte die Zeitung noch mehrmals den Besitzer und ihren Namen, bis sie schließ-lich 1775 durch die Heirat der Buchdrucker- und Verlegerwitwe Anna Theodora Wohlleben mit Zacharias Gerhard Diederich Baedeker in dessen Besitz überging. Die ‚Essendische Zeitung von Kriegs- und Staatssachen' – wie die Zeitung jetzt hieß – sollte seither bis zu ihrem Verkauf im Jahre 1903 im Besitz der Familie Baedeker blei-ben. Sie ist ein Stück Stadtgeschichte und zugleich Spiegel der wechselvollen Historie des Essener Familienunternehmens G. D. Baedeker. Die Überlieferung ist über diesen

Essendische Zeitung, 1782

langen Zeitraum hinweg natürlich lückenhaft, und gerade die ältere Geschichte der Zeitung kann nur aus wenigen erhaltenen Exemplaren rekonstruiert werden. Käthe Klein – Chronistin der Vor- und Frühgeschichte der Baedeker-Zeitung – fand 1927 noch eine recht günstige Quellenlage vor und konnte sogar auf Exemplare der Essendischen Nachrichten aus den Jahren 1740 bis 1760 und der Essendischen Zeitung der 70er Jahre des 18. Jahrhunderts zurückgreifen. Sie muß daher als Zeugin für die Anfänge der Baedeker-Zeitung herangezogen werden. Im Original sind heute nur noch wenige der alten Jahrgänge in der Essener Stadtbibliothek zu finden.

Umfang, Inhalte und Ausstattung der ersten Baedeker-Zeitung waren anfänglich recht bescheiden. Die Essendische Zeitung erschien zweimal wöchentlich auf vier bis sechs Quartseiten, jenem damals üblichen kleinen Zeitungsformat. Die Texte waren in großen Lettern zweispaltig gesetzt. Redaktion und Herstellung der Zeitung muß man sich in dieser Zeit im wesentlichen als Einmann-Betrieb vorstellen. Unterstützt wurde Zacharias nur von wenigen technischen Hilfskräften. Die plötzliche Unpäßlichkeit eines Setzers hatte sogleich das Nichterscheinen einer kompletten Zeitungsnummer zur Folge. Neben den technischen Voraussetzungen mangelte es Zacharias an dem, was eine eigentliche Zeitung ausmachte: den aktuellen Nachrichten. Schon in dieser Zeit stellten Nachrichten eine Ware dar, die von Korrespondenten vertrieben wurde. Häufig handelte es sich um Kaufleute oder Diplomaten, die über gute Kontakte zu Fürstenhäusern verfügten. Sie sammelten ‚Zeitungen', schrieben sie zusammen und versandten sie. Auf diese Weise hatte sich in Westeuropa allmählich ein Netz von Korrespondenzorten herausgebildet: Wien wurde zum Zentrum für die Meldungen vom Balkan, Augsburg für Berichte aus Italien, Süddeutschland, der Schweiz und dem Orient. In Köln trafen französische, spanische, englische und niederländische Berichte ein, wobei die Nachrichten aus den

Niederlanden und England schon zuvor in Antwerpen zusammengelaufen waren. In Hamburg wurden die Nachrichten aus Norddeutschland und Skandinavien gesammelt, in Breslau Neuigkeiten aus dem Zarenreich.

Zacharias Baedeker verfügte allerdings nicht über solche Korrespondentenkontakte. Er bezog seine Informationen aus zweiter Hand, indem er die Nachrichten wiedergab, die in den wichtigsten Zeitungen seiner Zeit bereits veröffentlicht worden waren. Das Erscheinen einer Zeitung in Essen hing daher in hohem Maße von der Anbindung an die wichtigsten Verkehrs- und Postwege ab. Mit seinen etwa 3.000 Einwohnern war Essen im ausgehenden 18. Jahrhundert ein kleines unbedeutendes Provinzstädtchen, das abseits von den Hauptinformationswegen lag und nur spärlich mit Informationen von außen versorgt wurde. Erst 1698 erhielt Essen einen Anschluß an den bereits 1649 eingerichteten Postkurs von Berlin nach Kleve: Im Sommer zweimal und im Winter nur einmal in der Woche machte sich die Essener Postkarre auf den beschwerlichen Landweg nach Wesel. Eine weitere Postverbindung entstand entlang des Hellweges über Bochum nach Dortmund. Die über Kettwig nach Düsseldorf fahrende Postkarre garantierte die Anbindung an den wichtigen Holland-Rhein-Kurs. So wurde Essen drei- bis viermal in der Woche mit Post und neuesten Nachrichten versorgt. Mit den bedeutendsten Pressezentren der Zeit im deutschsprachigen Raum – Frankfurt, Hamburg, Berlin und Köln – war Essen also nur indirekt verbunden. Blieb die Postlieferung aus – was bei schlechter Witterung angesichts der kaum befestigten Straßen durchaus der Fall sein konnte – so fehlten die entsprechenden Berichte oder es mußte gar der Erscheinungstermin einer ganzen Ausgabe verschoben werden.

Die Essendische Zeitung erschien anfänglich dem Postkurs entsprechend jeweils dienstags und freitags. Aufmachung und Erscheinungsweise des Blattes änderten sich unter Zacharias' Leitung nur wenig, 1794 wurde lediglich das Format um einige Zentimeter vergrößert. Über die Abonnenten der Essendischen Zeitung wissen wir nicht viel. Um ihre Zahlungsmoral – soviel ist den erhaltenen Ausgaben zu entnehmen – scheint es nicht zum besten bestellt gewesen zu sein. Viele auswärtige Leser waren mit ihren Zahlungen um einige Jahre im Rückstand, so daß Zacharias sich schließlich gezwungen sah, nur auf Vorauszahlung auszuliefern. Daß auch die Post nicht immer einwandfrei funktionierte, Exemplare häufig nicht zugestellt wurden, war sicherlich ebenso ein Grund für säumige Zahlungen. Auch über die Verbreitung der Zeitung sind keine verläßlichen Angaben möglich. Nur so viel läßt sich mit Sicherheit feststellen: Betrieb und Vertrieb der ersten Baedeker-Zeitung steckten noch sichtbar in den Kinderschuhen. Über Essen hinaus fand die Zeitung keine Verbreitung. In Essen selbst blieb sie allerdings fast 100 Jahre lang das einzige Nachrichtenblatt.

Welche ,Merckwürdigkeiten' waren es nun, die Zacharias Baedeker für berichtenswert hielt? Diese Frage läßt sich für die Essendische Zeitung nur am Beispiel der drei überlieferten Jahrgänge beantworten. Dem heutigen Leser bieten sie ein ungewohntes Bild: Die Nachrichten waren noch nicht nach Sparten geordnet, sondern wurden unsortiert unter Angabe des Ortes aneinandergereiht: Einer Meldung aus Paris folgten Berichte aus Holland, Petersburg, London oder Madrid, vermischt mit Nachrichten aus Berlin oder anderen deutschen Städten. Wie es schon im Untertitel der Zeitung zum Ausdruck kommt, standen die großen Staatsaktionen und ihre Hauptakteure, Fürsten und Militärs, im Mittelpunkt. Politik wurde im wesentlichen als Planung und Durchführung militärischer Aktionen begriffen; die Schilderung von Truppenbewegungen, Seeschlachten, Eroberungen, Scharmützeln und Kämpfen nahmen daher breiten Raum ein. Einige Beispiel aus der Essendischen Zeitung vom 4. Januar 1782 sollen das verdeutlichen: *London vom 22. Dec.: Die Admiralität hat bekannt gemacht, daß am 19. das Schiff Tartar von Admiral Kempenfelds Escadre 2 Kaufmannsschiffe als Prisen eingebracht. … Nach den letzten Depeschen aus Indien, hat Hyder Aly bei dem General Coote einen Waffenstillstand verlangt, um wegen des Friedens zu tractiren; welches aber völlig abgeschlagen worden. Haag vom 27. Dec.: Die Generalstaaten haben dieser Tage den Entwurf wegen Aufrichtung eines Korps von 6000 Mann Seetruppen, womit diejenigen Schiffe der Republick, die ihrer bedoerfen, ohne Unterscheid des Departements besezt werden sollen, fuer gut befunden, u. schließlich genehmigt. … Amsterdam vom 28. Dec.: Ueber Frankreich hat man Nachricht erhalten, daß die Eskadre des Commodore Johnstone, nachdem sie die mehrgemeldte Ostindische Schiffe aus der Saldannha Bucht weggenommen, nach Madagascar gesegelt sey, um daselbst Proviant einzunehmen, als dessen sie hoechst benoethigt gewesen. …*

Wer konnte als Leser derartiger Nachrichten in Betracht kommen? Die Artikel zeichneten sich zwar durch eine recht leicht verständliche Sprache aus. Doch über das reine Lesenkönnen hinaus erforderte die Lektüre der Essendischen Zeitung schon einige Kenntnisse in Geographie und Geschichte, über die allein eine dünne Schicht von Gebildeten – Lehrer und Geistliche – verfügte. Weiterhin kommen die ortsansässigen Kaufleute in Frage, deren Interesse an solchen Nachrichten geschäftlicher Natur gewesen sein dürfte. Ob die Baedeker-Zeitung aber in breiteren Bevölkerungsschichten gelesen wurde, wie es um deren Lesefähigkeit überhaupt bestellt war, darüber lassen sich nur Vermutungen anstellen. Seit dem preußischen General-Landschulreglement Friedrichs des Großen von 1763, das den Schulunterricht der Landbevölkerung regelte, mag sich die Lese- und Schreibfähigkeit allgemein allmählich verbreitet haben. In Essen gab es darüber hinaus schon im 16. Jahrhundert Bürger- und Lateinschulen unter konfessioneller Leitung. So gilt wohl auch hier die Feststellung einer Frankfurter Zeitung aus dem Jahr 1796: *Auch das Volk aus den niedrigsten Ständen liest. Bauern und gemeine Bürger lesen heutigen Tages, und oft mehr als ihnen zuträglich ist.*[2]

Zwei umwälzende historische Ereignisse des späten 18. Jahrhunderts, die auch breite Bevölkerungskreise angesprochen haben dürften, schlugen sich in den Nachrichten der Baedeker-Zeitung nieder: der Unabhängigkeitskrieg Nordamerikas von 1775 bis 1783 und die Französische Revolution 1789. Der Kampf der englischen Kolonien in Nordamerika unter Georg Washington um ihre Unabhängigkeit vom britischen Mutterland machte einen wesentlichen Anteil der Berichterstattung aus. Aber nicht die politischen Hintergründe wurden beleuchtet, Motive und Ziele der Aufständischen ergründet, sondern auch hier stand der Verlauf einzelner Aktionen und Waffengänge im Vordergrund. Die Essendische Zeitung selbst bezog keinen Standpunkt. Je nach Nachrichtenquelle wurde mal ein Sieg der Aufständischen begrüßt, mal eine gewonnene Seeschlacht der Briten. Bemerkenswert erscheint mir, daß auch auf den Zeitungsleser des 18. Jahrhunderts die Schilderung blutiger Gewalttaten eine gewisse Faszination ausgeübt zu haben scheint. Ein Beispiel aus dem Unabhängigkeitskrieg mag das verdeutlichen: *Die Rebellen haben an der Person des Hrn. Avery, Predigers zu Rye, welcher sich weigerte, das Gebet für den Congreß, anstatt daß es, wie gewöhnlich, für den König geschehen solte, zu verrichten, eine unmenschliche Mordthat begangen. Sie erschossen ihn mit einer Pistohle, und, nachdem sie den Leichnam verstümmelt, liessen sie ihn auf der Landstrasse, und wolten keiner seiner Kinder zulassen, ihn unter die Erde zu scharren.*[3]

Ebenso begegnete dem Essener Leser die Französische Revolution vor allem in Gestalt der Greueltaten, die die aufgebrachte Menge in Paris verübte. Hier überwog der Schrecken über ein Ereignis, das die festgefügte monarchische Ordnung zerstörte und überdies durch seine räumliche Nähe eine konkretere Bedrohung darstellte als der amerikanische Unabhängigkeitskrieg. Französische Emigranten, meist Adelige und Großbürger, hatten vielfach in deutschen Städten Zuflucht gefunden, ihr Schicksal und das Ludwigs XVI. waren ungewiß. Die Ahnung einer Ausweitung der Revolution oder eines Krieges mit Frankreich hing in der Luft, als die Essendische Zeitung im September 1792 berichtete: *Der Deutsche harrt, ist unwillig des ungewissen Ausgangs der französischen Fehde, die dicht an seiner Gränze begann – lauscht mit Angst auf Nachrichten vom Felde, und liest mit einer Thräne im Aug den blutigen Tod so mancher seiner Mitbrüder, der von der Franzosenpike fällt – ... indessen in seiner Mitte gefährliche Busenfreunde der Jakobiner und Mitverschworene derselben heimlich bei tausenden herumschleichen wie die Pestilenz, ... die Deutschlands Ruhe, dem Throne und auch der Hütte gefährlich sind![4]*

Zwar stammten die zitierten Artikel der Essendischen Zeitung nicht aus der Feder Zacharias Baedekers, und sie können daher nicht als eine persönliche Meinungsäußerung verstanden werden. Dennoch drückte er der Zeitung seinen Stempel auf. In seiner Hand lag die Auswahl der Nachrichten, die abgedruckt werden sollten, er setzte die Schwerpunkte in der Berichterstattung. Allerdings war er nicht nach unserem modernen Verständnis von journalistischer Arbeit verantwortlich für den Inhalt seiner Nachrichten. Das konnte mitunter durchaus von Vorteil sein, so als Zacharias 1776 eine Klage drohte, da sich der preußische Etatsminister durch einen unliebsamen Artikel der Baedeker-Zeitung beleidigt fühlte. Zacharias konnte belegen, daß es sich um eine Nachricht handelte, die er wortwörtlich der Braunschweigischen Zeitung entnommen hatte. Was dort erlaubt, hielt er in Essen nicht für verboten. Da der Redakteur der Zeitung nicht der Urheber der Nachricht war, konnte er sich der Verantwortung für den Inhalt des Berichtes entziehen. Ob Zacharias diese Verantwortungslosigkeit auch als solche empfunden und vielleicht sogar bedauert hat, entzieht sich aber unserer heutigen Kenntnis.

Die Allgemeinen Politischen Nachrichten

1798 übergab Zacharias Baedeker Druckerei- und Verlagshaus an seinen Sohn Gottschalk Diederich. Schon seit dem Tod der Mutter Anna Theodora 1795, der er auf dem Sterbebett versprochen hatte, den kränkelnden Vater zu unterstützen, hatte Gottschalk zeitweise im Betrieb mitgearbeitet. 1798 übernahm er endgültig erst 20jährig den Betrieb des Vaters, wofür er das geplante Studium der Jurisprudenz aufgab. Von Anfang an widmete er einen großen Teil seiner Aufmerksamkeit der Herausgabe der Zeitung. Nicht nur in die inhaltliche, auch in die technische Seite der Unternehmung – ihm bislang völlig fremd – arbeitete er sich rasch ein. Bisweilen setzte er einen Teil der Zeitung eigenhändig und fand noch wenige Wochen vor seinem Tod 1841 Gefallen daran, den Umbruch der Zeitung selber vorzunehmen. Eine der ersten Entscheidungen des neuen Eigentümers betraf den Titel der Zeitung, die nun in ‚Allgemeine Politische Nachrichten' umbenannt wurde. Hinter der Namensänderung verbirgt sich ganz offensichtlich der Wunsch, aus dem lokalen Rahmen, in dem sich die Baedeker-Zeitung bislang bewegt hatte, herauszutreten und sie auf dem überregiona-

Allgemeine
Politische
Nachrichten, 1800

len Zeitungsmarkt zu etablieren. Wegen des neuen Postkurses wurde der Erscheinungstermin auf den Donnerstag und den Sonntag verlegt. Die Allgemeinen Politischen Nachrichten erschienen in optisch aufgefrischter Form: Zunächst wurde das Format vergrößert. Dann schlugen sich technische Verbesserungen im äußeren Erscheinungsbild nieder: Papierart und Druck verbesserten sich, Typen in verschiedenen Größen dienten der optischen Gestaltung und Auflockerung des Textes. Auch Stil und Sprache der Zeitung wurden unter der Federführung Gottschalks anspruchsvoller. Erstmals stellte er einen Redakteur ein: Gotthilf Samuel Heinrich, Prorektor des lutherischen Gymnasiums, redigierte die Zeitung von 1799 bis 1801. Mit seiner offenkundig franzosenfreundlichen Haltung zog er sich jedoch schon bald den Unmut seines Arbeitgebers zu. 1802 übernahm Gottschalk daher selbst die redaktionelle Leitung und bestellte während seiner vielen Reisen einen Stellvertreter.

Obwohl die Zeitung bewußt den Bezug zu Essen aus dem Titel verbannte, war es doch unter Gottschalks Federführung, daß sie erstmals regelmäßig Lokalnachrichten enthielt. Diese Neuerung dürfte der Tatsache geschuldet sein, daß die Stadt in den folgenden Jahren bewegte Zeiten und berichtenswerte Umbrüche erlebte. Zunächst wurden die geistlichen Territorien Essen und Werden 1802 von preußischen Truppen besetzt und Preußen einverleibt: *Gestern Morgen um 9 Uhr rückten hier 2 Compagnien des Grenadiersbataillons von Jechner, unter Kommando des Herrn Obristwachtmeister von Jechner ein, und nahmen nicht nur im Namen Ihro Königl. Majestät von Preußen hiesige Stadt, sondern auch das ganze Hochstift in Besitz.*[5] Dieses Ereignis wurde von Baedeker, der von jeher große Sympathien für die preußische Schutzmacht bekundet hatte, mit Freuden begrüßt. Nach dem Niedergang der Stadt im ausgehenden 18. Jahrhundert, in dem Essen zur Bedeutungslosigkeit herabgesunken und durch die Konflikte zwischen Äbtissin und Rat zerrieben worden war, erhoffte man sich von der preußischen Herrschaft durchgreifende Reformen in Verwaltung, Politik und Wirtschaftsleben. Gottschalk Baedeker versprach sich darüber hinaus geschäftliche Vorteile. In einem Schreiben vom 4. Mai 1804 wandte er sich an den preußischen König mit der Bitte, *... meine Zeitung zugleich zu einem öffentlichen Intelligenz-Blatt erheben und den Gerichten der Grafschaft Mark, wie des Essen- und Werdenschen Gebiets, das Einrückenlassen ihrer zu bezahlenden Inserendorum in dieselbe Allergnädigst bezahlen zu lassen.*[6] Von der Erhebung zum Intelligenz-Blatt versprach sich Baedeker einen größeren Kundenkreis und höhere Einnahmen. Seit dem 17. Jahrhundert gab es die Einrichtung sogenannter Intelligenzblätter. Das Wort Intelligenz wurde dabei in seiner Bedeutung unmittelbar vom lateinischen intellegere = einsehen, Einsicht nehmen abgeleitet. In den Intelligenzblättern konnten öffentliche und private Annoncen für An- und Verkäufe, Vermietungen, Stellenangebote und -gesuche aufgeben werden. In Preußen handelte es sich darüber hinaus um eine staatliche Institution, die mit einem Anzeigenmonopol und einer Art Zwangsabonnement für Handel und Gewerbe verbunden war. Politischen Zeitungen war der Druck von Anzeigen hingegen verboten. Jede Annonce mußte zuerst in Intelligenzblättern erschienen sein. So hatte Baedeker nun zwar – wie man dem Schreiben entnehmen kann – das *Privilegii* für seine politische Zeitung. Das bedeutete in der Konsequenz, daß er Verordnungen der Städte und Behörden drucken mußte. Auf den Mehrkosten, die das verursachte, blieb er jedoch sitzen, da *mein kleines sich fast blos aufs Essen- und Werdensche beschränkende Lesepublicum, weil es sich blos auf eine politische Zeitung abonnirt, nicht keinen Thaler mehr bezahlt.*[7] Das zuständige Ministerium prüfte Baedekers Eingabe zwar sorgfältig, enthielt ihm jedoch den Status eines Anzeigenblattes vor. Zur Begründung wurde auf das bereits existierende Duisburger Intelligenzblatt verwiesen. Im Zuge der preußischen Verwaltungsreform waren die Landgemeinden Essen und Werden im Juni 1803 an den klevischen Landkreis Duisburg angeschlossen worden. Ein weiteres Intelligenzblatt in Essen wurde daher für überflüssig gehalten, zumal keine zentralen Behörden dort angesiedelt werden sollten. *Unsere frohen Aussichten, daß wir für die Zukunft die Clevische Regierung in unsere Stadt bekommen würden, ist jetzt leider fast gänzlich verschwunden, ... und wir sind zur ewigen Garnisonsstadt verdammt,*[8] so schrieb Gottschalk beinahe schon resignierend in einem Brief an seinen Schwiegervater im April 1803. Dennoch änderte das – und auch die strengen preußischen Zensurbestimmungen – offensichtlich nichts an der preußenfreundlichen Haltung Baedekers.

1806 kündigte sich ein neuerlicher Wechsel in den Herrschaftsverhältnissen an. Napoleons Schwager Joachim Murat erhielt das benachbarte Großherzogtum Berg. Essen und Werden wurden annektiert und von französischen Truppen besetzt, die nach dem strengen preußischen Regiment von der Essener Bevölkerung durchaus als Befreier freundlich begrüßt wurden. Diese Haltung teilte Baedeker nicht, der das Einrücken der Franzosen vom ersten Moment an verfolgte: *Vorgestern Nachmittag um 4 Uhr rückte auch hier ganz unvermutet eine Compagnie Franzosen (100 Mann stark) ein, ohne daß irgend jemand im mindesten vorher davon unterrichtet war. Sie wurden hier einbilletiret und besetzten die Hauptwache. Über ihre Bestimmungen blieben wir bis gestern Abend in völlige Ungewißheit.*[9] Essen wurde nun Teil des Großherzogtums Berg und damit Mitglied des neugegründeten Rheinbundes. Die Napoleonische Herrschaft führte nicht nur zu einer grundlegenden Reform in Verwaltung und Gesetzgebung, sie blieb vor allem für die Presselandschaft in den annektierten Gebieten nicht ohne Folgen. Napoleon verlangte, daß die Zeitungen nur solche politischen Nachrichten veröffentlichen sollten, die vorher bereits im Pariser Moniteur, dem offiziellen Organ der Regierung, erschienen waren. Im Februar 1810 wurde die Zensur, die de facto schon vorher bestanden hatte, nun auch gesetzlich geregelt. Die Redakteure waren für alles, was in ihren Zeitungen erschien, persönlich verantwortlich, und die Einhaltung der Zensurbestimmungen wurde sehr genau überwacht. So blieb auch Gottschalk Diederich Baedeker nichts anderes übrig, als den Vorgaben entsprechend zu berichten und zu informieren. Seine offenkundige Lustlosigkeit der Berichterstattung unter französischer Herrschaft, die keine Ausnahme darstellte, blieb nicht ohne Konsequenzen für das Zeitungswesen. Im Großherzogtum Berg wurden die Zeitungen in dieser Zeit so uninteressant, daß sie fast keine Leser mehr hatten. In den größeren Städten wie Duisburg und Essen hatten 1811 kaum noch ein Dutzend Menschen Zeitungen abonniert.

Die Jahrgänge 1813/14 markierten daher eine merkliche Zäsur in der Geschichte der Allgemeinen Politischen Nachrichten. Die Befreiungskriege wurden enthusiastisch begrüßt und gefeiert. Die Ereignisse überschlugen sich und der Raum der Zeitung hielt der Nachrichtenfülle nicht mehr stand: *So sehr ich mir auch alle Mühe gebe, meinen Lesern in den wöchentlich zweimal erscheinenden Blättern meiner Zeitung durch engen Druck das Interessanteste der Zeitgeschichte mitzuteilen, so wird mir doch im gegenwärtigen Augenblicke bei der Reichhaltigkeit des Stoffs der Raum zu enge, als daß es mir möglich wäre, alles darin zu fassen. Es bleibt mir noch so manches wichtiges Aktenstück übrig, was ich früherhin nicht abdrucken durfte, und wovon ich doch auch so gerne meinen Lesern den Genuß verschaffen möchte; von gleichem Interesse sind für unsere Gegend manche neuere größere Verordnungen.*[10] Daher wurden der Zeitung nun sogenannte Supplementblätter beigelegt. Doch schon bald machte sich die Biedermeierzeit – eine Phase der politischen Restauration und des Rückzugs ins Private – auch in der Presse bemerkbar. Die Karlsbader Beschlüsse von 1819 führten eine strenge Pressezensur ein. Königstreu, national und protestantisch blieb Gottschalk der Familientradition entsprechend auch weiterhin. Nur einmal geriet er in den folgenden Jahren in Konflikt mit dem städtischen Zensor. Erstmals erhalten wir aber nun – nicht zuletzt dank der strengen preußischen Zensur – Informationen über Auflage und Verbreitung der Allgemeinen Politischen Nachrichten. 1842 erschienen sie demnach in einer Auflage von 400 Stück und wurden von *Bürgern und Landleuten* aus *allen Ständen, Konfessionen und Bildungsstufen*[11] gelesen. Der Zensor war derart zufrieden mit der Zeitung, daß er gar wünschte, sie möge drei- bis viermal in der Woche erscheinen.

Von den Allgemeinen Politischen Nachrichten
zur Essener Zeitung

Mit dem Tode Gottschalk Diederich Baedekers im Jahr 1841 übernahm zunächst sein Neffe Julius die Leitung der Geschäfte, die dann am 1. Januar 1844 Gottschalks Söhnen Eduard und Julius übertragen wurde. Redaktion und Herausgabe der Zeitung bildeten vor allem den Schwerpunkt der Arbeit Julius Baedekers, des jüngeren der beiden Brüder. Unter seiner Federführung entwickelte sich die Baedeker-Zeitung zu einem der führenden Organe des rasant wachsenden Industriereviers, hatte sich aber auch gegen die allmählich aufkommende Konkurrenz auf dem Essener Zeitungsmarkt zu behaupten. Politisch blieben die Allgemeinen Politischen Nachrichten der preußisch-protestantischen Linie der Vorgängerin treu. Zwar fand die März-Revolution 1848 in Julius einen neutralen Beobachter, der sich aufgeschlossen für die eingeklagten bürgerlichen Freiheitsrechte zeigte. Gewalt und Umsturz – also die Beseitigung der monarchischen Ordnung – lehnte er hingegen entschieden ab. Soziale Revolten hungernder Arbeiter wurden in den Allgemeinen Politischen Nachrichten scharf verurteilt: *Einer der Redaktion zugegangenen Mitteilung aus Crefeld zufolge, ist auch diese Stadt am Abend des 20. auf eine beklagenswerte Weise durch Arbeiter gestört worden. Leider ist es dort nicht beim Zertrümmern von Fensterscheiben geblieben, man hat selbst das Privateigentum nicht geschont ... Möchten sich diese Stürme, die das Loos der Arbeiter nicht verbessern, doch bald beschwichtigen ... Nur so erringen wir die echte vaterländische Freiheit, die keine Wahrheit ist ohne Treue, das Erbtheil der Deutschen, Treue unter einander, Treue gegen Fürsten!*[12] Damit dürfte sich Julius Baedeker im Rahmen der im Essener Bürgertum vorherrschenden Auffassungen bewegt haben. Auch wenn die schwarz-rot-goldene Fahne der deutschen Einheit über dem Rathaus wehte, zählte Essen nicht zu den Zentren der 48er-Bewegung. Hier überwogen die mäßigenden Kräfte, und ernsthafte soziale Unruhen und blutige Auseinandersetzungen wie in Köln, Düsseldorf, Elberfeld oder Hagen hat es hier nicht gegeben.

Dennoch schlug sich die allgemeine politische Aufbruchstimmung der Zeit auch in der Baedeker-Zeitung nieder. Der stetig wachsenden Nachrichtenfülle trug Julius Rechnung, indem er die Allgemeinen Politischen Nachrichten seit 1848 dreimal wöchentlich in einem größeren Format herausgab. Zugleich wuchs ganz offensichtlich das Informationsbedürfnis der Bevölkerung. Die Zahl der Abonnenten stieg sprunghaft auf 873 an. Der Abonnentenpreis mußte daher nicht erhöht, sondern konnte durch die Aufhebung der Stempelsteuer sogar gesenkt werden. Die neu eingeführte Pressefreiheit wurde aber in der Reaktionszeit der 1850er Jahre in Preußen Stück für Stück eingeschränkt, bis beinahe die vormärzlichen Verhältnisse wiederhergestellt waren. Der Konzessionszwang wurde wieder eingeführt; es war eine Genehmigung für den Vertrieb notwendig, der überdies nur über die Post erfolgen durfte (das sog. Postdebit); politische Zeitungen mußten einen verantwortlichen Redakteur benennen, der die staatsbürgerlichen Rechte besitzen und im Staatsgebiet wohnhaft sein mußte. 1855 wird daher erstmals *J. Bädeker* als verantwortlicher Redakteur in der Zeitung genannt. Darüber hinaus bestand die Verpflichtung, eine Kaution von in der Regel 5.000 Talern zu stellen. Wenn man bedenkt, daß ein Abonnement der Allgemeinen Politischen Nachrichten zu dieser Zeit zwei Taler jährlich kostete, so war dies ein enorm hoher Betrag, der sicherlich nicht von vielen Zeitungsverlegern aufgebracht werden konnte. Es spricht daher für die finanzielle Vitalität des Unternehmens, daß Baedeker in der Lage war, diese Kaution zu entrichten. Schließlich hatte

Bergwerks-Interessenten

sei hiermit empfohlen das in **Essen**, dem Mittelpunkt des schwunghaftesten Steinkohlen-Bergbaues, erscheinende:

Organ für Bergbau  und Hüttenbetrieb,

Industrie und Verkehr.

Auch unter dem Titel:

Allgemeine Politische Nachrichten.

Erscheint dreimal wöchentlich in großem Format.   Preis durch die preuß. Post bezogen viertelj. 27 Sgr.

Das Blatt bringt zahlreiche Mittheilungen über die **Bergbau-Unternehmungen** Rheinland-Westfalens, **statistische** und **technische** Nachrichten besonders aus dem Bereiche des **Essen-Werden-schen** und **Märkischen Bergamts-Bezirks**, aber auch aus andern Bergwerks-Gegenden Preußens und des übrigen Deutschlands, **Geognostisches** und **Geologisches** 2c., außerdem wöchentlich einen **Actien-Coursbericht** über Bergwerks-Gesellschaften.

Herr Geh. Bergrath Professor Dr. **Nöggerath** in Bonn bezeichnet dasselbe in einem empfehlenden Artikel der Köln. Ztg. vom 7. März d. J. als „**Provinzielles Organ für Bergbau und Hüttenbetrieb in Westfalen und am Rhein**". Weiter heißt es daselbst:

„Ein solches war ein recht dringendes Bedürfniß für die rasch vorschreitenden und lebendigen Bewegungen in jenem Gebiete, deren sich die Neuzeit zu erfreuen hat, und jetzt ist dasselbe in einer ganz zusagenden Weise dadurch erfüllt, daß mit der schon längere Zeit in Essen erschienenen Zeitung eine ausführliche berg- und hüttenmännische Besprechung für unsere Provinzen und auch über dieselben hinaus seit dem 1. Januar d. J. verbunden wird. . . . Jeder, der in irgend einer Art mit dem Berg- und Hüttenwesen in einer solchen Beziehung steht, daß er besonders die localen Vorschritte dieses Industriezweiges und die großartigen Bewegungen in demselben kennen muß, wird dieses Blatt mit Interesse und Belehrung lesen, und können wir demselben, seine Bestrebungen bestens anerkennend, nur die Verbreitung in recht weiten Kreisen wünschen."

Die in Freiberg erscheinende **Berg- und Hüttenmännische Zeitung** sagt in Nr. 6 d. J.:

„Schon in ihren früheren Jahrgängen enthielten die Essener „politischen Nachrichten" recht interessante Aufsätze über Bergbau und Hüttenbetrieb. Seit Anfang dieses Jahres hat sich aber die Essener Zeitung dahin erweitert, daß sie auch ein **specielles Organ für Bergbau und Hüttenwesen** ist, und Referent muß gestehen, daß diese Erweiterung eine sehr zweckmäßige, namentlich für eine Gegend ist, die in Beziehung auf Steinkohlenbergbau die wichtigste im deutschen Vaterlande bereits seit Jahren ist und in Beziehung auf das Eisenhüttengewerbe in mehreren Jahren sein wird. . . . Wir werden auf dieses für Bergbau und Hüttenbetrieb wichtige Blatt zurückkommen und auch einzelnes allgemein Wichtige daraus mittheilen."

☞   Das Blatt ist im ersten Quartal d. J. so vielfach begehrt worden, daß Nachbestellungen großentheils nur unvollständig ausgeführt werden konnten. Es wird daher um **zeitige** Postbestellung des neuen Quartals gebeten; den nachstehenden, vorher ausgefüllten Bestellzettel wolle man nicht mir einsenden, sondern dem **dortigen** Postamt übergeben. Es geht mir diese Bestellung dann durch das hiesige Postamt zu und werde ich alsdann für eine regelmäßige Zusendung Sorge tragen. Jeden Mittwoch, Freitag und Sonntag kann dieses Blatt beim dortigen Postamte in Empfang genommen werden.

G. D. Bädeker in **Essen.**

Unterzeichneter wünscht für das II. Quartal 1856 durch das Postamt in.........................
zu beziehen:

die in **Essen** (Rheinpreußen) erscheinenden

Allgemeinen Politischen Nachrichten.

Zugleich

Organ für Bergbau und Hüttenbetrieb,

Industrie und Verkehr,

welche durch die preußische Post bezogen vierteljährlich 27 Sgr. kosten.

Der Betrag für das II. Quartal erfolgt anbei.

(Name:)   (Wohnort:)

Werbung für die Zeitung „Allgemeine Politische Nachrichten"

Essener Zeitung, 1860

der preußische Staat 1852 wieder eine Stempelsteuer eingeführt, doch konnten die daraus erwachsenden Mehrkosten offensichtlich durch das Anzeigengeschäft mehr als kompensiert werden. Schon 1848 war das Intelligenzblattmonopol in Preußen endgültig aufgehoben worden. Seither besaßen Zeitungen eine neue Erwerbsquelle, die durch geschickte Kundenwerbung und den Ausbau des Inseratenteils steigende Einnahmen erbringen konnte.

Das preußische Pressegesetz von 1851 war mit kleineren Änderungen bis 1874 gültig. Das politische Leben, für das Zeitungen das entscheidende Kommunikationsmittel wurden, konnte es jedoch nicht mehr unterdrücken. Die deutsche Presse konsolidierte sich bis zum Beginn der Bismarck-Ära 1862. Hatte Gottschalk Diederich Baedeker zu seiner Zeit noch so wenig von der Ausstrahlungskraft der Stadt Essen gehalten, daß er ihren Namen aus dem Titel seiner Zeitung verbannte, so gab sie sich unter seinen Söhnen wieder deutlich als Essener Organ zu erkennen. Seit 1860 erschienen die Allgemeinen Politischen Nachrichten unter dem Namen ‚Essener Zeitung. Zugleich als Organ für Bergbau, Hüttenbetrieb, Industrie und Verkehr und als amtliches Kreisblatt'. Damit trug Julius Baedeker der Entwicklung Essens Rechnung, das vom stillen Landstädtchen im Zuge der Industrialisierung zu einem der bedeutendsten Bergbau- und schwerindustriellen Standorte in Deutschland angewachsen war. 1858 hatte der neugegründete Interessenverband der Zechenunternehmer, der Verein für die bergbaulichen Interessen des Oberbergamtsbezirks Dortmund – kurz bergbaulicher Verein genannt – seinen Sitz in Essen genommen. Die Gußstahlfabrik

Krupp machte Essen weltweit berühmt: Bereits 1851 gewann Alfred Krupp auf der Ersten internationalen Industrie- und Kunstausstellung in London für seinen Gußstahlblock, der mit einem Gewicht von 4.300 Pfund alle bis dato gegossenen Stahlblöcke übertraf, die bronzene Councilmedaille. Die Stadt Essen sollte in den folgenden Jahrzehnten untrennbar mit dem Namen Krupp verbunden bleiben. Überdies zog die wachsende Industrie Arbeitskräfte an und ließ die Bevölkerungszahl, die sich über Jahrhunderte kaum verändert hatte, binnen weniger Jahrzehnte in die Höhe schnellen. In nur einem Jahrzehnt zwischen 1850 und 1861 verdoppelte sich die Bevölkerung von 9.000 auf 20.811 Einwohner. Im Jahr der Gründung des deutschen Kaiserreichs 1871 waren es bereits 51.513, und 1896 hatte Essen die 100.000-Einwohner-Grenze erreicht, die es zur Großstadt machte.

Diese rasanten wirtschaftlichen und sozialen Umwälzungen verfolgte die Baedeker-Zeitung von Beginn an als Beobachterin und Kommentatorin mit großer Aufmerksamkeit. Sie entwickelte sich darüber hinaus – wie es bereits im Untertitel der Zeitung zum Ausdruck kommt – zum Sprachrohr der Interessen von Industrie und Gewerbe. Politisch vertrat sie wie die meisten Zeitungen der Rheinprovinz in dieser Zeit, die Kölnische, Aachener und Düsseldorfer Zeitung, einen gemäßigten Liberalismus. Sie befand sich anfänglich auf Seiten der Gegner Bismarcks, der in seiner Zeit als preußischer Ministerpräsident von 1862 bis 1866 unter Bruch der Verfassung gegen die liberale Mehrheit im Preußischen Abgeordnetenhaus regierte: *Noch niemals, so lange Preußen dem Namen nach ein Verfassungsstaat ist, hat das Scheinwesen unseres Constitutionalismus so in seiner ganzen Blöße dagestanden, wie in diesem Augenblick ... Wir heben den Handschuh auf, der uns hingeworfen ist, und wir werden den Kampf ehrlich ausfechten.*[13] Diese oppositionelle Haltung kostete die Essener Zeitung 1864 ihren Status als Amtliches Kreisblatt. An ihrer Stelle erschien ein neues Organ, das jedoch keinen Bestand hatte. Als nach dem Sieg Preußens im Krieg gegen Österreich 1866 die Weichen gestellt wurden in Richtung auf die kleindeutsche Einigung unter preußischer Führung, gehörten die Baedekers zu den ersten Essener Liberalen, die auf den Kurs Bismarcks einschwenkten. Nach der Spaltung der Liberalen schlossen sie sich folgerichtig den Nationalliberalen an und unterstützten fortan rückhaltlos auch in ihrem Presseorgan den politischen Kurs Bismarcks, sei es im Krieg gegen Frankreich, im Kulturkampf gegen die katholische Kirche, beim Sozialistengesetz oder der Zoll- und Handelspolitik. 1874 erhielt die Essener Zeitung daher auch wieder die offizielle Anerkennung als Amtliches Kreisblatt für den Stadt- und Landkreis Essen.

Mit der Umbenennung der Baedeker-Zeitung 1860 gingen auch umfangreiche redaktionelle Änderungen einher. Die Zeitungsproduktion konnte allgemein in diesen Jahren durch technische Fortschritte wie den Einsatz holzhaltigen Papiers und der Rotationsmaschine auf eine rationellere Betriebsbasis gestellt werden. Das Anzeigengeschäft entwickelte sich im Zuge der Industrialisierung zu einer profitablen Einnahmequelle, suchten die vielfältigen industriellen Produkte doch einen absatzfähigen Markt. Höhere Einnahmen wiederum ermöglichten den inhaltlichen Ausbau sowie betriebstechnische Erweiterungen und Verbesserungen der Zeitungen bei gleichzeitig günstigeren Bezugspreisen. Auch die Essener Zeitung konnte in diesen Jahren zu einem erschwinglichen Preis von einem Taler und 18 Silbergroschen als Tageszeitung erscheinen, *der Raumersparnis wegen*[14] auf engbedruckten großformatigen Seiten und mit stark verkleinertem und gänzlich unverschnörkeltem Kopf. Jetzt findet man auch durchgängig die Einteilung der Nachrichten in Sparten: Politische Nachrichten aus Berlin standen zumeist obenan, gefolgt von Nachrichten aus aller Welt. Eine Rubrik

Glückauf.

Berg- und Hüttenmännische Zeitung
für den Niederrhein und Westfalen.
Zugleich Organ des Vereins für die bergbaulichen Interessen.

Erscheint jeden Sonnabend in Essen. — Inserate: für die Petitzeile 1¼ Sgr.

Vierteljährl. in der Exp. 15 Sgr. b. d. Post 18⅓ Sgr.; mit der Eff. Ztg. 11½ Thlr., resp. ...

Nr. 1. — 1865. Beilage zur Essener Zeitung. Sonntag, 1. Januar.

Probenummer.

Amtliches.

Se. Majestät der König haben Allergnädigst geruht, den Geh. Berg=Rath und vortragenden Rath im Ministerium für Handel, Gewerbe und öffentliche Arbeiten, H. Fr. W. Braffert, zum Berghauptmann und Oberbergamts=Director, sowie den bisherigen Berg=Rath Flecker zu Saarbrücken und den bisherigen Berg=Assessor Grunow zu Halle a. d. S. zu Ober=Bergräthen zu ernennen, und den Salinen=Directoren Wapler zu Artern und Lindig zu Schoenebed den Charakter als Bergrath zu verleihen.

Der Gerichts=Assessor von Hinfeldey ist zum Justitiarius bei der Bergwerks=Direction zu Saarbrücken, der Registraturgehülfe Brunn zum Geheimen Registrator bei der Ministerial=Abtheilung für das Berg=, Hütten= und Salinenwesen ernannt worden.

§ Ein Rückblick.

Für Jeden, der an der wirthschaftlichen Entwickelung unseres Landes Interesse nimmt, gibt es sicher nichts Lehrreicheres und zugleich Erfreulicheres, als an der Hand der erläuternden Statistik zu beobachten, wie der vaterländische Bergbau, namentlich die Steinkohlen=Gewinnung und mit dem Bergbau eng verschwisterte Eisen=Industrie, von schwachen Anfängen ausgehend, sich zu der jetzigen Größe und Bedeutung emporgerichtet hat. Bei zur Zeit Friedrichs des Großen berichtete der Minister von Heinitz: „Die Natur habe bekanntlich bei Austheilung ihrer Gaben den größten Theil der königl. preuß. Staaten etwas stiefmütterlich behandelt, und dieselben seien besonders auch an Mineralien ärmer, als ihre gegen Mittag gränzenden Nachbarn." Friedrich der Große eroberte Schlesien und mit Schlesien das an Steinkohlen und Erzen reiche Oberschlesien. Bei der Regulirung des Landesgränzen auf dem Wiener Congreß erhielt Preußen den bei Weitem größten und reichsten Theil des Steinkohlen führenden Saarbeckens. Und heute nimmt Preußen, nur von England und den Vereinigten Staaten Nordamerika's übertroffen, den dritten Rang den kohlenproducirenden Ländern der Welt ein. Wir sind überzeugt, daß die preußische Steinkohlenproduction dieses Jahr bereits erheblich mehr als 300 Mill. Centner beträgt.

In ähnlichen Verhältnissen ist die Eisen= und Zinkhütten=Industrie des Landes gewachsen. Die preußische Roheisenproduction ist auf circa 12 Mill. Ctr. pro Jahr, und die der Zinkhütten auf ca. 1½ Mill. Ctr. gestiegen.

Was würde der Minister vor Heinitz zu diesen Resultaten sagen, wenn er noch heute zu den Lebenden gehörte?

Aber selbst wir, die wir seit 25 Jahren die Bergwerks= und Eisen=Industrie am Niederrhein und in Westfalen aus der nächsten Nähe sich entwickeln sahen, mögen billiger Weise über die jetzigen Dimensionen, welche dieselbe angenommen hat, staunen. Wir beobachteten, wie in dieser Periode die Steinkohlenproduction von 20 Millionen Ctr. pro Jahr auf mehr als 130,000,000 Ctr. stieg, also sich mehr als versechsfachte, — wie der Erweiterung des Bergbau's die heute unbegreiflichsten Vorurtheile und Irrthümer entgegentraten, wie selbst Geognosten und Techniker dem Bergwerksbetriebe die abenteuerlichsten Gränzen stecken, und wie troß alledem die Bezeichnung unseres Kohlenreviers als „Ruhrkohlenbecken" in Wirklichkeit nur für den Sprachgebrauch Bedeutung behielt,

indem auch über die Wasserscheide von Ruhr und Emscher hinaus bis weit in das Emscherthal hinein die reichsten Steinkohlen=Ablagerungen aufgeschlossen und exploitirt wurden. Wir sahen zugleich, wie die Kohlenindustrie des Oberbergamtsbezirks Dortmund, anfänglich auf einen engen Absatzkreis beschränkt, allmählich in Folge der energischen Anstrengungen wohlverdienter Männer, an den Ufern des Rheins weitere Märkte fand, und wie zuletzt die Hindernisse theilweise bewältigt wurden, welche der Einführung unserer Kohlen in Nord=Deutschland und den Seehäfen im Wege standen.

Und welcher Unterschied ist zwischen heute und einer nicht fern liegenden Vergangenheit in der Stellung, welche der Staat, die Gewerbtreibenden und Kaufleute entfernterer Gegenden zu unserer Steinkohlen=Industrie einnehmen, — welcher Unterschied in dem Urtheile maßgebenden Kreise über die Bedeutung unseres Bergbaus für das allgemeine Landesinteresse. Wir Alle erinnern uns noch lebhaft der Zeit, in der es als eine utopistische Idee betrachtet wurde, Kohlenhandel= und Verbindungen mit den deutschen Nordseehäfen, mit Magdeburg und Berlin anzuknüpfen, — als man einen solchen Versuch „Kohlen nach Newcastle bringen" hieß, und weit geneigter war, die Verstärkung der Einfuhr englischer Kohlen in Folge der Einführung des Einpfennigtarifs auf den Eisenbahnen zu fürchten, als eine Erweiterung des Absatzgebietes aus derselben Ursache zu hoffen. Mit welcher geringen Kenntniß der Leistungsfähigkeit und wirthschaftlichen Bedeutung der niederrheinisch=westfälischen Kohlenindustrie urtheilte man noch vor wenigen Jahren in den Hansestädten und in dem östlichen Preußens über unsere Anstrengungen, einen großen Markt nach dem Norden und Osten zu gewinnen. Aber heute erzeugt westfälische Steinkohle den Dampf auf den transatlantischen Dampfschiffen Bremens und Hamburg's, wie bei einem Theile unserer jungen Marine. Es ist nicht zuviel behauptet, daß der wirthschaftliche Vortheil des Bezuges unserer Kohlen östlich der Weser im Vergleich mit den verdrängten Brennstoffen pro Jahr schon unter den jetzigen Verhältnissen bereits ½ Million Thaler beträgt, — gar nicht zu gedenken der indirecten Vortheile, welche der gesicherte und regelmäßige Bezug für alle Zwecke geeigneter Steinkohlen jenem Landestheile bietet. In der interessanten Zusammenstellung der statistischen Ergebnisse des Bergwerks=, Hütten= und Salinen=Betriebes in dem preuß. Staate hat Herr Berg=Assessor Althans die Wichtigkeit des Kohlenbergbaus hinsichtlich der Machtentwickelung eines Staates ausgerechnet, indem er die Production an mineralischem Brennstoff durch vegetabilischen Brennstoff ersetzt denkt. Er statuirt, daß 4½ Tonnen Steinkohlen = 1 Klafter Holz sind. Hiernach würde die dermalige Production des niederrheinisch=westfälischen Steinkohlenrevieres über 7 Millionen Klafter Brennholz ersetzen, und, da der jährliche Zuwachs auf 1 Morgen Waldfläche ½ Klafter Brennholz beträgt, dem Brennmaterialertrage von über 14 Millionen Morgen oder c. 630 Quadratmeilen entsprechen. Wir sind weit entfernt davon, das Resultat dieser Berechnung als ein absolut maßgebendes für den Machtzuwachs, den unser Bergbaudistrikt dem Staate liefert, anzusehen; aber daß die Kohlenproduction eines Landes die wirthschaftliche und politische Machtstellung des Staates wesentlich bedingt, und daß eine entwickelte Kohlen= und Eisen=Industrie in

Glückauf, 1865

Rheinisch-Westfälisches behandelte Ereignisse aus den preußischen Provinzen Rheinland und Westfalen. Die *Lokalen Nachrichten* lieferten Berichte aus dem gesamten Ruhrgebiet. Mehr oder weniger regelmäßig enthielt die Zeitung eine Beilage mit Wirtschafts- und Handelsnachrichten. 1865 schließlich führte Julius ein wöchentlich samstags erscheinendes Beiblatt ein: ‚Glückauf. Berg- und hüttenmännische Zeitung für den Niederrhein und Westfalen.' Es war zugleich Organ des Vereins für die bergbaulichen

Interessen. Das Blatt wollte ... *die Lage der Bergbau- und Hüttenindustrie sowohl im Allgemeinen, als besonders die in dem gedachten Bezirke erörtern und demgemäß über all jene Fragen, über Production, Absatz und Transport, über die Arbeiter- und Lohnverhältnisse, über Werth- und Besitzverhältnisse des Bergwerkseigenthums, über Fragen bergrechtlicher Natur sowie über die neuesten literarischen Erscheinungen auf allen diesen Gebieten Mittheilungen bringen.*[15] Die Baedeker-Zeitung profilierte sich mit dieser Beilage als Vertreterin der industriellen Interessen, denen – unter der Redaktion Julius Baedekers – allerdings die nationalen Interessen übergeordnet wurden: *Jedermann sollte hieraus lernen, daß unsere Kohlen-Industrie nicht bloß im Interesse der Producenten und Consumenten, sondern auch im Interesse des Vaterlandes, seiner Macht und Unabhängigkeit die allseitigste Beachtung verdient. Möge es dieser neuen Zeitung vergönnt sein, in diesem Sinne, und getragen von der Wichtigkeit der gestellten Aufgabe, zum Segen des Bergbaues und der Hütten-Industrie, wie zum allgemeinen Nutzen und Frommen ihre Wirksamkeit zu eröffnen und fortzusetzen.*[16] Die Beilage Glückauf ergänzte das Baedekersche Verlagsprogramm, das bereits seit den 1850er Jahren mit bergbaulicher Fachliteratur sowie dem Berg- und Hüttenkalender eine erfolgreiche Sparte etabliert hatte. 1880 übernahm Gustav Natorp, Geschäftsführer des bergbaulichen Vereins, die redaktionelle Leitung von Glückauf, das sich damit endgültig zum Sprachrohr des Unternehmerverbandes entwickelte.

Redaktion und Geschäftsführung der Essener Zeitung professionalisierten sich in diesen Jahren zunehmend. Da das Arbeitspensum, das bei der nun täglichen Erscheinungsweise und mit der zusätzlichen wöchentlichen Beilage anfiel, durch eine Person bald nicht mehr zu bewältigen war, wurde 1867 erstmals ein Redakteur beschäftigt: R. Walden, im April 1867 angestellt, schied schon bald wieder aus unbekannten Gründen aus. Am 16. November 1867 wurde dann mit Wolfgang Eras aus Wiesbaden ein Vertrag folgenden Inhalts abgeschlossen:

§1 Dr. Eras übernimmt am 1. Januar 1868 die Redaktion der Essener Zeitung, welche im Verlage von G. D. Bädeker erscheint, gegen ein Jahresgehalt von achthundert Thalern, welche von G. D. Bädeker in monatlichen Postnumerando-Raten am letzten Tage des verflossenen Monats mit 66 2/3 Thlr. zu zahlen ist.

§2 Das Engagement wird zunächst auf ein Jahr und von da ab mit vierteljährlicher Kündigung, die eine gegenseitige ist, abgeschlossen.

§3 Zu der redactionellen Arbeit gehört auch die Abfassung von Leitartikeln, deren wöchentlich in der Regel drei zu liefern sind, einschließlich einer wöchentlichen „Politischen Übersicht". Auch wird der Umbruch des redactionellen Theils der Zeitung (die Reihenfolge der Artikel) von Hrn. Dr. Eras geleitet, sowie die zweite Revision von ihm besorgt.

§4 Die Redaction des Feuilletons und des Beiblattes „Glückauf" bleibt bis auf Weiteres in den Händen von J. Bädeker. Letzterer behält sich zugleich die Hauptdurchsicht der lokalen Correspondenzen vor.

§5 Alle zur Recension eingehenden Bücher und Druckschriften, sofern sie nicht berg- und hüttenmännische Gegenstände betreffen, sind Eigenthum des Redacteurs Dr. Eras.

§6 G. D. Bädeker verpflichtet sich, die Umzugskosten für Hrn. Dr. Eras und Frau, sowie die Transportkosten ihres Hausgeräthes, mit oder ohne Möbel, von Wiesbaden nach Essen zu bezahlen und die dafür von Dr. Eras im Voraus zu berechnende Summe demselben, vor seiner Abreise, nach Wiesbaden zu schicken, vorbehaltlich einer späteren Abrechnung nach den wirklich gezahlten Auslagen ...[17]

Julius Baedeker gab 1868 also einen Großteil der redaktionellen Tätigkeit ab und widmete sich fortan dem Kultur- und Wirtschaftsteil der Zeitung. Daß die Beilage Glückauf zur ‚Chefsache' erklärt wurde, spricht einmal mehr für die Bedeutung, die ihr als Aushängeschild der Essener Zeitung beigemessen wurde. Für die Lokalnachrichten stellte Baedeker dann ein halbes Jahr später einen weiteren Mitarbeiter ein: *Herr Orth tritt am 5. Juni 1868 unmittelbar in die Dienste von G. D. Baedeker, sowohl zur Lokalberichterstattung für die Essener Zeitung, als zur Buchführung, hauptsächlich des Inseratenwesens der Essener Zeitung, u. zu sonstiger geschäftlicher Thätigkeit.* Arbeitszeiten und Art der Tätigkeiten wurden minutiös vertraglich geregelt. Die Vormittagsstunden sollte der neue Lokalredakteur vorzugsweise zur Sammlung des Materials und zum Abfassen der Berichte nutzen, die übrige Zeit bis ein Uhr sowie die Nachmittags- bzw. Abend-

Julius Baedeker

stunden von drei bis sieben Uhr im Sommer und von drei bis acht Uhr im Winter hatte Joseph Orth im Geschäft zuzubringen, *sofern er nicht noch zu dieser Zeit auf Sitzungen der Stadtverordneten, Festlichkeiten, Versammlungen etc. behufs der Lokalberichterstattung anderweitig in Anspruch genommen ist.* Das Honorar betrug fünfhundert Taler jährlich, zahlbar in monatlichen Raten zuzüglich Spesen, *die für die Lokalberichterstattung erforderlich sind.* Darüber hinaus verpflichtete Orth sich *zu voller Gewissenhaftigkeit u. Verschwiegenheit in allen geschäftlichen Dingen, sowie überhaupt zur Wahrung der Interessen des Geschäftes seiner Stellung entsprechend wo es auch sei...*[18] Über die Dauer der Beschäftigung Orths ist nichts bekannt. Redakteur Wolfgang Eras scheint sich in den folgenden Jahren nicht bewährt zu haben: Schon 1871 zeichnete wiederum Julius Baedeker als verantwortlicher Redakteur der Essener Zeitung.

Dank einer nun fast lückenlosen Buchführung sind seit 1860 erstmals verläßliche Angaben über Auflage und Verbreitung der Zeitung möglich. Grundsätzlich gab es für den Leser zwei Bezugsmöglichkeiten und Tarife: *pro Quartal 1 Thlr.[Thaler] 5 Sgr.[Silbergroschen] in der Expedition, und 1 Thlr. 12 Sgr. durch die Post bezogen incl. Stempelsteuer.* In ihrem ersten Jahr startete die Essener Zeitung mit 1.292 festen Abonnenten, von denen 608 die Zeitung über die Post bezogen. 484 Leser in Essen und 80 in Werden erhielten sie über den Verlag. Auch hierbei gab es offensichtlich verschiedene Vertriebswege: *... herumgebracht wurden 273* – eine Formulierung im Geschäftsbuch, die darauf verweist, daß ein Teil der Essener Leser das Blatt über einen Boten des Zeitungsverlages erhielt. Eine ähnlich große Zahl von Lesern nahm ihre Zeitung direkt im Verlagshaus in Empfang. Darüber hinaus wurden Boten aus den einzelnen Gemeinden des Landkreises in die Stadt geschickt, um die abonnierten Exemplare abzuholen: *Krupp'sche Boten abgeholt wurden 10, Bote nach Carolus Magnus abgeholt wurden 9 ...* Weitere Boten kamen aus Altendorf, Stoppenberg, Werden und Kettwig. Desweiteren verschickte Baedeker Freiexemplare nach Leipzig und zur Berliner Universitätsbuchhandlung. Eine ganze Reihe von Zeitungen im gesamten deutschsprachigen Raum erhielt *Tauschexemplare* der Essener Zeitung.[19] 1867 wurden bereits 39 Abonnements auf dem Postweg ins Ausland versandt. Die Gesamtzahl der Abonnenten stieg in den ersten Jahren bis 1866 kontinuierlich an auf 2.802, ging dann in den folgenden Jahren aber wieder leicht zurück. Der wirtschaftliche Aufschwung in der ersten Hälfte der 1870er Jahre – der sogenannte Gründerboom – spiegelt sich auch in der Entwicklung der Essener Zeitung wider. 1875, ihr erfolgreichstes Geschäftsjahr, schloß sie mit 5.325 Abonnenten ab. Diese Zahl war in den folgenden Jahren rückläufig, bis der Absatz schließlich auf niedrigerem Niveau stagnierte. Erst Mitte der 1880er Jahre konnte die Baedeker-Zeitung wieder an die positive Bilanz von 1875 anknüpfen.

Freilich mußte die Essener Zeitung Ende der 1860er Jahre ihre bis dahin unumstrittene Monopolstellung aufgeben. 1868 etablierte sich in Essen mit der ,Essener Volkszeitung' ein Organ, das sich ausdrücklich als weltanschauliches Gegengewicht zur liberalen Essener Zeitung verstand. Es vertrat die Interessen des politischen und sozialen Katholizismus, der mit der Gründung der katholischen Zentrumspartei 1871 zum stärksten politischen Gegner des Nationalliberalismus in Essen avancierte. Schon zwei Jahre nach ihrer Gründung erreichte die Essener Volkszeitung eine Auflage von 3.000 Stück und zog gleichsam aus dem Stand mit der Essener Zeitung beinahe gleichauf. Den Kulturkampf der 1870er Jahre trugen Essener Zeitung und Essener Volkszeitung als erbitterte Gegner aus. Von der Politisierung, die mit diesem Konflikt einherging, profitierte in den folgenden Jahren vor allem das katholische Blatt. Während die Baedeker-Zeitung als Vertreterin der liberal-protestantischen Honoratioren und Industriellen über einen einflußreichen und elitären, aber kleinen Kundenstamm verfügte, entwickelte sich die Essener Volkszeitung rasch zum katholischen Massenblatt, das alle sozialen Schichten ansprach. Die soziale und konfessionelle Zusammensetzung der Bevölkerung in Stadt- und Landkreis Essen, die überwiegend aus Industriearbeitern bestand und in weiten Teilen stark katholisch geprägt war, bildete für die Essener Zeitung ein strukturelles Defizit. Überdies wurde sie in den folgenden Jahren zunehmend von der Expansion der Generalanzeigerpresse in Bedrängnis gebracht. Das Hauptinteresse der Generalanzeiger, die bald in jeder größeren Stadt des Ruhrgebietes erschienen, galt der Vermittlung zwischen Produzenten und Verbrauchern. Das Anzeigengeschäft bildete ihre finanzielle Grundlage, die Vertriebspreise konnten auf diesem Wege entsprechend gering gehalten werden. Im redaktionellen Teil waren sie unpolitisch oder verstanden sich zumindest als überparteilich. Der Essener Generalanzeiger, 1876 gegründet, hatte bereits 1879 eine Auflage von 21.000 Stück erreicht. Die Essener Zeitung verzeichnete in diesen Jahren einen spürbaren Rückgang an Lesern und Verluste im Anzeigengeschäft.

Rheinisch-Westfälische Zeitung, 1923

Von der Lokalzeitung zur überregionalen Rheinisch-Westfälischen Zeitung

Die Rheinisch-Westfälische Zeitung unter Diedrich Baedeker

Mit dem Eintritt seines Sohnes Diedrich in die Redaktion der Essener Zeitung im April 1880 zog sich Julius Baedeker allmählich aus der Redaktionsarbeit zurück. Zwar zeichnete er noch einige Jahre lang als verantwortlicher Redakteur der Zeitung. Doch war diese Zeichnung nur *nominell. Ich habe* – so schrieb Diedrich 1904 in der Rückschau – *die meisten Leitartikel geschrieben, ich habe täglich das gesamte für eine neue Nummer der Zeitung in Betracht kommende Material bestimmt und gesichtet; keine Mitteilung, kein Artikel ist aufgenommen worden, welcher nicht vorher durch meine Hände ging.*[20] Erst im Mai 1884 wurde Diedrich offiziell im Impressum der Zeitung als verantwortlicher Redakteur genannt. Der Firma G. D. Baedeker gehörte er ab 1888 als Teilhaber an, bevor sein Vater Julius 1891 seinen Besitzanteil endgültig seinem Sohn überschrieb. Damit wurde Diedrich gleichberechtigter Mitinhaber neben seinem Vetter Gustav, der dem Unternehmen bereits seit 1876 angehörte.

Als Reaktion auf die zunehmenden Schwierigkeiten der Baedeker-Zeitung, sich auf dem vielfältiger werdenden Essener Zeitungsmarkt zu behaupten, fusionierte sie 1883 mit der in Dortmund erscheinenden ‚Westfälischen Zeitung‘ zur ‚Rheinisch-Westfälischen Zeitung‘. Damit erschien nun erstmals ein Presseorgan, das das

Ruhrgebiet als eine einheitliche, über die überkommenen Verwaltungs- und Provinz-grenzen hinweg gewachsene Industrieregion betrachtete. Dessen Interessen zu vertre-ten setzte sich die Rheinisch-Westfälische Zeitung zum Ziel, freilich vornehmlich aus Perspektive der Ruhrunternehmer. Die Expansion der Essener Zeitung lag unter un-ternehmerischen Gesichtspunkten betrachtet nahe, und mit der Westfälischen Zei-tung bot sich eine Publikation an, deren wirtschaftspolitische Orientierung der der Essener Zeitung im wesentlichen entsprach. War diese Sprecherin der rheinischen Schwerindustrie, hatte jene diese Funktion für die westfälische Industrie inne. Ge-gründet worden war das Blatt 1846 vom Buchhändler Wilhelm Crüwell. Es zählte – ähnlich der Essener Zeitung – in den 60er Jahren zu den liberalen Blättern, die die Bismarcksche Politik heftig angriffen und dann mit der Reichseinigung auf nationalli-beralen Kurs einschwenkten. Und wie die Baedeker-Zeitung, die ihr lange innegehab-tes Monopol in Essen in den 70er Jahren verloren hatte, sah sich auch die Westfäli-sche Zeitung einem zunehmenden Konkurrenzdruck in Dortmund ausgesetzt. 1876 be-gründete Lambert Lensing die Zeitung ,Tremonia', die bereits sieben Jahre später 7.000 Abonnenten besaß. Auch die Generalanzeigerpresse breitete sich in Dortmund aus, der genaue Erscheinungsbeginn ist allerdings nicht bekannt. Die Westfälische Zeitung ver-lor einen großen Teil ihrer Abonnenten und geriet zunehmend unter wirtschaftlichen Druck. Und nicht zuletzt brachten die Söhne Crüwells dem Blatt kein großes Interesse mehr entgegen. Was lag also näher als eine Vereinigung der beiden Wirtschaftsorgane in Essen und Dortmund, um die fruchtlose Konkurrenz aufzugeben und vielmehr mit gebündelter Energie beider redaktionelle Linien überlokal zu erhalten. Über die genau-en Hintergründe und Motive der Fusion ist allerdings nichts bekannt. Für Diedrich Baedeker, zu dieser Zeit ja bekanntlich de facto Chefredakteur der Essener Zeitung, war sie auf die überragende Bedeutung, die das Baedeker-Blatt unter seiner Leitung er-langt hatte, zurückzuführen: *Erst nachdem ich an die Spitze der Zeitung getreten bin, hat sie sich aus einem Lokalblatt allmählich zu einer angesehenen Provinzialzeitung ausgestaltet. Wie sehr dies fühlbar wurde, beweist die Tatsache, dass Herr W. Crüwell, der Verleger der sehr angesehenen Westfälischen Zeitung in Dortmund, welche sich als Ziel gesteckt hatte, das Hauptorgan der Provinz Westfalen zu werden, zu Anfang 1883 zu uns kam, um uns die Westfälische Zeitung zum Kauf anzubieten, da er sich der steigenden Bedeutung der damaligen Essener Zeitung gegenüber für die Westfälische Zeitung Erfolge nicht mehr versprechen konnte. Der Erwerb der Westfälischen Zeitung durch die Firma G. D. Baedeker fand statt und auf meinen Vorschlag hin ist dann der Titel vom 15. Mai ab in Rheinisch-Westfälische Zeitung umgewandelt worden.*[21]

Das wirtschafts- und parteipolitische Programm der Rheinisch-Westfälischen Zeitung – im Untertitel weiterhin Essener Zeitung, Essen – Westfälische Zeitung, Dortmund – wurde den Lesern in der ersten Ausgabe vorgestellt: *Ist es nötig, dem idealen Gedanken, der sich in der Vereinigung der Essener und Westfälischen Zei-tung in eine einzige Rheinisch-Westfälische Zeitung verkörpert, näheren Ausdruck zu geben? Der Titel unseres Blattes und die von den beiden alten Blättern bisher vertre-tenen Interessen besagen es schon. Es sind die Interessen unseres großen niederrhei-nisch-westfälischen Industriebezirks, in deren wirksamer Vertretung beide Blätter groß geworden sind, und in deren Förderung die Rheinisch-Westfälische Zeitung fer-ner ihre Hauptaufgabe erblicken wird. Diese Interessen überbrücken die provinzielle Grenze, welche zwischen Dortmund und Essen gezogen ist, gleich wie Kohle und Ei-sen einen rheinischen oder westfälischen Ursprungsstempel nicht tragen, gleichwie der Eisenbahnverkehr, welcher hier wie in keiner anderen Gegend unseres deutschen*

Vaterlandes zur Förderung des gewerblichen Lebens beiträgt, keine Grenze kennt zwischen rheinischen oder westfälischen Schienen und Schwellen ... Und wie das gewerbliche Interesse, so ist auch das politische dieser Gegenden gemeinsam. Ihr Wiederaufblühen haben sie alle der weisen Regierung unseres preußischen Hohenzollernhauses zu verdanken, unter dessen Scepter in den letzten Jahrzehnten auch die Entwickelung und der Ausbau wahrhaft freisinniger Institutionen begonnen haben ...[22] Die RWZ, diese Kurzbezeichnung hatte sich rasch eingebürgert, erschien einmal täglich in einer Morgenausgabe. Zu Anfang noch unregelmäßig, aber bald kontinuierlich wurde eine zweite Nachmittagsausgabe beigefügt, so daß sie 12 mal in der Woche ausgegeben wurde: an Sonn- und Montagen einmal und an den übrigen Tagen zweimal. Um den Lesern der Westfälischen Zeitung das neue Blatt zum alten Preis anbieten zu können, erschien die Beilage Glückauf nun separat. Für die Essener Leser, sofern sie Glückauf nicht abonnierten, verringerte sich dementsprechend der Bezugspreis. Einen durchschlagenden Erfolg konnte die RWZ in den folgenden Jahren aber noch nicht verbuchen. Von den 4.441 Abonnenten, die die Essener Zeitung kurz vor dem Zusammenschluß mit dem Dortmunder Blatt besaß, brachte es die RWZ zum Jahresabschluß 1890 nur auf 5.944 Abonnenten. Vor allem im Dortmunder Raum konnte sie sich kaum durchsetzen, wo sie ihren Amtsblattstatus an die Dortmunder Zeitung verlor, da die Behörden den lokalen Bezug des neuen überregionalen Organs vermißten. Aber auch die allzu enge Anlehnung an schwerindustrielle Kreise des Reviers erwies sich als nicht unproblematisch. Diedrich Baedeker ließ es sich in diesen Jahren *als Leiter der Zeitung noch mehr als bisher angelegen sein, die Interessen der rheinisch-westfälischen Industrie, speciell der Kohlenindustrie in meiner Zeitung wahrzunehmen und energisch zu verfechten.* Demnach war die RWZ beim ersten Massenstreik der Bergarbeiter im Jahr 1889 die einzige Zeitung, *welche die vielen ungerechtfertigten und maßlosen Angriffe gegen die Zechen zurückgewiesen hat. Damals sind mir aus den Kreisen der Industrie viele Worte des Dankes und der Anerkennung für diese Haltung zuteil geworden.*[23] Bei einer potentiellen Leserschaft im Ruhrgebiet, die überwiegend aus Industriearbeitern bestand, stellte das natürlich nicht unbedingt eine populäre Position dar. Aber auch in den hiesigen bürgerlichen Kreisen war diese Parteinahme nicht repräsentativ. Vielfach standen diese den Streikenden 1889 mit einer gewissen Sympathie gegenüber oder zeigten zumindest Verständnis für deren Anliegen. Die Vertreter der Arbeiterorganisationen im Ruhrgebiet betrachteten das *Scharfmacherorgan* RWZ seither als *Organ der Kohlenjunker* oder ironisch gewendet als *Kohlentante.*[24]

Die Rheinisch-Westfälische Zeitung unter Theodor Reismann-Grone

1891 übernahm Diedrich Baedeker mit der vollberechtigten Teilhaberschaft am Familienunternehmen auch die Verantwortung für das Verlagsgeschäft. Seinem Kompagnon Gustav Baedeker oblag mit der Leitung der Druckerei hauptsächlich die technische Seite des Unternehmens. Der Redaktion der RWZ konnte Diedrich seither nicht mehr die notwendige Aufmerksamkeit schenken: *Von Jahr zu Jahr zog mich diese meine Verlagstätigkeit mehr und mehr von der redactionellen Tätigkeit ab, so dass ich besorgen musste, der Zeitung und mir könnten infolge des Mangels an Zeit, die mir für eine meinen Wünschen entsprechende sorgsame Redaction zu Gebote stand, eines Tages daraus Ungelegenheiten entstehen.*[25] Mit Zustimmung seines Vetters Gu-

Theodor Reismann-Grone

stav übergab Diedrich 1895 die redaktionelle Leitung der Zeitung an Theodor Reismann-Grone. Der Geschäftsführer des bergbaulichen Vereins leitete seit dem Tod Gustav Natorps 1891 die Redaktion der Glückauf. Sehr zur Freude der Baedekers verzichtete er dafür auf ein Gehalt, wurde aber im Gegenzug zum Teilhaber an dem Organ. In der redaktionellen und unternehmerischen Leitung der Glückauf war er außerordentlich geschickt und erfolgreich. Sie fand in weiteren Industrierevieren Verbreitung, so im Aachener Raum, im Rheinischen und im Magdeburger Braunkohlenrevier, in Niederschlesien und im Erzgebirge. Es sprach also einiges dafür, Reismann-Grone die Redaktion der RWZ anzubieten. Er konnte als erfahrener Journalist gelten, der überdies über ausgezeichnete Kontakte zu Industrie und Wirtschaft verfügte. Und auch seine politische Haltung – national und bismarckfreundlich – versprach die notwendige politische Kontinuität der RWZ.

Den persönlichen Aufzeichnungen Reismann-Grones ist zu entnehmen, daß die Vettern Gustav und Diedrich Baedeker schon Anfang 1894 mit einem Angebot an ihn herantraten, die RWZ *zu übernehmen,* wie es dort etwas ungenau heißt. Seine Bedingung auf Teilhaberschaft am Zeitungsverlag akzeptierten sie demnach im

Grundsatz. Diese Auffassung änderten sie aber augenscheinlich im Laufe des Jahres. Am 15. August 1894 bot Diedrich Baedeker Reismann-Grone die Chefredaktion der Zeitung an. *Ich ließ ihn fast entrüstet abfallen*, so der Geschäftsführer des bergbaulichen Vereins später, *denn meine Stellung, die ich hatte, war die höhere.*[26] Er forderte nun im Gegenzug Chefredaktion, kaufmännische Leitung und Mitbesitz an der Zeitung. Weiter verlangte er eine Gewinnbeteiligung von 12.000 Mark, Baedekers sollten 30.000 Mark erhalten und der darüberhinausgehende Gewinn aufgeteilt werden. Beide Seiten zögerten zunächst mit dem Vertragsabschluß. Für Reismann-Grone bedeutete der Wechsel zur RWZ die Aufgabe einer angesehenen und gesicherten Position zugunsten einer eher ungewissen Zukunft: *Ich zauderte aber innerlich vor dem Sprung, denn der Einblick, den ich langsam in die RWZ gewann, war kläglich.*[27] Und das Familienunternehmen Baedeker mußte nun erstmals in seiner Geschichte eine fremde Teilhaberschaft akzeptieren. Die Entscheidung fiel um so schwerer, als Reismann-Grone Diedrich *wegen seiner persönlichen und Charakter-Eigenschaften höchst unsympathisch* war. Allein *aus rein sachlichem Interesse*[28] habe er ihm die Redaktion angeboten – ein Schritt, den er in späteren Jahren zutiefst bereuen sollte. Gustav und Diedrich nahmen die Bedingungen Reismann-Grones schließlich an, am 8. Dezember 1894 wurde der Vertrag unterzeichnet. Reismann-Grone konnte mit seinem Verhandlungsergebnis hochzufrieden sein. Als Gründungsmitglied des völkisch-nationalen Alldeutschen Verbandes verfolgte er ehrgeizige politische Ziele, die er als Geschäftsführer des bergbaulichen Vereins nicht rückhaltlos und in der von ihm gewünschten Konsequenz hatte vertreten können. Die RWZ sollte ihm nun Forum sein, um seinen Idealen eine publizistische Breitenwirkung geben zu können.

Zunächst stürzte er sich in die Redaktionsarbeit: *Alles ist in Unordnung, alles verfahren, voll Staub, kein Platz, keine Bücher, kein Geld. Alles muß ich noch schaffen, welche Riesenarbeit steht vor mir,*[29] so die ersten Eindrücke, die Reismann-Grone in seinem Tagebuch festhielt. Die Arbeitsweise in der Redaktion empfand er als unprofessionell. Demnach hatte die RWZ eine *Scherenredaktion … Aus dem Abendblatt der Kölnischen Zeitung stahl sie die Berliner Börse. Des morgens stahl Dietrich Bädeker aus Berliner Blättern den Parlamentsbericht und ergänzte ihn aus der Kölnischen Zeitung. Die angeblichen Telegramme kamen mit der Post vom Wolffbüro in Köln, wirkliche Telegramme kamen etwa 10 Zeilen am Tag.*[30] Mit seinem Eintritt in die Redaktion nahm Reismann-Grone daher zügig eine Reihe von personellen und technischen Veränderungen vor. Zunächst errichtete er ein Netz von Agenturen im Ruhrgebiet. Er setzte gegenüber den Baedekers durch, den erfolglosen Crüwells die Vertretung der RWZ in Dortmund abzunehmen. In Duisburg konnte sich die Zeitung erst behaupten, nachdem Reismann-Grone 1902 die dortige Rheinische Zeitung aufgekauft und diese mit der RWZ verschmolzen hatte. Die Redaktion der Baedeker-Zeitung, die bisher in der Regel von einem einzigen Redakteur geleitet worden war, wurde nun um sechs junge Redaktionsmitarbeiter erweitert. Unter Vermittlung Friedrich Alfred Krupps erwirkte er in Verhandlungen mit dem Reichspostamt die Errichtung einer direkten Fernsprechverbindung zwischen Essen und Berlin. Das Wolffsche Telegraphen-Büro richtete 1897 eine Agentur im RWZ-Druckhaus ein, wodurch die Zeitung nun exklusiv über die neuesten Nachrichten und die aktuellen Börsenberichte verfügte. Mit seinem Elan – angeblich arbeitete er in den ersten Monaten von sechs Uhr morgens bis neun Uhr abends in der Redaktion – brachte Reismann-Grone zwar frischen Wind in die Redaktion. Die Auflage konnte er zunächst dennoch nicht steigern. Von Quartal zu Quartal sank die Abonnentenzahl. Reismann-Grone suchte den Grund darin, daß der neue Kurs der RWZ alte Leser abschrecke, neue hingegen schwer zu gewinnen seien, zumal in evangelischen Kreisen kolportiert würde, die Zeitung sei nun in katholischen Händen. Das war eine Befürchtung, die angesichts der kritischen Haltung Reismann-Grones zum Katholizismus völlig unbegründet war.

Die redaktionelle Linie der RWZ änderte sich unter Reismann-Grones Leitung nicht grundlegend. Er zeichnete verantwortlich für den allgemeinen und den wirtschaftlichen Teil der Zeitung und schrieb regelmäßig die Leitartikel. Als *Richtpunkt* seiner politischen Ausrichtung wählte er *die Unterstützung Bismarcks*.[31] Die Politik unter Wilhelm II. und den Bismarck nachfolgenden Reichskanzlern begleitete er kritisch kommentierend. In seiner Abneigung gegen Zentrum und Sozialdemokratie, seiner nationalen Gesinnung stand er mit den bisher von Diedrich Baedeker vertretenen Anschauungen in Einklang, parteipolitisch blieb die RWZ der Nationalliberalen Partei nahestehend. Von einer Zäsur mit dem Eintritt Reismann-Grones, der die Baedeker-Zeitung *vom lokalen Nachrichtenblatt zur Gesinnungszeitung*[32] entwickelt habe, kann nicht grundsätzlich die Rede sein. Als cleverer Geschäftsmann war er sich durchaus der Tatsache bewußt, daß er breitere Leserkreise nicht mit politisch radikalen Ansichten erschließen konnte. Seine Werbung für den Alldeutschen Verband war daher verhalten. Vor allem wollte er die Zeitung, die bislang hauptsächlich von Männern der Schwerindustrie gelesen wurde, als Familienzeitung etablieren. Ein lebendiger Kulturteil, für den eigens ein Feuilletonredakteur eingestellt wurde, sollte ein Gegengewicht zum umfangreichen Wirtschaftsteil schaffen.

Reismann-Grones Umstrukturierungen zeitigten schon bald erste Erfolge. Schon ein Jahr nach seinem Eintritt in die Zeitung hatte sich diese erholt und konnte von nun an ihre Auflage kontinuierlich steigern. 1901 erschien sie in einer Auflage von mehr als 10.000 Exemplaren. Zugleich florierte das Anzeigengeschäft, die ersten Gewinne konnten verbucht werden. 1899 erhielt der Chefredakteur über sein Festgehalt hinaus 43.000 Mark, der vereinbarte Anteil der Baedekers dürfte entsprechend groß gewesen sein. 1900 druckte Reismann mehrere Monate lang die historischen Ausgaben der Baedeker-Zeitungen nach und hatte auch damit außerordentlichen Erfolg. Trotz dieser sichtbaren Erfolge kriselte es von Anfang an in Redaktion und Verlag. Während Reismann-Grone zu Gustav Baedeker gute Beziehungen unterhielt, wuchsen sich die latenten Spannungen zwischen ihm und Diedrich bald zu Konflikten aus, die das Klima zunehmend vergifteten. So verweigerte Reismann-Grone Diedrich den per Gerichtsbeschluß angeordneten Abdruck eines Widerrufs, der sich auf eine Äußerung aus seiner Zeit als verantwortlicher Redakteur der RWZ bezog. Statt dessen mußte Diedrich eine erhebliche Bußgeldsumme zahlen. Einen weiteren Streitpunkt bildeten die Druckkosten für die Zeitung. Reismann-Grone war der Auffassung, daß ihm die Baedekers zu viel für den Druck der Zeitung berechneten. Der Streit wurde 1900 durch einen Vergleich vor einem Schiedsgericht beigelegt. Auch mit dem Nachdruck der alten Jahrgänge war Diedrich nicht einverstanden, konnte ihn aber nicht verhindern. Und überhaupt war er der Auffassung, daß die Zeitung unter Reismann-Grone einen Ton anschlüge, der in der Öffentlichkeit verurteilt würde. So habe Diedrich zunehmend die geselligen Abende in der Gesellschaft ‚Verein' gemieden, weil er dort zur Rede gestellt worden sei. Reismann-Grone argwöhnte, daß Diedrich ihn aus dem Geschäft herausdrängen wollte, dieser wiederum befürchtete eine Minderung seiner Mitspracherechte. Kurzum: Das Verhältnis der beiden war bald vollkommen zerrüttet.

Der Verkauf der Baedeker-Zeitung

Diedrich Baedeker mag sicherlich ein schwieriger Charakter gewesen sein. Reismann-Grone bezeichnete ihn in seinen Erinnerungen – die man natürlich als vorein-
genommene Äußerung mit äußerster Vorsicht betrachten muß – als *kleinlich, zerfah-*
ren, später halbverrückt.[33] Doch nicht allein Diedrichs Verhalten, auch die undiplo-
matischen Umgangsformen des überehrgeizigen neuen Chefredakteurs verschärften
den Konflikt in nicht unerheblichem Maße. Eine Lösung sah Diedrich bald nur noch
in einer Trennung: *Das persönliche Verhalten des Dr. Reismann mir gegenüber, dass*
allmählich bis zu der Gehässigkeit sich verstieg, dass er mich weder auf der Strasse
noch in meinem eigenen Geschäftshause grüsste – stand ich zufällig in der Ge-
schäftsstelle, in die er meist mit dem Hute auf dem Kopfe hereintrat, so trieb er die
Unhöflichkeit so weit, dass er nicht einmal seinen Hut abnahm – dieses persönliche
Benehmen Dr. Reismanns ist auch der Hauptgrund gewesen, dass ich im Jahre 1902,
um nur den Anblick dieses Herrn und Verquickung seines Namens mit meiner Väter
Namen los zu werden, schweren Herzens und unter ungeheuren Opfern – da von kei-
ner anderen Seite mir Hülfe werden wollte – mich entschlossen habe, meine Zustim-
mung zu geben zu dem Verkaufe der Druckerei und der RWZ, welche letztere dem
Dr. Reismann zu einem Betrage überlassen wurde, die den Verkauf als reines Ge-
schenk … darstellt.[34] Bereits am 8. Mai 1901 hatte Diedrich Baedeker in einer Besprechung den Gedanken geäußert, daß man eine Trennung von Firma und Zeitung
vornehmen könne. Am 1. April 1902 kam es zu ersten mehrstündigen Verhandlungen
Diedrichs mit Reismann-Grone. Dieser besuchte am 7. April den krankheitshalber in
Nassau weilenden Gustav: *Hier kaufte ich mündlich von ihm die Rheinisch-Westfäli-*
sche Zeitung und Druckerei nach schwerem Bedenken. Ich mußte ihn, den Kranken,
sehr pfleglich behandeln und nicht nachgeben.[35] Im Mai unterbreitete er den Baedekers ein erstes konkretes Kaufangebot. Da sie 200.000 Mark mehr forderten als er bezahlen konnte, verhandelte Reismann-Grone zugleich über den Ankauf der Zeitschrift Glückauf, die er parallel zu den Verhandlungen mit Baedeker dem bergbaulichen Verein wiederum zum Kauf anbot. Der Kaufvertrag, der schließlich am 22. Januar 1903 unterzeichnet wurde, sah vor, daß Reismann-Grone die Buchdruckerei an
der Burgstraße, den Garten an der I. Hagenstraße und den Verlag der Rheinisch-Westfälischen Zeitung für einen Preis von 525.000 Mark erhalten sollte. Davon
sollten 250.000 Mark sofort gezahlt werden, die übrigen 275.000 ließen Baedekers als
Guthaben in der Firma Reismann-Grone. Der stehende Teil sollte mit 4 % vergütet,
die Schulden mit 30.000 Mark jährlich getilgt werden. Als Sicherheit brachte Reismann sein gesamtes Vermögen ein.

Noch während der Verhandlungen mit Reismann-Grone hatte Diedrich offensichtlich nach Lösungen gesucht, die den Verkauf an seinen ungeliebten Nachfolger
hätten verhindern können. Kommerzienrat Albert Müller, Bankdirektor der Essener
Creditanstalt und Schwager Gustav Baedekers, bot in seiner Eigenschaft als Leiter
der Verkaufsverhandlungen auch der Druckerei Girardet die Baedeker-Zeitung zum
Verkauf an. Diese lehnte aber ab, als sie bemerkte, daß aufgrund des 1895 abge-
schlossenen Vertrages Reismann-Grone nicht gegen seinen Willen aus dem Unternehmen entfernt werden konnte. Eine Trennung von Reismann-Grone war also nicht
möglich, es blieb nur der Verkauf. In seinem letzten Brief, den er vor der Auflösung
der privaten und geschäftlichen Beziehungen zu seinem Vetter Gustav 1903 an diesen
schrieb, machte Diedrich ihm offensichtlich schwere Vorwürfe, die sich auf die münd-

liche Zusage Gustavs in Nassau bezogen haben dürften. Gustav Baedeker hingegen betonte in seiner Antwort nachdrücklich, daß es allein Diedrich gewesen sei, der den Verkauf der Zeitung initiiert habe. Eine Bemerkung seines Schwagers aufgreifend versuchte er, der Entwicklung auch positive Seiten abzugewinnen: *Ihr könnt froh sein – so Albert Müller – daß Ihr den alten Kram los seid.*[36]

Mit dem Verkauf der Zeitung endete die 128 Jahre alte Zeitungstradition der Firma G. D. Baedeker. Vom vierseitigen Nachrichtenblatt, das die Provinzstadt Essen mit Neuigkeiten aus aller Welt versorgte, hatte sich die Baedeker-Zeitung über mehrere Generationen hinweg kontinuierlich zu einem der führenden Meinungsmacher des rheinisch-westfälischen Industrialreviers entwickelt. Erfahrungen und Kenntnisse der einen Generation wurden jeweils an die nächste weitergegeben. Die redaktionelle Verantwortung für die Baedeker-Zeitung bedeutete immer zugleich Verpflichtung gegenüber Familie und Tradition. Allen politischen und gesellschaftlichen Umbrüchen zum Trotz konnte auf diese Weise die Kontinuität der Baedeker-Zeitung gewahrt werden. Ihr Profil war in dieser Zeit so unverwechselbar geworden, daß es auch in den ersten Jahren nach dem Verkauf im wesentlichen beibehalten wurde. Später entwickelte sich die RWZ unter Reismann-Grone zu einem deutschnationalen und schon vor 1933 nationalsozialistischen Blatt. Die Rheinisch-Westfälische Zeitung erschien bis zu ihrer Verschmelzung mit der National-Zeitung im August 1944 unter diesem Namen. Die Hoffnung des Reismann-Grone-Verlages, die Zeitung *nach dem Siege allen Beziehern wieder in gewohnter Weise*[37] liefern zu können, erfüllte sich nicht. Das Vermögen wurde ebenso wie das anderer NS-Zeitungsverlage gesperrt, die RWZ nach dem Zweiten Weltkrieg nicht neugegründet. Tradition und Geschichte der Baedeker-Zeitung gerieten aber auch in der Bundesrepublik nicht in Vergessenheit. So bemühte sich die nach dem Krieg gegründete ‚Neue Ruhr Zeitung' (NRZ) die *Baedeker-Tradition im neuen Geist wach[zu]halten*[38] und – unter Ausklammerung der Reismann-Grone-Tradition – eine Verbindungslinie von der Essendischen Zeitung bis zur NRZ herzustellen.

Anmerkungen

1 Zit. nach Julius Baedeker, Über die Anfänge des Buchdruckes und des Zeitungswesens in Essen und beider Entwicklung im 18. Jahrhundert, in: Beiträge zur Geschichte von Stadt und Stift Essen (EB) 18 (1898), S. 134-150, S. 138.
2 Zit. nach Margot Lindemann, Deutsche Presse bis 1815, Berlin 1969, S. 125.
3 Essendische Zeitung 1777 Nr. 8.
4 Essendische Zeitung 1792 Nr. 77.
5 Allgemeine Politische Nachrichten 1802 Nr. 62.
6 Geheimes Staatsarchiv Preußischer Kulturbesitz I. HA Rep. 70, IX, Nr. 1296, Privilegien und Kommissionen der Buchdrucker (im Stift Essen) 1804-1805.
7 Ebenda.
8 Zit. nach Käthe Klein, Die Baedeker-Zeitung und ihre Vorgängerin in Essen (1738-1848), in: EB 45 (1927), S. 1-127, S. 116 f.
9 Allgemeine Politische Nachrichten 1806 Nr. 26.
10 Allgemeine Politische Nachrichten 1813 Nr. 94.
11 Aus den Zensur-Akten des Ratsarchivs in Essen Mai 1842, zit. nach Klein, Die Baedeker-Zeitung, S. 120 f.
12 Allgemeine Politische Nachrichten 1848 Nr. 24, zit. nach Diedrich Baedeker, Geschichte der Essener Zeitung gegenwärtigen Rheinisch-Westfälischen Zeitung seit dem Jahre 1844, Essen 1884, S. 7 f.

13 Essener Zeitung 1862 Nr. 235.

14 Essener Zeitung 1860 Nr. 3.

15 Zit. nach Klaus Werner Schmidt, Die „Rheinisch-Westfälische Zeitung" und ihr Verleger Reismann-Grone, in: Beiträge zur Geschichte Dortmunds und der Grafschaft Mark 69 (1974), S. 243-382, S. 256.

16 Glückauf. Berg- und hüttenmännische Zeitung Nr. 1, 1.1.1865 (Probenummer).

17 StA Essen 302 Nr. 107 I, Bl. 45.

18 Ebenda, Bl. 46.

19 Alle Zitate aus StA Essen 302 Nr. 77, Geschäftsbuch für die Jahre 1860 bis 1903.

20 StA Essen 302 Nr. 133, Diedrich Baedeker an Rechtsanwalt Russel, Juli 1904.

21 Ebenda.

22 Rheinisch-Westfälische Zeitung Nr. 1, 15.5.1883.

23 Diedrich Baedeker an Russel, Juli 1904.

24 Beispiele zit. nach Kurt Koszyk, Anfänge und frühe Entwicklung der sozialdemokratischen Presse im Ruhrgebiet (1875-1908), Dortmund 1953, S. 163.

25 Diedrich Baedeker an Russel, Juli 1904.

26 StA Essen 652 Nr. 133, Erinnerungen Reismann-Grones 1894, S. 2 und 7.

27 Ebenda, S. 8.

28 Diedrich Baedeker an Rechtsanwalt Russel, Juli 1904.

29 StA Essen 652 Nr. 133, Erinnerungen Reismann-Grones 1895, S. 2.

30 Ebenda.

31 Ebenda, S. 4.

32 Zwei Jahrhunderte im Spiegel der „Rheinisch-Westfälischen Zeitung". Aus Anlaß des 200jährigen Bestehens hg. v. Verlag Th. Reismann-Grone GmbH, Essen 1938, S. 13.

33 Erinnerungen Reismann-Grones 1894, S. 8 und Erinnerungen 1895, S. 2 f.

34 Diedrich Baedeker an Rechtsanwalt Russel, Juli 1904.

35 StA Essen 652 Nr. 133, Erinnerungen Reismann-Grones 1902, S. 4.

36 Gustav in einem seiner letzten Briefe an Diedrich. Zit. nach Wilhelm Sellmann, Verlag und Buchhandlung Baedeker zweihundert Jahre in Essen 1775-1975, Ms. Essen 1975, S. 119.

37 Rheinisch-Westfälische Zeitung, 31.8.1944 (Abendausgabe).

38 Zit. nach Schmidt, Die „Rheinisch-Westfälische Zeitung", S. 377.

Thomas Dupke

Die Unternehmerfamilie Baedeker und das Essener Bürgertum im 19. Jahrhundert

Das bürgerliche Jahrhundert

„ … es spiegelte sich ja in dieser Chronik eines Bürgertums, das aus dem Naiv-Praktischen ins Geistige wächst, vom Kaufmännischen zur Kunst kommt (…) ein allgemeiner Weltprozeß dar, der damals überall empfunden wurde. Man hielt gerade auf halbem Wege zwischen der unbändigen Expansion der industriellen 'Gründerjahre' und dem Weltkrieg, der das Ende der bürgerlichen Ära verkünden sollte …"[1]

Mit diesen Worten erklärte Thomas Mann den großen Erfolg seines Romans „Buddenbrooks" (1901), in dem er ein Modell für das Bürgertum im 19. Jahrhundert entwarf. Thomas Mann zeichnete ein Tableau einer deutschen Familie, die sinnbildlich für die Entwicklung des Bürgertums stehen soll: Angefangen von dem Senior Johann Buddenbrook, der das Ansehen der Familie zu Beginn des Jahrhunderts begründete, über seinen Sohn Thomas, der die Geschäfte konsolidierte und öffentliche Ehrungen empfängt, bis zu dessen Sohn Hanno, einer Künstlerseele, die früh zugrunde geht.

Aufstieg und Fall einer Kaufmannsfamilie verdichtete Thomas Mann zu einem „Roman deutscher Bürgerlichkeit".[2] Doch lassen sich derartige Entwicklungslinien tatsächlich in der Geschichte des Bürgertums finden? Wie verhält sich die Chronik der Essener Unternehmerfamilie Baedeker zu dem „allgemeinen Weltprozeß" mit seinen politischen, sozialen und kulturellen Strömungen?

Das 19. Jahrhundert wird oft als das „bürgerliche Jahrhundert" bezeichnet, als die Zeit, in der das Bürgertum als prägende Kraft in Gesellschaft und Kultur, Wirtschaft und Politik wirkte. In der Abkehr von den ständischen Prinzipien des Feudalismus entwickelte sich eine vor allem in den Städten angesiedelte Führungsschicht, die sich nicht durch althergebrachte Geburtsrechte, Standesprivilegien oder göttliche Legitimierung definierte.

Zum Bürgertum des 19. Jahrhunderts zählten sowohl Handwerksmeister, kleine Kaufleute und Gastwirte als auch Lehrer, Professoren, Pfarrer und Angehörige freier Berufe wie Ärzte und Rechtsanwälte; ebenso gehörten Unternehmer, Fabrikanten und Großkaufleute zum Bürgertum. Auch wenn es *das* Bürgertum als einheitliche, in sich ausgewogene Gruppe nicht gegeben hat, so zeichnen sich die bürgerlichen Gruppen der Neuzeit durch eine bestimmte Kultur und Mentalität aus. Es bildete sich ein bürgerlicher Lebensstil heraus, der mit seinen Normen und Einstellungen, seinen Deutungen und Definitionen des Lebens zum Bindeglied dieser verschiedenen Gruppen wurde. Was sie verband, war eine gewisse „Bürgerlichkeit", eine gemeinsame Kultur oder doch zumindest eine gemeinsame Vorstellung vom Leben als Individuum und in der Gesellschaft.

Die Unternehmerfamilie Baedeker stand in Essen inmitten der bürgerlichen Entwicklung, mal aktiv teilnehmend und vorantreibend, mal passiv und beobachtend. Sie hinterließ ihre Spuren auf verschiedenen Feldern, die für die Konstituierung eines

Der Burgplatz mit dem Baedekerhaus

emanzipierten Bürgertums eine Rolle spielen, gleichfalls wurde auch sie beeinflußt von den Strömungen, die im 19. Jahrhundert das deutsche Bürgertum formten.

An ihrem Beispiel läßt sich verfolgen, wie sich Essen im 19. Jahrhundert zur „Bürgerstadt" entwickelte. Die Idee vom Menschen als autonomes Individuum, die mit der Aufklärung Ende des 18. Jahrhunderts eine gesellschaftliche Umwälzung ins Rollen brachte, erreichte, wenn auch verspätet, das kleine Landstädtchen Essen und trug bei zur Formierung eines modernen Stadtbürgertums – eine Entwicklung, die in Essen freilich Jahrzehnte dauerte.

In den Handlungsweisen und Einstellungen der Baedekers spiegeln sich spezifisch „bürgerliche" Deutungs- und Verhaltensmuster wider, die bestimmte Bereiche bürgerlicher Identität und bürgerlichen Engagements betreffen:

Die Bereiche der *Bildung* und der *Öffentlichkeit* stellen bedeutende Strukturmerkmale des Bürgertums dar, die auch die Familiengeschichte der Baedekers prägten. Im *Beziehungsnetz der Honoratiorenschaft*, die das bürgerliche Leben einer Stadt organisierte, stellten die Baedekers eine feste Größe dar. Aus dieser Honoratiorenschaft heraus nahmen die Baedekers an den Versuchen teil, den *politischen Machtanspruch* des Bürgertums durchzusetzen. Die bürgerliche Führungsschicht zeichnet sich zudem durch eine gemeinsame *Verhaltenskultur* aus, die sich in einem bestimmten Wertekatalog widerspiegelte. Diese Verhaltenskultur prägte auch das Familienleben der Baedekers, ihre Feste und ihr Auftreten in der Öffentlichkeit.

Diese Kultur ist allerdings wie die politische Einstellung großen Zeitströmungen unterworfen, an deren Endpunkt im 19. Jahrhundert ein ausgeprägtes nationales Denken steht, das eine *wilhelminische Mentalität* bestimmte und in der offenen *Demonstration von Macht und Stärke* auch das Bürgertum ergriff.

G.D. Baedeker, Ludwig Natorp und die Essener Bildungsmisere

Im Jahre 1803 – es ist gerade drei Jahre her, daß Zacharias Baedeker gestorben ist – wirft ein umherreisender preußischer Beamter einen Blick auf das Schulwesen in Essen:

„Zwar hat die Stadt zwei Gymnasien; allein das katholische ist ganz von der gewöhnlichen Art, worin ein wenig lateinische Grammatik, etwas Mathematik, ein Bischen sogenannte Rhetorik und mönchische Disziplin, Unterricht und Erziehung ausmachen. Und dennoch ist diese Schule jetzt die beste, das lutherische Gymnasium aber eine – Ruine. Ehemals war dies sehr blühend und gehörte zu den besten in Deutschland. (…) Das Gymnasiumsgebäude, eins der schlechtesten, welches ich je gesehen, war unten eine Niederlage für Bier- und Branntwein-Fässer und oben ein Lazareth für das preussische dort kantonirende Militär."[3]

Die Blütezeit des evangelischen Gymnasiums lag tatsächlich schon einige Zeit zurück, nämlich als der Direktor Johann Heinrich Zopf die Schule leitete (1719-1774) und sogar vermehrt Schüler von außen anzog. Als Zacharias' Sohn Gottschalk Diederich das Gymnasium besuchte, war diese Hochzeit schon vorbei, und er beendete seine schulische Ausbildung am Akademischen Gymnasium in Dortmund.

Ludwig Natorp

Auch auf katholischer Seite kam eine Schulreform nur zögerlich voran. Zwar bemühte sich die letzte Äbtissin Maria Kunigunde um eine Hebung des Schulwesens, doch scheiterten diese Ansätze schon an der mangelhaften Vorbildung der Lehrer.

Der Gedanke eines modernen Schulwesens und einer aufgeklärten Pädagogik hielt erst mit Beginn des 19. Jahrhunderts in Essen Einzug. Eng verknüpft ist damit der Name des seit 1798 in Essen tätigen evangelischen Pfarrers Ludwig Natorp, der in der Tradition von Rousseau und Pestalozzi aufklärerische Ideen aufgriff. Gerade Rousseaus Diktum von der freien Entfaltung der Persönlichkeit als dem eigentlichen Ziel der Erziehung hatte großen Einfluß auf neuzeitliche Erziehungstheorien. Darauf aufbauend forderte der Schweizer Johann Heinrich Pestalozzi die umfassende Entwicklung der geistigen, sittlich-religiösen und körperlich-werktätigen Kräfte und lehnte die Vermittlung von reinem Buchwissen ab.

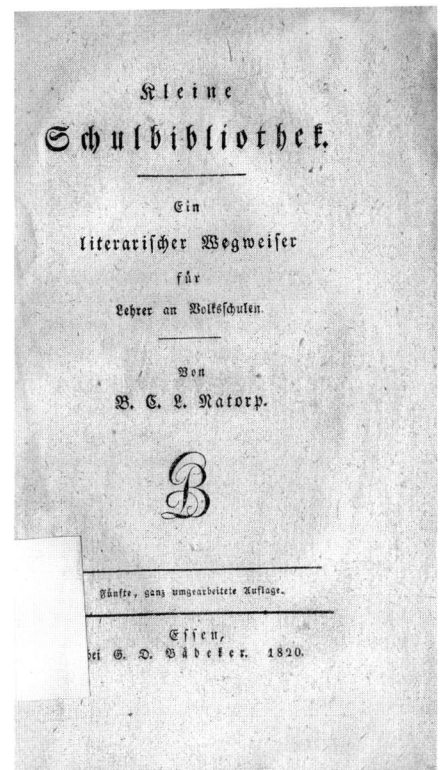

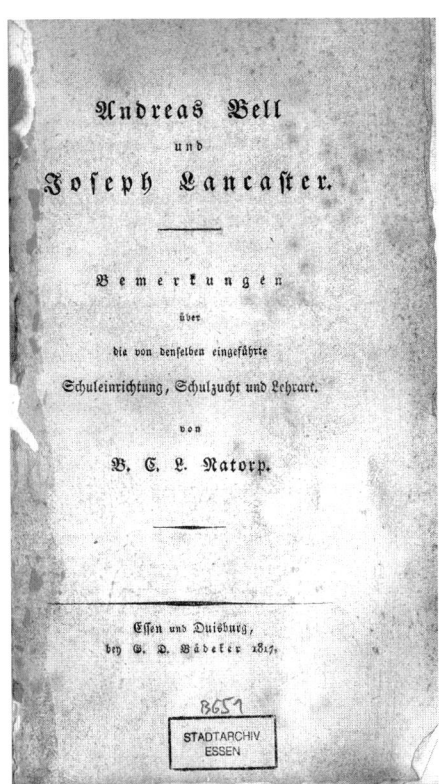

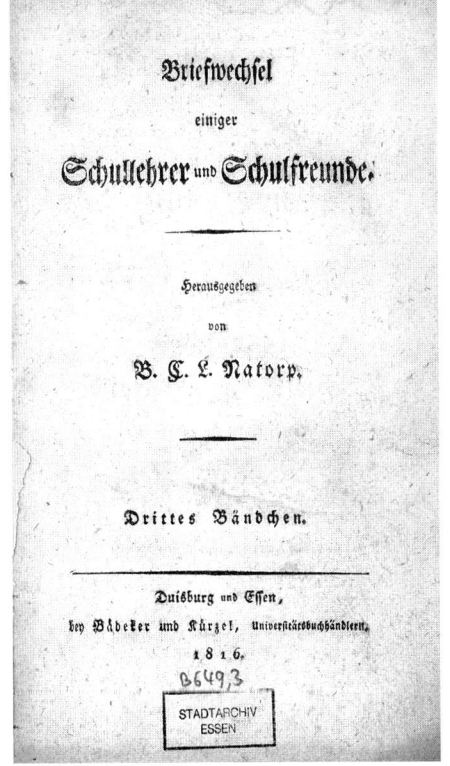

Drei Bücher von Natorp,
die bei Baedeker erschienen sind.

Natorps Pastorat lag in unmittelbarer Nähe zum Hospitalplatz, wo die Firma Baedeker Räume angemietet hatte. Aus den häufigen Treffen der Familien entwickelte sich eine enge Freundschaft, die auch geschäftliche Auswirkungen hatte. 1802 veröffentlichte Natorp bei Baedeker seine sogenannte „Kleine Bibel", mit der er in der Sprache seiner Zeit den Bibeltext nacherzählte, um vor allem ein junges Publikum zu erreichen. Mit dieser erfolgreichen Veröffentlichung begann Gottschalk Diederich Baedekers Verlegerkarriere, die Natorp als Freund und fachkundiger Pädagoge weiterhin unterstützte. Oft zog Gottschalk Diederich in Fragen der pädagogischen Literatur des Verlages seinen Freund Natorp zu Rate, der in diesem Bereich eine weithin anerkannte Autorität war. Auch empfahl Baedeker Natorp als Verfasser und Herausgeber theologischer und pädagogischer Schriften weiter, z.B. an seinen Schwiegervater Gehra, der Buchhändler in Neuwied war.

Als Essen 1802 in den preußischen Staat einverleibt wurde, spielte Natorp eine federführende Rolle bei den Plänen, um die Essener Schulmisere zu beheben. Es wurde eine protestantische Schulkommission eingesetzt, für die Ludwig Natorp in kurzer Zeit Reformentwürfe ausarbeitete. Sie wurden schließlich am 11. Juni 1805 von der Gesamtkommission gutgeheißen.

Seine Gedanken zur Verbesserung der Schulsituation hatte Natorp zuvor 1804 öffentlich gemacht, in der Schrift „Grundriß zur Organisation allgemeiner Stadtschulen", die auch bei Baedeker erschien. Natorp schlägt in seiner pädagogischen Initiative vor, die getrennten Schulen der Stadt zu einem System zu verbinden, das stufenweise bis zu einer höheren Bürgerschule führen sollte. Als oberstes Erziehungsziel stellt er die Humanität voran und propagiert ganz im Sinne der Aufklärung, daß in seiner Schule „jeder Mensch ohne Unterschied des Geschlechts und ohne Unterschied seines künftigen Standes zweckmäßige Anleitung zu einer wahrhaft edlen und wohltätigen Bildung stufenweise (…) empfangen könne".[4]

Unter der Vermittlung von Bildung verstand Natorp nicht das bloße Auswendiglernen von Unterrichtsstoffen: „Hohe, sehr hohe Zeit ist es indess, dass man von dem herztödtenden Mechanismus des leidigen Catechismuswesens zurückkomme und auf eine der Natur des menschlichen Geistes angemessenere Art für die Bildung des jugendlichen Herzens sorge."[5] Eine angemessene Bildung sollte folgendes bewirken: „die Sinne würden (…) geübt, die Aufmerksamkeit geweckt, die Verstand zum Nachdenken geschärft, die Urtheilskraft belebt, der Sinn fürs Schöne und Gute rege gemacht, das Sprachorgan gebildet."[6]

Ganz im Sinne einer humanistischen Bildung zielte sein Unterricht auf die Herausbildung der Persönlichkeit; zu diesem Zwecke befürwortete Natorp sogar das Lesen politischer Zeitungen mit den Schülern. In seiner von Rationalismus, Aufklärung und Neuhumanismus geprägten Vorstellung von Bildung zeichnet sich deutlich die bürgerliche Idealvorstellung des emanzipierten, autonom handelnden Menschen ab: „Der gebildetere Mensch ist auch der geschicktere und brauchbarere Bürger. Die Bürgerbildung betrachte ich also der Menschenbildung untergeordnet."[7]

Allerdings konnte Natorp in Essen weder diese hochgesteckten ideellen Ziele verwirklichen noch die praktischen Pläne zur Zusammenlegung der evangelischen und katholischen Gymnasien in die Tat umsetzen. Am 28. März 1806 rückten die ersten französischen Truppen in Essen ein, und die Stadt wurde alsbald Teil des Großherzogtums von Berg, das von Napoleons Schwager Joachim Murat regiert wurde. Die neue Regierung zeigte nur geringes Interesse für die Schulmisere in Essen, und Natorps Reformpläne fanden in Essen nunmehr keinen offiziellen Widerhall.

Die Südseite des Burgplatzes mit der Jesuitenresidenz, seit 1824 Gymnasium

Anderenorts waren seine Ideen weiterhin gefragt. Als Kommissar des Bochumer Schulkreises erhielt er am 6. Juli 1806 den Auftrag, in der Grafschaft Mark eine Schulrevision abzuhalten, deren Ergebnisse 1807 in das Gutachten „Über die Organisation der niedern deutschen Schulen. Mit besonderer Berücksichtigung auf die gegenwärtigen Bedürfnisse der Grafschaft Mark" einflossen. 1808 veröffentlichte Natorp seine zweite große pädagogische Schrift „Ein Einziger Schulmeister unter tausend Kindern in Einer Schule", wieder erschienen bei Baedeker. Natorp behandelt darin die Methode des englischen Lehrers Joseph Lancaster, der den Schulalltag bis in kleinste Detail regelte und auf ein strenges System von Belehrungen, Auszeichnungen und Strafen gründete. Obwohl in dieser Schule für die Unterrichtsideale Pestalozzis kein Platz war, sprach sich Natorp durchaus für derartige Methoden aus, denn gerade in Essen hatte er erlebt, wie mangelhaft die alten Lehrer den Unterrichtsstoff lehrten. Von der Lancasterschen Methode erhoffte er sich ein geregeltes Maß an Disziplin und Wissensvermittlung, auf die später besser vorgebildete Lehrer mit neuen Methoden im Sinne Pestalozzis aufbauen könnten. Seinem Freund Gottschalk Diederich schrieb er 1810: „Ich bin in theoretischer Hinsicht sehr geneigt, mich zu Pestalozzi zu bekennen. Was ich aber in praxi gesehen habe, ist noch viel Stümperei."[8]

Als er diesen Brief schrieb, war Natorp schon nicht mehr in Essen tätig. 1809 hatte ihn Wilhelm von Humboldt in die Sektion für Kultus und Unterricht im preußischen Innenministerium berufen. Sein Ruf als engagierter Schulreformer war ihm weit vorausgeeilt, und Wilhelm von Humboldt waren Natorps Pläne zur Umorganisation der Essener Schulen zu Ohren gekommen. „Die Bürgerschulen des Prediger Natorps in Essen waren mir schon vortheilhaft bekannt", schrieb er im Januar 1809.[9] Sehr wahrscheinlich hat er davon Kenntnis durch die Baedeker-Veröffentlichung genommen, die auch die Umgestaltung der Leipziger Bürgerschule beeinflußte.

Trotz seines Karrieresprungs blieb Natorp Essen und Baedeker verbunden. Er veröffentlichte weiterhin bei seinem Freund, so z.B. Bücher zum Gesang, dem er eine große Bedeutung in Schule und Gottesdienst zumaß, oder den dreibändigen „Briefwechsel einiger Schullehrer und Schulfreunde" (1811-1816). Gerade durch Natorp, der 1816 Oberkonsistorialrat in Münster und Leiter des Schulwesens der Provinz Westfalen wurde, konnte Baedeker zu einem wichtigen Verleger von pädagogischer Literatur aufsteigen.

Wie sehr Natorps Ideen zur Organisation der Essener Schulen Gottschalk Diederich Baedeker beeinflußt haben, beweist sein Engagement bei der Einführung eines Simultangymnasiums in Essen. Zwar hatte noch der vom Großherzog von Berg eingesetzte Bürgermeister – der „maire", wie es im französischen Sprachgebrauch hieß – versucht, eine Bürgerschule einzuführen, die auf dem Gedanken der Verschmelzung der konfessionell getrennten Schulen beruhte, doch kamen auch diese Pläne nicht zur Ausführung. Der Befreiungskrieg gegen Napoleon, der 1813 in Europa einsetzte, verhinderte eine Reform, und als preußische Truppen am 11. November 1813 in Essen einmarschierten, unterschied sich die Schulsituation nicht sonderlich von der miserablen Lage um das Jahr 1800. Das Niveau des evangelischen Gymnasiums befand sich auf einem derartigen Tiefstand, daß die preußische Regierung der Anstalt das Recht aberkannte, Abiturienten zur Universität zuzulassen. Die Regierung in Düsseldorf machte sich nun ans Werk, den Gedanken der Zusammenlegung der beiden konfessionellen Gymnasien in die Tat umzusetzen. Am 16. März 1817 forderte die Düsseldorfer Regierung einen Bericht über das Einkommen der Lehranstalten an und verlangte Vorschläge über ein geeignetes Schulgebäude. Nachdem die katholische Seite allerdings zögerlich reagierte, ordnete die Regierung am 4. Oktober 1819 die Vereinigung der beiden Schulen an. Das katholische Gymnasium Josephinum wurde geschlossen, und die neue Stadtschule, die Quartier in der Auerspergischen Kurie bezog, wurde am 15. November 1819 eröffnet. 1824 zog das vereinigte Gymnasium in das Gebäude der ehemaligen Jesuitenresidenz auf dem Burgplatz.

Diese Frühgeschichte des Burggymnasiums unterstützte der von Natorps Gedankengut inspirierte Gottschalk Diederich Baedeker aktiv: Er war nicht nur Mitglied der städtischen Schulkommission, darüber hinaus kümmerte er sich um die Finanzen der neuen Lehranstalt. Nachdem die preußische Regierung am 2. Dezember 1821 einen jährlichen Zuschuß von 1200 Talern für die neue Schule bewilligt hatte, brauchte das Gymnasium einen Rechnungsführer, der den Etat verwaltete. G.D. Baedeker übernahm diese Aufgabe unentgeltlich: Er wurde der Rendant des vereinigten Gymnasiums. Außerdem vertrat er im Kuratorium der Schule, das seit 1824 bestand, die evangelische Elternschaft. 1834 wurde dieses Gremium ersetzt durch einen Verwaltungsrat, dem Baedeker bis kurz vor seinem Tod angehörte (1840).

Dieses Engagement wurzelte sicherlich zum einen in der Überzeugung von der Wichtigkeit eines gut funktionierenden Schulwesens, wurden doch Bildung und Schulsystem zum Rückgrat der neuen Bürgergesellschaften in den Städten des 19. Jahrhunderts. Auch die Sorge um die Bildungsmöglichkeiten seiner eigenen Söhne mag eine Rolle gespielt haben. Zum anderen war Gottschalk Diederich aber auch Kaufmann genug, um die wirtschaftliche Bedeutung eines angesehenen Gymnasiums vor Ort einzuschätzen. Schon sein Vater Zacharias druckte und verkaufte Schulbücher, und ebenso tat es Gottschalk Diederich. Die Lehrer und die Gymnasiasten der Anstalt waren potentielle Kunden, aber dennoch ließ er kommerzielle Erwägungen die pädagogischen nicht verdrängen. In seiner Leihbibliothek durften Gymnasiasten

Bücher nur mit einer schriftlichen Genehmigung des zuständigen Lehrers ausleihen, um sicher zu gehen, daß nur pädagogisch „wertvolle" Literatur die Jugend erreichte.

Bildungsinteresse und kaufmännische Beweggründe gingen bei Gottschalk Diederich eine enge Allianz ein. Auf seinen Reisen besuchte er häufig Schulen und Lehrer, um sich über Bildungsfragen zu informieren. Diese Informationen waren möglicherweise auch hilfreich bei der Erstellung seines Verlagsprogramms. Es kam auch vor, daß er solchen Schulen ganze Sammlungen pädagogischer Schriften aus seinem Verlag schenkte – nicht nur eine Spende eines wohltätigen Schulfreundes, sondern auch Werbung für seinen Verlag. Gottschalk Diederich Baedeker war in dieser Beziehung ganz ein Vertreter des neuen städtischen Bürgertums in der ersten Hälfte des 19. Jahrhunderts: Bildung und Besitz waren keine entgegengesetzten Sphären, sondern miteinander verknüpfte Manifestationen bürgerlichen Strebens.

Öffentlichkeit und Vereinsleben

Einen Mittelpunkt bürgerlichen Lebens stellte – auch in Essen – das Vereinsleben dar. Der Verein um 1800 war ein klarer Ausdruck für die Auflösung der ständischen Gesellschaft. In einen Verein wurde man nicht hineingeboren, man trat ihm freiwillig bei und konnte, wenn man wollte, ebenso wieder austreten. Jenseits ständischer oder konfessioneller Schranken konnte sich der Bürger dort mit Gleichgesinnten treffen, Geselligkeit pflegen und Informationen austauschen. Der Verein stellte damit Öffentlichkeit her, die zu einer zentralen Kategorie der bürgerlichen Gesellschaft wurde. Gemeinsam mit der Entwicklung eines Buch- und Zeitschriftenmarktes und der Einrichtung von Lesegesellschaften begleitete und prägte das Vereinsleben die bürgerliche Entwicklung.

G.D. Baedeker hat mit seiner Zeitung und seiner Leihbibliothek entscheidend dazu beigetragen, daß in Essen ein Lesepublikum und damit Öffentlichkeit entstehen konnte. Einer Lesegesellschaft, die sich im Umkreis der Zeitung und der Leihbibliothek bildete, war allerdings kein langes Leben beschieden. Spuren ihrer Existenz lassen sich nur auf die Zeit um 1806 festmachen.

Weitreichender und mit langlebigen Folgen erwies sich hingegen Gottschalk Diederichs Engagement im Essener Vereinsleben.

Im Ruhrgebiet und Umgebung fällt die Gründung geselliger Vereine vor allem in die Zeit der französischen Revolution und ihrer Folgejahre. In Unna gründete sich 1792 die Societät, in Hagen 1808 die Concordia, in Dortmund 1812 das Casino. Die Essener Societät erblickte 1809 das Licht der Welt, die nun auch in dieser Stadt von den Prinzipien der französischen Revolution und der Säkularisierung bestimmt war. Die Societät war keine originär bürgerliche Gründung, sondern wurde von der Regierung des Großherzogtums Berg gefördert. Nach der Besetzung Essens durch französische Truppen 1806 waren der Code Napoléon, das französische Zivilgesetzbuch, eingeführt, die bäuerliche Hörigkeit aufgehoben und – zumindest offiziell – die Standesunterschiede beseitigt worden. Essen wurde „Arondissementhauptstadt", und der Unterpräfekt Freiherr von Sonsfeld versuchte, die Bürgerschaft für das neue Regime einzunehmen, indem er die Gründung eines Vereins anregte.

Dieses Werben um die städtische Führungsschicht schien angesichts der distanzierten Haltung, die viele Essener im Laufe der neuen Herrschaft gegenüber den Machthabern an den Tag legten, auch dringend geraten. Zwar beeilte sich G.D. Baedeker 1806, sich mit der neuen Regierung gut zu stellen, und inserierte mit einem Portrait des Großherzogs von Berg. Doch die preußische Niederlage gegen Napoleon und der Friedensschluß von Tilsit 1807, in dem Preußen die Hälfte seines Staatsgebietes verlor, beunruhigten ihn zutiefst. Seinem Schwiegervater schrieb er am 26. Juli 1807: „Der gestern abend hier eingetroffene Friedensschluß mit Preußen hat uns alle sehr erschüttert. So schlecht hatte keiner gedacht, daß der König dabey fahren würde. Gott weiß, was unser Schicksal jetzt ist ...“[10]

Die Essener Societät sollte derartige Unsicherheitsgefühle ausräumen helfen. In der Gesellschaft trafen sich die Beamten der bergischen Regierung mit den Angehörigen der alten Essener Familien und der Kaufmannschaft. Der Unterpräfekt von Sonsfeld selbst verkehrte dort, der Maire Müller wie auch sein Nachfolger von Tabouillot; der angesehene Arzt Georg Heinrich Brüning, der den Posten eines Kreisphysikus inne hatte, zählte zu den Besuchern der Societät, ebenso wie der Jurist Johann Nepomuk Brockhoff, der Unternehmer und Mechanikus Franz Dinnendahl, der Oberhofmeister Clemens Freiherr von Asbeck, der Prediger Bährens – und auch Gottschalk Diederich Baedeker.

Da das gesellschaftliche Leben in Essen recht wenig zu bieten hatte, wurde das Angebot, sich zu treffen und zu unterhalten, von der städtischen Führungsschicht gerne angenommen. In dem Vereinshaus der Societät im I. Hagen, das über mehrere Räume, einen Garten und sogar eine Kegelbahn verfügte, konnte man sich zu Kartenspiel und Tanz, Umtrunk und Essen treffen. Das ungnädige Urteil, das Justus Gruner 1803 über das gesellschaftliche Leben Essens fällte – „Aechte Geselligkeit ist hier fremd, wie ächte Kultur und Humanität“[11] –, konnte dank der Anstrengungen der Societät revidiert werden. Die Gesellschaft bemühte sich während ihres Bestehens, das kulturelle Niveau der Stadt zu heben: In ihren Räumen fanden z.B. musikalische Darbietungen und Abonnementkonzerte statt.

Der Unterpräfekt maß der Gesellschaft eine derartige Bedeutung bei, daß er 1810 sogar anordnete, daß eine der vier auf dem Markt stehenden Straßenlaternen vor der Societät angebracht werde. Trotz dieser Bemühungen erreichte die bergische Regierung nicht, daß sich das Verhältnis zwischen Bürgerschaft und neuem Regime positiv gestaltete. Zwar waren die angesehenen Essener Familien durchweg Mitglied in der Societät; in der Namensliste von 1813 finden sich außer Baedeker Namen wie Ascherfeld, von Cocy, Flashoff, Grillo, Huyssen, Kopstadt, Krupp, Hengstenberg, Sölling und Waldthausen. Dennoch bewahrten viele Mitglieder ein distanziertes Verhältnis zu den neuen Machthabern. So wurden die Feiern, die die bergische Regierung anläßlich französischer Siege anberaumte, nicht gerade freudig besucht, schon gar nicht während des Befreiungskrieges, als eine Allianz zwischen Preußen, Österreichern, Russen und Engländern gegen Napoleons Truppen kämpfte. Auch Gottschalk Diederich Baedeker versuchte, sich derartigen Verpflichtungen zu entziehen. So entschuldigte er sich im Frühjahr 1813, als französische Truppen das preußische Heer in Sachsen abdrängen konnten, für sein Fernbleiben von der offiziell angeordneten Siegesfeier mit dem Hinweis, „an diesem Pfingstfest mit meiner Gattin in meiner Kirche zum hl. Abendmahl zu gehen. Da indes auch in dieser das höheren Orts verordnete Te Deum abgesungen wird, so werde ich auch in dieser Hinsicht zugleich den Willen der Regierung erfüllen und meine Stimme mit demselben ertönen lassen.“[12]

Nach der französischen Niederlage in der Völkerschlacht bei Leipzig im Oktober 1813 und dem Einmarsch preußischer Truppen in Essen am 11. November bestand der Verein weiterhin, was beweist, wie wenig die Societät ein Instrument obrig-

keitlicher Lenkung gewesen ist. Vielmehr trägt der Essener Verein wie die anderen
Vereine in Deutschland bürgerlichen Bedürfnissen Rechnung: Da ist zum einen das
Bedürfnis nach Geselligkeit, nach Intensivierung der mitmenschlichen Bindungen,
die sich in einer Zeit verstärkten, da traditionelle Beziehungssysteme wie Stände,
Zünfte und Nachbarschaften an Bedeutung verloren und das selbständig handelnde
Individuum zum Leitbild erhoben wurde. Zum anderen boten Vereine Bildung im
weitesten Sinne an. Lesesaal und Bibliothek waren zentrale Bestandteile des Vereins-
lebens; dort konnten aktuelle Zeitungen oder Bücher gelesen werden. Auch die Essener Bürgergesellschaft verfügte über einen Lesesaal, den G.D. Baedeker sowohl für
Bildungs- als auch für eigene Geschäftsinteressen nutzte. So ließ er beispielsweise
1830 eine Ansichtssendung von Almanachen auslegen.

   Bildung fand auch statt im Meinungsaustausch der Mitglieder, hatten die bürgerlichen Vereine doch zu Beginn des 19. Jahrhunderts einen egalitären Anspruch, so
daß sich verschiedene Berufsgruppen zusammenfanden. In der Essener Mitgliederliste von 1828 wird z.B. nicht nur der ehemalige Bürgermeister Heinrich Huyssen aufgeführt, neben Kaufleuten finden sich Gastwirte, Lehrer, Buchhalter und Weinhänd-
ler. Der Verein als solcher hatte auch eine integrative Kraft und trug zum gesellschaftlichen Zusammenwachsen der unterschiedlichen Gruppierungen des Bürgertums bei:
Das Vereinsleben half mit, einen gemeinsamen Lebensstil zu bilden und eine bürgerliche Identität zu stiften.

Johann Heinrich
Heintzmann

Dies verhinderte nicht, daß es auch zu Vereinsspaltungen kommen konnte. In Essen kam es 1823 zu einer schweren Krise in der Gesellschaft, als einige Mitglieder versuchten, eine Umbenennung herbeizuführen. Als am 29. November 1823 das neue Gesellschaftshaus im II. Hagen eingeweiht und zeitgleich die Vermählung des preußischen Kronprinzen Friedrich Wilhelm gefeiert wurde, macht der Vorsitzende Heinrich Heintzmann im Überschwang der Gefühle einen verhängnisvollen Vorschlag. Als ergebener preußischer Beamter – Heintzmann war Leiter des Bergamtes – regte er einen neuen Vereinsnamen an: Verein zum Kronprinzen. Der Vorstand schickte sogar eine Adresse an den Kronprinzen mit diesem neuen Namen. Darüber kam es zu heftigem Streit zwischen einigen in Essen alteingesessenen Mitgliedern und den preußischen Beamten, der mit einem Eklat endete. Eine Gruppe um Friedrich Flashoff, die die Essener Tradition verteidigen wollte, trat aus und fand sich in dem Verein Erholung zusammen.

Doch Essen mit damals ungefähr 5.000 Einwohnern war zu klein, als daß zwei bürgerliche Vereine ein blühendes gesellschaftliches Leben mit Festen und Bällen hätten organisieren können. 1828 fand schließlich eine vorsichtige Annäherung zwischen den beiden Vereinen statt, woraufhin die noch in der Societät verbliebenen Alt-Essener – darunter auch Gottschalk Diederich Baedeker – die Aussöhnung beschleunigten. Sie entwarfen ein Zirkular, in dem sie sich für eine Vereinigung aussprachen. Baedeker wirkte auch an den Verhandlungen mit, die am 29. März 1828 zur ersten Generalversammlung der Vereinigten Gesellschaften führte.

Dank der Autorität, die G.D. Baedeker in Essen darstellte, und seiner Vermittlerrolle fand sich das Essener Bürgertum wieder unter einem gemeinsamen Dach zusammen. Zwar gab es auch weiterhin Differenzen, doch die Vereinigten Gesellschaften, später (1878) nur noch „Verein" genannt, blieben die prägende Instanz des Essener Bürgertums im 19. Jahrhundert.

Das Haus der Gesellschaft „Verein" im II. Hagen

Dies traf nicht nur auf das gesellschaftliche Leben mit seinen Festen und Bällen zu, wo sich die Kinder der bürgerlichen Familien näher kommen konnten. Auf wirtschaftlicher Ebene bildete die Essener Gesellschaft ein wichtiges Forum für den diskreten Austausch von Informationen und für die Anbahnung von Geschäften. Die Vereinigten Gesellschaften versuchten selbst, sich moderner ökonomischer Mittel zu bedienen, indem sie Aktien ausgaben. 1828 wurden für einen Anbau des Gesellschaftshauses Aktien im Namen des Vereins verkauft. Schon zuvor hatten Vereine in anderen deutschen Städten diese neue Form der Finanzierung erprobt und waren damit wirtschaftliche Vorreiter. Noch bevor die ersten Aktiengesellschaften in Gewerbe und Handel antraten, waren bürgerliche Vereine auf diesem Gebiet tätig. Jedoch waren die Essener Versuche, an der wirtschaftlichen Moderne mitzuwirken, nicht immer von Erfolg gekrönt. Als 1871 ein Neubau erstellt werden sollte, griff der „Verein" erneut auf die Ausgabe von Aktien zurück, allerdings geriet die Finanzierung aus den Fugen. Aufgrund mangelhafter Planung stiegen die Kosten für Grundstück und Bau des Vereinshauses im III. Hagen auf 602.150 Mark, was dem „Verein" noch Jahre später zu schaffen machte.

Neben der wirtschaftlichen Dimension des Essener „Vereins" muß vor allem die politische hoch eingeschätzt werden. Die Führungsschicht traf sich dort zu Gesprächen, in denen stadtpolitische Themen erörtert wurden. Zwar hieß es in den ersten „Gesetzen für die Gesellschaft zu Essen" aus dem Jahre 1813: „Von der Unterhaltung bleiben alle Gegenstände der Politik, Religion, der Stadtverwaltung, so wie überhaupt lauter Erörterungen, die dem Endzweck der Gesellschaft zuwider sind, ausgeschlossen."[13] Doch die Geschichte der Gesellschaft zeigt, daß sie ein wichtiges Forum der politischer Kommunikation auf Stadtebene gewesen war. Bürgermeister und Beigeordnete waren Mitglieder, und vor allem in der zweiten Hälfte des 19. Jahrhunderts wurde im „Verein" Stadtpolitik gemacht: Hinter verschlossenen Türen bereitete der Bürgermeister dort kommunalpolitische Entscheidungen vor. Vor allem Erich Zweigert, von 1886 bis 1906 im Amt, bediente sich dieser inoffiziellen politischen Instanz, so daß man schon von einer kommunalen Verfassungspraxis reden kann.

Der öffentliche Charakter, den die Vereine zu Beginn des Jahrhunderts hatten, wandelte sich mit den Jahrzehnten mehr und mehr zu einer privaten Öffentlichkeit, die auf die städtische Führungsschicht begrenzt blieb und das politische Handeln prägte. Die Familie Baedeker, die während des 19. Jahrhunderts traditionell im Essener „Verein" vertreten war, gehörte mit zu diesem Umkreis städtischer Autoritäten: Die Mitgliederliste von 1878 nennt die Söhne Gottschalk Diederichs Eduard und Julius, die das väterliche Geschäft ab 1844 gemeinsam führten, und seinen Enkel Gustav, der sich im wilhelminischen Kaiserreich mit seinem Vetter Diedrich die Leitung teilte.

Das Beziehungsnetz der Honoratiorenschaft

Die persönlichen, manchmal über Generationen gewachsenen Beziehungen stellten auch für das moderne Stadtbürgertum des 19. Jahrhunderts ein wichtiges identitätsstiftendes Band dar. Als ein angesehenes Mitglied der Kaufmannschaft und durch seine Lebensführung als Ehegatte, Vater und Gemeindemitglied erwarb sich Gottschalk Diederich Baedeker einen Ruf innerhalb der städtischen Führungsschicht. Er war schon früh in diesem Führungskreis etabliert und konnte sich auf die Unterstützung seiner Freunde verlassen – anders als sein Vater Zacharias, der sich im jahrelangen Streit mit dem Magistrat zermürbte.

1807 wäre es beinahe zu einer für ihn und die Druckerei bedrohlichen Situation gekommen, wenn nicht Hilfe von hoher Stelle eingetroffen wäre. Auslöser war eine mißverständliche Notiz in seiner Zeitung, in der er über den bevorstehenden Militärdienst junger Essener berichtete. In einem Brief vom 26. Juli 1807 schildert er den Vorfall:

„Vor drei Tagen hatten wir hier einen Auftritt, der sehr gefährlich für mich hätte auslaufen können. Unsere Stadt mußte nämlich 32 jungen Leute zum Großherzoglichen Militärdienst stellen. Statt des Loosens hatten sich 21 derselben durch die Versprechungen des Magistrats und der Bürgervorsteher dazu bereitwillig erklärt, freiwillige Dienste zu nehmen, und 4 andere derselben gingen unter die Garde du Corps des Großherzogs. Jeder in die Conscription fallende junge Mensch mußte nun eine seinem Vermögen angemessene Summe hergeben, und so wurde es möglich, diesen Freiwilligen 200 Rthlr. à Person nach vollendeten Dienstjahren zuzusichern. Diesen Vorgang hatte ich in die Zeitung gesetzt, hatte die Bemühungen des Magistrats mit dem gehörigem Ruhme erwähnt und gesagt, hierdurch sei es möglich geworden, 21 g r ö ß t e n t h e i l s l e i c h t e n t b e h r l i c h e j u n g e Leute willig zu machen, freiwillig Dienst zu nehmen. – Durch die Aufhetzereien mehrerer schlechten Leute hatte man diese Worte im schlechtesten Sinne genommen und den jungen Leuten in den Kopf gesetzt, ich hätte sie hierdurch für Taugenichtse und Gesindel erklärt. Dies brachte alles in Aufruhr. Man lief zusammen und suchte die Volontärs dazu anzufeuern, mein Haus zu stürmen und meine Pressen zu zerschlagen. Es war für mich ein Glück, daß der Herr Provinzialrath Kanitz und mehrere Herren des Magistrats meine Freunde waren und gleich zu mir kamen. Als man daher wirklich in mein Haus drang, ohne jedoch im Mindesten etwas anzurühren, brachten diese bald durch ihre Zuredungen alles wieder in Ordnung, ich mußte aber alle bereits ausgegebenen Zeitungsexemplare wieder einziehen und die Zeitung mit einem andern Aufsatze aufs Neue drucken …"[14]

Diese Hilfsaktion entsprang allerdings nicht dem Beziehungsnetz des modernen Stadtbürgertums, sondern scheint noch in der Tradition ständischer Solidarität zu stehen. Doch die aus der Zeit der Ständeordnung bestehenden Beziehungen unter den angesehenen Essener Familien spielen eine erhebliche Rolle bei der Konstituierung eines neuen Beziehungs- und Kommunikationsnetzes. Gottschalk Diederich wurzelte in seiner persönlichen Entwicklung noch in dem traditionellen Beziehungsgeflecht; so war er beispielsweise Fähnrich der Schützen-Compagnie und stiftete für sie 1800 einen Teller. Als wichtiges Mitglied der Essener Societät steht er aber auch für die Öffnung des alten Systems; das Gleichheits- und Individualitätsprinzip, das das Vereinsleben bestimmte, führte zu einer Annäherung der unterschiedlichen gesellschaftlichen Gruppen in Essen: Da gab es die alten Essener Familien, die schon im 17. und 18. Jahrhundert im Patriziercollegium vertreten waren, vornehme stiftsessendische Geheimräte, Kaufleute, Handwerker und Beamte der großherzoglich-bergischen oder der preußischen Regierung. Aus ihnen entwickelte sich ein neues Stadtbürgertum, das Fabrikanten und Industrielle, Ingenieure und leitende Angestellte miteinschloß.

Die soziale Offenheit dieses modernen Stadtbürgertum währte aber nur eine gewisse Zeit, bis eine Binnendifferenzierung einsetzte, die sich in den bürgerlichen Vereinen schon zur Jahrhundertmitte bemerkbar machte. Der Essener Gesellschaft gehörten 1828 unter den 116 Mitgliedern neben Akademikern und Unternehmern noch 19 nicht akademisch gebildete Beamte (16,4 %) und 10 Handwerker, Kleinhändler und Wirte (8,6 %) an. 1878 hatte sich schon deutlich eine soziale Abgrenzung durchgesetzt: Von 210 Angehörigen des Vereins gab es nur noch 14 Vertreter der beiden mehr kleinbürgerlich geprägten Gruppen (6,7 %). 1913 ist das Bild dann eindeutig: Von insgesamt 269 Mitgliedern zählten nur noch 5 dazu (1,9 %).

Diese Entwicklung ist typisch für die Bürgergesellschaften in Deutschland, die bald als reine Oberschichtenvereine agierten. Der einst egalitäre – auf Gleichheit gerichtete – Prozeß der Vereinsentwicklung wandelte sich im Lauf des Jahrhunderts in einen elitären Zug. Die politische und wirtschaftliche Führungsschicht einer Stadt traf sich dort und blieb unter sich, so auch im Essener „Verein". Das Interesse der Mitglieder war auf eine bestimmte Homogenität des Lebensstils gerichtet, die sich vor allem bei der Aufnahme neuer Mitglieder bemerkbar machte. Über deren Anträge wurde im „Verein" abgestimmt, so daß die Aufnahme von persönlichen Bekannten, Geschäftsfreunden oder Familienmitgliedern gelenkt werden konnte.

Die engen Beziehungen innerhalb der in der Essener Societät bzw. im „Verein" vertretenen Familien spiegelt sich in der Baedekerschen Familiengeschichte wider. Gottschalk Diederichs ältester Sohn Karl heiratete 1829 Emilie Heintzmann, die Tochter des Bergamtsdirektors Heinrich Heintzmann, damals auch Vorsitzender der Vereinigten Gesellschaften. Emilie war übrigens zudem die Nichte von Christine Natorp, geborene Heintzmann, der Frau von Ludwig Natorp. Die älteste Tochter Louise Baedeker heiratete 1825 den Lehrer Friedrich Wilberg, der in der Mitgliederliste von 1828 aufgeführt wird. Ebenfalls einen Gymnasiallehrer zum Mann nahm ihre Schwester Julie, die 1838 Wilhelm Buddeberg ehelichte; der Name Buddeberg findet sich in der Mitgliederliste von 1847. Diese Ehen zeigen auch die guten Beziehungen, die Gottschalk Diederich Baedeker zum Burggymnasium unterhielt, dessen Direktor Wilberg 1845 wurde.

Diese enge Familienbeziehung wurde weiter gefestigt, als Gottschalk Diederichs Sohn Julius in zweiter Ehe 1859 die Tochter von Friedrich und Louise Wilberg, also seine eigene Nichte, heiratete. Aus dieser Ehe mit Clara Wilberg ging die Tochter Emmy hervor, die 1882 den Bankier Albert Müller, der der Essener Credit-Anstalt vorstand, zum Mann nahm. Der angesehene Finanzfachmann war selbstverständlich Mitglied im „Verein".

Das Heiratsverhalten der Familie Baedeker läßt nicht nur die Nähe zur städtischen Führungsschicht und zum Bildungsbürgertum erkennen, auch eine Affinität zur evangelischen Geistlichkeit wird deutlich. Nicht allein, daß Gottschalk Diederichs Sohn Edmund Pastor wurde, darüber hinaus kommen in der folgenden Generation weitere Pastoren in die Familie. Die Töchter Eduard Baedekers scheinen mit Vorliebe in den geistlichen Stand hineingeheiratet zu haben: Die älteste Tochter Clara nahm 1868 den Pastor Heinrich Lenssen, der später Superintendent in Essen wurde, zum Mann; Aline eiferte 1877 ihrer Schwester nach und heiratete den Pastor Friedrich Lenssen; und Agnes heiratete, ebenfalls 1877, den Pastor Hermann Kellermann.

Die Familie Baedeker bewegte sich damit in einer von Religion und Bildung geprägten Honoratiorenschaft. Eine daraus resultierende Zuordnung der Baedekers zum Bildungsbürgertum aber greift eindeutig zu kurz. Als Buchhändler und Verleger könnte man sie ebensogut zum Wirtschaftsbürgertum rechnen. Vielmehr zeigt das Beispiel der Familie Baedeker, daß der Bildungsanspruch des Bürgertums im 19. Jahrhundert und dessen wirtschaftliche Potenz gleichermaßen strukturbildend waren und eine strikte Teilung zwischen Bildungs- und Wirtschaftsbürgertum nicht immer möglich ist.

Der Kampf um politische Macht

Die Teilhabe an politischen Entscheidungsprozessen, zu allererst auf kommunaler Ebene, zählte zu den drängendsten Zielen des Bürgertums im 19. Jahrhundert. Auch die Mitglieder der Familie Baedeker engagierten sich in der Stadtpolitik, jedoch taten sie sich nicht als Wortführer politischer Gruppen oder Initiatoren bürgerlicher Begehren hervor, sondern waren eingebunden in einem kollektiven bürgerlichen Handeln. Das Engagement der Familie Baedeker war abgestimmt auf die Ziele, Handlungen und auch Intrigen der Essener Honoratiorenschaft. Dies zeigt sich ganz deutlich an einem Eklat, dessen politische Bedeutung weit über Essen hinaus reichte.

Auslöser war die Beigeordnetenwahl am 17. März 1865. Gewählt wurden von der Stadverordnetenversammlung Friedrich Hammacher, der Sohn eines Essener Essigfabrikanten, und Eduard Baedeker, der den technischen Bereich der Firma Baedeker leitete. Hammacher, der als Anwalt und als Begründer des „Vereins für die bergbaulichen Interessen im Oberbergamtsbezirk Dortmund" hohes Ansehen in Essen genoß, war bereits von 1859 bis 1865 Beigeordneter gewesen. Sein Freund Eduard Baedeker hatte in den Jahren 1853 bis 1856 kommunalpolitische Erfahrungen als Gemeinderat und von 1856 bis 1858 als Stadtverordneter gesammelt. Er führte damit die Traditionslinie weiter, die sein Vater begründet hatte: Gottschalk Diederich Baedeker war bereits von 1808 bis 1813 während der Essener Zugehörigkeit zum Großherzogtum Berg Munizipalrat und daran anschließend Stadtrat bis 1839.

Friedrich Hammacher

Eduard Baedeker nahm die Wahl am 21. März 1865 erfreut an: „Mit aller Gewissenhaftigkeit werde ich bemüht sein den mit diesem Amte verbundenen Obliegenheiten nach Kräften nachzukommen."[15] Dazu kam es allerdings nicht, da die Königliche Regierung zu Düsseldorf die Bestätigung der Wahl Hammachers und Baedekers versagte. Dieser allerhöchste Bescheid setzte in Essen geradezu einen Wahlmarathon in Gang: Am 25. August 1865 wählten die Stadtverordneten, die ausdrücklich bedauerten, daß die Staatsregierung die ursprüngliche Wahl nicht bestätigt hatte, den Anwalt Loerbrocks und erneut Eduard Baedeker zu Beigeordneten. Eduard Baedeker nahm die Wahl aber nicht an, so daß am 22. September an seiner Statt Louis Huyssen gewählt wurde. Doch auch Huyssen lehnte ab, und die Stadtverordneten versammelten sich am 13. Oktober zum dritten Mal zur Wahl. Nun wurde Karl Söchtig, Faktor der G.D. Baedekerschen Buchdruckerei, gewählt. Er setzte die Reihe der Ablehnungen weiter fort. In der nächsten Wahl am 3. November wurde dann wieder Friedrich Hammacher gewählt.

Seine Wahl war wohl der eigentliche Zweck dieses Wechselspiels von Wahl und Ablehnung. Die Essener Honoratiorenschaft hatte Vertrauen in Hammacher und wollte ihn unbedingt als Beigeordneten durchsetzen. Aus diesem Grunde führte man mehrere Wahlgänge durch, und die ursprünglich Gewählten lehnten ab, um ihrem eigentlichen Wunschkandidaten Hammacher zum Sieg zu verhelfen. Eduard Baedeker war in diese Absprache eingebunden, ebenso wie sein leitender Angestellter Söchtig.

Doch die Bemühungen der Essener Honoratioren hatten keinen Erfolg. Die preußische Regierung ignorierte die Wahl Hammachers. Auch ein erneuter Versuch der Stadtverordneten am 22. Februar 1867 schlug fehl. Zwar erhielt Hammacher 27 von 28 Stimmen, doch betrachtete die preußische Regierung seine Wahl als null und nichtig. Worin lagen aber die Gründe für die vehemente Ablehnung Hammachers? Einen Hinweis gibt der Bericht des Bürgermeisters Ernst Lindemann, den er gegenüber der Königlichen Regierung betreffs der Beigeordnetenwahl erstatten mußte. Er betont, daß er seinen „Einfluß geltend gemacht (habe), um die Aufmerksamkeit der Stadtverordnetenversammlung auf solche Männer zu lenken, die in ihren politischen Anschauungen und Gesinnungen auf Seiten der königlichen Staatsregierung stehen, und habe insbesondere von einer Wiederwahl solcher Kandidaten, deren Bestätigung bereits einmal versagt worden, abgemahnt.“[16]

Friedrich Hammacher galt der preußischen Regierung als politisch nicht genehm, ja geradezu suspekt: Er war seit 1863 Abgeordneter im preußischen Abgeordnetenhaus und gehörte der liberalen Fortschrittspartei an, in der er bald eine führende Rolle spielte. In seiner Funktion als Abgeordneter erregte er das außerordentliche Mißfallen der preußischen Regierung. Im September 1862 hatte Wilhelm I. nämlich Otto von Bismarck zum Ministerpräsidenten berufen, um eine Heeresreform durchzusetzen – notfalls sogar gegen die Verfassung. Das Abgeordnetenhaus strebte hingegen einen größeren Einfluß auf die preußische Politik an: Die Regierung sollte nicht gegen den Willen des Parlaments Politik machen dürfen. Wenn doch, sollte der König sie zugunsten eines neuen Kabinetts auswechseln, das sich mit der Mehrheit verständigt. Unter die parlamentarische Kontrolle sollte auch die Armee fallen, das eigentliche Machtinstrument der Hohenzollern. Bismarck wandte sich energisch gegen die Forderung der Liberalen und regierte ohne gesetzmäßig verabschiedetes Budget. Dies kam einem Notstandsregime gleich, das in der Verfassung nicht vorgesehen war.

In diesem Verfassungskonflikt standen Hammacher und seine Fortschrittspartei gegen Bismarck. Hammacher spitzte diesen Streit noch zu, als die Essener Stadtverordnetenversammlung am 27. Mai 1866 – vermutlich auf seine Initiative hin – eine Adresse an den König beschloß. Die Stadtverordneten waren in Sorge über den bevorstehenden Krieg gegen Österreich:

„Auch unsere Stadt empfindet die das gesammte wirthschaftliche Leben bis ins Mark erschütternden Störungen der Arbeit und des geschäftlichen Vertrauens durch den drohenden Krieg auf das Empfindlichste. Da wir haben Grund zu fürchten, daß die materiell und moralisch verheerenden Nachtheile eines großen Krieges gerade unsere fast unvergleichlich rasch emporblühende zum größten Theile von Arbeitern bewohnte Industriestadt besonders hart treffen werde.

Der Wunsch ist deshalb ein tief empfundener, daß Preußen und Deutschland der Frieden erhalten bleiben möge.“[17]

Um den Frieden zu sichern, sahen die Essener nur eine Möglichkeit: „Wir erkennen deshalb in der Ernennung eines neuen Ministerii, welches das verfassungsmäßige Recht des eigenen Landes rückhaltlos achtet, das volle Vertrauen des preußischen Volkes und seiner Vertreter genießt und bei dem gesammten deutschen Volke für den Träger wirklich Deutsch-nationaler Gestaltungen gilt, das einzige Mittel, um die größten Gefahren und unabsehbares Elend von Preußen und Deutschland abzuwenden."

Was die Stadt Essen mit diesen gewundenen Formulierungen forderte, war nichts anderes als die Entlassung Bismarcks! Kein Wunder also, daß die preußische Staatsmacht Friedrich Hammacher äußerst mißtrauisch gegenüberstand, zumal er außerdem noch eine „revolutionäre Vergangenheit" vorzuweisen hatte. In der Revolution von 1848 hatte sich Hammacher für die Ziele des liberalen Bürgertums eingesetzt, das eine Verfassung und ein Parlament für ein geeintes Deutschland anstrebte und bürgerliche Grundrechte wie Versammlungs- und Pressefreiheit einforderte. In Münster, wo Hammacher seinen Militärdienst abgeleistet hatte, war er aktiv im Kampf um die preußische Nationalversammlung gewesen und sogar für ein halbes Jahr, vom November 1848 bis April 1849, inhaftiert worden.

Hammacher hatte Kontakt zu Revolutionären wie den radikaldemokratischen Publizisten Karl Grün oder Friedrich Anneke, der seiner politischen Ansichten wegen aus der preußischen Armee entlassen wurde. Dessen Lebensgefährtin und spätere Frau Mathilde war eine frühe Streiterin für die Rechte der Frauen und die Gründerin der linksliberalen „Neuen Kölnischen Zeitung für Bürger, Bauern und Soldaten".

Hammacher war seinen Freunden sogar hilfreich bei der Suche nach einem Pfarrer, der sie trauen sollte – kein leichtes Unterfangen, da Mathilde eine geschiedene Frau war. In diesem Punkt schaltete Hammacher die Familie Baedeker ein. Wohl auf Anraten seiner Freunde Eduard und Julius schlug er 1847 deren Bruder Edmund vor, der als Pastor in Bladenhorst lebte. Allerdings war dieser bei weitem nicht so mutig, wie sich Hammacher dachte. Dies geht aus einem Brief hervor, den Friedrich Anneke am 25. Mai 1847 an seinen Freund Hammacher schrieb: „Daß dieser Gottesstreiter sich aber so blamiren würde, das ist mir im Traum nicht eingefallen. Ein sehr harmloses Gemüth ist es jedenfalls, daß er so offen hin erzählt, er fürchte durch Berührung mit mir in Mißkredit zu kommen. Von seinen Brüdern, Deinen Freunden, hast Du also auch mehr vorausgesetzt, als dahintersteckte, denn es ist doch in der Tat ein starkes Stück bei einer so einfachen Geschichte schon Bedenken zu haben, von Besorgniß, Scheu etc. ergriffen zu werden!"[18]

Trotz seiner Nähe zu radikaldemokratischen Wortführern der Revolution ist Hammachers Position eher gemäßigt. Er ist gegen die Einführung einer Republik, versteht sich aber als „entschiedener Demokrat": „Die Staatsform ist aber nur Mittel zum Zweck. In ihr sollen die Rechte garantiert werden, durch deren Ausübung es uns möglich wird, das Ziel der höchstmöglichen irdischen Beglückung aller Menschen zu erreichen. Dieses Recht besitzt nur die Demokratie, darum bin ich Demokrat."[19]

Mit dieser Haltung und seiner weiteren politischen Entwicklung steht Hammacher stellvertretend für weite Teile des liberalen Bürgertums in Deutschland, die die Möglichkeit der Mitwirkung am Gemeinwesen einforderten, aber allzu radikale Mittel wie den Sturz des Königs oder den Kampf für eine Republik ablehnten. Diese Einstellung läßt sich auch in Essen erkennen, wo seit Ende der 1830er Jahre um eine freiere Stadtverfassung gerungen wurde. Teile der Essener Bürgerschaft sprachen sich gegen die preußische Kommunalverfassung aus, die seit 1813 in Kraft war und die die französische Munizipalverfassung abgelöst hatte. Diese Ablösung hatte allerdings keine große Auswirkung auf eine Selbstverwaltung der Kommune gehabt: Der Bürgermeister wurde weiterhin von der Regierung bestimmt, die auch die von ihm vorgeschlagenen Stadträte ernannte.

Die Zeitung der Baedekers bot in den 1840er Jahren den Gegnern dieser Stadtverfassung Raum; in den Allgemeinen Politischen Nachrichten, für die in erster Linie Julius Baedeker verantwortlich zeichnete, wurden in mehreren Artikeln die Vorzüge der Revidierten Städteordnung von 1831 gepriesen, die auch für die Stadt Essen gelten sollte. Nach dieser wurde der Bürgermeister von Stadtverordneten gewählt, die wiederum nach einem gleichen Wahlrecht bestimmt worden sind. Mit einer solchen Stadtverfassung erhofften die Befürworter das Ende eines „Zustand(es) immerwährender Minderjährigkeit" ihrer Stadt, da sie „die Einwirkung der Staatsgewalt auf das wichtigste beschränkte".[20]

Um dieses Ziel zu erreichen, griffen die Essener Bürger nicht zu revolutionären Mitteln; als treue Untertanen richteten sie am 3. November 1845 ein Immediatgesuch an den preußischen König, der daraufhin eine Abstimmung unter den sogenannten Meistbeerbten der Stadt, sprich: den größten Steuerzahlern, zuließ. Deutlich nahmen die Allgemeinen Politischen Nachrichten Stellung für die Revidierte Städteordnung und kritisierten das nach Vermögen und Steuerkraft gestaffelte Wahlrecht der Gemeindeordnung:

„Es ist nicht die größere Achtbarkeit, nicht bewährte Tüchtigkeit, nicht erhöhter Gemeinsinn, es sind nicht sonstige hervorragende Bürgertugenden, welche die durch die Gemeindeordnung bevorzugten Classen auszeichnen. Das Geld allein ist es, nach dessen größerer oder geringerer Menge die Gemeindeordnung gleichbefähigte Bürger classifiziert, und einigen wenigen Reichen dasselbe Recht gewährt, als hundert andern, wenn auch weniger Bemittelten, doch ihrer Stellung nach nicht weniger achtbaren Bürgern."[21]

Am 5. Juni 1846 fiel die Entscheidung: Von 280 stimmberechtigten Meistbeerbten, zu denen auch Eduard und Julius Baedeker gehörten, waren 163 erschienen, und davon stimmten 131 für die Revidierte Städteordnung. Damit war der Weg frei zu größerer Teilhabe an den kommunalpolitischen Entscheidungsprozessen, allerdings nur für das Bürgertum der Stadt. Zwar war das Wahlrecht nicht nach Steuerklassen gesplittet wie in der Gemeindeordnung, doch galt für das aktive Wahlrecht eine finanzielle Bedingung: Es mußte ein Grundvermögen von 700 Talern bzw. ein Einkommen aus stehendem Gewerbe von 450 Talern oder ein sonstiges Einkommen von 450 Talern vorhanden sein. Um als Stadtverordneter gewählt werden zu können, mußte ein Grundvermögen von 2.500 Talern oder ein Einkommen von 450 Talern nachgewiesen werden. Die ersten Wahlen nach dieser neuen Stadtverfassung fanden am 12. Juni 1847 statt, als die Revolution von 1848 schon nicht mehr fern war.

Diese verlief in Essen allerdings relativ ruhig. Die Allgemeinen Politischen Nachrichten informierten ihre Leser über die fernen revolutionären Ereignisse in Berlin und Wien und brachten im Hochgefühl der nationalen Stimmung Gedichte, die ein einiges, nicht länger in einer Vielzahl von Staaten zerstückeltes Deutschland besangen:

„Es zieht ein Klang durchs deutsche Land,
Zur Einheit reichet euch die Hand.
Ihr Männer, kommt aus allen Ständen,
Kommt von des Reiches fernsten Enden
Und schlinget neu ein starkes Band
Um unser deutsches Vaterland."[22]

Julius Baedeker veröffentlichte auch das Deutschlandlied von Hoffmann von Fallersleben.[23] Das politische Engagement der Brüder Baedeker zu dieser Zeit drückte sich eher auf eine ideelle Art und Weise aus. In den Allgemeinen Politischen Nachrichten erging ein Aufruf, um „milde Gaben zur Unterstützung für die bei den blutigen Kämpfen in Berlin Verwundeten und für die hinterbliebenen, bedürftigen Familien der gefallenen Krieger" zu sammeln.[24]

Ihr Freund Friedrich Hammacher hingegen nahm in Essen aktiv an der politischen Diskussion teil; er war Mitglied im Politischen Club, dem größeren der beiden in Essen bestehenden politischen Vereine. Dort traf sich das liberale Bürgertum, zu dem der größte Teil der alteingesessenen Familien zählte. In den Diskussionen trafen dort eine gemäßigte und eine nach links neigende demokratische Richtung aufeinander. Zum Motto hatte man sich den Satz „Preußen geht fortan in Deutschland auf" gewählt, den Friedrich Wilhelm IV. nach den Berliner Kämpfen im März 1848 aussprach.

Die Vorstellung von einem deutschen Einheitsstaat entsprach auch den Ideen Julius Baedekers, wie sie sich in seiner Zeitung niederschlugen. Die Allgemeinen Politischen Nachrichten unterstützten eine kleindeutsche Lösung mit Preußen als zukünftige Kernmacht; republikanische Tendenzen wurden jedoch abgelehnt.

Damit traf die Baedeker-Zeitung einen Teil der Meinungen, die im Politischen Club kursierten. In der Ablehnung republikanischer Ideen näherte sie sich allerdings dem Konstitutionellen Verein an, dem zweiten politischen Verein im Essen der Revolutionszeit, der – konservativ und königstreu – sich für die preußische Monarchie einsetzte.

Bestanden von seiten Julius und Eduard Baedekers freundschaftliche Beziehungen zu Mitgliedern des Politischen Clubs wie Friedrich Hammacher, so gab es zum Konstitutionellen Verein verwandtschaftliche Verbindungen, war doch ihr Onkel, der Gymnasialdirektor Wilberg, Vorsitzender des Vereins. In dieser politischen Gemengelage der Essener Honoratiorenschaft – zwischen konservativen, gemäßigt liberalen und demokratischen Ansichten, inmitten von Verwandtschaftsbeziehungen, Geschäftskontakten und privaten Freundschaften – ist das politische Engagement der Baedekers situiert, welches in seiner Ausrichtung den großen Entwicklungslinien des politischen Liberalismus in Deutschland folgt.

Nach dem Scheitern der Revolution von 1848 wandelten sich die Zielvorstellungen: Von den politischen Forderungen des Bürgertums nach der nationalen Einigung Deutschlands und der Liberalisierung des Obrigkeitstaates, d.h. Einführung der kommunalen Selbstverwaltung und Teilhabe an der politischen Macht im Staat, blieb mit der Zeit allein die nationale Idee übrig. Der rechte Flügel des politischen Liberalismus gab 1867 seine Gegnerschaft zu Bismarck auf und stimmte der Indemnitätsvorlage im preußischen Abgeordnetenhaus zu. Damit wurde das vier Jahre währende verfassungswidrige Regiment mit dem Ministerpräsidenten Bismarck an der Spitze nachträglich gutgeheißen. Der rechte Flügel der Fortschrittspartei verzichtete darauf, Bismarck verfassungsrechtliche Vorhaltungen zu machen, und bildete eine neue Partei: die Nationalliberalen. Unter ihnen befand sich auch Friedrich Hammacher. Zu einer Wortführerin des Nationalliberalismus wurde in Essen die Baedeker-Zeitung. Mit der Essener Zeitung, wie sie ab 1860 hieß, demonstrierte Julius Baedeker, daß er ein entschiedener Anhänger Bismarcks und seiner Politik geworden war.

Die Sitten der guten Gesellschaft –
Die bürgerliche Verhaltenskultur

Auch wenn das Bürgertum im 19. Jahrhundert erhebliche Abstriche bei der Durchsetzung seiner politischen Vorstellungen machen mußte, war es um so erfolgreicher, was die Etablierung eines bürgerlichen Wertekanons und Lebensstils angeht. Die Hochachtung vor der individuellen Leistung, eine positive Grundhaltung gegenüber regelmäßiger Arbeit und die Neigung zu Rationalität und methodischer Lebensführung zeichneten einen spezifischen bürgerlichen Lebensstil aus. Eine Quintessenz der bürgerlichen Tugenden gibt eine kleine gedruckte Schrift wieder, die Julius Baedeker 1866 seinem Sohn Diedrich an die Hand gab. Es waren „Ermahnungen" zu seiner Konfirmation, in denen sich die Wertschätzung von Bildung und Arbeit mit einer protestantischen Erwerbsethik verbindet:

„Je mehr Du Kenntnisse sammelst, desto reicher bist Du; je höher Dein Wissen ist, desto mehr gibst Du. Während der Gedankenlose flüchtig von diesem zu jenem eilt, wird sich der denkende Mensch niemals mit halbem Wissen einer Sache begnügen; er wird sie in ihrem inneren Wesen erfassen und sich gründlich über sie belehren; denn je tiefer und genauer er die Sache kennen lernt, um so klarer und sicherer wird sich ihm die Kenntniß davon einprägen ..."[25]

Julius Baedeker hob bürgerliche Tugenden hervor, die für das Berufsleben von besonderer Bedeutung waren und das Ansehen in der bürgerlichen Gemeinschaft prägten:

„Wenn Deine Mitbürger auf Dein Wort bauen und auf Deine Zuverlässigkeit und Pünktlichkeit rechnen können, so wirst Du Allen ein Ehrenmann sein; im Gegentheil aber wird man Dich als einen schwachen, unzuverlässigen, charakterlosen Menschen verachten, Dir jedes Vertrauen entziehen, Dich im Unglück Dir selbst überlassen; denn Deine Veränderlichkeit und Unsicherheit hat Dir alle Freunde entfremdet. (...) Männlichkeit und Stärke der Denkart, die in der Gleichförmigkeit Deiner Gesinnungen, Urtheile und Handlungen sich äußert, möge in Deinem Berufsleben Dich zieren."[26]

Beständigkeit und Stärke, Zuverlässigkeit und Charakterfestigkeit sind die Tugenden, die Diedrich sowohl in seiner Rolle als Bürger als auch als Mann zur Nachahmung empfohlen werden. Es sind Tugenden, die sich sowohl für die Behauptung in einem Wirtschaftssystem eignen als auch den Maximen einer gottesfürchtigen Erziehung entsprechen. So lautete der Wahlspruch des Hauses Baedeker „Bete und arbeite!"[27]

Dem zukünftigen Leiter der Firma wurden somit Richtlinien an die Hand gegeben, um die Firma und das Haus Baedeker zu leiten. Das „Haus" als eine typisch bürgerliche Kategorie des 19. Jahrhunderts umfaßt nicht allein die engere Familie oder die weitere Verwandtschaft, auch die Angestellten der Druckerei und der Buchhandlung zählten dazu. Von ihnen wurde gleichsam die Erfüllung bürgerlicher Wertvorstellungen erwartet. In der „Hausordnung für die Mitglieder der Officin von G.D. Bädeker" aus dem Jahre 1887 heißt es mit Betonung über ihre zu leistenden Arbeiten: „sie haben dieselben selbstredend mit F l e i ß , S o r g f a l t und T r e u e auszuführen, dabei mit aller G e w i s s e n h a f t i g k e i t das Interesse und die Ehre des Geschäftes sowohl im innern, wie im äußeren Verkehr zu wahren."[28]

Fleiß, Sorgfalt, Treue, Gewissenheit, Ehrenhaftigkeit – dies erwartete der Bürger des 19. Jahrhunderts von sich selbst, von seinen Mitbürgern wie von seinen

Dienstboten und Arbeitern. Diese Tugenden regelten das Leben im Haus Baedeker, allerdings begründeten sie auch eine strikte Hierarchie. Julius und sein Bruder Eduard waren die Hausväter, die sich um alle Belange, sei es in der Familie oder im Geschäft, kümmerten. Zum bürgerlichen Ideal gehörte auch ein gewisses Streben nach Harmonie und Ausgleich innerhalb dieser Hierarchie. So feierten Julius und Eduard das 25jährige Jubiläum ihrer gemeinsamen Geschäftsleitung zusammen mit Familie und Personal, Lehrlinge eingeschlossen. Rund 80 Personen versammelten sich am 2. Januar 1869 zu einer großen Feier im Stöltingschen Lokal. Bei den zahlreichen Reden, die rund um dieses Jubiläum gehalten wurden, versicherte der Faktor Rohr im Namen des gesamten Geschäftspersonals, „daß wir auch fernerhin Alles aufbieten werden, durch gewissenhafte Erfüllung unserer Pflichten für Ihr Geschäft Ihre Zufriedenheit zu erwerben und so zur Erleichterung Ihres Strebens mitbeizutragen ...“[29]

Zu diesem Streben gehörte nicht nur der geschäftliche Erfolg, Faktor Rohr hob hervor, daß dieses Streben sich auch auf die Situation der Mitglieder der Officin erstreckte, nämlich „die Lage aller Derer, die in Ihrem Geschäfte, in dem G.D. Bädeker'schen Hause thätig waren, fort und fort zu verbessern; Sie ertheilten dem Einen wie dem Andern von uns mit der größten Bereitwilligkeit gern Ihren Rath und ließ diesem, wo es den Umständen nach geboten schien, die That auf dem Fuße folgen.“[30]

Dieses Lob für ein soziales Engagement innerhalb des Hauses Baedeker mag sicherlich zu einem Teil von der Festtagsstimmung beeinflußt gewesen sein, doch zeigt es auch, daß die Sorge um das Wohl anderer – die Caritas – zu den Aufgaben des Hausvaters zählte. Für die Mitglieder der Officin gab es auch eine Unterstützungskasse, die finanzielle Hilfe bei Krankheit und Todesfällen bot.[31]

Das Interesse für soziale Fragen war im Bürgertum durchaus vorhanden, es fand seinen Ausdruck aber mehr im privaten oder von der Honoratiorenschaft abgesteckten Rahmen, jedenfalls nach dem Scheitern der Revolution 1848/49. Zuvor betätigte sich Julius Baedeker auch öffentlich im Bereich einer kommunalen Sozialpolitik. Er war Mitglied im Verein für Bürgerwohl, das sich dem „Wohl der arbeitenden Klassen“ widmete.[32] Der Verein, der 1843 gegründet wurde, sah seinen Hauptzweck darin, den Betrieb einer Sonntags- oder Handwerkerschule sicherzustellen, eine Fortbildungsschule zu gründen und Unterhaltungsabende für alle Bürger zu veranstalten. Julius Baedeker wurde 1845 sogar in den Vorstand gewählt, der zu diesem Zeitpunkt mehr und mehr von Mitgliedern der bürgerlichen Elite als von den zuvor vertretenen Handwerkern bestimmt wurde. Außerdem saßen im Vorstand Julius' Freund Friedrich Hammacher und der Gerichtssekretär und spätere Bürgermeister Heinrich Horstmann. Mitte der 1850er Jahre stellte der Verein für Bürgerwohl, der zuvor ohnehin nur noch dahinvegetierte, seine Arbeit ganz ein.

Diese Vereinsgeschichte ist ein deutliches Zeichen für den vor allem in den 50er Jahren einsetzenden Rückzug des Bürgertums ins Private. Selbst die Geselligkeit verlagerte sich in der zweiten Jahrhunderthälfte mehr und mehr in die Bürgerhäuser, während sie zuvor eine Domäne der bürgerlichen Gesellschaften und Vereine gewesen war. Die häusliche Geselligkeit war ein wichtiger Teil des Prozesses bürgerlicher Selbstfindung und Selbstdefinition. Hier konnten auch die Frauen einen Gestaltungsraum für sich gewinnen, wohingegen sie in der bürgerlichen Öffentlichkeit des 19. Jahrhunderts nur eine Rolle am Rande spielten. Die bürgerliche Kultur basierte zwar zu einem großen Teil auf der Wertschätzung der Familie; und der Frau als Mutter und Hausfrau wurde damit eine große Rolle zugesprochen, doch die Freiheit männlicher Betätigung blieb ihr versagt. Die Rollenverteilung war auch im Hause Baedeker klar geregelt:

„Während der Vater besonders auf geistige Bildung bedacht war,/Sah die Mutter vorzüglich darauf, das Herz zu veredeln ...“ faßte Julius als 16jähriger die Arbeitsteilung seiner Eltern in freier Reimform zusammen.[33] Die Verse stammen aus einem Gedicht, das er zum 59. Geburtstag seiner Mutter Marianne Baedeker, geborene Gehra, schrieb und in dem er sich in erster Linie mit dem „Vaterhaus“ befaßt, als vom Leben und den Eigenschaften seiner Mutter zu berichten. Der junge Julius zählte detailliert auf, wie es sich mit seinem Vater und seinen zahlreichen Geschwistern verhielt – elf an der Zahl, von denen zwei früh verstarben. Über seine Mutter heißt es grademal, daß sie vorbildlich arbeitet und „so gern im Garten sich mühet“.[34]

Dabei hatte Marianne Baedeker durchaus Kenntnis von der Geschäftswelt der Männer. Als Tochter eines Buchhändlers konnte sie ihrem Mann versiert im Geschäft aushelfen oder ihn vertreten, wenn er auf Reisen war. Nach seinem Tode stand sie auch offiziell dem Geschäft vor, doch es waren die Männer der Familie, die die eigentlichen Entscheidungen trafen.

J. Bädeker „Der theuern Mutter“

Die Buchhandlung leitete der Neffe ihres Mannes, Julius Theodor Baedeker; und ihr ältester Sohn Karl hatte aus Koblenz immer ein Auge darauf, daß der väterliche Betrieb reibungslos funktionierte. Er war eigentlich auch derjenige gewesen, der seinen Vetter Julius Theodor nach Essen geholt hatte.

Die Rolle der Frau änderte sich auch nicht entscheidend in der Generation von Mariannes Söhnen Eduard und Julius, die am 1. Januar 1844 offiziell von ihrer Mutter die Geschäftsleitung übertragen bekamen.[35] Einen Einblick in das Geschlechterverhältnis bietet eine Jubiläumszeitung zur silbernen Hochzeit von Julius und seiner Frau Clara aus dem Jahre 1884. In einem betont scherzhaften – allerdings auch verräterischen – Bericht heißt es dort über ein „Golderz-Bergwerk ‚Clara‘“, das ausgebeutet wird:

„Es hat bis zum heutigen Tage dem Besitzer reiche Ausbeute erbracht, welcher seinerseits allerdings auch dem Unternehmen seine besten Kräfte widmete. Während der 25jährigen Betriebs-Periode wurden gefördert:
1. Das Glück des Gatten.
2. Die Wohlfahrt des ganzen Hauses.
3. Frömmigkeit und Tugend.
4. Mehrere tausend Pfund reines Gold der Liebe und Treue.“[36]

Jubeljahrgang 1859–1884.
Einzige Nummer.
Inferate jede Zeile unbezahlbar.

Abonnementspreis:
Wer treu geliebt so lange Zeit,
Dem sei ein solches Blatt geweiht:
gratis.

Glückauf

zur Silbernen Hochzeit von

Julius Bädeker und Clara Bädeker geb. Wilberg.

Zugleich Organ des Vereins für die Bädeker'schen Familien-Interessen.

Festnummer. **Essen, den 21. August** **1884.**

Glückauf! — fürwahr, ein schöner Titel,
Ich trag ihn schon seit vieler Jahre Lauf;
Und ist sonst schlicht mein Arbeitskittel,
Mein Gruß ist gut, ich rufe stolz: Glückauf!

Nur von der Kohle und vom Eisen. —
Zu höh'ren Dingen schwing' ich mich nicht auf —
Bericht ich trocken, und doch preisen
Viel große Leute dieses Blatt „Glückauf!"

Heut ist ein Tag mir aufgegangen,
Wie ich so festlich keinen noch geschaut:
Mein hoher Chef geht fröhlich prangen
Im Silberschmuck mit seiner Silberbraut.

Da eil' auch ich zur Festlesstätte
Im Festgewand, wo Alles kommt zu Hauf,
O, daß ich tausend Zungen hätte,
Zu rufen tausendfach mein froh Glückauf!

Dein Auge hat auf meinen Spalten
Oft ernst geruht als strenger Prinzipal,
Oft dacht' ich bei der Stirne Falten,
Gut, daß daheim sie glättet sein Gemahl.

Hab Dank für Deiner Arbeit Mühen!
Was sollte sonst aus mir geworden sein?
Nun aber bin bis heute ich gediehen
Und möchte ferner blüh'n Jahr aus Jahr ein.

O, nur noch fünfundzwanzig Jahre
Halt Deine Augen offen über mir.
Dann bringe ich dem Jubelpaare
Die besten Wünsche dar in güldner Zier.

Dann will ich feinsten Schmuck anlegen
Und freue mich schon heute herzlich drauf,
Und preise mit Euch Gottes Segen
Und rufe neu den alten Gruß: Glückauf!

Festzeitung zur Silbernen Hochzeit von Julius und Clara Baedeker, 1884

Außer der Kindererziehung, dem Eheleben und der häuslichen Geselligkeit durfte sich die Frau nur auf dem Gebiet der Kirche und der Caritas bewegen. Die Mildtätigkeit war ein angesehenes Betätigungsfeld, auf dem die Familie Baedeker nicht allein aus Gründen des Prestiges und des Ansehens in der bürgerlichen Gesellschaft Essens, sondern aus innerer Überzeugung heraus agierte. So vermachte z.B. Marianne Baedeker, eine unverheiratete Schwester Julius' und Eduards, 900 Mark dem Diakonissen-Pflege-Verein. Auch Julius selbst widmete sich der bürgerlichen Mildtätigkeit im Rahmen seines kirchlichen Engagements. Er war Mitglied in der Gemeindevertretung, saß im Kuratorium der Huyssens-Stiftung und im Aufsichtsrat der Martin Wilhelm Waldthausen-Stiftung, die die evangelische Kleinkinderschule und eine Krankenpflege-Anstalt unterstützte.

Ein weiteres Betätigungsfeld bürgerlichen Gestaltungsanspruches war neben der Wohltätigkeit die Kultur. Auch hier agierte Julius Baedeker im Verbund einer bürgerlichen Gruppe und trat nicht als alleiniger Mäzen auf. Er war Mitglied der Casino-Gesellschaft, die in Essen ein stehendes Theater errichten wollte. Die Gesellschaft brachte 21.000 Taler auf, um ein Theatergebäude an der Kastanienallee zu bauen, das schließlich im Oktober 1863 eröffnet wurde. Julius Baedeker gehörte zum Vorstand des Theater-Comités, das 1865 Eberhard Theodor L'Arronge, den Vater des Begründers des „Deutschen Theaters" Adolph L'Arronge, als Leiter engagierte. Das Theater des Casinos stellte jedoch nur eine kurze Episode in der Essener Kulturgeschichte dar; schon 1868 bot die Gesellschaft ihr Haus mitsamt Theatersaal, Bühne, Kulissen und Vorhang zum Verkauf an.

Der Besuch von Theateraufführungen und Musikkonzerten, die Teilnahme an Bällen und geselligen Veranstaltungen in der Essener Bürgergesellschaft waren das Terrain, auf dem die bürgerlichen Umgangsformen verfeinert wurden. Tischsitten und Konversation, feine Lebensart und respektvoller Umgang miteinander wurden zelebriert: Sie gehörten zu einem Lebensstil, der sich im Lauf des 19. Jahrhunderts zunehmend an symbolischen Formen festmachte. Äußerlichkeit im Auftreten, in der Kleidung und der Anrede wurden entscheidend für das Ansehen, sie wurden zum Bestandteil einer bürgerlichen Identität. Die „guten Sitten" erstarrten am Ende des Jahrhunderts mehr und mehr in hohlen Konventionen, in festgefügten Ansichten über Ehre und Stärke, die sich nicht mehr an liberalen Werte orientierten, sondern ihre Maximen aus Militär und Machtpolitik bezogen.

Ehre und Stärke –
Der wilhelminische Bürger Diedrich Baedeker

Ein Paradebeispiel für den Bürger des wilhelminischen Kaiserreiches stellt Julius' Sohn Diedrich Baedeker dar, dessen Einstellung von Werten wie Stärke, Männlichkeit und Autorität geprägt waren. Seinen Machtanspruch setzte er gegen seinen Vetter Gustav durch, mit dem er sich die Geschäftsleitung des Hauses Baedeker teilte. Gustav war schon 1876 Teilhaber seines Vaters Eduard und 1879 Mitinhaber geworden, während Diedrich erst 1891 in die Geschäftsleitung aufstieg. In den 80er Jahren war er aber schon für die Essener Zeitung verantwortlich.

Das einst harmonische Verhältnis ihrer Väter Julius und Eduard fand keine Fortsetzung. Diedrich demonstrierte deutlich, wer seiner Meinung nach das Sagen hatte, und düpierte seinen Vetter. Er warf Gustav vor, sich zu hohe Geldentnahmen vom Firmenkonto geleistet zu haben. Als Firmeninhaber und als Vertreter der Erbansprüche seiner Frau Helene, einer Schwester Diedrichs, hatte Gustav Zugang zum Firmenkonto. Als Diedrich Mitinhaber wurde, prüfte er die Konten und stellte fest, daß Gustav Abhebungen über die rechtlich zustehende Summe hinaus getätigt hatte. So war die Zusammenarbeit zwischen ihnen von Anfang an gestört und eskalierte schließlich im Frühjahr 1903.

Gustav hat aus seiner Sicht diesen Zerrüttungsprozeß in einer Niederschrift festgehalten. Die Vorwürfe, die sich die beiden einander

Diedrich Baedeker

machen, berührten nicht nur geschäftliche Angelegenheiten, sondern verletzten ihren bürgerlichen Ehrbegriff. Diedrich, so kann man Gustavs Ausführungen entnehmen, kritisierte dessen angeblich mangelnde Arbeitsleistung. Gustav reagierte darauf empört: „Auf die Beurteilung meiner Arbeitsleistungen berufe ich mich vielmehr auf diejenigen, mit denen ich speziell zu arbeiten hatte. Ich betrachte meine Arbeit als Erfüllung einer Pflicht, für welche ich keine Anerkennung und keinen Dank verlange, auch nicht von Diedr."[37]

Konkret warf Diedrich Gustav vor, sich in Krankheiten zu flüchten und so den Problemen, sei es im Geschäft oder in der Auseinandersetzung mit ihm, aus dem Wege zu gehen. Dies schrieb Diedrich in einem Brief an Gustavs zweiter Frau Frieda, die dieser 1896 nach dem Tode seiner Ehefrau Helene – der Schwester Diedrichs – geheiratet hatte. Diedrichs Verhältnis zu seiner neuen Schwägerin war ebenso angespannt, gab er ihr doch die Mitschuld, daß Gustav Gerüchte über ihn in die Welt setzte: „Aber es liegt in seinem System, das ich längst durchschaut habe, dir Ungünstiges über mich zu sagen, damit du es gelegentlich auch weiter verbreiten kannst und er so in den Augen seiner Kinder und der Leute als Märtyrer dasteht und nicht als der Schuldige an der Blamage, die der Firma durch den Verkauf der Zeitung und vor allem der Druckerei bereitet worden."

Gustav Baedeker mit Familie

Der Verkauf der Rheinisch-Westfälischen Zeitung an Theodor Reismann-Grone im Jahr 1903 war allerdings nicht allein das Werk Gustavs; Diedrich gab seine Zustimmung, und außerdem war er es gewesen, der 1895 die Leitung an Reismann-Grone übergab.

Dennoch sah Diedrich in Gustav ein Hemmnis für eine erfolgreiche Geschäftsführung. Er strebte eindeutige Verhältnisse an, die auch die zukünftige Geschäftsführung regeln sollte. Er verfaßte einen Erbschaftsentwurf, nach dem nur ein Kind von Gustav oder Diedrich – ein Sohn bzw. eine durch ihren Mann vertretene Tochter – das Geschäft leiten sollte.

Schon in der Geschäftspraxis der gemeinsamen Leitung traf Diedrich alleinige Entscheidungen, was ihm Gustav bitter ankreidete. In seiner Niederschrift von 1903 zählt er verschiedene Fälle auf, in denen Diedrich ihn nicht konsultiert und „ohne mein Vorwissen – um nicht zu sagen hinter meinem Rücken" Anordnungen getroffen hatte. Diedrichs „dictatorische Art" machte Gustav schwer zu schaffen; er fühlte sich zurückgesetzt und mißachtet: „Schon seit Beginn des gemeinsamen Arbeitens mit Diedr. habe ich seine Rücksichtslosigkeiten schwer empfunden, die oft alle Grenzen des Anstandes, wie er allgemein unter gebildeten Menschen üblich ist, überschritten. Fast jeder Tag begann schon und schloß mit dem unangenehmen Empfinden des unangenehmen barschen Tones bei der Entbietung des ‚Morgen', ‚Nacht'. (...) Dieser barsche Ton fand dann sehr häufig seine Anwendung nicht nur den Untergebenen sondern auch mir gegenüber im täglichen geschäftlichen Verkehr. Stets aufregend wirkte auf mich das überlaute Sprechen mit anderen ganz ohne jede Rücksicht darauf, ob es mich bei meinen Arbeiten störte oder nicht. Ebenso wirkten das rücksichtslose Zuschlagen der Thüren selbst in meinem eigenen Comptoir (...); desgleichen das emsige Geläute und häufige Anschnauzen der Jungens, als rücksichtslos habe ich es auch mehrfach empfinden müssen, wenn er an meinem Pult beschäftigt war, meinen Platz mir bei meinem Eintritt nicht gleich räumte ...“

Diedrich legte ein Verhalten an den Tag, was heute als Mobbing bezeichnet werden könnte, damals aber unter leitenden Kaufleuten und Unternehmern als Ehrverletzung gelten mußte. So fertigte Diedrich Gustav in Anwesenheit von Untergebenen schroff ab, was dieser als „Beleidigung meiner persönlichen Ehre“ ansah. Schließlich grüßte Diedrich seinen Vetter nicht mehr, beschränkte sich im geschäftlichen Umgang aufs nötigste und schrieb statt dessen Briefe an Gustav und seine Frau.

Auch Diedrich fühlte sich nämlich in seiner Ehre verletzt, denn Gustav soll ehrenrührige Äußerungen über ihn in Umlauf gebracht haben. Gustav warf seinem Vetter vor, mehrere Autoren vertrieben zu haben – durch seinen barschen Ton, „welcher den Anstand, die Würde und eine noble Gesinnung der Firma schwer geschädigt hat“. Doch Gustav traute sich nicht, direkt mit Diedrich darüber zu sprechen, denn „trübe Erfahrungen hatten mich gelehrt, lieber zu schweigen und den Dingen ihren Lauf zu lassen.“ Er fraß seinen Ärger in sich hinein und „verschanzte (sich) hinter Kranksein“, wie Diedrich erkannte. In dieser Lage, in der Gustav sein „Nervensystem zerrüttet ..., Schaffenskraft und Schaffenfreudigkeit verloren gehen“ sah, zog er schließlich die Konsequenz: „Diese Kränkungen sind jedoch so schwerwiegend und entspringen einer so niedrigen Gesinnungsart gegen mich, daß es mir zur Unmöglichkeit gemacht ist, mit Diedr. ferner noch zusammenzuarbeiten und zu verkehren! Ich kann daher in seiner Gegenwart die Geschäftsräume auch nicht mehr betreten.“

Gustav Baedeker löste das Gesellschaftsverhältnis und überließ Diedrich das Feld. Auch räumlich legte er Wert auf Distanz zu seinem Vetter: Er zog aus Essen fort – weit weg von Diedrich, nach Weimar.

Auch wenn hier zwei unterschiedliche Persönlichkeiten aufeinanderstießen und spezielle Charaktereigenschaften den Streit eskalieren ließen, verrät der Konflikt einiges über die Befindlichkeit und den Wertekanon des Bürgertums im Kaiserreich. Die „Ehre“ war zum höchsten Gut in einer Gesellschaft geworden, in der der Status, das Ansehen und der soziale Rang der Familie entscheidend waren. Ein Ehrenkanon, wie ihn Adel und Militär hochhielten, wurde zur Richtschnur des gesellschaftlichen Lebens im kaiserlichen Deutschland. Allein die Art und Weise des Grüßens konnte subtile Nuancen enthalten, die auf das Ansehen der gegrüßten Person schließen ließen. Ein Nicht-Grüßen, wie es Diedrich gegenüber Gustav praktizierte, kam fast einem gesellschaftlichen Tode gleich. Die Beleidigung wurde noch potenziert, da Untergebene Zeugen dieser Deklassierung waren.

Diedrich wollte Stärke und Autorität zeigen – Eigenschaften, die in dem durch einen Krieg geeinten Deutschland hoch angesehen waren. War sein Vater noch an

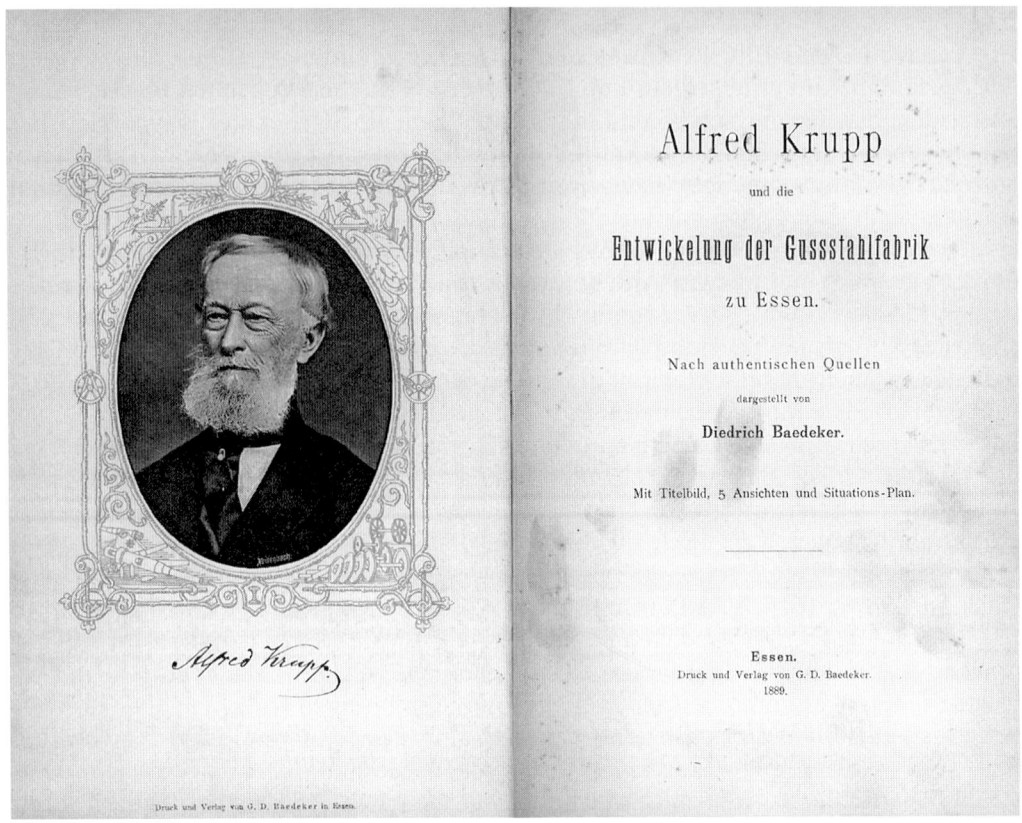

D. Baedeker „Alfred Krupp und die Entwickelung der Gussstahlfabrik"

einem harmonischen Ausgleich im Haus Baedeker interessiert gewesen, so regelte Diedrich das Arbeitsleben im Betrieb mit der Strategie des Befehlens und Gehorchens. Die Untergebenen wurden auch schon mal lautstark zurechtgewiesen und hatten zu parieren.

Diedrich sah sich als Vertreter einer traditionsreichen Familie und war stolz darauf, den Namen Baedeker zu führen. Es kam auch schon mal vor, daß er sich selbst Gottschalk Diederich Baedeker nannte und so die Verbindung mit dem bewunderten Großvater betonte. Diese Art des Bürgerstolzes beschrieb Diedrich bei einer anderen von ihm verehrten Person. 1899 verfaßte er ein Buch über Alfred Krupp und seine Fabrik, in dem er eine Charakterisierung festhält, die auch auf ihn zutreffen könnte: Alfred Krupp war für ihn ein „einzigartiger Vertreter des Bürgeradels".[38]

Wie sehr Diedrich auf Rang und Distinktion bedacht war, zeigt eine Erzählung, die die jüngste Tochter Diedrichs, Klara, 1975 in einem Interview einfließen ließ.[39] Demzufolge soll nach dem Erscheinen des Krupp-Buches der Sohn Friedrich Alfred Krupp, der nach dem Tod seines Vaters die Fabrik leitete, mit einem Kutschwagen vor dem Hause der Firma G.D. Baedeker vorgefahren sein, um dem Autor seinen Dank auszusprechen. Diedrich erschien jedoch nicht eilfertig am Wagen, sondern erklärte, wenn Krupp ihn besuchen wolle, müsse er schon sein Haus betreten. Um einen Skandal zu vermeiden, eilte Gustav nach draußen und nahm für seinen Vetter den Dank entgegen.

Auch wenn es sich um eine Anekdote handeln sollte, zeigt diese Erzählung, wie Diedrich von seiner Umgebung eingeschätzt wurde. Unter den angesehenen Bürgern der Stadt wollte er von gleich zu gleich behandelt werden. Mit diesem Anspruch trat er offen und aggressiv auf, so daß es zu Dissonanzen im „Verein" kam. Auch dort pflegte Diedrich eine rauhe Tonart und wurde deswegen zur Rede gestellt. Daraufhin reagierte Diedrich beleidigt und besuchte eine längere Zeit nicht mehr die geselligen Abende im „Verein".

Auch in seiner Familie schlug sein autoritäres Verhalten durch. Die Tochter Klara erinnert sich, daß ihre Brüder sehr streng erzogen wurden und ihr Vater viel von preußischer Zucht und Ordnung hielt. Ihre Mutter hingegen sei sehr mild und gütig gewesen. Diedrich machte seiner Frau Doris denn auch zum Vorwurf, daß sie die Kinder – elf an der Zahl – zu weichlich erziehe. In einem Brief vom 2. August 1915 schreibt er seinem Vetter Fritz Bae-

deker in Leipzig: „Er [Hermann] war der einzige meiner Söhne, den ich meiner Nachfolge für würdig und wert hielt. Die übrigen Söhne sind alle im Geiste ihrer Mutter erzogen worden, die es Zeit ihres Lebens für ihren Beruf gehalten hat, ihren Söhnen das Leben so behaglich wie möglich zu gestalten und darüber vergessen hat, daß das Leitmotiv eines jeden Deutschen die Erfüllung der Pflicht zum Äußersten sein muß."[40]

So hart diese Äußerung auch klingen mag, deutet sie doch auch auf eine weiche Seite im Charakter Diedrichs hin. 1914 war sein ältester Sohn Hermann, den er zu seinem Nachfolger auserkoren hatte, im Ersten Weltkrieg gefallen; die Betonung einer selbst auferlegten Pflichterfüllung ist nicht nur Ausdruck seiner nationalen Gesinnung, sondern auch ein Weg für ihn, mit der Trauer fertig zu werden.

Seine Frau Doris, geborene Borchardt, hatte unter seinen Wesenszügen

Doris Baedeker

zu leiden, und es deutet darauf hin, daß sie später von ihm getrennt lebte. In dem Brief an seinen Vetter erwähnt Diedrich, daß er aufgrund der wirtschaftlichen Lage die ihr zustehende Rente kürzen müsse.

Die Ehe von Diedrich und Doris Baedeker war vermutlich sehr ambivalent geprägt. Ihre Eheschließung stand unter einem schon fast romantisch zu nennenden Stern: Diedrich lernte seine zukünftige Frau in Athen kennen, wo sie als Erzieherin in der Familie eines griechischen Staatsmannes arbeitete und er seine buchhändlerische Ausbildung fortsetzte. Diedrichs Vater Julius war gar nicht erbaut von dieser Beziehung und schrieb seinem Sohn eine einjährige Trennungszeit vor. Nach dieser Zeit der Prüfung wollte Diedrich immer noch die Ehe eingehen, so daß der Vater schließlich einwilligte und die Hochzeit 1877 stattfand.

Auch daß seine Frau aus einer jüdischen Familie stammte, war für Diedrich kein Hinderungsgrund. Obwohl es im deutschen Bürgertum des Kaiserreichs antisemitische Strömungen gab, schien der deutsch-national gesinnte Diedrich davon nicht wesentlich beeinflußt gewesen zu sein. In vielen anderen Punkten folgte er aber einer weit verbreiteten Mentalität des wilhelminischen Bürgers, der die Weltpolitik seines Reiches bejubelte.

Großmachtpolitik in Essen – Demonstration von Macht und Stärke

Diedrich hatte reges Interesse an der Kolonialpolitik des Deutschen Reiches, mit der Kaiser Wilhelm sich und seinem Volk einen „Platz an der Sonne" sichern wollte. Gegenüber den anderen Großmächten Europas begann Deutschland relativ spät mit dem Erwerb von Kolonien. In den Jahren 1884 und 1885 kamen Deutsch-Südwestafrika, Kamerun, Togo, Deutsch-Ostafrika und einige Inseln in der Südsee in den

Anteilschein an der Sigi-Pflanzungs-Gesellschaft, 1897

deutschen Herrschaftsbereich. Diedrich unterstützte die Kolonialisierung dieser Gebiete und interessierte sich für die wirtschaftliche Nutzung der Kolonien. So beteiligte er sich 1897 an der Sigi-Pflanzungsgesellschaft, die in Ostafrika Plantagen unterhielt, und 1912 an der Deutschen Togo-Gesellschaft. Sein Engagement rührte aber nicht allein von einer patriotischen Begeisterung her, Diedrich wollte auch Gewinne aus den Kolonien ziehen. Besorgt fragte er z.B. bei der Deutschen Togo-Gesellschaft nach der Dividende für 1912/13 nach.[41]

    Auch als Verleger verband er privates, nationales und wirtschaftliches Interesse: Er veröffentlichte Bücher mit kolonialen Themen wie „Ost-Afrika im Aufstieg" von Prosper Müllendorf (1910) oder „Bilder aus den deutschen Kolonien" (1908); das

Einladung zur Kolonialversammlung, 1905

„Jahrbuch über die deutschen Kolonien" sowie die „Kolonialzeitung" erschienen ebenfalls bei Baedeker.

Des weiteren engagierte er sich in der Deutschen Kolonialgesellschaft. Als 2. Vorsitzender der Abteilung Essen nahm er aktiv an den Vereinsdiskussionen teil und setzte sich z.B. 1898 erfolgreich für die Unterstützung einer Expedition in das Hinterland von Kamerun ein. Mitglieder in diesem Verein waren Angehörige der wirtschaftlichen und politischen Führungsschicht Essens, z.B. Friedrich Alfred Krupp, sein Direktor Budde und der Oberbürgermeister Erich Zweigert. Die Kolonialgesellschaft veranstaltete Vortragsabende, auf denen sich Wißbegierige über „Die Neger in ihrer Eigenart, ihrem Fühlen und Denken" (3.12.1906) informieren oder Ausführungen zum Thema „Der Mensch als Schöpfer der Kulturlandschaft mit besonderer Berücksichtigung moderner deutscher Kolonisation" (12.1.1909) lauschen konnten.

Der größte Erfolg der Essener Abteilung war, daß die Hauptversammlung der Kolonialgesellschaft 1905 in Essen stattfand. Diedrich Baedeker war maßgeblich daran beteiligt, daß die Wahl auf Essen fiel und so seine Heimatstadt sich anschicken konnte, Kongreßstadt zu werden.

Die am 13. Juni 1905 tagende Generalversammlung war ein großes gesellschaftliches Ereignis, bei dem zahlreiche Prominente teilnahmen. Der Vorsitzende der Gesellschaft, Herzog Johann Albrecht Mecklenburg, war zugegen, die Gouverneure von Togo und von Kiautschou, dem chinesischen Pachtgebiet und Flottenstützpunkt, waren anwesend, der Alldeutsche Verband war mit seinem Vorsitzenden Pastor Klingemann vertreten. Voller Stolz vermeldete der „Rheinisch-Westfälische Anzeiger": „Zum ersten Mal tagt in unserer Stadt ein großer Kongreß von hochpolitischer Bedeutung. Auf die Worte, die in den nächsten Tagen hier gesprochen werden, hört ganz Deutschland. Es ist das Verdienst der Essener Abteilung des Vereins, unserer Stadt diese Ehre gesichert zu haben ..."[42]

Doch die Stadt Essen zeigte sich in der neuen Rolle als Kongreßstadt etwas unsicher. Die Idee, Stadtwerbung zu treiben, indem man Zigarrenetuis mit Goldaufdruck „Der Deutschen Colonialgesellschaft zu ihrer Jahresversammlung in Essen Juni 1905" verteilen wollte, scheiterte kläglich, da man den Auftrag zu spät vergab.

Es gab auch öffentliche Kritik am Auftreten der Kongreßstadt Essen. Der Allgemeine Beobachter monierte: „Die wenigen Exklusiven aus unserer Stadt, die die hohe Ehre hatten, von den gegebenen Festlichkeiten nicht ausgesperrt zu werden, machen ebensowenig die Stimmung in dieser Beziehung, wie eine Schwalbe noch keinen Sommer macht."[43] Außerdem wurde die finanzielle Unterstützung durch die Stadt kritisiert: „Selbst wenn wir auf die Ehre, Kongreßstadt zu werden, verzichten müssen: das kann uns nicht leid sein, wenn bei jedem Kongreß immer so tief in unsern Stadtsäckel gegriffen werden soll." Für Diedrich war der Kongreß jedenfalls ein voller Erfolg. Im Jahr darauf wurde er Vorsitzender der Essener Abteilung.

Die Kolonialgesellschaft wurde in der kurzen Zeit ihres Bestehens zu einem Fixpunkt im Vereinsleben der bürgerlichen Gruppen in Essen. Es bestanden zahlreiche Querverbindungen über Mehrfachmitgliedschaften und gemeinsame Veranstaltungen. Der Alldeutsche Verband, der sich für eine dynamische Außen-, Flotten- und Kolonialpolitik einsetzte, lud die Mitglieder der Kolonialgesellschaft zu Vorträgen ein. Mitglieder des „Vereins" und der Kolonialgesellschaft riefen 1898 zum Beitritt in den Flottenverein auf, darunter auch Diedrich Baedeker. Der Flottenverein, der das Interesse an einer deutschen Kriegsflotte wecken und mit der Seemacht Großbritannien gleichziehen wollte, hielt 1905 eine Vorstandssitzung im Bismarck-Zimmer des „Vereins" ab.[44]

Das Bismarck-
Denkmal in Essen

Bindeglied zwischen diesen bürgerlichen Vereinen war eine deutsch-nationale Gesinnung, die die Hohenzollern-Dynastie und Bismarck als Kämpfer für die deutsche Einheit feierten. Die Reichsgründung von 1870/71 hatte trotz aller obrigkeitsstaatlicher Tendenzen wesentliche Forderungen der Revolution von 1848 verwirklicht: Deutschland war geeinigt worden, die Wirtschafts-, Rechts- und Militärverfassung vereinheitlicht. Das liberale Bürgertum hatte sich in weiten Teilen mit Bismarck ausgesöhnt und unterstützte seine Politik, zumal diese der emporsteigenden Industrie- und Wirtschaftsmacht Deutschland einen Platz auf dem Weltmarkt sicherte.

Vor allem nach seinem Tode 1898 wurde Bismarck zum Mittelpunkt einer Staatssymbolik, die ihren Ausdruck in Denkmälern fand. Das Deutsche Reich hatte keine eigene Hymne, und die schwarz-weiß-rote Fahne war ein Kunstprodukt; diese Defizite in der Staatssymbolik wurden von einer – vor allem vom Bürgertum getragenen – Denkmalsbewegung behoben. Allein für Kaiser Wilhelm I. wurden nach seinem Tode 1888 300 bis 400 Denkmäler errichtet. Der Bismarck-Mythos wurde von über 300 Bismarck-Vereinen gepflegt, die insgesamt über 700 Denkmäler bauten.

Auch Diedrich Baedeker zählte zu den glühenden Bismarck-Verehrern. Er war in Essen aktiv in einem Bismarck-Comité, das zur „Errichtung eines Bismarck-Standbildes in der Stadt Essen" aufrief. Als 1. Vorsitzender des Comités, das sich 1893 konstituierte, trieb er die Spendensammlung voran, u.a. unterstützt vom „Verein" und dem Kruppschen Casino. In enger Absprache mit dem Denkmalscomité entwarf der Bildhauer Reinhold Felderhoff ein Standbild, das den Reichskanzler in voller Uniform und Mantel zeigte. Das Comité legte Wert darauf, „daß eine sitzende Bismarckfigur von vornherein nicht in Frage käme" und „daß das Antlitz des Fürsten ihn (…) in seiner vollen Manneskraft, wie sie anfang der siebenziger Jahre so siegreich zur Geltung kam, zeigt".[45]

Mit ihrer idealen Gestaltung wurden derartige Bismarck-Denkmäler zu einer Verkörperung der Macht des Reiches: Bismarck erscheint aufrecht, wehrhaft und waffenfähig. So sah ihn das staatstragende Bürgertum – und so wollte es selbst gesehen werden.

Die identitätsstiftende Funktion eines solchen Denkmals wurde bei der feierlichen Enthüllung in Essen sichtbar, als ein großer Festzug mit zahlreichen Vereinen durch die Stadt zog. Der Oberbürgermeister Zweigert war anwesend, und auch Friedrich Alfred Krupp samt Gemahlin war erschienen. Sie alle konnten die feierlichen Worte Diedrich Baedekers hören, der versprach, das Vermächtnis Bismarcks zu bewahren: „Deutsch wie er, tatkräftig wie er, maßvoll wie er, wahrhaftig wie er, treu zu sein wie er: davon soll sein Standbild uns und unsere Nachkommen immerdar gemahnen. Keiner war schaffensfreudiger, keiner dem Vaterlande treuer als er, dessen Parole war: ‚Das Vaterland über der Partei.'"[46]

Eine nachträgliche Schilderung der Feier läßt die Enthüllung dramatisch mit Blitz und Donner einhergehen, die sich über Essen entluden. Diese Denkmalsenthüllung gleicht damit schon fast der berühmten Denkmalsszene in Heinrich Manns Roman „Der Untertan" (1918). Dort ist ein literarischer Namensvetter von Diedrich Baedeker, nämlich Diederich Heßling, die treibende Kraft in einem Komitee für ein Kaiser-Wilhelm-Denkmal. Heßling ist ein Karrierist im wilhelminischen Kaiserreich, der sich den Machtstrukturen des Obrigkeitsstaates anpaßt und ehemalige Förderer, die Liberalität noch im Geiste der 48er Revolution lebten, gnadenlos opfert. Der Höhepunkt seines Aufstiegs und des Romans stellt die Einweihung des Denkmals dar, die Heinrich Mann mit Blitz und Donner einhergehen läßt

Auch Diedrich Baedeker war übrigens für ein Kaiser-Wilhelm-Denkmal aktiv. Er war in dem Komitee für das repräsentative Kaiser-Wilhelm-Denkmal auf der Hohensyburg bei Dortmund tätig, das 1902 die Einweihung feiern konnte. Dort wurde mit dem Machtsymbol des reitenden Herrschers die kaiserliche Majestät ostentativ zur Schau gestellt. In dieser Verherrlichung des dynastisch-monarchischen Staates sollten Nation und Monarchie zu einem einzigen Symbol verschmelzen.

In diesen Denkmälern verdichtete sich der Glauben, daß der Krieg ein legitimes Mittel der Politik sein kann, hatte er doch erfolgreich zur deutschen Einheit geführt. Bismarck tritt in Personalunion als Politiker und Militär auf, Wilhelm ist der machtvolle Krieger zu Pferde. Das Bürgertum, das den Bau dieser Denkmäler unterstützte, verdrängte damit die Partizipationsansprüche, die es im 19. Jahrhundert vorgebracht hatte, und wich vor den verfassungspolitischen und gesellschaftlichen Fragen in einem Obrigkeitsstaat aus. Als überzeugter Untertan unterstützte Diedrich Baedeker so auch den Kurs des Deutschen Kaiserreiches im Ersten Weltkrieg und ertrug es, daß sein Sohn Hermann „den schönsten Tod erlitten hat, den ich ihm wünschen konnte" – den Tod für Kaiser und Vaterland.[47]

In seinem nationalen Eifer und imperialistischer Machtdemonstration scheint Diedrich Baedeker tatsächlich seinem literarischen Pendant zu gleichen. Doch trotz der Parallelen in der wilhelminischen Mentalität entspricht er der fiktiven Figur nicht zur Gänze. Während Diederich Heßling vom Klein- zum Großunternehmer erst aufsteigt, ist Diedrich Baedeker der Sproß einer angesehenen und erfolgreichen Unternehmerfamilie; er ähnelt auch nicht dem despotischen Streber aus dem Roman, dem „weichen Kind"[48], das im Grunde genommen feige und ängstlich ist.

Ebensowenig findet die Baedekersche Familiengeschichte eine deckungsgleiche literarische Entsprechung in den „Buddenbrooks". Zwar könnte man auch bei den Baedekers eine Verlaufslinie konstruieren, die dem von Thomas Mann entworfenen „Verfall einer bürgerlichen Familie", so der Untertitel des Romans, gleichkommt: Mit Gottschalk Diederich Baedeker als Ahnherr, der viele typisch bürgerliche Eigenschaften in sich vereinigt wie den Bildungsanspruch, die Frömmigkeit und den Einsatz fürs Gemeinwohl; mit Eduard und Julius, die in der Mitte des Jahrhunderts das Geschäft konsolidieren und das Ansehen der Familie mehren; mit Diedrich, der die Zeitung und die Druckerei verkauft und sich für ein politisches System stark macht, das im Ersten Weltkrieg untergeht. Doch dieses Modell entspricht nicht der Realität der Baedekerschen Familie. Diedrich steht nicht für den Fall der Familie Baedeker: Er galt als markante und erfolgreiche Unternehmerpersönlichkeit, deren Verlag mit Veröffentlichungen aus Industrie und Wirtschaft die neue technische Intelligenz im Ruhrgebiet bediente. In seiner unternehmerischen Tatkraft wie in seinen privaten Ausfällen hatte er wohl wenig an sich, was man mit der Verfeinerung des Geistes, die Thomas Mann beschreibt, charakterisieren könnte.

Angesichts der Entwicklung im 19. Jahrhundert sollte man nicht vom Verfall des Bürgertums sprechen, sondern von einer Transformation. Die Unternehmerfamilie Baedeker zeigt einerseits, wie sich das Bürgertum in Essen konstituiert und seine Partizipationsansprüche artikuliert, andererseits wird auch deutlich, wie sich das Bürgertum über Jahrzehnte hinweg politischen und gesellschaftlichen Umständen anpaßt und seine Werte modifiziert.

Anmerkungen

1 Thomas Mann, On myself, in: ders, Über mich selbst. Autobiographische Schriften, Frankfurt a.M. 1983 (= Gesammelte Werke, Frankfurter Ausgabe, hrsg. v. Peter de Mendelssohn), S. 65.
2 Ebenda, S. 61.
3 Justus Gruner, Meine Wallfahrt zur Ruhe und Hoffnung oder Schilderung des sittlichen und bürgerlichen Zustandes Westphalens am Ende des achtzehnten Jahrhunderts, 2. Teil, Frankfurt a.M. 1803, S. 259 f.
4 B. C. L. Natorp, Grundriss zur Organisation allgemeiner Stadtschulen, Duisburg – Essen 1804, S. 20.
5 Ebenda, S. 103f.
6 Ebenda, S. 24.
7 Ebenda, S. 40.
8 Zit. nach Max van de Kamp, Das niedere Schulwesen in Stadt und Stift Essen bis 1815, in: EB 47 (1930), S. 178.
9 Zit. nach ebenda, S. 179.
10 Zit. nach Käthe Klein: Die Baedeker-Zeitung und ihre Vorgängerin in Essen (1738-1848), in: EB 45 (1927), S. 118.
11 Gruner, Wallfahrt, S. 246.

12 Zit. nach Karl Mews, Gesellschaft Verein Essen 1828-1953, Essen 1953, S. 14.

13 Mews, Verein, S. 12.

14 Zit. nach Julius Baedeker, Über die Anfänge des Buchdrucks und des Zeitungswesens in Essen und beider Entwicklung im 18. Jahrhundert, in: EB 18 (1898), S. 144 f.

15 StA Essen 102 I Nr. 212, Eduard Baedeker an Bürgermeister Lindemann, 21.3.1865.

16 Ebenda, Stadt Essen an Kgl. Regierung, 13.4.1867.

17 Zit. nach Die Verwaltung der Stadt Essen im XIX. Jahrhundert mit besonderer Berücksichtigung der letzten fünfzehn Jahre. Erster Verwaltungsbericht der Stadt Essen, erstattet von Oberbürgermeister Zweigert, Essen 1902, S. 251. Vgl. StA Essen 103 A I 11, Protokolle der Stadtverordnetenversammlung 1865-1867.

18 Zit. nach Erhard Kiehnbaum, „Wäre ich auch zufällig ein Millionär geworden, meine Gesinnungen und Überzeugungen würden dadurch nicht gelitten haben ..." Friedrich Annekes Briefe an Friedrich Hammacher 1846-1859, Wuppertal 1998, S. 65.

19 Zit. nach Alex Bein, Friedrich Hammacher. Lebensbild eines Parlamentariers und Wirtschaftsführers 1824-1904, Berlin 1932, S. 19.

20 Allgemeine Politische Nachrichten Nr. 30, 12.4.1846.

21 Allgemeine Politische Nachrichten Nr. 34, 26.4.1846.

22 Allgemeine Politische Nachrichten Nr. 27, 2.4.1848.

23 Allgemeine Politische Nachrichten Nr. 25, 26.3.1848.

24 Ebenda.

25 StA Essen 302 Nr. 36, Ermahnungen zur Konfirmation Diedrich Baedekers von seinem Vater. 29.3.1866, S. 9.

26 Ebenda, S. 31f.

27 StA Essen 302 Nr. 61, Zur Erinnerung an eine Jubelfeier der Firma G.D. Bädeker in Essen am 1. und 2. Januar 1869, S. 9.

28 StA Essen 302 Nr. 62 a, Hausordnung für die Mitglieder der Officin von G.D. Bädeker in Essen, 15.3.1887.

29 StA Essen 302 Nr. 61, Jubelfeier 1869, S. 5.

30 Ebenda, S. 5.

31 StA Essen, 102 XVII Nr. 98, Unterstützungskasse der G.D. Baedeker'schen Offizin.

32 Friedrich Meisenburg, Die Stadt Essen in den Revolutionsjahren 1848-1849, in: EB 59 (1940), S. 184.

33 StA Essen 302 Nr. 20, Julius Baedeker, Der theuern Mutter zu ihrem 59. Geburtstage den 1. März 1838, S. 3.

34 Ebenda, S. 6.

35 StA Essen, 302 Nr. 60.

36 StA Essen 302 Nr. 19, Glückauf zur Silbernen Hochzeit von Julius Bädeker und Clara Bädeker geb. Wilberg, 21.8.1884.

37 StA Essen 302 Nr. 38, Gustav Baedeker, Niederschrift der Entgegnung auf den von Diedrich an meine Frau gerichteten Brief v. 28. April 1903, 9.5.1903 (ebenso die folgenden Zitate).

38 Diedrich Baedeker, Alfred Krupp und die Entwicklung der Gußstahlfabrik zu Essen. Mit einer Beschreibung der heutigen Kruppschen Werke, 2. Aufl., Essen 1912 (Erstauflage 1889), S, 263.

39 Vgl. Wilhelm Sellmann, Verlag und Buchhandlung Baedeker zweihundert Jahre in Essen 1775-1975, Typoskript, Essen 1975, S. 134 (StA Essen 850 344).

40 Zit. nach ebenda, Anlage 39, Diedrich Baedeker an Fritz Baedeker, 2.8.1915.

41 Vgl. StA Essen 302 Nr. 45, Kolonialpapiere 1906 bis 1929.

42 StA Essen 102 I Nr. 833, Die Hauptversammlung der deutschen Kolonialgesellschaft, in: Rheinisch-Westfälischer Anzeiger, 14.6.1905.

43 StA Essen 102 I Nr. 833, Plauderei, in: Allgemeiner Beobachter, 26.6.1905.

44 Vgl. StA Essen 102 I Nr. 823, Deutscher Flottenverein (1898).

45 StA Essen 102 I Nr. 986, Errichtung eines Bismarck-Standbildes in der Stadt Essen.

46 Zit. nach Bekanntes und Unbekanntes von Essener Denkmälern, in: Essener Anzeiger Nr. 283, 16.10.1938, S. 14 f.

47 Sellmann, Verlag und Buchhandlung Baedeker, Anlage 39, Diedrich Baedeker an Fritz Baedeker, 2.8.1915.

48 Heinrich Mann, Der Untertan, Düsseldorf 1984, S. 7.

Thorsten Ebers

Das Baedekerhaus

„Gradmesser der Entwicklung einer Stadt sind ihre Bauten. Betrachtet man von diesem Gesichtspunkt aus das ... Stadtbild von Essen, dann muß man hier allerstärkste Impulse eines großartigen Aufschwunges konstatieren.
Der alte Stadtkern, das heutige Zentrum des Geschäftslebens erfährt eine grundlegende Umgestaltung. Eine Innenstadt ist im Werden, eine „City" bildet sich aus."[1]

Kurt Wilhelm-Kästner 1929

Das Baedekerhaus und die Umgestaltung des Burgplatzes in den zwanziger Jahren sind Zeugnis dieser Transformation der Essener Innenstadt, die aus einer Kleinstadt das Zentrum einer modernen Geschäftsstadt machte.

Das alte Baedekerhaus

Der Burgplatz des 19. Jahrhunderts, der Kern der Essener Altstadt, war neben wenigen Großbauten wie der Baugruppe von Münster und Johanniskirche oder dem Burggymnasium, insbesondere an der Burgstraße (heute Kettwiger Straße) geprägt durch zweigeschossige Wohnhäuser, die als Kurien für die adeligen Stiftsdamen entstanden waren.

Nach Aufhebung des Stiftes im Jahr 1803 kamen diese Kurien in den Besitz von Privatleuten. So baute Friedrich Grillo die frühere Fürstlich Lichtensteinische Kurie zu einem vornehmen Wohnhaus aus, während das ehemalige gräfliche Stiftskapitularhaus zunächst Mitglieder der Familie Huyssen bewohnten, bis es 1896 durch das Weißwarengeschäft Krings erworben wurde.

Zwischen diesen beiden Gebäuden nahm ein bescheidenes zweistöckiges Wohnhaus, das früher als Gräflich Harrachsche Kurie gedient hatte, den prominentesten Standort an der Burgstraße, direkt gegenüber dem großen Platz ein. Dieses Haus, das offenbar zu Beginn des 19. Jahrhunderts in einfachen klassizistischen Formen neu errichtet worden war,[2] erwarb Gottschalk Diederich Baedeker im Jahr 1817,[3] um hier die Räume seines Verlages und der Buchhandlung unterzubringen. Bis dahin hatten sich diese an der Limbecker Straße befunden, zunächst in einem Wohnhaus nahe dem Limbecker Tor, später in angemieteten Räumen des alten Essener Hospitals.

Die neuen Räume am Burgplatz bedeuteten für die Firma nicht nur einen neuen, hervorragenden Standort, Verlag und Buchhandlung fanden hier auch die benötigten größeren Räumlichkeiten, die in den folgenden Jahren ständig erweitert wurden. Nachdem schon Gottschalk Diederich Baedeker einen Seitenflügel zur Unterbringung der Druckmaschinen errichtet hatte,[4] entstand 1851 ein neues Druckereigebaude, das 1854 abermals erweitert wurde, um eine größere Anzahl von Schnellpressen aufstellen zu können.

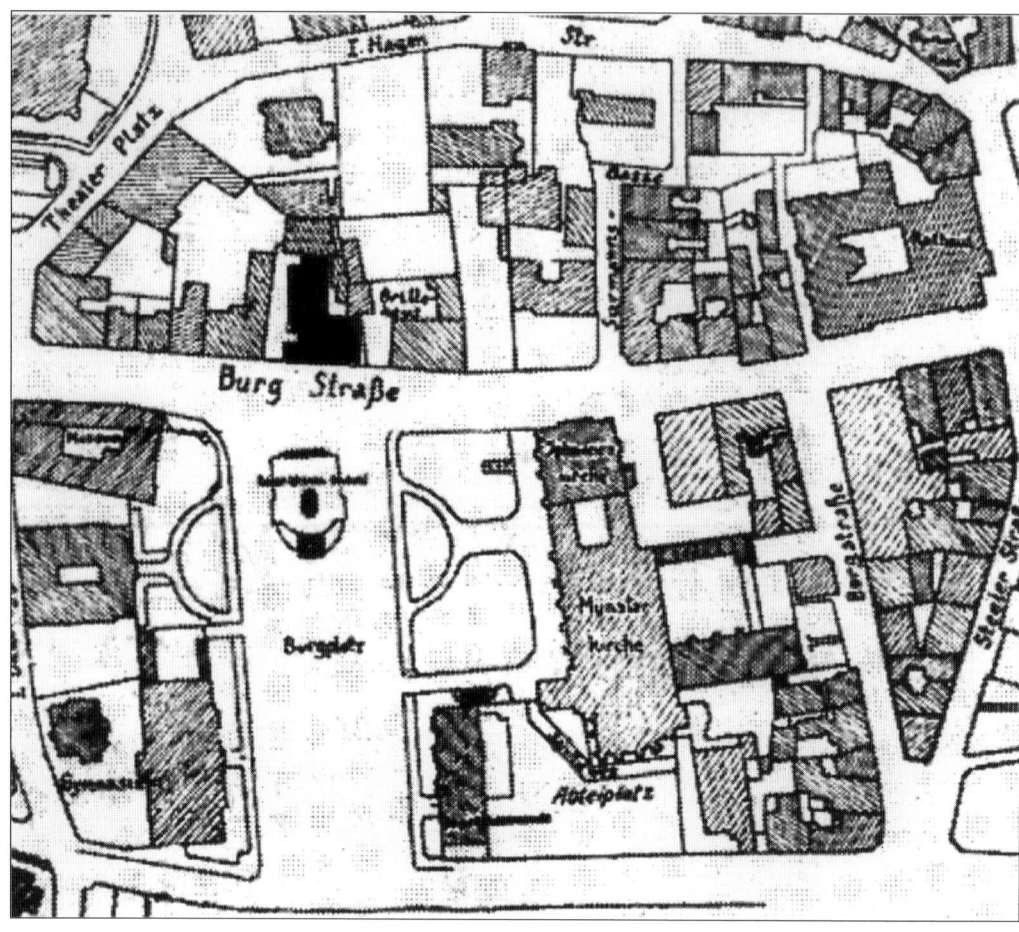

In der Mitte, schwarz markiert, das Alte Baedekerhaus (Burgstraße 16), links davon das Haus Krings (Burgstraße),
vormals Stiftskapitularhaus, rechts das Grillohaus, vormals Fürstlich Lichtensteinische Kurie.

Ein geplanter kompletter Neubau an der Burgstraße gelangte dagegen nicht zur
Ausführung, zu Beginn des neuen Jahrhunderts erfolgte lediglich ein Umbau des ursprünglichen Wohnhauses. Größere Schaufenster trugen den gestiegenen Anforderungen an eine Buchhandlung Rechnung.

Insgesamt jedoch konnte damals die gesamte städtebauliche Situation am
Burgplatz nicht mehr befriedigen. Essen wies mittlerweile mehr als 100.000 Einwohner auf, war also zu einer Großstadt angewachsen, doch das Zentrum wurde immer
noch durch Kleinstadtbauten geprägt.

Ein Rathaus am Burgplatz

Eine umfassende Neugestaltung des Burgplatzes stand erstmals in Aussicht, als im
Jahr 1912 der damalige Baudezernent der Stadt Essen, Albert Erbe, der Öffentlichkeit
Pläne für die Errichtung eines Rathauses am Burgplatz vorstellte.

Der Burgplatz im 19. Jahrhundert

Dieser repräsentative Neubau sollte nach Vorschlag Erbes die gesamte westliche Platzwand an der Burgstraße einnehmen und um einen großen Innenhof herum den Baublock bis hin zum I. Hagen umfassen.

Der Entwurf zeigte einen monumentalen viergeschossigen Bau mit hohem Walmdach, überragt von einem etwa 100 m hohen Rathausturm, der wohl die gesamte Innenstadt dominiert hätte. Neue Sitzungssäle für die Stadtverordneten sowie weitere Repräsentationsräume waren an der Burgstraße vorgesehen, gekennzeichnet durch eine vorspringende, durch Säulen gegliederte Mittelfront. Das Erdgeschoß sollte sich in Arkaden öffnen und ein Café sowie weitere Ladenlokale aufnehmen. Der Neubau des Rathauses hätte zugleich den Auftakt für weiterreichende Planungen Erbes bedeutet, den Burgplatz baulich vollständig neu zu fassen und die Platzfläche selbst umzugestalten.

Mit diesem Projekt – bei dem es sich freilich zunächst um einen Vorentwurf handelte – ging der Baudezernent weit über frühere Pläne[5] hinaus, die lediglich Erweiterungsbauten für das 1878-87 errichtete neugotische Rathaus am Markt vorsahen, dessen Räume mittlerweile bei weitem nicht mehr ausreichten, um die Stadtverwaltung unterzubringen.

Entwurf für ein
neues Rathaus am
Burgplatz, 1912

Eine wichtige Voraussetzung für das nun verfolgte weitaus größere Projekt hatte die Stadtverwaltung mit dem Ankauf von Grundstücken am Burgplatz zu diesem Zeitpunkt bereits geschaffen. So war auch Diedrich Baedeker im Februar des Jahres 1912 von dem städtischen Beigeordneten Walter Bucerius aufgesucht worden, um Verhandlungen über einen Verkauf des Besitzes an der Burgstraße zu beginnen. Zwar zeigte sich Baedeker zunächst wenig daran interessiert, sein Grundstück aufzugeben, im Verlauf der Verhandlungen gelang es Bucerius jedoch, Baedeker zum Verkauf zu überreden. Bald war allein die Kaufsumme strittig, bei der Baedeker letztendlich von ersten weitaus höheren Forderungen abging und einem Betrag von 600.000 M zustimmte, was in etwa 1000 M pro Quadratmeter Grundstücksfläche entsprach.

Ob die Stadt im Verlauf der Verhandlungen tatsächlich mit einer möglichen Zwangsenteignung drohte, wie Alfred Baedeker einige Jahre später behauptete, ist fraglich. Vielleicht war es – neben der sicherlich durchaus verlockenden Kaufsumme – auch doch der Lokalpatriotismus Diedrich Baedekers angesichts der Aussicht, der Stadt den Bau eines repräsentativen Rathauses zu ermöglichen.

Im August 1912 wurde der Kaufvertrag zwischen Baedeker und der Stadt abgeschlossen. Wenn auch Baedeker beim Kaufpreis seine Forderungen nicht hatte durchsetzen können, so sicherte der Vertrag doch den Fortbestand der Buchhandlung am alten Standort. Der Firma wurden für eine Dauer von 20 Jahren Verkaufsräume im geplanten Rathaus zugesichert, bis zu dessen Bau konnte die Buchhandlung ohnehin im alten Haus verbleiben, nunmehr allerdings als Mieterin der Stadt.

Beim Verkauf seines Besitzes war Diedrich Baedeker davon ausgegangen, daß der Neubau des Rathauses in Kürze erfolgen sollte, doch auch zwei Jahre später war eine Verwirklichung der Planungen noch immer nicht in Sicht. Zwar befanden sich nun die notwendigen Grundstücke[6] im Besitz der Stadt, der Entwurf Albert Erbes

aber war mittlerweile umstritten. Drohte der Turm des Rathauses nicht Johanniskirche und Münster zu erdrücken, gab es nicht schon genug Türme an der Burgstraße?
Auch der Zuschnitt der neuen Baublöcke, die geplante Verkehrsführung riefen zunehmend Kritik hervor.

Der Beginn des ersten Weltkrieges im Jahr 1914 bedeutete schließlich das endgültige Aus für die Rathauspläne am Burgplatz. Nach Kriegsende war aufgrund der
wirtschaftlichen und finanziellen Situation nicht mehr an die Verwirklichung des Pro-
jektes zu denken, lediglich ein Erweiterungsbau im Anschluß an das alte Rathaus,
aufgrund der katastrophalen Raumnot der Stadtverwaltung dringend erforderlich,
wurde in den Jahren 1919-24 unter großen finanziellen Schwierigkeiten errichtet.

Neue Pläne

Was aber sollte mit dem Burgplatz geschehen?

Zwar waren die Pläne für den Neubau des Rathauses aufgegeben worden, doch
befanden sich ja die meisten Grundstücke an der Burgstraße in städtischem Besitz.
Angesichts dieser Situation mahnte Ernst Bode, seit 1920 Nachfolger Albert Erbes im
Amt des Baudezernenten:

„Es wäre falsch, resigniert die Hände in den Schoß zu legen, aber ebenso
falsch, aus dem großzügigen Plan, für den ein größerer Baublock aufgekauft wurde,
durch Einzelvermietungen oder Einzelverkäufe Stein für Stein herauszubrechen.

Denn es ist auch heute noch eine Lösung möglich, die m. E. nicht schlechter ist
wie die alte, sondern ihr gegenüber mancherlei Vorteile aufweist, und vor allem auch
finanziell tragbar ist."[7]

Die Lösung, die Bode ausgearbeitet hatte, übergab er dem Oberbürgermeister
im März 1922 in Form einer Denkschrift. Er schlug hierin vor, anstelle eines Rathauses an der Westseite des Burglatzes Geschäftshäuser mit Läden und Büroflächen zu
errichten. Städtebaulich lehnte sich der Baudezernent hierbei eng an die Planungen
der Vorkriegszeit an. Nach Abriß der alten Bebauung an der Burgstraße sollte die
Bauflucht um einige Meter zurückgenommen und die Straße verbreitert werden. Wie
schon Erbe vorgeschlagen hatte, war gegenüber der Johanniskirche eine Ausweitung
der Surmannsgasse zu einem Ehrenhof (heute Kardinal-Hengsbach-Platz) vorgesehen. Vom geplanten Rathaus blieb nur die Absicht, das bestehende Gebäude am
Markt durch einen Anbau bis zu diesem neuangelegten Platz zu erweitern. Das anschließend geplante Geschäftshaus an der Burgstraße entsprach ebenfalls weitgehend
dem städtebaulichen Entwurf Erbes, verzichtete allerdings angesichts der vorgesehe-
nen Nutzung auf den großen Turm.

Die veränderten Planungen für den Burgplatz machten es nötig, eine neue ver-
tragliche Regelung mit der Firma Baedeker zu finden, hatte Diedrich Baedeker doch
seinerzeit das Grundstück unter der Voraussetzung verkauft, daß an Stelle seines Besitzes ein neues Rathaus errichtet würde. Im November 1921 vereinbarten Alfred
Baedeker, der mittlerweile die Firma führte, und die Stadt deshalb einen Nachtrag
zum Kaufvertrag, in dem festgelegt wurde, daß der Neubau an der Burgstraße nicht
der früher geplante Rathausbau sein mußte, es genügte nunmehr die Errichtung eines
Gebäudes, „dessen Bau- und Benutzungsart dem Stil moderner Geschäfts- und Ver-
waltungsbauten mit monumentalem Charakter entsprechen muß."[8] Da der Baube-
ginn dieses Geschäftshauses aber noch nicht abzusehen war, erklärte die Stadt in ei-

nem Sonderabkommen,[9] daß der Neubau voraussichtlich nicht vor dem 31. Dezember 1935 in Angriff genommen werde, Baedeker seinerseits verpflichtete sich zur Umgestaltung der bestehenden Buchhandlung zu einem modernen Laden, spätestens im Januar 1922.

Tatsächlich erfolgte damit ein letzter Umbau des alten Baedekerhauses in den Jahren der Inflation, und dies trotz schwerwiegender finanzieller Probleme der Firma, die die Stadt vergeblich gebeten hatte, von der vertraglichen Verpflichtung entbunden zu werden. Eine Neugestaltung des Burgplatzes jedoch schien in weite Ferne gerückt.

Der Burgplatz-Wettbewerb

Im Frühjahr 1924 aber wurde die Frage des Burgplatzes erneut in der Öffentlichkeit diskutiert. Den Anstoß hierzu gab ein Zeitungsartikel, der am 20. Februar in der Essener Allgemeinen Zeitung erschien.[10] Ein unbekannter Verfasser legte hierin einen Vorschlag zur Neugestaltung des Burglatzes dar, der im wesentlichen der zwei Jahre zurückliegenden Idee Bodes entsprach, entlang der Burgstraße Geschäftshäuser zu errichten, für diese jedoch eigenständige moderne Architekturformen vorsah.

Als Reaktion auf diesen Artikel, den die Stadtverwaltung als Vorwurf verstand, nicht selbst zur Lösung der Burgplatzfrage beizutragen, veröffentlichte auch der Baudezernent die Ergebnisse seiner Denkschrift aus dem Jahr 1922 – ergänzt um aktualisierte Fassadenentwürfe –, die er nunmehr als Anregung zur sachlichen Diskussion verstanden wissen wollte, „um für unsere Stadt Essen die bestmögliche Lösung dieser bedeutenden Frage zu erzielen."[11]

Tatsächlich präsentierte in der Folge eine Reihe anderer prominenter Essener Architekten ebenfalls Ideen für die Zukunft des Burgplatzes. So stellten Edmund Körner wie auch Metzendorf & Schneider eigene Entwürfe vor, die sich aber im Gegensatz zu den städtischen Planungen im wesentlichen auf die Ostseite des Platzes an der Akazienallee konzentrierten und für diese den Bau eines Theaters vorschlugen.[12]

Wenn auch die öffentliche Diskussion um die Platzgestaltung somit voll entbrannt war, den eigentlichen Schlüssel für die folgende ernsthafte Inangriffnahme der

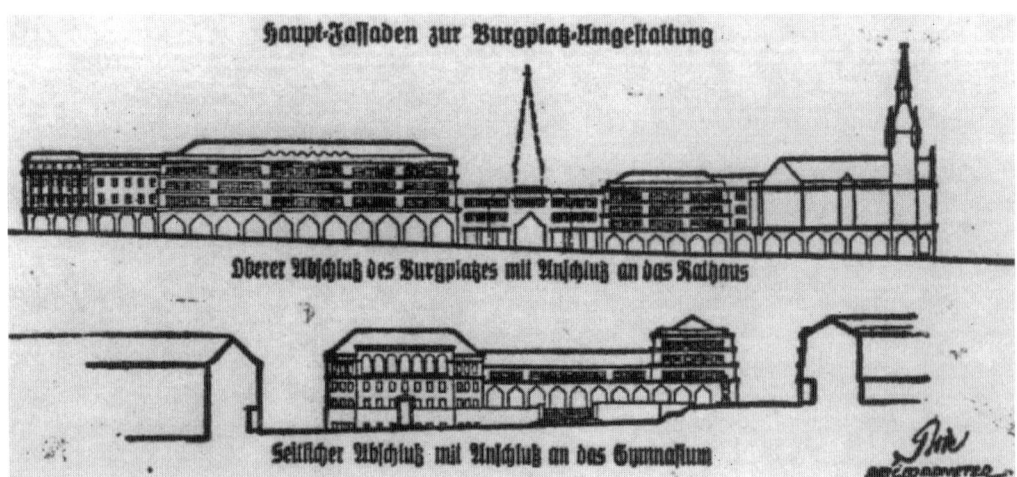

Entwurf Ernst Bodes zur Neugestaltung des Burgplatzes, 1924

Entwurf von
Bode und Ehlgötz
für die Neuge-
staltung des
Burgplatzes, 1924

Dunkel die Bauten
am Burgplatz nach
der geplanten Neu-
gestaltung, weiß
die vorhandenen
Bauten, die abge-
brochen werden
sollten,
1 altes Baedeker-
haus, Burgstr. 16
2 Haus Krings,
Burgstr. 18
An Stelle dieser bei-
den Häuser sollte
das neue Baedeker-
haus entstehen, im
Anschluß daran (re.)
das Blum-Haus,
dann der Ehrenhof
mit der Erweiterung
des Rathauses. Am
rechten Bildrand
das alte Rathaus am
Markt.

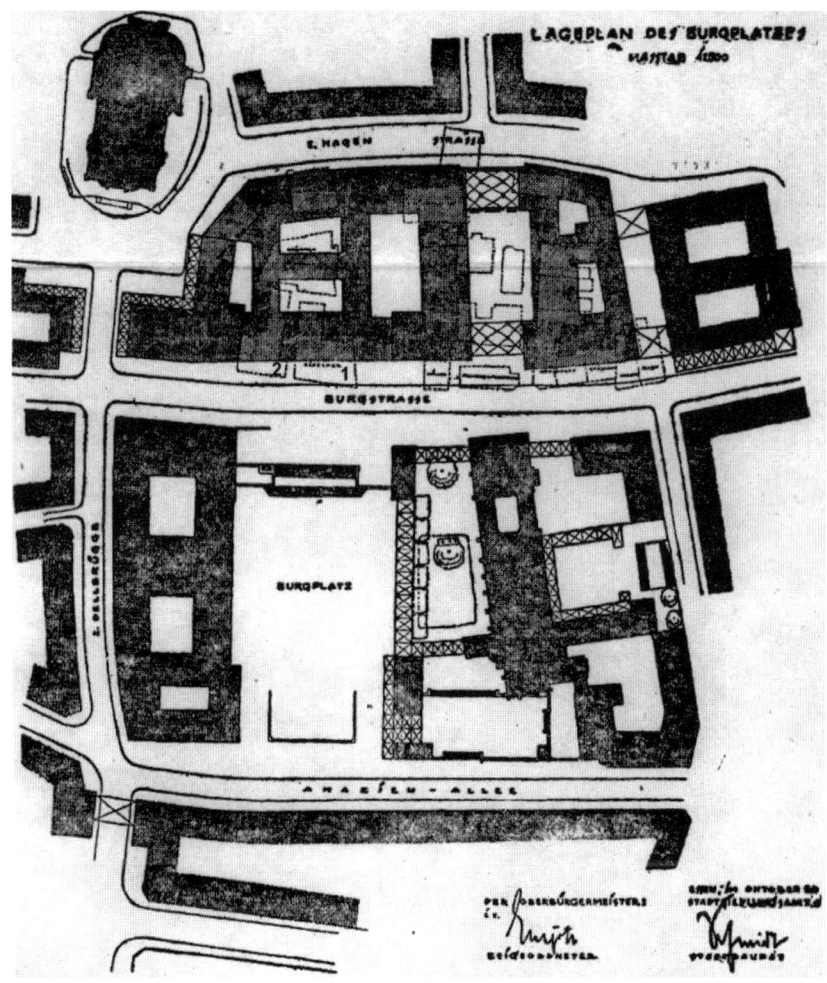

Burgplatz-Frage bedeutete das Interesse eines Essener Geschäftsmannes an der Neu-
bebauung der Burgstraße. Gustav Blum, Besitzer eines Textilwarengeschäftes, war bereits 1923 an die Stadtverwaltung herangetreten, um das Grundstück an der Burgstraße, auf dem sich das Grillohaus befand, zur Errichtung eines neuen Geschäftshauses
zu pachten. Blum war daran gelegen, den Neubau kurzfristig zu realisieren, und hatte
deshalb bereits den Architekten Ernst Knoblauch mit der Planung beauftragt.

Es bot sich also die Gelegenheit, den Anfang für eine Neugestaltung des Burgplatzes zu machen, allerdings vertrat Ernst Bode die Auffassung, daß es unerläßlich
sei, daß „nicht stückchenweise, sondern in einem großen Wurf nach einem einheitli-
chen Plan gebaut wird."[13]

Sollte dies aber geschehen, so war es nötig, daß nun alles sehr schnell ging. Bereits im April wurde deshalb auf Drängen der Essener Architekten ein Wettbewerb
zur Umgestaltung des Burgplatzes ausgeschrieben, zu dem alle Architekten aus dem
Gebiet des Ruhrsiedlungsverbandes sowie aus Düsseldorf zugelassen waren. Bis zum
25. Juni gingen insgesamt 79 Entwürfe ein, darunter auch ein Beitrag Ernst Bodes,
der allerdings keine Anerkennung bei den Preisrichtern fand, ebensowenig wie die
Entwürfe anderer prominenter Essener Architekten. Hierzu bemerkte die Arbeiterzei-

Entwurf Ernst Bodes für das Baedekerhaus, 1924

tung: „Insbesondere die Essener Architekten, auch diejenigen aus der Stadtverwaltung, die sich an dem Wettbewerb beteiligt hatten, versagten vollkommen und zogen sich eine schwere Blamage zu, da die meisten Preise nach auswärts fielen."[14]

Lediglich Josef Rings gehörte mit einem zweiten Preis zu den Gewinnern des Wettbewerbes, da ein erster Preis nicht vergeben wurde. Letztendlich nämlich mußten die Preisrichter feststellen, „dass das Ergebnis außerordentlich zur Klärung der Frage beigetragen [habe], wenn auch eine volle Lösung der Aufgabe durch irgendeinen Entwurf nicht gefunden wurde."[15]

So sehr sich Rings auch bemühte, von der Stadtverwaltung den Auftrag zur Weiterbearbeitung der Planungen zu erhalten, so war es doch nur folgerichtig, daß im Interesse einer schnellen Lösung der Frage wiederum das Hochbauamt unter Ernst Bode[16] die Aufgabe übernahm, eine endgültige Lösung zu entwickeln. Da verwundert es nicht, daß die Entwürfe, die der Baudezernent im November 1924 der Öffentlichkeit vorstellte, eher eine konsequente Weiterführung der städtischen Planungen darstellten, als Resultate des Wettbewerbs waren.

Wie schon von Albert Erbe vorgeschlagen plante man, den Burgplatz mit Neubauten zu umfassen, bestehen bleiben sollte nur die historische Kirchengruppe an der Nordseite, vor ihr ein durch Bogengänge oder Gitter abgetrennter Kirchplatz angeordnet werden. Als Pendant zum Münster war an der Nordseite ein flachgelagertes Gebäude mit Kopfbau zur Burgstraße vorgesehen, die spätere Lichtburg.

Während für die Ostseite an der Akazienallee keine genauen Festlegungen getroffen wurden, legte Bode den Schwerpunkt des Entwurfs auf die Gestaltung der Burgstraße. Im Gegensatz zu den früheren Planungen war hier nun eine differenziertere Bebauung beabsichtigt, die aus einem höheren Mittelbau gegenüber der Platzfläche sowie einem anschließenden, um ein Geschoß niedriger gehaltenen Bauteil – dem Kaufhaus Blum – an der Surmannsgasse bestand. Letztere sollte verbreitert werden und zukünftig als Ehrenhof für den nördlich angrenzenden zukünftigen Rathauserweiterungsbau[17] dienen.

Die eigentliche Fläche des Burgplatzes sollte begradigt und über eine Treppenanlage mit der Burgstraße verbunden werden.

Inzwischen war es auch zum Abschluß eines Pachtvertrages mit Gustav Blum gekommen, in dem dieser sich bereit erklärte, mit der Ausführung seines Geschäftshauses den städtischen Planungen zu folgen.

Nachdem das Grillohaus, an dessen Stelle das Kaufhaus Blum stehen sollte, bereits im Sommer abgerissen worden war, begannen noch im Dezember 1924 die Erdarbeiten für den Neubau, im April 1925 war der Rohbau vollendet und bereits im Oktober desselben Jahres konnte Blum die Einweihungsfeier begehen.[18]

Der Bau des Baedekerhauses

Wäre es nach den Vorstellungen der Stadtverwaltung gegangen, hätte zu diesem Zeitpunkt neben dem Blum-Haus auch schon der erste Bauabschnitt des städtischen Geschäftshauses gestanden, das die westliche Platzwand des Burgplatzes bilden sollte.

Daß sich dort jedoch noch immer das alte Baedekerhaus befand, lag daran, daß sich Verhandlungen zwischen der Stadtverwaltung und der Firma, vertreten durch Alfred Baedeker, als äußerst schwierig und langwierig erwiesen hatten. Die Gespräche über eine vorzeitige Räumung des Geschäfts und den kurzfristigen Beginn des Neubaus waren daran gescheitert, daß die Stadt nicht bereit war, auf die Forderungen Baedekers nach einer hohen Entschädigungssumme einzugehen, der Firmeninhaber aber sich ebenso unnachgiebig zeigte. Im Dezember 1924 schienen die Verhandlungen so festgefahren, daß der städtische Beigeordnete Karl Hahn am 23. Dezember die Kündigung gegen Baedeker aussprach.[19] Dies bedeutete entsprechend dem Vertrag des Jahres 1921, daß Buchhandlung und Verlag das alte Baedekerhaus bis zum Januar 1926 räumen mußten. Obwohl auch die Firma Baedeker ihrerseits juristische Schritte einleitete, wurden die Verhandlungen fortgesetzt, bis es im Sommer 1925 endlich zu einer Einigung kam.

Der Vertrag vom 25. Juli 1925 garantierte Baedeker eine Entschädigungssumme in Höhe von 120.000 M für den nur wenige Jahre zurückliegenden Umbau des alten Hauses sowie für dessen vorzeitige Räumung und die damit verbundenen Umzugskosten. Gleichzeitig wurden die Modalitäten des geplanten Neubaus und der provisorischen Unterbringung der Firmenräume festgelegt. Im übrigen galten die 1912 und 1921 getroffenen Vereinbarungen im wesentlichen weiter. Für die Dauer von 30 Jahren erhielt Baedeker damit Räume im geplanten städtischen Geschäftshaus, und zwar genau an der Stelle, wo sie sich zuvor im alten Haus befunden hatten. Noch einmal wurde auch der zukünftige Name des neuen Gebäudes an traditionsreichem Ort bestätigt. Der Bau des Baedekerhauses konnte damit endlich in Angriff genommen werden. Zunächst erfolgte auf Kosten der Stadt der Umbau des Nachbarhauses Burgstra-

Altes Baedekerhaus, 1925

ße 18, nach dessen Fertigstellung Buchhandlung und Verlag in diese Räume umzogen. Im Dezember 1925 erfolgte dann der Abriß des alten Baedekerhauses.

Die Gefühle, die hierbei die Bürger ergriffen haben mögen, gab die Essener Volkszeitung anläßlich des Abbruchs wieder: „Nicht nur die Firma, sondern auch mancher Essener wird mit Wehmut dieses Wahrzeichen einer unserer ältesten Patrizierfamilien fallen sehen und sich auch dann noch gern des alten Bildes, welches wir hier bringen, erfreuen, wenn durch Errichtung eines modernen Gebäudes den Anforderungen der Jetztzeit Genüge getan wird."[20]

An der Stelle des alten begann nun der Bau des neuen Baedekerhauses. Als erster Bauabschnitt entstanden hierbei zunächst etwa zwei Drittel des geplanten Gebäudes, die vom Blum-Haus bis zum Nachbarhaus Burgstraße 18 reichten. Im Juli 1926 konnte das Richtfest für das neue Geschäftshaus gefeiert werden, der Rohbau war bis zum Oktober vollendet. Zwar zog sich der folgende Innenausbau länger hin als geplant,[21] angesichts des für den 16. August 1927 festgesetzten Umzugs Baedekers in die neuen Räume versicherte Ernst Bode aber, daß der Bau bis dahin „bis auf die kleinsten Einzelheiten"[22] fertiggestellt sei. Baedeker hingegen war anderer Meinung. Er weigerte sich, das Haus Burgstraße 18 zu verlassen, da die neuen Räume in seinen Augen nicht vertragsgemäß waren und zudem Baumängel den Umzug unmöglich machten.

Blumhaus und I. Bauabschnitt des Baedekerhauses, 1927

Die Stadtverwaltung wiederum sah – sicher nicht ohne Grund – in diesem Verhalten eine bloße Schikane Baedekers der Stadt gegenüber und kürzte daraufhin die vertraglich vereinbarte Entschädigungssumme.

Tatsächlich war schon zuvor ein neuer Streit mit Alfred Baedeker entbrannt, der zur erneuten Eskalation beigetragen haben mag. Anlaß war die Nutzung des 1. Obergeschosses. Nur zu gerne hätte Baedeker die Räume für seinen Verlag und als Erweiterung der Buchhandlung genutzt. Statt dessen aber vermietete die Stadt das Geschoß an Gustav Blum, der damit seine Geschäftsräume vom benachbarten eigenen Kaufhaus auf das Baedekerhaus ausdehnen konnte. Baedeker hingegen, der in Blum lediglich einen „Resteverwerter mit Massenpublikum"[23] sah, mußte sich mit dem 2. Obergeschoß zufriedengeben.

Wenn auch Baedeker die neue Buchhandlung letztendlich doch wenig später bezog, war das Verhältnis zwischen der Firma und der Stadtverwaltung für lange Zeit beschädigt, gerichtliche Auseinandersetzungen zogen sich bis zur Mitte der dreißiger Jahre hin.

Die Architektur

Das Baedekerhaus, das nun die Westseite des Burgplatzes einnahm, zeigte eine Monumentalität, die genau den Vorstellungen entsprach, die sein Architekt Ernst Bode bereits 1922 in der Denkschrift zur Neugestaltung des Burgplatzes dargelegt hatte, nämlich „... Bauanlagen von solcher Größe und Kraft zu schaffen, wie sie sonst nur in früheren Zeiten der gewaltige Wille eines absolutistischen Herrschers in den alten Residenzstädten aus dem Boden gestampft hat."[24]

Den monumentalen Charakter betonte neben der strengen, blockhaften Form besonders die Verkleidung der Fassade mit bossierten Muschelkalk-Quadern, die sogleich Assoziationen mit italienischen Palazzi der Renaissance hervorriefen. Dennoch leitet sich die Architektur des Baedekerhauses nicht unmittelbar von historischen Bauten ab, sie hatte vielmehr ein zeitgenössisches Vorbild in den Bauten des Stuttgarter Hauptbahnhofes. Dieser entstand in den Jahren 1914-1928 nach Plänen des Architekten Paul Bonatz, mit dem Ernst Bode, seit er an der Stuttgarter Hochschule als Bonatz' Assistent tätig gewesen war, in freundschaftlicher Beziehung stand.

Gemeinsam ist den Bauten Bodes an der Burgstraße und den Bahnhofsgebäuden in Stuttgart die Reduktion auf einfache kubische Körper mit Lochfassaden, in ihrer schlichten Form aufgewertet allein durch die Verkleidung mit dem bossierten Rustikaquaderwerk. Verkörperte das Kaufhaus Blum dieses Prinzip noch in einer sehr

Eingang Treppenhaus

Treppenhaus

reinen Form, so zeigte bereits das etwas später entstandene Baedekerhaus eine stärkere Gliederung der Fassade. Grundlage ist zwar auch hier der einfache Kubus, die Geschosse aber zeigen unterschiedliche Ausformungen, die sich den verschiedenen Funktionen der dahinterliegenden Räume anpassen. Entsprechend der Nutzung für Ladenlokale ist das Erdgeschoß in große Schaufensterflächen aufgelöst. Ebenso wird auch das erste Obergeschoß, das ebenfalls Ladenräume aufnehmen sollte, geprägt durch eine dichte Abfolge großer stehender Fenster, gerahmt von vorspringenden Gesimsen.

Ganz anders zeigt sich die Fassade in den Obergeschossen, in denen Büroräume vorgesehen waren. Hier findet sich wiederum eine Lochfassade mit zu Gruppen zusammengefaßten quadratischen Fenstern, hier dominiert das Rustikaquaderwerk die Fassadenflächen, erzeugt eine Monumentalität, die durch die vier Fassadenplastiken zwischen den Fenstergruppen noch gesteigert wird. Den Abschluß des Gebäudes schließlich bildet eine weit auskragende Dachplatte, die wohl deutlichste Abweichung von der reinen kubischen Form des Blumhauses, die den Architekten nun offensichtlich nicht mehr zufriedenstellte.

Trotz einiger eher moderner Elemente, wie den großen Schaufensterflächen, zweigeteilten Schiebefenstern in den Obergeschossen und der Horizontalität der Gesimse, zeigt sich das Baedekerhaus insgesamt als traditioneller Bau, ein Eindruck, den letztlich auch die vollkommen anders behandelte Rückfront bestätigt, die entsprechend einer Hierarchie von sichtbaren und verborgenen Gebäudeteilen eine anspruchslose, verputzte Lochfassade mit eigenständiger Fenstergliederung aufweist.

Den konservativen Charakter der Architektur kennzeichnen neben der Verwendung der Rustika auch die strenge Achsensymmetrie der Hauptfassade mit den beiden seitlichen Eingängen zu den Bürogeschossen, wie auch die monumentalen Fassadenplastiken zum Burgplatz. Unter der Dachplatte erinnern vorspringende Kragsteine an spätere Bauten der dreißiger Jahre.

Im Unterschied zu den anderen Bauten des Burgplatzes, bei denen Bode nur die äußere Gestalt bestimmte,[25] also die Fassaden entwarf, lag beim städtischen Baedekerhaus der Gesamtentwurf beim Baudezernenten. Dies zeigt sich insbesondere in der Gestalt der beiden Treppenhäuser mit ihren von Bode entworfenen Geländern und Beleuchtungskörpern aus Durana-Silberbronze.

Zusammen mit den Bodenbelägen und der Wandverkleidung aus Kalkstein sowie den farbig gestalteten Stuckdecken bestimmten sie den vornehmen Charakter der Treppenhäuser, die man durch bemerkenswerte Eingangstüren, ebenfalls aus Durana-Metall, betrat.

Zur Gestaltung der Innenräume stellte Kurt Wilhelm-Kästner in einer Schrift über die Bauten Ernst Bodes treffend fest: „Bis zum letzten Profil, bis zum Türdrücker atmet alles hier die gleiche künstlerische Gesinnung."[26]

Die Buchhandlung

Obgleich Ernst Bode die Innenarchitektur der Buchhandlung nicht entworfen hatte – Baedeker beauftragte hiermit den Düsseldorfer Architekten Wilhelm Mohr – paßte sich die Inneneinrichtung doch den Vorgaben der Gebäudearchitektur weitgehend an.

Bestimmt wurde das Innere durch die mächtige Pfeilerreihe, die den Raum in zwei Abschnitte teilte. Um jeden Pfeiler waren Regale aus kaukasischem Nußholz angeordnet, die die Bücher aufnahmen. Auch die übrige Ausstattung war geprägt durch die Verwendung von Nußbaumholz in Verbindung mit Kugellampen aus opakem Glas, alles den Architekturformen angepaßt.

Insgesamt nahm die Buchhandlung eine Fläche von mehr als 400 m im Erdgeschoß des Baedekerhauses ein, hinzukam eine gleichgroße Fläche im Kellergeschoß, das als Reservelager diente. Damit war die größte Buchhandlung Westdeutschlands entstanden, mit einem Buchbestand von 30.000 Bänden.

Die Fassadenplastiken Josef Enselings

Die Fassadenplastiken

Zur monumentalen Architektur der Fassade und der hochwertigen Ausstattung im Innern kam die Anbringung von Bildhauerarbeiten an der Front zur Burgstraße.

Wie für die meisten seiner Entwürfe hatte Ernst Bode auch für alle Bauten am Burgplatz von Anfang an plastischen Schmuck als Bestandteil der Architektur vorgesehen und mit der Ausarbeitung die beiden bedeutendsten Essener Bildhauer jener Zeit beauftragt. Während Will Lammert später mit Entwürfen für Plastiken an der Lichtburg begann, sollte Josef Enseling die großen Skulpturen an der Westfassade des Baedekerhauses ausführen.

Enseling schuf hierfür aus Muschelkalk vier überlebensgroße Figuren von 3,60 m Höhe. Die beiden ersten wurden im März 1927 am I. Bauabschnitt des Baedekerhauses enthüllt und symbolisierten den Handel und die Wissenschaft.

Den Handel arbeitete der Künstler hierbei als männliche Figur aus, die in der rechten Hand ein Symbol des Erdballs umfaßt, die Wissenschaft dagegen als weibliche, die ein Buch hält. Ebenfalls als Paar aus weiblicher und männlicher Figur waren die Plastiken der Kunst, mit dem Attribut einer Pyramide, und der Arbeit konzipiert, die später am 1928 errichteten Teil des Hauses angebracht wurden. Sie unterscheiden sich von den älteren Arbeiten deutlich durch eine schlichtere, blockhafte Gestaltung, die auf die Ausarbeitung von Details der Kleidung verzichtet, sowie die strengere frontale Kopfhaltung der Figuren, deren Blick wohl ursprünglich – wie bei den beiden ersten – deutlicher zur Gebäudemitte gerichtet sein sollte.

Die vier Skulpturen des Baedekerhauses blieben die einzigen Bildhauerarbeiten an den Burgplatzbauten. Der geplante plastische Schmuck für Blum-Haus und Lichtburg kam vermutlich aus Kostengründen nicht zur Ausführung.

Die Vollendung des Baedekerhauses (II. Bauabschnitt)

Mit der Eröffnung der Buchhandlung in ihren neuen Räumen war das Baedekerhaus allerdings noch nicht vollendet, noch stand nur der erste Teil des Gesamtbaus. Erst nach dem Umzug Baedekers und dem Abriß des Hauses Burgstraße 18 konnte die Ausführung des II. Bauabschnittes erfolgen, der im Oktober 1928 bezugsfertig war. Den eigentlichen Abschluß der Bauarbeiten bedeutete schließlich die Anbringung der Schrift „Baedekerhaus" aus ein Meter hohen Bronzebuchstaben im Frühjahr 1930.

War die Errichtung des I. Bauabschnittes, verbunden mit dem Umzug der traditionsreichen Buchhandlung ins neue Haus, noch aufmerksam verfolgt worden, so ließ das Interesse bei der Fertigstellung des II. Bauabschnittes und somit der Vollendung des Gebäudes doch deutlich nach. Die architektonische Entwicklung war weitergegangen, der Entwurf des Jahres 1924 schien nun nicht mehr zeitgemäß.

Das Blum-Haus war bei seiner Fertigstellung aufgrund der neuartigen Architektur auf Kritik gestoßen, jetzt aber bemängelte man die mittlerweile altmodisch wirkende Monumentalität des Baedekerhauses, insbesondere im nun möglichen Vergleich zur benachbarten Lichtburg, die zeitgleich fertiggestellt wurde. So schrieb die Essener Volkszeitung 1928:

„Das Burgplatzhaus [gemeint ist die Lichtburg] … ist in den Ausmaßen kaum geringer als das neue Baedekerhaus an der Burgstraße, aber trotz der Größe seines Rauminhaltes im Grunde nicht so schwer und lastend im künstlerischen Eindruck wie das Baedekerhaus. Es ist lebhafter gegliedert. …

Das Baedekerhaus – ein mit rauh bossierten Muschelkalksteinen verkleideter Eisenbetonbau, errichtet 1927-28;
nach den Entwürfen des Hochbauamtes unter Ernst Bode, bildnerischer Schmuck von Josef Enseling.

Daß dem Burgplatzgebäude keine Bruchsteine aufgeklebt sind, sondern es in
schimmernder, glatter Fläche vor uns steht, tut seiner Wirkung keinen Abbruch, im
Gegenteil, sie erscheint weniger gewollt und wahrhaftiger."[27]
Entgegen früheren Überlegungen wurden die Räume der Buchhandlung oder
des Verlages nicht auf den II. Bauabschnitt ausgedehnt. Die Ladenflächen im Erdgeschoß übernahm statt dessen das Modegeschäft Plöger-Michel,[28] gab die Räume aber
offensichtlich in der Wirtschaftskrise zu Beginn der dreißiger Jahre wieder auf, als
auch die Firma Baedeker mit großen finanziellen Schwierigkeiten zu kämpfen hatte.
Da schon 1929 einer der Hauptmieter, der Siedlungsverband Ruhrkohlenbe-
zirk, in sein eigenes nach Entwurf Alfred Fischers errichtetes Verwaltungsgebäude an
der Kurfürstenstraße umgezogen war, stand nunmehr ein großer Teil des Gebäudes
leer. Im übrigen galt dies auch für andere repräsentative Bauvorhaben der zwanziger
Jahre wie die Lichtburg oder das Deutschlandhaus, die nun zu einer zusätzlichen Be-
lastung für die städtischen Finanzen wurden.
Dies wurde – vor allem nach der Machtübernahme der Nationalsozialisten –
auch Ernst Bode zum Vorwurf gemacht, der natürlich die Mitverantwortung für die
Baupolitik der Zwanziger Jahre trug. So vermerkte der neue Essener Oberbürgermeister Reismann-Grone:

„Eines der mir aufgepackten Kreuze waren die Hochhäuser, zu denen meine
Vorgänger sich verleiten ließen, zum großen Teile auf Druck des Beigeordneten Stadt-
baurates Bode, der sich Denkmäler setzen wollte. ...

Sie deckten kaum die laufenden Unkosten, das Kapital mit etwa 30 Millionen
Mark schien ganz verloren. Im Haushalt schoß die Stadt für aufgenommene Hypo-
theken jährlich 3 bis 5 Millionen zu. So rächte sich der Bruch mit der guten Regel:
Stadt baue Straßen, doch keine Häuser.

In die vielfach leeren Räume des Baedeker-Hauses setzte sich zum Teil die
NSBO, zahlte aber nie."[29]

Das Baedekerhaus heute

Im Gegensatz zu den meisten anderen Gebäuden der Essener Innenstadt überstand
das Baedekerhaus die Bombenangriffe des Zweiten Weltkrieges äußerlich beinahe unversehrt und konnte schon bald wieder genutzt werden, so auch durch die Buchhandlung Baedeker.

Mehrere Umbauten führten in den kommenden Jahren zu einer Vergrößerung
der Ladenfläche, die neben dem Erdgeschoß später auch gleichgroße Flächen im Untergeschoß, 1. Obergeschoß und 2. Obergeschoß umfaßte.

Eine letzte tiefgreifende Veränderung schließlich erfolgte in den Jahren 1991-93
mit einer Erweiterung zum Innenhof und völligen Neugestaltung der Räume. Der
Umbau ignorierte hierbei weitgehend die vorgegebene Architektur des Hauses und
schuf moderne helle Ladenräume.[30]

Das Äußere des Baedekerhauses hingegen, das seit 1987 unter Denkmalschutz
steht,[31] zeigt sich gegenüber seinem Ursprungszustand nur wenig verändert. Während
die Treppenräume ihre frühere Ausstattung nur zum Teil bewahren konnten, wurden
an der Fassade lediglich die Fenster und die Schrift „Baedekerhaus" erneuert. Zusätzliche Vordächer beeinträchtigen die Architektur nur wenig.

Einen weitaus größeren Einfluß auf die heutige Wirkung des Gebäudes haben
hingegen die großen Platanen, die die Fassade des Hauses fast vollständig verdecken.
Die Architektur des Baedekerhauses, seine Fassadenplastiken sind hierdurch nahezu
unsichtbar geworden.

Anmerkungen

1 Kurt Wilhelm-Kästner, Neue Bauten der Stadt Essen, S. V in: Ernst Bode (Hrsg.), Neue Bauten
   der Stadt Essen. 2. Folge, Berlin-Leipzig-Wien 1929.
2 StA Essen 302 Nr. 70, S. 1-2, Gutachten über das Haus Burgstraße 16 vom 1. Februar 1805.
3 Erwin Dickhoff, Der Erwerb der Harrachschen Kurie, in: Das Münster am Hellweg, 28 (1975),
   S. 81-95.
4 Zur Erinnerung an eine Jubelfeier der Firma G.D. Baedeker in Essen, Essen 1869
5 Im Jahr 1910 wurde ein Wettbewerb zur Erlangung von Entwürfen für eine Rathauserweiterung
   ausgeschrieben.
6 1912 waren die Grundstücke Burgstraße 16 (Baedeker) und Burgstraße 18 (Krings) erworben
   worden, bereits zuvor hatten sich die Grundstücke Burgstraße 10 und 14 im Besitz der Stadt befunden.
7 StA Essen 102 IV Nr. 967, Bl. 6-9, Ernst Bode, Denkschrift vom 6.3.1922.

8 StA Essen 302 Nr.132 a, S. 32-33, Vertrag zwischen Baedeker und der Stadt Essen vom 10.11.1921.

9 StA Essen 302 Nr. 132 a, S. 34-35, Sonderabkommen zwischen Baedeker und der Stadt Essen vom 10.11.1921.

10 Alte Plätze in Industriegroßstädten, in: Essener Allgemeine Zeitung vom 20.2.1924.

11 Ernst Bode, Auch ein Vorschlag zur Gestaltung des Burgplatzes in Essen, in: Essener Allgemeine Zeitung vom 2. 3. 1924.

12 Im Grunde gingen diese Vorschläge an der Realität vorbei, da sich die städtischen Grundstücke, die für die Neugestaltung in Frage kamen, ja an der Burgstraße befanden.

13 StA Essen 102 IV Nr. 16, Bode an Westerhold, 7.3.1924.

14 Essener Arbeiterzeitung vom 24.7.1924.

15 Bei der Lösung des Burgplatz-Problems, in: Essener Allgemeine Zeitung vom 13.7.1924.

16 In Zusammenarbeit mit dem Stadtsiedlungsamt unter Hermann Ehlgötz.

17 Hier wurde statt dessen 1935 das Kaufhaus C & A Brenninkmeyer errichtet.

18 Das Kaufhaus Blum, später Loosen, wird heute durch die Firma Peek & Cloppenburg genutzt.

19 StA Essen 102 IV Nr. 1028, Hahn an Bode; 29.1.1925.

20 Essener Volkszeitung vom 8.1.1926.

21 Aufgrund von Abstimmungen mit dem Ruhrsiedlungsverband, der die Obergeschosse angemietet hatte.

22 StA Essen 102 IV Nr. 1028, Bl. 137, Bode an Kunz, 12.8.1927.

23 StA Essen 302 Nr. 71, S. 233. Alfred Baedeker an „Deutsche Blätter", 27.8.1927.

24 StA Essen 102 IV Nr. 967, Bl. 9, Ernst Bode, Denkschrift vom 6.3.1922.

25 Lichtburg: Architekten Heydkamp & Bucerius; Kaufhaus Blum: Architekt Ernst Knoblauch.

26 Wilhelm-Kästner, Neue Bauten der Stadt Essen (wie Anm. 1), S. VII.

27 Der werdende Burgplatz, in: Essener Volkszeitung vom 3.8.1928.

28 Später wurden die Räume durch die Firma Gold-Pfeil, heute durch die Firma Langhardt genutzt.

29 StA Essen 652 Nr. 154, Reismann-Grone, Chronik der Oberbürgermeisterzeit 1933-1937, S. 36.

30 Entwurf: Architekten RKW

31 Bauordnungsamt Essen, Hausakte Kettwiger Straße 33-35.

Klaus Wisotzky

„… dem Buch eine Heimstätte zu geben"
Buchhandlung und Verlag in den 20er und 30er Jahren

Als Alfred Baedeker nach dem Tode seines Vaters Diedrich die Firma als Alleininhaber übernahm, hatte er ehrgeizige Pläne entwickelt. Er wollte Buchhandlung und Verlag wieder zu der Bedeutung bringen, „die sie für die Stadt Essen und Umgebung und … für ganz Deutschland vor Jahrzehnten besessen" hatten.[1] „Damals galten die Baedekers als Verleger, Buchhändler und Drucker als die einzig massgebendsten Leute im Industriebezirk und das ist viel zu wenig ausgenutzt und beobachtet worden, sodass andere Firmen nicht nur hochkommen, sondern die Baedekers beiseite drängen konnten." Den Grund für die negative Entwicklung sah er in den „eigenbrötlerischen Familieninteressen und Familienintrigen", die die Firma bis an den Rand des Zusammenbruchs geführt hätten. Wenngleich es schwer sei, „verloren gegangenes Terrain wieder zu erobern", so wollte Alfred das Werk mutig in Angriff nehmen[2], erkannte er doch „trotz der teilweise rückständigen kleinlichen, oft sogar unehrlichen Denkungsart unserer Bevölkerung in ethischer, politischer und kaufmännischer Beziehung" große Entwicklungsmöglichkeiten im Ruhrgebiet.[3]

Es war Alfred Wilhelm Baedeker nicht in die Wiege gelegt worden, die Tradition der weltberühmten Verlegerfamilie fortzusetzen, als er am 19. Juni 1888 als achtes Kind seiner Eltern Diedrich und Doris, geb. Borchardt, das Licht der Welt erblickte. Zunächst absolvierte er – nach Ablegung seiner Reifeprüfung im Jahre 1908 – eine zweijährige Banklehre, ehe er das Studium der Rechtswissenschaften in Göttingen begann, das er mit dem Referendar-Examen in Hamm erfolgreich abschloß. Der Erste Weltkrieg brachte dann die entscheidende Wende in seinem Leben, denn sein Bruder Hermann, der die Buchhandlung und den Verlag in Essen übernehmen sollte, fiel in den ersten Kriegsmonaten. So wurde Alfred als Mitinhaber in die Firma

Alfred Baedeker

G. D. Baedeker aufgenommen und nach dem Tode seines Vaters am 2. August 1922 Alleininhaber.

Alfred Baedeker sah es nicht als Nachteil an, daß er kein klassischer Buchhändler war, im Gegenteil. „Nach den Buchhändlern, die ich bisher kennengelernt habe, von ganz wenigen Ausnahmen abgesehen, bin ich zu der Überzeugung gekommen, dass ich wohl niemals auf den Gedanken gekommen wäre, in unserem alten Geschäft nennenswerte Wandlungen zu schaffen, wenn ich die übliche Buchhändlerlehre durchgemacht hätte," schrieb er Eugen Diederichs. „Es sind in den letzten Jahrzehnten glänzende Verlagshäuser entstanden, aber kaum hat sich eine Buchhandlung zu dem Niveau eines modernen Geschäftes emporgeschwungen. Ja, die Kollegen empfinden es sogar als eine direkte Beleidigung ihres Standes, wenn man mit modernen und frischen Gedanken kommt und mit einer Konsequenz, die bedenklich stimmen muss, wird auch der junge Nachwuchs in philisterhaften Sinne grossgezogen."[4]

Wenngleich Alfred Baedeker die Buchhändler in der Mehrheit für „Spießer" hielt,[5] so konnte er nicht ganz auf deren Sachverstand verzichten. Tatkräftig unterstützt wurde er von Marta Preuschel, geboren am 15. Oktober 1889 in Darkehmen in Ostpreußen. Sie kannte das Geschäft aus dem Eff-Eff, denn sie war als 17jährige nach Essen gekommen, hatte bei Baedeker ihre Lehre absolviert und blieb dann als Buchhändlerin in der Firma tätig. Alfred und Marta, die Diedrich Baedeker bis zu seinem Tode betreut hatte und dafür testamentarisch bedacht worden war, heirateten am 22. Oktober 1925 in London. Fortan bestimmten beide gemeinsam die Geschicke von Verlag und Buchhandlung.

Schaufenstergestaltung anläßlich des Jubiläums 150 Jahre Baedeker

Das Hauptaugenmerk galt zunächst der Buchhandlung, die mit großem Kostenaufwand umgestaltet wurde. Doch Alfred konnte die Früchte seiner Arbeit nicht genießen, denn die Stadt revidierte plötzlich ihre Neubaupläne, so daß das alte „Baedekerhaus" schnell geräumt werden mußte. Ersatz wurde mit dem neuen Ladengeschäft geschaffen, das links vom alten Haus stand und in das Baedeker Ende des Jahres 1925 einzog. Die neue Buchhandlung erfüllte die Erwartungen, und es gelang Baedeker, die Buchhandlung Schmemann erstmals seit langem wieder zu übertreffen und den größten Umsatz in Essen zu erzielen.

Bedingt durch den bevorstehenden Umzug in das neue Ladengeschäft, gab es zum 150jährigen Geschäftsjubiläum keine großen Feierlichkeiten. Die Buchhandlung erinnerte lediglich mittels Schaufensterdekorationen an das historische Datum und richtete im November 1925 eine kleine interne Feier für die Mitarbeiterinnen und Mitarbeiter aus. Zur gleichen Zeit wurde im Heimatmuseum ein „Baedekerzimmer" eröffnet, in dem alle wertvollen Erinnerungsstücke und Dokumente zur Firmen- und Familiengeschichte ausgestellt waren.

Zum geschäftlichen Erfolg nach der Überwindung der Inflation trugen auch die zukunftsweisenden Ideen Alfred Baedekers bei. So wurde im Oktober 1924 in Zusammenarbeit mit den Galeristen Flechtheim und Vautier ein Kunstsalon eingerichtet. Zwar waren die wechselnden Verkaufsausstellungen Künstlerinnen und Künstlern gewidmet, die heute unbekannt oder nur einem kleinen Kreis von Spezialisten bekannt sind wie A. M. Lantzsch-Nötzel, Augustinus Golz, Alexander von Springer, Bruno Beye, Marianne von Wrefkin oder Walter König, aber es gab im Angebot auch Gemälde von Karl Hofer, Vlaminck, Levy oder Lithographien von Matisse und George Grosz.

Alfred Baedeker lud auch namhafte Schriftsteller wie Thomas Mann ein, der sich aber nicht in der Lage sah, der Einladung zu folgen: „Bei aller Einsicht in die Wichtigkeit Essens und seines Gebietes für das geistige Leben muss es leider für dieses Jahr bei der erklärten Absage bleiben. Ich habe schon langwierige und anstrengende Reisen hinter mir, eine von langer Hand schon abgemachte Reise nach Wien und Budapest steht mir für den Dezember noch bevor, und in der Zwischenzeit und nachher brauche ich unbedingt Arbeitsruhe, wenn ich überhaupt noch etwas vor mich bringen will trotz der vielen Ansprüche, die ganz abgesehen von Reisevorschlägen beständig von aussen an mich herantreten. Wenn Sie als Buchhändler Sympathie für meine Produktion empfinden, so muss Ihnen ja schliesslich erstens mit mir daran gelegen sein, dass diese nicht durch beständige Störungen von Seiten der Welt verhindert und lahm gelegt wird, und zweitens brauchen Sie sich in Ihren literarischen Propagandaplänen wohl kaum dadurch beeinträchtigt zu fühlen, dass ich mich vorerst nicht persönlich in Essen dem Publikum zeigen kann."[6]

Obwohl die neue Buchhandlung, die nur eine Interimslösung darstellte, die Erwartungen erfüllt hatte, erhoffte sich Baedeker einen weiteren Aufschwung, wenn das neue Baedekerhaus bezogen werden konnte, in dem die Firma das gesamte Erdgeschoß, den Keller und die zweite Etage angemietet hatte.

Alfred Baedeker war voll des Selbstlobes. Dem Verleger Gustav Kilpper schreibt er: „Zum erstenmal, glaube ich, wird in Deutschland der Versuch gemacht, in einer Grosstadt, die zudem der Mittelpunkt des gesamten Industriebezirkes bedeutet, auch dem Buch eine Heimstätte zu geben, wie sie der modernen Entwicklung unserer Zivilisation, insbesondere unserer Grosstädte, nicht zuletzt aber auch der Entwicklung unserer grossen Verlagshäuser entspricht. Es ist ja eine auffallende Tatsache,

Inneneinrichtung der neuen Buchhandlung

dass die grossen Unternehmungen des Verlages wie Pilze aus der Erde geschossen, während die Buchhandlungen mehr oder weniger kleine Betriebe geblieben sind. Die Buchhandlung in solchem Ausmasse, wie wir sie jetzt besitzen, ist selbstverständlich nicht nur ein Produkt meines Unternehmungsgeistes, sondern auch gleichzeitig eine Tat der deutschen Verleger, ohne deren Hilfe ich nicht in der Lage gewesen wäre, diesen grossen Monumentalbau in den Dienst des deutschen Verlages zu stellen."[7]

Auch die Kritiker waren begeistert. Karl Sabel feiert die Buchhandlung, „die in dieser Größe einzig in Rheinland und Westfalen dasteht und, was die Modernität der Einrichtung betrifft, wohl ihresgleichen in Deutschland kaum findet": „Ein großer, saalartiger Raum, hell, durch Säulen in intimere Partien gegliedert, die Bücherregale an den Wänden fast bis zur Decke hinaufgeführt, Verkaufstische sinnfällig auf die Säulen verteilt, und den Säulen ist ihr konstruktivischer Charakter dadurch genommen, daß sie mit Holztäfelungen und Vitrinen umkleidet wurden, so daß einziger sinnvoll aufgeteilter Raum entsteht, der nichts mehr von der Buchhandlung alten Stils aufweist, sondern durchaus den Charakter einer großen Bibliothek trägt, so wie man sie in alten Schlössern finden kann – natürlich nicht in dieser modernen Aufmachung, ... Originell ist die Lichtanlage. Große lampionartige Lampen, von weißem Milchglas umkleidet, verbinden die vor den Säulen angebrachten Vitrinen mit der Decke. Sehr angenehm fällt die Eichenholztäfelung auf, die überall durchgeführt und

Eröffnung der neuen Buchhandlung durch Alfred Baedeker, 1927

in einem weichen Dunkelbraun gehalten ist, in der Form der Verarbeitung ganz dem Stil des Raumes angepaßt, wie überhaupt der ganze Raum bis ins kleinste Teil einheitlich durchgearbeitet ist."[8]

Die Ausmaße der neuen Buchhandlung waren imponierend. Im Ladenlokal wurden in den Regalen 30.000 Bücher präsentiert, während im Keller weitere 50.000 Bände des Sortiments lagerten.

Der Größe und Bedeutung der Buchhandlung entsprechend, sollten die offiziellen Einweihungsfeierlichkeiten am 16. Oktober 1927 nach dem Wunsche Alfred Baedekers von den sonst üblichen Geschäftseröffnungen abweichen. Es sollte ein „Festtag rheinischer Kultur" werden, „wie ihn das literarische Leben unserer Stadt bisher noch nicht erlebt hat".[9]

Zur Eröffnung des Festaktes, zu dem nicht nur zahlreiche Schriftsteller, sondern auch viele prominente Persönlichkeiten aus Handel und Industrie erschienen waren, trug der Schubert-Bund unter der Leitung des Kirchen-Musikdirektors Otto Helm den Chor „Säerspruch" von Edwin Lendvai vor. Dann schritt der Dichter Joseph Winckler ans Rednerpult und rezitierte den extra für diesen Tag verfaßten Prolog „Der Dichter an das Haus". Nach der Begrüßung der Gäste durch Alfred Baedeker, wobei er besonders die Pflege der heimischen Literatur, die innere Verbindung zur Großindustrie und die preußisch-deutsche Gesinnung des Verlages betonte, folgten zahlreiche Grußworte. Die Festrede hatte der Generalsuperintendent der Rheinprovinz D. Klingemann, ein alter Freund der Familie, übernommen, der über die Aufgabe und den Beruf des Buchhändlers und Verlegers sprach. Auf ausdrücklichen Wunsch von Alfred Baedeker hielt im Anschluß an zwei Chöre von Robert Schumann Professor Justus Hashagen den Festvortrag zum Thema „Die Zeit der Romantik in den Rheinlanden", in dem Joseph Görres und Ernst Moritz Arndt als Überwinder der konfessionellen Gegensätze gewürdigt wurden. Zum Abschluß kamen die Schriftsteller zu Wort. D. H. Sarnetzki sprach über die rheinisch-westfälischen Dichter, während Alfons Paquet über die übernationale Stellung des Rheingebietes referierte und Hans Martin Elster über den Wert des deutschen Buches redete. Mit dem niederländischen Dankgebet endete der Festakt, der von 400 Personen verfolgt wurde. Es war eine gelungene Einweihung, und auch die überregionale Presse war voll des Lobes. Die Veranstaltung habe bewiesen, so der Dortmunder Generalanzeiger, „daß Baedeker auch im neuen Hause das ist, was er schon im alten seit Jahrzehnten gewesen ist, ein starker Schutz und Hort deutscher Geistigkeit im Herzen des Industriegebietes".[10]

Der feierlich verlaufenen Einweihung folgte ein Festmahl im Hotel Kaiserhof, das die Familie für 50 geladene Gäste ausrichtete. Wieder gab es zahlreiche Reden und zwischendurch wurde „Die Wacht am Rhein" gesungen, ein patriotisches Lied, dessen Erstdruck im Baedekerverlag erschien.

Noch am gleichen Abend begann die Baedeker-Woche, zu der Alfred Baedeker namhafte Literaten und Wissenschaftler geladen hatte. Den Auftakt bildete das Duo Hanns Martin Elster und Joseph Ponten. Ersterer charakterisierte die Situation der zeitgenössischen Literatur, danach trug Ponten aus seinem Werk „Römisches Idyll" vor, ein in Hexametern geschriebener Rückblick auf die deutsche Künstlerkolonie in Rom. Am Montag las Joseph Winckler noch nicht veröffentlichte moderne Balladen und Adolf von Hatzfeld schon bekannte Gedichte. Der Kritiker der Rheinisch-Westfälischen Zeitung war voll des Lobes über Winckler: „Stoffe weiß er zu finden, die groß sind durch Format, durch Rohstoff der Vision, Worte weiß er zu packen, die laut sind, durch den Donner ungebändigter Kraft. Er geht durch die Literatur der Gegenwart wie ein Riese, der mit Findlingsblöcken spielt. Gewaltig ist sein Ansturm, der Ballade nicht nur neue Form, sondern mehr noch neue Gefühlskomplexe zu erobern."[11] Der rheinischen Kunst zwischen 400 und 1550 widmete sich Prof. Dr. Eugen Lüthgen am Mittwoch, während der Frankfurter Psychiater und Psychologe Dr. Hans Prinzhorn über „Die Prägung eines neuen Menschenbildes und die Begründung einer neuen Psychologie durch Friedrich Nietzsche" referierte, ein Vortrag, mit dem Prinzhorn bereits bei Tagung der Nietzsche-Gesellschaft in Weimar Erfolg hatte. Im Anschluß daran stellte Herbert Eulenberg Abschnitte seines Hohenzollern-Buches vor. Er war der einzige, dessen Lesung Kritik erfuhr. „Solche billige, witzlose Satire, die eines Emil Ludwig würdig wäre, hat Eulenberg nicht nötig. Wir lieben in ihm den Dichter, nicht aber den politischen Pamphletisten."[12] Der Abschluß der Baedeker-Woche blieb wiederum den Schriftstellern vorbehalten. Am Freitag lasen Otto Brües und Christoph Wieprecht, am Samstag D. H. Sarnetzki und Paul Joseph Cremers.

Es war Alfred Baedeker zweifelsohne gelungen, die führenden rheinischen Literaten nach Essen zu holen, und so wurde die Baedeker-Woche ein voller Erfolg, zumal die einzelnen Veranstaltungen auch beim Publikum großen Anklang fanden. Teilweise mußten die Zuhörer im Gang bei geöffneter Saaltür Platz nehmen.

Baedeker wollte mit den Veranstaltungen nicht nur Werbung für das eigene Haus machen, sondern er verband damit weiterreichende Ziele. Zum einen sollte die Baedeker-Woche „eine Kundgebung für das deutsche Buch als den Träger geistiger Werte inmitten der Hochburg riesenhafter Produktion wirtschaftlicher Güter und Stoffe" sein. „Geistige Kultur und Wirtschaft, das ist der tiefere Sinn der Veranstaltungen in Essen, sollen zusammengeführt werden, um den fortschreitenden Amerikanismus unseres Volkes in etwa aufzuhalten." Zum anderen sollte die Baedeker-Woche „Zeugnis dafür ablegen, daß hier im Westen des Reiches der geistigen Kultur nicht nur einzigartige Stätten errichtet werden, sondern daß das Rheinland auch geistige und

Schaufenster mit Werken rheinisch-westfälischer Schriftsteller

künstlerische Köpfe besitzt, die zu den Besten des Reiches überhaupt gehören". Es galt die „Schmähungen der Kultur des Ruhrgebietes durch Berlin Einhalt zu tun".[13]

Die kulturpessimistischen Betrachtungen über den „Amerikanismus", die – wie Dan Diner gezeigt hat – in den nationalen Kreisen weit verbreitet waren, finden sich auch den Weihnachtsheften („Das Buch Weihnacht 1926 bzw. 1927 im Baedekerhaus"[14]) wieder, in denen Empfehlungen für den Buchkauf gegeben werden. Hanns Martin Elster beschreibt in der Einleitung die Gefahr der Vermassung: „Dies Schicksal droht uns Deutschen: Masse zu werden. Die Masse bedeutet kulturell gesehen: Amerikanismus. Bedeutet: Psychose des Nur-Zeitgemäßen. Bedeutet: Aufgabe der Individualität, der Persönlichkeit, der Bildung, der Kultur. Bedeutet Kino, Radio, Leerlauf des geistig-seelischen Menschentums. Bedeutet: Nichtachtung der höheren geistigen, menschlichen Leistung. Bedeutet: das diametrale Gegenteil aller bisherigen deutschen Sehnsüchte und des gesamten deutschen Wesensausdruckes durch die Jahrhun-

Buchempfehlungen zu Weihnachten 1926

derte hindurch. Die Masse ist das Volk ohne Raum. Ihr Symbol ist das Volk ohne Buch! Uns droht das Schicksal als Volk ohne Raum, ohne Buch zu werden!" Es ist keineswegs so, daß nicht mehr gelesen wird, sondern die Gefahr liegt darin, daß das bewährte Buch verdrängt wird. „Ein Blick auf die Überschwemmung Deutschlands mit Schundübersetzungen der Massenschmöker des Auslandes ist hier jedem offenen Auge Beweis genug." Dagegen müsse man sich wehren. So könne „der gebildete Deutsche heute nichts anderes tun, als sich bewußt und charaktervoll dem Amerikanismus entgegen(zu)stellen". Elster empfiehlt den Kauf des guten Buches, denn dieses „ist durch keine Einrichtung der Erde ersetzbar. Weder Radio noch Kino, weder der Motor noch der Jazz, weder Sport noch Spiel können jemals das geben, was das gute Buch innerlich den Menschen zufügt." Klar und eindeutig ist seine Anweisung an den Käufer, die natürlich auch Teil der Marktstrategie bestimmter Verleger ist: „Du bist Deutscher. Also wähle zuerst das deutsche Buch, denn es ist aus deinem Wesen entstanden und kommt deinem Leben, innerlich und äußerlich, am nächsten, spricht am tiefsten zu dir, wirkt am fühlbarsten in deinem Leben fort."[15]

Welche Bücher wurde nun von Baedeker für würdig erachtet, aus der großen Masse der Neuerscheinungen besonders herausgestellt zu werden? An der Spitze der Empfehlungen für 1927 stand Hans Grimms Buch „Volk ohne Raum", ein – aus heutiger Sicht – „literarisch eher dürftiges und auch kaum unterhaltsames Elaborat"[16], das damals als „ein einziger Aufschrei aus der größten unserer Nöte" und als „eine erschütternde Mahnung" charakterisiert wurde.[17] Es folgen dann die Werke von Joseph Ponten, Alfred Neumann, Jakob Kneip, Frank Thieß und E. G. Kolbenheyer. Von den rheinischen Schriftstellern sind des weiteren vertreten Otto Brües, Clara Viebig, Joseph Winckler und Herbert Eulenberg. Natürlich werden auch Bücher von Thomas Mann, Stefan Zweig, Hermann Hesse und Franz Werfel empfohlen, aber bezeichnend ist, daß die literarisch moderne bzw. die politisch fortschrittliche Literatur fehlen. Namen wie Heinrich Mann oder Alfred Döblin, Franz Kafka oder Gottfried Benn sucht man vergeblich. Bevorzugt wurde eine eher bürgerliche, volkstumsbetonte, nationalkonservative Literatur, die ein Gegenmodell zu der modernen Berliner „Asphaltliteratur" darstellt.

Die konservative Grundtendenz wird besonders bei den Empfehlungen der politischen Sachbücher deutlich. Hier wurden an erster Stelle die „Gedanken und Erinnerungen" von Bismarck angepriesen: „Ein notwendigeres und wichtigeres Geschenk kann uns Deutschen in diesen lauen Zeiten der bewußten Geschichtsverfälschung zu Weihnachten nicht gemacht werden."[18] Dies entsprach der politischen Einstellung des Firmenleiters. Alfred Baedeker hat immer wieder, so auch bei der Einweihungsfeier der Buchhandlung, betont, daß das Haus Baedeker stets die preußische und später dann die preußisch-deutsche Politik Bismarcks unterstützt habe, und diese politische Einstellung habe er auch in der Weimarer Republik beibehalten.[19] Von daher war es nur konsequent, daß sich Alfred Baedeker zur Deutsch-Nationalen Volkspartei (DNVP), der Partei, die den rechten Flügel im Parteienspektrum der 20er Jahre abdeckte, bekannte.

Wenngleich die aufeinanderfolgenden Umzüge und die jeweilige Neugestaltung der Buchläden viel Kraft und Energie banden, so mußte dennoch das Verlagsgeschäft weitergeführt werden.

Das Rückgrat des Verlages bildeten zweifelsohne die Schulbücher. Zwar gab es 1927 Haesters Fibel für den Schreib-Lese-Unterricht für die Unterklassen der Volksschule, die 1890 in der 1150. Auflage erschienen war, nicht mehr im Verlagsprogramm, doch Baedeker wies noch zahlreiche andere auflagenstarke Schulbücher auf. In erster Linie sind die vielen Liederbücher wie z.B. der Erk'sche Liederkranz zu nennen, aber mit den Produktionen des Verlages haben sowohl viele Besucher der Berg- sowie der gewerblichen Schulen als auch Mädchen der Lyzeen Mathematik, Physik und Chemie gelernt. Ebenfalls zum Erfolg trugen die mathematischen und technischen (Berechnungs-)Tabellen von Schultz, die immer wieder neu aufgelegt wurden, und die Chorbücher bei. Die rheinisch-westfälische Kinderharfe, die seit mehr als 40 Jahren in den Kindergottesdiensten verwendet wurde und die bereits in der 48. Auflage herauskam, ist ein Beispiel unter vielen.

Die traditionelle Verbundenheit zum Bergbau schlug sich auch noch im Verlagsprogramm der 20er Jahre nieder. Baedeker gab noch bis 1931 das Jahrbuch für den Oberbergamtsbezirk Dortmund heraus, einen Führer, in dem die rheinisch-westfälischen Berg- und Hüttenwerke, die Großbanken, die Elektrizitätswerke sowie die bergmännischen Körperschaften, Absatzorganisationen und Verwertungsgesellschaften ausführlichst beschrieben werden, ergänzt durch zahlreiche Statistiken. „Das hochgeschätzte Werk ist für jeden unentbehrlich, der sich über die rheinisch-westfälische Schwerindustrie unterrichten will", lautete das zutreffende Urteil der „Frankfurter Zeitung".[20] Weiterhin erschienen der Baedeker Bergkalender sowie die vom Verein für die bergbaulichen Interessen erstellte Montanstatistik „Bergwerke und Salinen im niederrheinisch-westfälischen Bergbaubezirk". Die Bergbauliteratur wird vervollständigt durch Monographien sowohl zu technischen wie auch zu wirtschaftsgeschichtlichen Themenbereichen (z.B. Jungeblodt-Eschenbruch, Die Kohlenaufbereitung oder Otto Goepel, Essen. Montanindustrielle Entwicklung und Aufbau der Ruhr-Emscherstadt). Die Untersuchung von Heymann/Freudenberg, Morbidität und Mortalität der Bergleute im Ruhrgebiet, die die zeitgenössische Kritik als „eine außerordentlich gründliche statistische Arbeit" lobte[21], dient auch heute noch der Bergarbeiterforschung als unentbehrliche Quelle.

Ein weiterer Schwerpunkt des Verlagsprogramms – und auch das hatte Tradition – war die Geschichtswissenschaft. Bereits seit 1910 wurden die Veröffentlichungen des Archivs für rheinisch-westfälische Wirtschaftsgeschichte bei Baedeker verlegt. In den

Jahrbuch

für den

Oberbergamtsbezirk Dortmund

(Begründet von Geh. Bergrat Dr. jur. Weidtman,
weitergeführt von Diedrich Baedeker.)

Ein Führer

durch die rheinisch-westfälischen Bergwerke und Hüttenkonzerne
und die mit ihnen in Verbindung stehenden Grossbanken und
Elektrizitätswerke in wirtschaftlicher und finanzieller Beziehung

mit

einer Darstellung aller in Betracht kommenden
Behörden und Organisationen

von

Alfred Baedeker.

Neunundzwanzigster Jahrgang
(1929—1930)

Mit einem Bildnis und einem Lebensabriß des Generaldirektors Fritz Winkhaus
nebst
einer vom Verein für die bergbaulichen Interessen bearbeiteten Statistik und einem Beiheft mit
Angaben über die Gewinnungs- und Belegschaftsverhältnisse usw. sämtlicher
Bergwerke des Ruhrkohlenbezirks.

ESSEN
G. D. Baedeker, Verlagshandlung
1931.

20er Jahren traten dann für kurze Zeit die Publikationen der Gesellschaft für rheinische Geschichtskunde hinzu. Vor allem die zweibändige Geschichte des Rheinlandes von der ältesten Zeit bis zur Gegenwart muß erwähnt werden, die Joseph Hansen 1922 herausgab und an der so namhafte Historiker wie Hermann Aubin, Justus Hashagen, Bruno Kuske und Wilhelm Levison mitarbeiteten. „Das bedeutende Sammelwerk"[22] hatte durch die Zeitumstände politisches Gewicht erhalten. Nach dem verlorenen Ersten Weltkrieg war das linksrheinische Gebiet von ausländischen Truppen besetzt und der rheinische Separatismus gefördert worden. Das Rheinland hatte „den Kelch politischer Demütigung bis zur Neige (zu) leeren", und zudem erschien „die Unversehrtheit des nationalen Territoriums" „auf das äußerste gefährdet".[23] In dem Kampf gegen die drohende Abtrennung des Rheinlandes vom Reich wollten die Autoren ihren Beitrag leisten. Zum einen sollte das Volk „aus der Erinnerung an seine große Vergangenheit stets von neuem unerschöpfliche Kräfte gewinnen",[24] um so „die drückenden Lasten der dunkeln Gegenwart zu tragen, sich trotz aller quälenden Not unserer Tage mit Zuversicht zu wappnen und am Wiederaufbau des unglücklichen Vaterlandes in hingebender Treue mitzuarbeiten"[25] Zum anderen sollte das Geschichtswerk beweisen: „Das Glück dieses Landes war immer dann am größten, wenn seine Einheit mit dem deutschen Vaterlande am festesten geschlossen war und in der Westmark selbst am wärmsten empfunden wurde."[26] Baedeker hatte sich diese Ansichten zu eigen gemacht. Er hatte es als patriotische Pflicht empfunden, „den vom Separatismus umnebelten Köpfen wieder einen geraden Weg zu zeigen",[27] und sich für das Buchprojekt eingesetzt. Für sein Engagement wurde dem Verlag besonderes Lob gezollt: „... von allen heute bestehenden Verlagsunternehmen am längsten mit dem Rheinlande verwachsen und selbst ein Stück rheinischer Geschichte, hat der Verlag trotz der großen materiellen Schwierigkeiten, die heute jeder wissenschaftlichen Publikation im Wege stehen, die Übernahme und die würdige Ausstattung unseres Werkes als eine Ehrensache betrachtet und seine Herausgabe unter Bedingungen ermöglicht, die seiner Opferwilligkeit für wissenschaftliche und vaterländische Zwecke ein glänzendes Zeugnis ausstellen."[28]

Wenngleich die Geschichte des Rheinlands ein Glanzlicht im Verlagsprogramm darstellt, so dürfen darüber die anderen wichtigen historischen Bücher nicht vergessen werden. Zu nennen sind z.B. die große Stadtgeschichte Duisburgs von Averdunk und Ring, die Werke von Justus Hashagen und Bruno Kuske oder die ausgezeichnete, von Max Weber angeregte Untersuchung Gerhard Colms über den Ruhraufstand 1920. Erhard Lucas urteilt: „In seinen analytischen Fragestellungen wie in seinen systematischen Darlegungen ist das Buch ungewöhnlich anregend und aufschlußreich.“[29]

Angesichts der – teilweise freundschaftlichen – Beziehungen Alfred Baedekers zu vielen rheinischen Schriftstellern ist es überraschend, daß die Literatur im Verlagsprogramm kaum eine Rolle spielte. Die Komödie „Muspilli oder Der Prinz von Oahu“ von Paul Joseph Cremers, die Anthologie „Ruhrland. Dichtungen werktätiger Menschen“, das Bergmannsbuch „Schlagende Wetter“ von Otto Wohlgemuth oder die Dichtung „Die Kohle“ von Emil Bertermann gehören u.a. zu den seltenen Ausnahmen.

Neuland betrat der Verlag 1925 mit der Reihe „Charakterbilder der neuen Kunst“, die Paul Joseph Cremers herausgab. Der erste Band war Johannes Greferath gewidmet. Es folgten dann in rascher Folge Monographien über Josef Weiß (Autor: Adama von Scheltema), Eberhard Viegener (Hanns Franck), Jan Thorn-Prikker (August Hoff), Josef Hegenbarth (Johannes Reichelt) und Wilhelm Kreis (Carl Meissner).

Entwurf für die Pfarrkirche in Rellinghausen von Peter Behrens (nicht ausgeführt)

Das Künstlerbuch, das heute noch Beachtung findet, bereitete dem Verlag die größten Sorgen: die aufwendig gedruckte Monographie, die anläßlich des 60. Geburtstages von Peter Behrens erschien und von Paul Joseph Cremers verfaßt worden war. Die Reaktion seitens der Kritik war gespalten.[30] Prof. Dr. Georg Witkowski lobte in der Zeitschrift für Bücherfreunde die Publikation: „Das Werk muß als eines der wichtigsten gelten, für den Aesthetiker, den Kunstfreund, den Architekten unser Zeit und für den künftigen Historiker heutiger Kunstgesinnung." Richard Klapheck pflichtete ihm in „Neue Baukunst in den Rheinlanden" bei: „Cremers Text dazu ist eine feinsinnige Interpretation, knapp und klar die Wesenszüge formuliert und Behrens' baukünstlerische Bedeutung anschaulich umschrieben. Das ist eine der besten Darstellungen gegenüber den vielen, vielleicht allzu vielen Monographien über lebende und noch in den besten Männerjahren stehende Architekten, ... Cremers' schönes und anregendes Behrens-Buch ist aber durchaus berechtigt durch die unleugbar große Bedeutung des weiten Lebenswerks des Meisters. Der unaufdringliche Begleittext wirkt sympathisch." Dagegen wurde der Text in der Zeitschrift „Moderne Bauformen" sehr abfällig beurteilt, und in der Zeitschrift „Der Kunstwart" war zu lesen, daß das wundervoll ausgestattete Buch durch die Schreibweise von Cremers zu einem „Geschäftskatalog" geworden sei. Ob es an der Sprache Cremers lag oder an dem sehr hohen Verkaufspreis von 50 Mark oder auch an beidem, sei dahingestellt, jedenfalls fügte das Buch dem Verlag großen finanziellen Schaden zu, denn es wurde zu einem Ladenhüter. In den ersten Monaten waren von der 3.000er-Auflage gerade einmal 600 Stück verkauft worden. Alfred Baedeker war der Auffassung: „Dieser katastrophale Mißerfolg ist ... einzig und allein auf die Minderwertigkeit des ... Textes zurückzuführen"[31] und verweigerte dem Autor das Resthonorar, so daß die Angelegenheit vor Gericht ausgetragen werden mußte. Was ein Ruhmesblatt in der Geschichte des Verlages werden sollte, endete in einem kleinlichen Rechtsstreit, bei dem der Autor letztendlich obsiegte.

Die Eröffnung der neuen Buchhandlung und die Baedeker-Woche im Oktober 1927 waren spektakuläre Glanzlichter in der Firmengeschichte, und sie dokumentierten „die Bedeutung der Firma für das kulturelle Leben Essens und des gesamten Ruhrbezirks".[32] Wegen ihres Erfolges sollte eine Baedeker-Woche jedes Jahr „als eine grosse Kundgebung für Kunst, Wissenschaft und Dichtung innerhalb unseres Industriegebietes" wiederholt werden.[33] Für Alfred Baedeker war sie „ein wichtiger Markstein", mit der der Wiederaufstieg zur alten Bedeutung eingeleitet werden sollte.[34]

Doch die Hoffnungen trogen. Mit der Baedeker-Woche 1927 begann nicht der Aufstieg zur alten Größe, sondern sie stand am Beginn einer Zeit der Krisen und wirtschaftlichen Nöte. Der gute Service, den die Buchhandlung bot, wie „die sofortige Zustellung ins Haus durch Baedekerboten" oder die Beschaffung nichtvorhandener Bücher durch Luftpost- und Luftfrachtverkehr, nutzte ebenso wenig wie die Werbung, daß der Besuch des Ladengeschäftes zugleich die Besichtigung einer Sehenswürdigkeit sei und der Aufenthalt in den Räumen „einen ästhetischen Genuß" vermittle.[35] Die Buchhandlung erwies sich recht schnell als überdimensioniert – auch und gerade für eine Großstadt wie Essen. Die Stadt vertrat zwar den Anspruch, die Metropole des Ruhrgebiets zu sein, doch es fehlte hier das breite Bildungsbürgertum, die Schicht, die für das Überleben von Buchhandlungen Voraussetzung ist. Zudem hatte die aufwendig gestaltete Inneneinrichtung enorme Kosten verursacht, während vom Verkaufserlös des alten Baedekerhauses nichts übriggeblieben war. Auch bei der Stadtverwaltung, Besitzerin des neuen Baedekerhauses und damit Vermieterin, fand

Baedeker kein Entgegenkommen. Nach langwierigen Verhandlungen war die Miete auf 16.000 Mark jährlich festgesetzt worden – auch dies ein Betrag, den Buchhandlung und Verlag nur schwer erwirtschaften konnten. Als die Firma dann mit der Stadt einen langandauernden Prozeß begann, wurde sie von den städtischen Einrichtungen bei den Buchbestellungen boykottiert, was einen weiteren schweren wirtschaftlichen Schaden verursachte. Vielleicht wären alle Probleme zu meistern gewesen, wenn sich nicht die Auswirkungen der Weltwirtschaftskrise spürbar bemerkbar gemacht hätten. Gerade Essen, die Stadt des Bergbaus und der Eisen- und Stahlindustrie, litt besonders unter der Rezession. So stand die altehrwürdige Firma kurz vor dem Ruin, die Schulden häuften sich. Nur durch den Verkauf fast des gesamten Privatbesitzes sowie

Das Baedekerhaus Ende der 20er Jahre

durch zusätzliche Geldanleihen bei Freunden ließ sich das Unternehmen noch retten, allerdings konzentrierte man sich für die Zukunft auf den Buchhandel. Der Verlag brachte keine Neuerscheinungen mehr heraus, sondern erstellte allenfalls noch einige wenige Nachdrucke von gefragten Tabellen und Schulbüchern und vertrieb die auf Lager liegenden Bücher.

Das Vergleichsverfahren zur Abwendung des Konkurses brachte entscheidende Veränderungen in der GmbH und in der Geschäftsführung der Firma.[36] Die Mehrheit des Stammkapitals von 35.000 Mark lag nun bei Detlef Hudemann, Geschäftsführer des Deutschen Verlegervereins zu Leipzig, (20.000 RM), während Marta 14 900 Mark zeichnete und Alfred nur noch 100 Mark verblieben. Die Kapitalverteilung schlug sich auch in der Geschäftsführung nieder, die Marta auf Beschluß der Gesellschaft vom 4. Mai 1931 übernahm.

Die wirtschaftliche Krise zehrte an der Gesundheit von Alfred Baedeker, der, als Halbjude von den Nationalsozialisten diskriminiert, während des Dritten Reichs nicht mehr öffentlich in Erscheinung trat. Bedingt durch die politischen Verhältnisse, aber auch durch seine sich immer mehr verschlimmernde Krankheit – Alfred litt an chronischem Asthma –, zog er sich aus dem aktiven Geschäftsleben zurück. Im Alter von 49 Jahren starb Alfred Baedeker am 5. August 1937 an den Folgen eines Sturzes. Er, der sich der Baedeker-Tradition so bewußt war, der vom alten Firmenglanz träumte und der das Unternehmen wieder zur alten Größe und Bedeutung bringen wollte, endete als gebrochener Mann, gezeichnet von der zerrütteten Gesundheit, leidend unter den nationalsozialistischen Rassengesetzen.

Marta Baedeker, die die Firma seit 1931 leitete, war, um das Überleben des Unternehmens zu gewährleisten, sogar zum Pakt mit dem Teufel bereit. Obwohl sie mit dem nationalsozialistischen Gedankengut nichts gemein hatte, trat sie – nach langem Zureden ihres Mannes und auf Anraten des Schriftstellers Alfred Neumann – im Juli 1932 in die NSDAP ein, um so möglichen Sanktionen vorzubeugen. Es war eine Absicherung auf die Zukunft hin, die aber insofern von politischer Hellsichtigkeit zeugt, als sich die Machtübernahme der Nazis im Sommer des Jahres 1932 noch nicht abzeichnete, wenngleich die Partei aus den Wahlen zum Reichstag als stärkste Fraktion hervorging.

Nachdem Marta Baedeker den Schritt, der ihr wahrlich schwer gefallen war und den sie vor ihren Mitarbeitern und Mitarbeiterinnen geheim hielt, einmal getan hatte, versuchte sie, ihre Parteizugehörigkeit zum Wohle des Geschäftes zu nutzen. Mit dem Hinweis, daß die Baedeker-Buchhandlung „die einzig(e) nationalsozialistisch eingestellte am Platze" sei, hoffte sie auf eine Aufhebung des städtischen Boykotts.[37] Auch schaltete sie die Kreisleitung der NSDAP ein, die dann bei der Stadtverwaltung zugunsten Baedekers intervenierte. Doch ihre Fürsprache wurde vom Oberbürgermeister Reismann-Grone abgekanzelt: „Sie setzen sich für eine Firma ein, die dieses in keiner Weise verdient. Die Firma Baedeker, welche übrigens halbjüdisch ist, hat sich der Stadt Essen gegenüber, die sich in einer Zwangslage befand, in einer Weise betragen, die jedem gemeinnützigen Gefühl hohnspricht, und sie auf das häßlichste ausgebeutet. Es ist mir persönlich bekannt, daß die Schaufensterauslagen

Marta Baedeker

Das Baedekerhaus in den 30er Jahren

der Firma B. in allen Jahren nach dem Kriege durchaus auf dem marxistisch-judäo-demokratischen Ton abgestimmt war. In der Belletristik waren Gerhard Hauptmann, die beiden Manns und das ganze Geschmeiß der jüdischen Schriftsteller die Hauptschlager; in der Politik sämtliche Autoren von dem Marxismus an bis rechts von Gustav Stresemann. Von einem deutschen Hauch habe ich niemals eine Spur gesehen."[38]

Wenngleich die Erinnerung und die Wahrnehmung des Oberbürgermeisters nicht der Realität entsprachen – die Auswertung der Buchempfehlung kam ja zu einem diametral entgegengesetzten Ergebnis –, so blieb es doch beim städtischen Boykott. Erst als 1936 der Prozeß mit der Stadt durch einen Vergleich beendet wurde, normalisierte sich das Verhältnis, und Baedeker wurde wieder bei den Buchbestellungen berücksichtigt.

Das Baedekerhaus in den 30er Jahren

Wirtschaftlich hatte sich die Lage nach den Krisenjahren 1931/32 stetig verbessert, und im Jahre 1937 wurde die letzte große Rate an die Bank gezahlt. Dank der Hilfe der Freunde konnte die Firma letztendlich gerettet werden. Einer der Helfer war der Direktor der Deutschen Verlagsanstalt, der die Sanierung „mit großer Freude" wahrnahm, weil – so schrieb er Marta Baedeker – „ich mir immer wieder sage, du bist mit dabei gewesen und hast die grosse westdeutsche Verkaufsstelle des deutschen Buchhandels mit gesunden helfen. Man geht zwar dieserhalb buchhändlerisch gesehen dafür nicht in ‚Walhall‘ ein, man hat aber damit wirklich nicht umsonst gelebt.“[39]

Wenngleich das Unternehmen finanziell gesundete, blieb seine Existenz – sofern wir den Aussagen im Entnazifizierungsverfahren Glauben schenken dürfen – gefährdet, da Buchhandlung und Verlag nun ins Visier der Gauleitung und der Gestapo gerieten. In einem Beiblatt zu ihrem Entnazifizierungs-Fragebogen gibt Marta Baedeker an:

„Die Partei hat mir von vorne herein viel Schwierigkeiten gemacht. Die Firma verlor gleich nach der Machtübernahme viele Tausend Mark dadurch, dass Schulliederbücher etc., die im Baedekerverlag erschienen waren, verboten wurden, weil sie das Lied von Heinrich Heine ‚Ich weiss nicht was soll es bedeuten‘ enthielten.

Bei einer späteren Ueberprüfung der Firma durch eine Kommission bestehend aus einem Buchhändler und zwei Gestapoleuten wurde mir eine weitere grosse Anzahl meiner Verlagswerke beschlagnahmt und in zwei grossen Lastkraftwagen abtransportiert. Es handelte sich um Werke über Sozialismus u.ä.

Sodann erhielt ich öfter Verwarnungen und Vorladungen von der Reichskulturkammer: weil ich Bücher von Thomas Mann verkauft hatte, weil ich Tauchnitz-Bände ausgelegt, weil ich Bücher über ‚entartete Kunst‘ geführt hatte usw.“[40]

Angesichts dieser Verstöße drohte mehrfach die Schließung, die nur durch den Einsatz und die Fürsprache von Karl Schubert, dem Obmann des Buchhandels im Gau Essen, verhindert werden konnte.[41] So überstand Baedeker auch die Fährnisse des Dritten Reichs.

Die 20er und die 30er Jahre waren für Baedeker eine ereignisreiche Zeitspanne, die geprägt war vom Kampf ums Überleben. Nur kurze Zeit konnte man sich nach der Überwindung der Inflationskrise im Gefühl, die schönste und größte Buchhandlung Deutschlands zu besitzen, sonnen, da zogen schon die dunklen Wolken der Weltwirtschaftskrise auf. Die „goldenen Zwanziger“ endeten rasch, dann galt alle Kraft, den drohenden Ruin abzuwenden. Alfred Baedeker erlebte nicht mehr die Konsolidierung des Unternehmens, er gehörte zu den vielen Opfern, die das NS-Regime gekostet hatte. Aber Marta Baedeker kommt das Verdienst zu, mit ihren Mitarbeitern und Mitarbeiterinnen die traditionsreiche Buchhandlung durch alle Stürme des Dritten Reichs gesteuert zu haben.

Anmerkungen

1 StA Essen 302 Nr. 28, Alfred Baedeker an Hans Baedeker, 20.12.1924.
2 StA Essen 302 Nr. 28, Alfred Baedeker an Emmy Müller, 31.8.1926.
3 StA Essen 302 Nr. 28, Alfred Baedeker an Eugene Maier, 7.1.1925.
4 StA Essen 302 Nr. 71, Alfred Baedeker an Eugen Diederichs, 6.10.1927.
5 Ebenda.
6 StA Essen 302 Nr. 29, Thomas Mann an Alfred Baedeker, 2.11.1926.
7 StA Essen 302 Nr. 71, Alfred Baedeker an Gustav Kilpper, 30.9.1927. Essener Anzeiger vom 25.8.1927 „Baedeker hat eröffnet“.
9 Essener Anzeiger vom 13.10.1927 „Ein Festtag rheinischer Literatur in Essen“.
10 General-Anzeiger für Dortmund vom 18.10.1927 „Eröffnungsfeier des Baedekerhauses in Essen“.
11 Rheinisch-Westfälische Zeitung vom 18.10.1927 „Rheinisch westfälische Dichterabende“.
12 Rheinisch-Westfälische Zeitung vom 21.10.1927.
13 Essener Anzeiger vom 13.10.1927 „Ein Festtag rheinischer Literatur in Essen“.

14 StA Essen 302 Nr. 129.

15 Hanns Martin Elster, Das Volk ohne Raum, das Volk ohne Buch?, in: Das Buch Weihnacht 1927 im Baedekerhaus, S. 1ff.

16 Reinhard Wittmann, Geschichte des deutschen Buchhandels, München 1999, S. 342.

17 Das Buch Weihnacht 1927 im Baedekerhaus, S. 4.

18 Das Buch Weihnacht 1927 im Baedekerhaus, S. 19. Neben Bismarck wurden der Kauf und die Lektüre der „Denkwürdigkeiten" von General von Schweinitz und die „Lebenserinnerungen" von General Karl Litzmann empfohlen.

19 Siehe z.B. Essener Anzeiger vom 17.10.1927 „Fest im Hause Baedeker".

20 StA Essen 302 Nr. 116, Verlagsverzeichnis 1927, S. 6.

21 Ebenda, S. 15.

22 Franz Petri/Georg Droege, Einführung in das Gesamtwerk, in: Rheinische Geschichte, hg. v. Franz Petri und Georg Droege, Bd. 1, Düsseldorf 1978, S. XV-XXX, S. XXV.

23 Joseph Hansen, Vorwort, in: Geschichte des Rheinlandes von der ältesten Zeit bis zur Gegenwart, Bd. 1, Essen 1922, S. V-VIII, S. V.

24 Ebenda, S. VI.

25 Ebenda, S. VII.

26 Ebenda.

27 StA Essen 302 Nr. 71, Alfred Baedeker an Kultusminister a.D. Beelitz, 11.10.1927.

28 Joseph Hansen, Vorwort, in: Geschichte des Rheinlandes von der ältesten Zeit bis zur Gegenwart, Bd. 1, Essen 1922, S. V-VIII, S. VIII.

29 Erhard Lucas, Märzrevolution im Ruhrgebiet, Bd. 1, Frankfurt 1970, S. 8.

30 Kritiken in StA Essen 302 Nr. 136 II 2.

31 StA Essen 302 Nr. 136 II 2, Justizrat Wallach an Landgericht Essen, 3.4.1929.

32 StA Essen 302 Nr. 71, Manuskript „Baedekerhaus und Baedekerwoche".

33 StA Essen 302 Nr. 71, Alfred Baedeker an Detmar H. Sarnetzki, 24.10.1927.

34 StA Essen 302 Nr. 71, Manuskript „Baedekerhaus und Baedekerwoche".

35 Das Buch Weihnacht 1927 im Baedekerhaus, Umschlagseite.

36 HSTAD Rep. 31 Nr. 1744.

37 StA Essen 102 VIII Nr. 19, Baedeker GmbH an Oberbürgermeister, 8.1.1935.

38 StA Essen 102 I Nr. 1030a, Oberbürgermeister an die Kreisleitung der NSDAP, o.D. (Aug. 1934).

39 StA Essen 302 Nr. 28, Mell an Martha Baedeker, 7.7.1937.

40 HSTAD NW 1005 – G. 17 – 120 (Entnazifizierungsakte Martha Baedeker). Das Beiblatt ist auch in StA Essen 302 Nr. 47.

41 HSTAD NW 1005 – G. 17 – 120, Aussage Schubert, 2.1.1946.

Manuel Hessling

G. D. Baedeker nach dem Krieg
Innenansichten einer Buchhandlung

für Kamillus Dreimüller,
den vorbildlichen Buchhändler und großen Bibliophilen,
Baedeker-Mitarbeiter von 1962 bis 1966

Vorbemerkung

Dieser Beitrag unterscheidet sich von den vorangegangenen insofern, als sein Autor die sachlich-nüchterne Position kritischer Distanz, die diese unzweifelhaft auszeichnet, beim besten Willen nicht beziehen konnte. Von 1978 bis 1995 war ich Mitarbeiter dieser Firma, hier erlernte ich den Beruf des Buchhändlers, erfuhr den Alltag in diesem wechselvollen Geschäft im Laufe der Jahre aus sehr unterschiedlichen Perspektiven und bin dem Laden an der Kettwiger Straße noch heute auf vielfältige Weise verbunden. So konnte es nicht ausbleiben, daß mein Bericht gefärbt ist von subjektiven Empfindungen, wenngleich ich mich bemüht habe, die objektiven Daten und Fakten möglichst genau zu recherchieren. Was ich nicht aus eigener Erfahrung kenne, habe ich mir in zahlreichen Gesprächen mit Zeitzeugen der Jahre vor 1978 berichten lassen. Ihnen allen sei an dieser Stelle für ihre Bereitschaft zur Mithilfe gedankt.

Die Jahre des Bombenkriegs, der Bunkernächte unter den „Fliegenden Festungen" der Alliierten, waren auch an der Buchhandlung im Zentrum der Krupp-Stadt Essen nicht spurlos vorübergegangen. Und auch der Name Baedeker, der durch Karls berühmte Reiseführer vor dem Krieg weltweit einen guten Klang hatte, überstand das „Tausendjährige Reich" nicht gänzlich unbeschadet. „Baedeker-bombings" – so nannten die Engländer jene punktgenauen Angriffe deutscher Stukas in ihrem Hinterland, nachdem bekannt geworden war, daß sich die feindlichen Flieger an den überaus zuverlässigen Karten in den *Roten Führern* orientierten. Der deutsche Emigrant Richard Friedenthal berichtet, er habe noch Jahre nach einem Volltreffer auf sein Haus in der englischen Provinz Putzreste zwischen den Seiten der Bücher seiner schwer in Mitleidenschaft gezogenen Bibliothek gefunden.

Gleiches wird, Ironie der Geschichte, von der Buchhandlung an der vormaligen Adolf-Hitler-Straße berichtet, die nach Kriegsende wieder in Kettwiger Straße umbenannt wurde. Im Hagel der Brand- und Sprengbomben war selbst das trutzige Baedekerhaus, von dem es einst geheißen hatte, es sei „gebaut wie für die Ewigkeit", schwer in Mitleidenschaft gezogen. Immerhin blieb die Fassade erstaunlich unversehrt, und auch die vier überlebensgroßen Figuren von Joseph Enseling, die Handel und Wissenschaft, Arbeit und Kunst symbolisieren, blickten unbeschadet hinweg über den Platz zwischen „Kirche und Kino", Münster und Lichtburghaus, hinüber zur Synagoge. Hinter der Fassade indes bot sich Marta Baedeker, der nun 57jährigen, seit 1937 verwitweten, kinderlosen Inhaberin der Buchhandlung ein Bild der totalen Verwüstung. Das Mobiliar war größtenteils unbrauchbar, die Schaufensterscheiben zer-

stört – was aber noch schlimmer war: Es gab kaum mehr Bücher. Goebbels' „totaler
Krieg" hatte neben allen anderen Wirtschaftszweigen auch das Verlagswesen an den
Rand der totalen Vernichtung gebracht. Schon am Papier haperte es. Die Druckmaschinen waren größtenteils zerstört. Die linientreuen Verlage wurden von den Besat-
zungsmächten liquidiert, und es dauerte Jahre, bis sich wieder eine freie und unab-
hängige Buchhandels-Landschaft in Deutschland etablieren konnte.

Dabei erwachte schon früh, wie auch andernorts in Deutschland, ein großer
Lesehunger in der Essener Bevölkerung. Nach den zwölf Jahren der Bevormundung
und Zensur wollte man wissen, wie man in der Welt außerhalb der hermetisch abge-
schlossenen Reichsgrenzen, in der Welt der ehemaligen Feinde dachte, fühlte und
schrieb. Man suchte nach Ablenkung von den unbarmherzigen Sorgen des Alltags in
dieser Trümmerwüste. Dieser oder jener trachtete gar danach, sich mit den tieferen
Gründen für den Untergang des Naziregimes auseinanderzusetzen. Und so wurde
Baedeker recht bald wieder zur ersten Adresse für literarische Bildung und Unterhaltung. Dafür bot einerseits die hervorragende Lage an Essens Haupteinkaufsstraße die
besten Voraussetzungen; andererseits war es das gemeinsame Verdienst zweier treuer
Mitarbeiter von Marta Baedeker schon aus der Zeit vor dem Krieg: Anton Kirschner
und Thea Diekhans.

Anton Kirschner und Thea Diekhans

Noch 1978, als ich in die Buchhandlung eintrat, also vier Jahre nach seinem
plötzlichen Tod, war bei den älteren Mitarbeitern vom langjährigen Geschäftsführer
Anton Kirschner und seiner Lebensgefährtin Therese Diekhans oft die Rede. Zahllos
die Anekdoten, die ich im Laufe der Jahre von diesem niederbayrischen Urgestein

und seiner so ganz anders gearteten, zierlichen Partnerin zu hören bekam! Kirschner, geboren am 24. Dezember 1905 in Holztraubach als Sohn eines Lehrers, war Buchhändler mit Leib und Seele. Nach einer Buchhändlerlehre in der Attenkofer'schen Buchhandlung im heimatlichen Straubing war er 1928 zunächst bei G. Roth in Offenburg/Baden und dann beim Herder-Verlag/Freiburg tätig gewesen, anfangs in dessen Münchner Filiale, ab 1930 als Verlagsvertreter für den *Großen Herder* in seiner süddeutschen Heimat und in Polen. „Seine Tätigkeit in Polen nahm im Jahre 1933 ein schnelles Ende. Die polnische geheime Staatspolizei hatte entdeckt, daß der zu diesem Werk gehörige Atlas in seinen Karten die seit dem Jahre 1919 bestehenden Grenzveränderungen nicht berücksichtigt hatte. Vom sog. ‚polnischen Korridor' war zum Beispiel nichts zu sehen. Rechtzeitig gewarnt, konnte Anton Kirschner der drohenden Verhaftung entgehen und sich nach Deutschland absetzen."[1]

Als Marta Baedeker 1933 im *Börsenblatt für den deutschen Buchhandel* per Chiffre-Anzeige einen leitenden Mitarbeiter suchte, weil ihr Mann Alfred als Halbjude nach der „Machtergreifung" nicht mehr voll geschäftsfähig war und sich zunehmend aus dem Buchhandel zurückzog, war Anton Kirschner als erster unter zahlreichen Interessenten zur Stelle. Instinktsicher und mit einer gehörigen Portion Chuzpe hatte er sein Bewerbungsschreiben zum Wochenende als Einschreiben, Eilbrief und per Luftpost aufgegeben und zu allem Überfluß noch telegraphische Zustellungsbestätigung erbeten. Dieser selbstbewußte Auftritt verfehlte seine Wirkung nicht, und als am Dienstag der darauffolgenden Woche noch weitere 180 Bewerbungsschreiben aus ganz Deutschland auf dem normalen Postweg eintrafen, hatte Anton Kirschner seinen Vertrag als neuer Geschäftsführer der Buchhandlung Baedeker bereits unterschrieben.

Die Geschichte seiner erfolgreichen Bewerbung bei Baedeker charakterisiert Anton Kirschner recht gut, hatte er doch auch in allen anderen Belangen seines privaten und beruflichen Fortkommens, wie alle, die ihn noch gekannt haben, stets bestätigen, immer „den richtigen Riecher". So spürte er bald nach seiner Heimkehr aus englischer Kriegsgefangenschaft, daß die Zukunft der Buchhandlung Baedeker im planvollen Ausbau der Fachbuch-Abteilungen liegen würde – und behielt damit Recht. Essens neue Prosperität gründete in den Nachkriegsjahren noch auf dem Wiedererstarken der Industrie: Kohle und Stahl, Maschinenbau und Energiewirtschaft waren die tragenden Säulen des Reviers; und von einem Strukturwandel hin zur Dienstleistungsmetropole war vorerst nicht die Rede.

Wer in den 50er Jahren die Buchhandlung Baedeker betrat, deren Verkaufsräume sich ausschließlich im Erdgeschoß befanden, wurde im sogenannten „Mittelgang" sogleich von einem Lehrling begrüßt, nach seinem Wunsch befragt und dann in die jeweiligen Abteilungen geleitet. Linker Hand und an der Rückwand gegenüber befanden sich die verschiedenen Fachbuchabteilungen, rechts die Belletristik. Die Zeit der Selbstbedienung war noch fern, der Kunde erwartete vielmehr ausführliche, fachkundige Beratung. Wenngleich Baedeker schon damals mit einem breitgefächerten Sortiment aufwartete, war doch die Zahl der Standardwerke und Neuerscheinungen noch so weit überschaubar, daß von einer engagierten buchhändlerischen Fachkraft erwartet werden konnte, den Präsenzbestand in ihrem jeweiligen Bereich zu kennen und im Hinblick auf die Bedürfnisse des Kunden richtig zu bewerten.

Anton Kirschner war seinen Mitarbeitern mit seiner alle Bereiche von Wissenschaft und Kunst umfassenden Allgemeinbildung leuchtendes Vorbild. Sein Platz, zugleich damals der einzige Sitzplatz im Laden, befand sich hinter einem großen

Blick auf den „Mittelgang"

Schreibtisch in der – vom Eingang aus gesehen – linken, hinteren Ecke. Dort etablierte er im Laufe der Jahre auch eine besondere Sortiments-Spezialität von Baedeker, die noch heute den guten Ruf der Buchhandlung weit über Essens Grenzen hinaus mitbegründet: die Landkarten- und Reiseführerabteilung. Kirschner hatte frühzei-
tig erkannt, daß man mit dem Namen Baedeker zuallererst den berühmten Reiseführer von Karl Baedeker verband, wenngleich dessen Verlag von Anfang an unabhängig
von der Essener Buchhandlung bestand. Warum, so sagte sich Kirschner, nicht von
diesem Vorurteil profitieren? Der Erfolg gab ihm recht, zumal die großen Industrie-
konzerne im Revier zunehmend auch im internationalen Geschäft tätig wurden und
der Bedarf an zuverlässigen Karten und Führern auch zu entlegenen Regionen der
Erde hier beständig wuchs. Hinzu kam seit den Jahren des „Wirtschaftswunders" das
Florieren der Touristik-Branche, das diesem Sortimentsschwerpunkt einen zusätzlichen Schub gab. So wurde dank Kirschners „gutem Riecher" ein Randgebiet des klassischen Buchhandels-Sortiments zu einer tragenden Säule des geschäftlichen Erfolgs.

   Berührungsängste zu ungewöhnlichen oder neuen Einnahmequellen hatte Anton Kirschner überhaupt nie, wenn sie nur Umsatz versprachen. Als der Rowohlt-Ver-
lag Anfang der 50er Jahre die ersten Taschenbücher herausbrachte und mancher
Buchhandels-Kollege diese „Groschenheft-Ware" boykottierte, weil er einen nachhal-
tigen Schaden für seine Hardcover-Umsätze befürchtete und gar den Untergang der

Buchkultur heraufziehen sah, war Baedeker von Anfang an mit von der Partie. Kirschner wollte nicht einsehen, warum man dieses zusätzliche Geschäft allein dem Bahnhofs-Buchhandel überlassen sollte: „Kleinvieh macht auch Mist!" Zumal der revolutionäre Niedrigpreis von anfangs 1,50 DM neue Kundenschichten in den Laden brachte, die später vielleicht einmal auch höherpreisige Bücher kaufen würden. Allerdings verbat sich Anton Kirschner von seinen Mitarbeitern, einen Kunden ungefragt darauf hinzuweisen, daß von einem verlangten Titel auch bereits eine Taschenbuchausgabe verfügbar sei: „Zuerst wird immer die gebundene Ausgabe vorgelegt!"

Auch bei der Auswahl seiner Mitarbeiter hatte Kirschner eine glückliche Hand. Mancher, der in den Jahren nach dem Krieg bei Baedeker das Geschäft mit der Ware Buch von der Pieke auf erlernt hatte, war anschließend im Buchhandels- und Verlagswesen erfolgreich. Stellvertretend für viele andere seien hier nur genannt: Franz-Joachim Klock, der spätere kaufmännische Leiter und geschäftsführende Gesellschafter des Carl-Hanser-Verlags in München, und Dr. Heribert Marré, kaufmännischer Leiter beim Suhrkamp-Verlag in Frankfurt. Sie wie viele andere erinnern sich heute noch gern an ihre Lehrjahre an der Kettwiger Straße zurück. Insbesondere die beinahe familiäre Atmosphäre unter der Belegschaft wird in allen Schilderungen jener Jahre hervorgehoben. Anton Kirschner stand dieser Baedeker-Familie als unumschränkt herrschender Patriarch vor, allseits respektiert, von manchem gefürchtet, im Herzen aber grundgütig. Therese Diekhans, seine Lebensgefährtin und Oberhoheit der Buchhaltung, wirkte hingegen bescheiden aus dem Hintergrund. Diese „Ehe ohne Trauschein" galt für ein in so exponierter Stellung tätiges Paar in jenen sittenstrengen Jahren manchem noch als Skandalon. Man munkelte, der Bischof im Münster gegenüber habe seinen Mitarbeitern deswegen gar das Betreten der Buchhandlung untersagt.

Anton Kirschner, Wolf Thoemmes und Franz-Josef Klock (v.l.)

„Tante Thea", wie Therese Diekhans von den Mitarbeitern hinter vorgehaltener Hand genannt wurde, wachte eifersüchtig über ihren ungleichen, einige Jahre jüngeren Gefährten und konnte sehr unangenehm werden, wenn Kirschner, allen weltlichen Freuden zugetan, wieder einmal mit einem Lehrmädchen flirtete. War Kirschner ein polternder Gemütsmensch, der stets einen Scherz auf den Lippen hatte, so wirkte sie sehr zurückhaltend, beinahe spröde. Im Laden zeigte sie sich nur selten, so etwa am Monatsersten, wenn sie jedem Mitarbeiter persönlich seine Lohntüte aushändigte, die damals noch Bargeld enthielt. Überhaupt wurde manches im geschäftlichen Verkehr wesentlich unkomplizierter gehandhabt als heutzutage. So hatte Kirschner zeitweise zur Motivation seiner Verkaufskräfte zwei Prämien ausgelobt: eine für den höchsten Tagesumsatz, eine für den höchsten Einzelverkauf. Diese Prämien wurden allabendlich vom Chef an der Kasse in barer Münze ausgehändigt.

Die Gehälter im Buchhandel waren schon damals, wie überhaupt im Einzelhandel, eher dürftig. Dabei waren die Arbeitszeiten, trotz fester Ladenschlußzeiten, noch ungünstiger. Es gab verkaufsoffene Sonntage im Weihnachtsgeschäft, vor und nach Ladenöffnung waren Aufräumungs- und Verwaltungsarbeiten zu erledigen, die Mittagspausen waren gerade so lang, wie zur Einnahme einer warmen Mahlzeit im Keller erforderlich war. Dabei stand der Kunde immer an allererster Stelle: „Brummte" es im Laden, mußte zur Not die Mittagspause ausfallen. Von Tarifverträgen mit klar geregelten Konditionen war ebensowenig die Rede wie von einem Betriebsrat. Arbeitsverträge wurden nicht selten per Handschlag geschlossen. Allerdings konnte man sich auf Anton Kirschners Wort unbedingt verlassen. Auch gab es eine Reihe von Vergünstigungen, mit denen der Geschäftsführer fähige Mitarbeiter ans Haus zu binden wußte, zum Beispiel großzügige Geschenke zu Ostern und zu Weihnachten. Und durch eine Vereinbarung mit den Essener Bühnen hatte Kirschner erreicht, daß „seine" Buchhändler vergünstigte Theaterkarten erhielten.

Kirschners autokratischer Führungsstil wäre wohl heute kaum mehr durchsetzbar; damals jedoch war dies durchaus einer der Gründe für den Erfolg des Geschäfts. Nur einmal in den fast drei Jahrzehnten seiner Regentschaft schien sein Thron zu wanken, als sich nämlich 1958 mehrere leitende Mitarbeiter verbündeten und bei Marta Baedeker auf Kirschners Entmachtung drängten. Einzelheiten über diesen Vorgang, der unter dem bezeichnenden Namen „Palastrevolte" in die Geschichte der Buchhandlung eingegangen ist, sind verständlicherweise kaum zu erfahren. So viel steht jedenfalls fest: Kirschner überstand diese Intrige unbeschadet – ja mehr noch: er ging daraus, gestärkt und mit noch mehr Macht ausgestattet, als der strahlende Sieger hervor. Marta Baedeker wandelte die G. D. Baedeker KG in eine offene Handelsgesellschaft um und bestellte ihn und Thea Diekhans zu geschäftsführenden, persönlich haftenden Gesellschaftern. Fast alle „Verschwörer" verließen das Unternehmen bald danach – ein Aderlaß an leitenden Mitarbeitern, der manch anderem Geschäft dieser Größenordnung schlecht bekommen wäre. Nun zahlte sich aus, daß Kirschner bereit war, seinen Mitarbeitern schon früh Verantwortung zu übertragen. Viele gute Buchhändler „aus der zweiten Reihe", hochmotiviert und stolz auf das ihnen vom Chef gewährte Vertrauen, erhielten nun ihre Chance.

Das Jahr 1958 war noch in mehrfacher Hinsicht bedeutsam für die weitere Entwicklung der Buchhandlung, datiert von daher doch die Gründung der Schallplatten- und der Graphikabteilung. Der große Erfolg auf beiden Gebieten ist mit den Namen von zwei Mitarbeitern verbunden, die ihr Hobby zum Beruf gemacht hatten und darum mit Leidenschaft die Chancen zu nutzen wußten, die sich ihnen hier boten: Wolf

Thoemmes und Erhart Mauss, die 1953 bzw. 1954 zu Baedeker gekommen waren. Kirschners Führungsstil mochte zwar autokratisch sein, doch zugleich verstand er es „meisterhaft, Initiative und Verantwortung an bewährte Mitarbeiter zu delegieren", wie in einer Würdigung im *Börsenblatt* anläßlich seines 60. Geburtstages sehr zutreffend zu lesen war.[2]

Erhart Mauss, ein großer Kenner der klassischen Musik, sorgte dafür, daß Opern- und Konzertliebhaber bald von weither nach Essen kamen, um sich von ihm beraten zu lassen und in den reichen Plattenbeständen der Buchhandlung zu wühlen. Neben der hervorragenden Beratung durch Mauss und seine Mitarbeiter war ein weiterer Vorzug, daß man bei Baedeker nicht die Katze im Sack kaufen mußte: Zum Probehören stand eine technisch hervorragend ausgestattete Hörkabine bereit. Doch der Tatendrang des rührigen Erhart Mauss ging noch weiter. Er rief 1962 die jahrelang überaus erfolgreiche Konzertreihe „Musik auf Villa Hügel" ins Leben, die durch eine eigene Baedeker-Schallplatten-Produktion dokumentiert wurde. Aber keineswegs nur Klassik, auch modernere Töne waren aus dem Hause Baedeker zu hören. Unter dem Label „baedeker-record" erschien zum Beispiel 1969 eine LP mit *Pintenballaden* von Fritz Graßhoff, gesungen von Brigitte Lebahn. Und da er überdies eine geschickte Hand bei der Schaufenstergestaltung hatte, sorgte er dafür, daß die Schallplatte, sein liebstes Kind, auch in der Außenwerbung niemals zu kurz kam.

Stereophonie-Vorführung mit **Erhart** Mauss (vorn) in der 1. Etage des Baedekerhauses

Wolf Thoemmes, der schon als junger Mann leidenschaftlich Kunst gesammelt und expressionistische Graphiken zu Spottpreisen erworben hatte, als diese noch als „entartete Kunst" galten und ihr Besitz gefährlich war, baute die Graphik-Abteilung auf. Zunächst hingen die Kunstwerke noch über den Bücherregalen im Erdgeschoß, ab 1962 war das „Graphik-Kabinett G. D. Baedeker" dann in eigenen Räumen in der ersten Etage untergebracht. Wechselnde Ausstellungen zeigten hier bis 1968 Werke von Marc Chagall, Werner Scholz, Erich Heckel, Honoré Daumier, HAP Grieshaber, Max Pfeiffer-Watenphul, Oskar Kokoschka, Emy Roeder, Ida Kerkovius, Xaver Fuhr und Werner Gilles. Danach wurden die Räume, ebenfalls unter Thoemmes' Leitung, zum Buchantiquariat umgewidmet.

Moderne Kunst über den Bücherregalen

Die Unternehmungslust Kirschners fand nur eine, allerdings unüberwindliche, Grenze: die Raumnot im Stammgeschäft an der Kettwiger Straße. War es für das „Graphik-Kabinett" noch möglich gewesen, die Stadt Essen, Inhaberin des Baedeker-hauses, zur Abtretung von Verwaltungsräumen in der ersten Etage zu bewegen, so war damit auf lange Sicht die letzte Expansionsmöglichkeit ausgeschöpft. Kirschner behalf sich mit einer naheliegenden Alternative, der Filialisierung, und eröffnete Zweiggeschäfte in der Fürstäbtissinstraße in Essen-Borbeck und an der 1964 einge-weihten neuen Pädagogischen Hochschule. Diesen Schritt tat er allerdings nur halbherzig, mußte doch nach seiner festen Überzeugung in den kleinen Filialen die Beratungsqualität leiden: „Im Hauptgeschäft kann ich meine Mitarbeiter spezialisieren und dem Kunden echte, wirkliche Berater anbieten. In der Filiale muß dagegen jeder zwangsläufig alles tun."[3]

1963 hatte Marta Baedeker, die bereits 1959 aus dem aktiven Geschäftsleben ausgeschieden war und sich in Rot bei Heidelberg zur Ruhe gesetzt hatte, aus Sorge um die Zukunft der Buchhandlung die G. D. Baedeker-Stiftung ins Leben gerufen. In der Satzung dieser Stiftung heißt es: „Solange die Firma G. D. Baedeker [...] ihre Geschäftsräume in Essen, im Baedekerhaus, Kettwiger Straße, hat, ist Aufgabe der Stiftung die Förderung von Kunst und Wissenschaft im Bereich der Stadt Essen. [...] Fällt

Die Schallplattenabteilung im Erdgeschoß

die eingangs genannte Voraussetzung weg, so entfällt auch die Begrenzung des Stiftungszwecks auf den Bereich der Stadt Essen."[4] Dem Vorstand der Stiftung gehörten zunächst neben Marta Baedeker als Vorsitzende Anton Kirschner und Therese Diekhans an, sodann ein vereidigter Buchprüfer, ein Rechtsanwalt und Notar sowie der Kulturdezernent der Stadt Essen.

Alljährlich erfüllte die Stiftung von nun an ihren Zweck und bedachte kulturelle Einrichtungen in Essen mit Geldzuwendungen, sei es ans Folkwangmuseum zur Anschaffung eines Kunstwerks, sei es an die Stadtbibliothek zur Ausstattung einer fahrbaren Bibliothek, um auch Bürger jener Stadtteile mit „Lesefutter" zu versorgen, in denen sich keine Zweigstelle befand. Daß diese Zuwendungen an den Verbleib der Buchhandlung im Baedekerhaus geknüpft waren, geschah mit weisem Vorbedacht. Der Standortvorteil in 1-a-Lage an der Kettwiger Straße, die inzwischen zur Fußgängerzone ausgebaut wurde, war ein wesentlicher Faktor für den wirtschaftlichen Erfolg des Geschäfts. Die Stadt Essen kannte den Wert ihrer Immobilie nur zu gut; und so gab es immer wieder einmal Pläne zu deren Veräußerung, etwa, um Geld für den Rathausneubau zu beschaffen. Dies mußte Marta Baedeker als eine dauernde Bedrohung für den Fortbestand ihres Unternehmens empfinden. Und als die Verkaufsabsichten der Stadt unter Oberbürgermeister Wilhelm Nieswandt 1966 sehr konkret wurden, wandte sich die Inhaberin des Unternehmens hilfesuchend an die Presse. Das benachbarte Textilkaufhaus Loosen wollte seine Verkaufsfläche erweitern und hatte Interesse angemeldet. Damals schrieb Hans Jürgen Rother in einem großen Leitartikel im Lokalteil der WAZ:

„Über dem Werk, das Generationen der Baedekers aufbauten und das sie [Marta Baedeker] erhalten will, schwebt drohend das Damoklesschwert des Verkaufes. Der schöne Bruchsteinbau aus dem Jahre 1928 an der Kettwiger Straße soll nach dem Willen der Stadt für 12 Millionen DM an Loosen verkauft werden, damit eine kleine Baugeldrate für Essens neues Rathaus zusammenkommt. ‚Und wo bleiben wir?' Marta Baedeker schüttelt verständnislos den Kopf. [...] Was wird? Frau Baedeker ist ratlos. Die Stadt führt Verhandlungen, von denen niemand etwas erfährt. Oberbürgermeister Nieswandt verkündet auf Pressekonferenzen, er wüßte einen guten Ort, wo die Buchhandlung unterkommen könnte. ‚Warum sagte er es mir dann nicht?' fragt die 78jährige. ‚Habe ich nicht als erste ein Recht darauf, es zu erfahren?' Und dennoch: ‚Ein bißchen hoffe ich immer noch, daß es gut ausgeht, daß wir bleiben können. Aber eine sehr große Optimistin bin ich nicht mehr! [...] Wenn wir im Baedekerhaus bleiben, dann fangen wir noch einmal mit Schwung an', sagt sie fest. ‚Hier', sie hebt den Brief hoch, ‚sogar Karl Baedeker (ihr Cousin) würde gerne mit seinem Reisebuch-Verlag von Freiburg nach Essen kommen. Er hat es mir geschrieben. Aber nur, wenn wir auf der Kettwiger bleiben.'"[5]

Aus der Zusammenführung der seit vielen Jahrzehnten getrennte Wege gehenden Unternehmen, der Buchhandlung in Essen und des Verlags in Freiburg, wurde zwar nichts. Aber der Appell der „alten Dame" scheint, in Verbindung mit jener klugen Kondition ihrer Stiftung, Wirkung gezeitigt zu haben. Die Pläne zum Verkauf wurden nicht realisiert. Die Buchhandlung Baedeker residiert noch heute in jenem Haus, das ihren Namen trägt, während Loosen, Anfang der 80er Jahre in wirtschaftliche Schwierigkeiten geraten, längst nicht mehr existiert.

Der neue Schwung, den Marta Baedeker versprach, wurde von Anton Kirschner und Therese Diekhans in den folgenden Jahren auf vielfältige Weise in die Tat umgesetzt. Beredtes Zeugnis für diese ungebrochene Unternehmungslust legt das Gästebuch ab, das Kirschner am 17. Mai 1951 in seiner klaren und markanten Handschrift eröffnet hatte. Die ersten zwanzig Seiten, bis in das Jahr 1957 hinein, sind noch dicht gefüllt von den Einträgen von Kunden in exotischen Schriften: Offenbar war ursprünglich Kirschners Absicht, die Weltläufigkeit und den internationalen Rang der Buchhandlung Baedeker sinnfällig werden zu lassen. Zunehmend treten an die Stelle anonymer chinesischer oder japanischer Schriftzeichen dann die Namen der nationalen literarischen Prominenz, die zu Signierstunden, später auch zu Lesungen bei Baedeker zu Gast war. Die Namensliste, in der Reihenfolge des Vorkommens,

Das Atelier der Werbeabteilung im Lichtburghaus

aber ohne Anspruch auf Vollständigkeit, ist ein kleines *Who's Who* von Dichtung, Politik, Kultur, Sport und Wissenschaft der Jahre 1955 bis heute:

Werner Bergengruen – Jakob Hegner – Hans Rascher – Heinrich Böll – Helmut Käutner – Hans Bender – Karl Kerényi – Hans Luther – Egon Vietta – Franz Schneider – Ernst Krenek – Uwe Johnson – Klaus Kinski – Gerhard und Marie Marcks – Hajo Friedrichs – Günter Grass – A. Paul Weber – Joachim Fernau – Dieter Hildebrandt – Klaus Havemann – Esther und Abi Ofarim – Miodrag Bulatovic – Franz Josef Degenhardt – „Kumpel Anton" W. H. Koch – Jürgen von Manger – Martin Walser – Martin Held – Prof. Klaus Mehnert – Krzysztof Penderecki – Loriot – Eric Malpass – Erich von Däniken – Shmuel Rodensky – Brigitte Lebahn – Fritz Graßhoff – Gotthardt de Beauclair – Louis Ferdinand Prinz von Preußen – Hildegard Knef – Peter Townsend – Andor Foldes – Horst Stern – C. W. Ceram – Ephraim Kishon – Prof. Hoimar von Ditfurth – Tomi Ungerer – Reiner Zimnik – Daniel Keel – Olga Tschechowa – Elias Canetti – Joachim Fest – Lothar-Günther Buchheim –

Dr. Gustav Heinemann – Walther Kempowski – Franz Beckenbauer – Jürgen Roland – Curd Jürgens – Will Quadflieg – Anneliese Uhlig – Max Schmeling – Juliette Greco – Heinz Wallberg – Johannes Mario Simmel – Rainer Barzel – Gerd Ruge – Siegfried Lenz – Reinhold Messner – Wolfgang Mehnert – Paul Hörbiger – Sepp Maier – Hans Korthe – Jo Pestum – Peter-T. Schulz – Uta Ranke-Heinemann – Heilwig von der Mehden – Peter Ustinov – Otto Jägersberg – Michael Ende – Erich Fried – Frederik Hetman – Hans-Christian Kirsch – Erwin Wickert – Karl Carstens – Gerhard Zwerenz – Peter Scholl-Latour – Wolfram Siebeck – Volker Elis Pilgrim – Jürgen Lodemann – Esther Vilar – Joachim Fuchsberger – Wilhelm Schlote – Heinz-G. Konsalik – Ulrich Wickert – Heiner Geißler – Wolfgang Niedecken – Gabriele Krone-Schmalz – Carola Stern – Rosamunde Pilcher – Inge Meysel – Diether Posser – Lois Fisher-Ruge – Gabriel Laub – Julius Hackethal – Dr. Reiner Klimke – Akif Pirincci – Jean Pütz – Carmen Thomas – Hera Lind – James Rizzi – Hellmuth Karasek – Günther Nenning – Peter Hamm – Paul Maar – Lea Fleischmann

Eintrag von Günter Grass ins Gästebuch

... sie alle und viele mehr verewigten sich seit 1957 zwischen den ledernen Deckeln des von Anton Kirschner angelegten, ersten Baedeker-Gästebuches, das schließlich am 12. Februar 1996 mit folgendem Eintrag von Elke Heidenreich beziehungsvoll beschlossen wurde:

„Ach, mein Baedeker! Ich kann mich gut erinnern. 1957, erstes Taschengeld, erstes selbstgekauftes Buch: Fallada, *Kleiner Mann, was nun?* Und jetzt habe ich hier gelesen – sehr gern. Danke."

Die obige Namenliste in ihrer kunterbunten Vielfalt mag vielleicht dem kritischen Leser, der nach dem scharfen Profil einer solchen Veranstaltungsreihe sucht, konzeptionslos erscheinen; andererseits ist diese Liste aber auch ein beredter Ausweis für die Liberalität und Vorurteilslosigkeit Anton Kirschners, seiner Mitarbeiter und Nachfolger bei Baedeker. Daß der Nobelpreisträger hier neben dem erfolgreichen Springreiter und der Fußballspieler neben der Kirchenkritikerin steht, ist kein Zeichen für amorphe Beliebigkeit, sondern auf andere Weise doch wieder der konsequenten (wenngleich nicht ganz uneigennützigen) Befolgung eines strikten Grundsatzes zu verdanken: Unsere Türen stehen jedem offen (wenn er nur Geld in die Kassen bringt). Und außerdem gilt heute wie seit jeher die goldene Regel: Wer vieles bringt, wird manchem etwas bringen!

Von Lesungen *in* der Buchhandlung konnte bei den beengten räumlichen Verhältnissen im Erdgeschoß anfangs nicht die Rede sein. Zwar war Baedeker noch bis in die 70er Jahre hinein mit einer Verkaufsfläche von 455 m² eine der größten Buchhandlungen in Deutschland; aber hiervon mußte jeder Quadratmeter zur optimalen

Ausgiebig geschmökert wird jetzt in den Buchhandlungen unserer Stadt. Auf dem Gabentisch darf die neueste Feierabendlektüre nicht fehlen. Natürlich auch nicht ein neues Bilderbuch für die Kleinen. Und für Mutter findet sich sicher auch etwas. WAZ-Karikaturist Gerd Hüsch hat in einer Essener Buchhandlung durch die Regale gesehen und mit dem Zeichenstift die Schmökerstunde so zwischen 16 und 18 Uhr festgehalten. Es hat so jeder seine Eigenart, das Buchgeschenk für andere und gewiß auch für sich selbst aus dem großen Büchertopf herauszufischen. Und man läßt sich dabei gern von den so fachkundigen Büchermiezen und -würmern von Berufs wegen beraten. Die wissen so schrecklich viel über die neuen und die alten Dichter. Ganz zum Schluß (auf unserem Bild hinten rechts) wird man auch zur Kasse gebeten. Muß auch sein. Weihnachtszeit — Bücherzeit.

Getümmel im Weihnachtsgeschäft
(Karikatur v. Gerd Hüsch,
WAZ v. 20. November 1965)

Buchpräsentation genutzt werden, um nach Umsatz gar eine der größten Buchhandlungen Europas sein zu können. Für Lesungen geeignete Veranstaltungsräume gab es natürlich in der Großstadt Essen andernorts, so etwa ab 1964 im neu eröffneten Jugendzentrum in der Papestraße, in neuerer Zeit in der Stadtbibliothek im Gildehof-Center. In späteren Jahren, bei vergrößerter Verkaufsfläche, gab es dann aber auch viele Vorträge und Dichterlesungen im Laden, zu denen die Verkaufsräume nach Ladenschluß von fleißigen Buchhändlern im Handumdrehen und mit viel improvisatorischem Geschick zu Auditorien umgestaltet wurden, geht doch bei einer Lesung nichts über die gemütliche Atmosphäre zwischen Buchregalen und Verkaufstischen.

Die erwähnte Liberalität und Weltoffenheit, gepaart mit einem gesunden Geschäftssinn, schlugen sich nicht nur in der Auswahl der Autoren für Lesungen und Signierstunden nieder, sondern bestimmten auch bis auf den heutigen Tag die Sortimentspolitik. Eine Zensur fand – natürlich bei strikter Einhaltung gesetzlicher Verkaufsbeschränkungen – nicht statt. Als zum Beispiel 1968 die kritische Krupp-Geschichte von William Manchester in deutscher Übersetzung erschien und bei Baedeker auslag, da soll es nach der Erinnerung zuverlässiger Zeitzeugen zu einer schlechtgelaunten Anfrage des Großkunden Krupp bei Anton Kirschner gekommen sein: Ob es denn wirklich nötig sei, dieses verleumderische Buch als Stapelware vorrätig zu halten und zu allem Überfluß im Schaufenster anzupreisen? Aus dem Schaufenster wurde es schließlich genommen, das letzte Exemplar – aber nur, weil die Stapel im Laden abverkauft waren. Auch erotische Literatur war schon in den prüden 50er Jahren bei Baedeker immer verfügbar, wenngleich im sogenannten „Giftschrank", zu dem Kirschner den Schlüssel verwahrte.

Neben den internationalen und nationalen Größen war auch die lokale Prominenz bei Baedeker, der ersten Buchhandlung am Platze, stets gern gesehener Gast, gleich ob als Kunde oder Autor. Einer von ihnen, der Karikaturist Gerd Hüsch, fing die Stimmung im typischen Getümmel des Weihnachtsgeschäftes für die WAZ ein – und hielt bei dieser Gelegenheit mit spitzer Feder manch stadtbekannte Buchhändler-Physiognomie fest.

Als Marta Baedeker am 20. Juli 1973 starb, ging ihre Beteiligung an der Firma an die von ihr begründete Stiftung über. Doris Maass, die das letzte Essener Wohnhaus der Baedeker-Familie in der Heisinger Ostpreußenstraße übernahm, erinnert sich, daß im Keller große Vorräte an Brennmaterial gelagert waren. Wie so viele, die durch die Jahre der Not und Entbehrung in den letzten Kriegsjahren traumatisiert waren, hatte die letzte Namensträgerin der Essener Baedeker-Dynastie offenbar für schlimme Zeiten Vorsorge treffen wollen. Ein Schrankkoffer, reich beklebt mit Hotel-Etiketten aus aller Welt, stand auf dem Speicher – vermutlich noch aus dem Besitz von Alfred Baedeker, der zu Lebzeiten lieber mit seinem komfortablen Horch-Automobil unterwegs war, als sich um das Essener Stammhaus zu kümmern. Seiner rührigen Gattin ist es zu danken, daß die Buchhandlung mit dem weltberühmten Namen auch heute noch in der Ruhrmetropole fortbesteht.

Unterdessen liefen in der Buchhandlung Baedeker die Vorbereitungen zur 200-Jahr-Feier an. Kirschner hatte den Essener Historiker Dr. Wilhelm Sellmann dafür gewonnen, eine Geschichte des Traditionsunternehmens zu verfassen. Der brachte mit Bienenfleiß und Lokalpatriotismus zwar ein imposantes Typoskript von vielen minutiös recherchierten Seiten zu Papier – dessen angestrebte Veröffentlichung wurde indes durch ein plötzliches und unerwartetes Ereignis vereitelt: Am 11. Dezember

1974 verstarb Anton Kirschner an seinem Arbeitsplatz an der Kettwiger Straße, wenige Tage vor Vollendung seines 69. Geburtstages.

Zur Beisetzung in Straubing konnten, mitten im Weihnachtsgeschäft, nur ein paar Mitarbeiter Therese Diekhans begleiten. Es wurde ein trauriger Heiliger Abend, und mancher bei Baedeker sah mit Sorge in die Zukunft. So sehr waren Charakter und Erfolg der Buchhandlung mit Anton Kirschner verbunden gewesen, daß man sich zunächst kaum vorstellen konnte, wie es ohne ihn nun weitergehen sollte. Doch Arbeit ist bekanntermaßen das beste Heilmittel gegen Kummer aller Art, und schließlich stand das große Jubiläum bevor. Zwar konnte nicht alles so realisiert werden, wie es sich Kirschner erträumt hatte. Als Firmenchronik erschien nur ein schmales Heftchen, auf der Grundlage von Dr. Sellmanns Recherchen erstellt. Viel Phantasie entwickelte die gesamte Belegschaft aber bei der Planung und Durchführung von Baedeker-Buchwochen im Oktober 1975, mit denen die Firma ihren 200. Geburtstag beging. Alle Mitarbeiter im Verkauf bedienten in diesen Tagen in historischen Kostümen, und zum krönenden Abschluß gab es ein rauschendes Fest in den Räumen der Buchhandlung, bei dem sich auch viele „Ehemalige" nach langer Zeit wiedersahen.

Zum Ende des Jahres schied Therese Diekhans als letzte persönlich haftende Gesellschafterin aus der Firma aus, und ab dem 1. Januar 1976 trug die G. D. Baedeker-Stiftung, wie in Marta Baedekers Verfügung vorgesehen, allein das Unternehmen. Sie bestellte zwei verdiente Mitarbeiter, Michael Keimer und Erhart Mauss, zu dessen Geschäftsführern.

Kirschners Tod fiel mitten in eine Zeit, in der eine neue Konkurrenzsituation, veränderte Konsumenten-Gewohnheiten, logistische Innovationen und härtere wirtschaftliche Rahmenbedingungen ein engagiertes unternehmerisches Handeln erforderten.

So hatten Kaufhäuser (wie Karstadts HöLe) und Buchclubs (wie der von Bertelsmann) gegenüber dem konventionellen Buchhandel empfindlich an Land gewonnen. Deren landesweiten Werbeaktionen hatte das klassische Sortiment zunächst wenig entgegenzusetzen. Darum schlossen sich neun große Sortimenter 1971 zur *Buchwerbung der Neun* zusammen, einem Werbeverbund mit Hauptsitz in München, der es seinen Mitgliedern und vielen weiteren, mittelgroßen Buchhandlungen, den sogenannten „Assoziierten", ermöglicht, mehrmals im Jahr mehrseitige, farbige Zeitungsbeilagen zu erstellen und landesweit zu „streuen". Mit von der Partie war von Anfang an – neben Thalia (Hamburg), der Mayerschen Buchhandlung (Aachen), Hugendubel (München), Phoenix (Bielefeld), Schmorl & von Seefeld (Hannover), Bouvier (Bonn), Naacher (Frankfurt am Main) und Wittwer (Stuttgart) – natürlich auch die Buchhandlung G. D. Baedeker (Essen).

Ein radikales Umdenken bei den Sortimentern erforderte zur gleichen Zeit die Verbreiterung der Leserinteressen. Die Kulturpessimisten, die mit der Verbreitung von Rundfunk und Fernsehen spätestens seit Anfang der 60er Jahre den Untergang der Buchkultur heraufbeschworen hatten, behielten – vorläufig zumindest – keinesfalls recht. Vielmehr weckten die (damals) neuen Medien vielfältige Interessen, die das Buch besser als jedes andere Informationsmittel befriedigen konnte. Dies war nicht nur die Geburtsstunde des „Buchs zum Film"; zugleich gründete in diesem neuen Bedürfnis nach selbständiger Aufklärung die erfreuliche Verbreiterung der buchhändlerischen Zielgruppen. Sortimentsbereiche mit Ratgebern aller Art, vom Kochbuch bis zur Autoreparaturanleitung, gewannen zunehmend an Bedeutung. Hand in Hand ging diese Entwicklung mit einer Öffnung des Ladengeschäfts – weg von der

Beratung über den Verkaufstresen, hin zur Selbstbedienung. Schwellenängste bauten sich von allein ab, neue Kundenschichten strömten unversehens, überraschend und unerwartet, aber hochwillkommen ins Geschäft.

Unterdessen hatte sich gleichzeitig der Zwischenbuchhandel in Deutschland imposant entwickelt und dafür gesorgt, daß die Buchbeschaffungs-Logistik einen weltweit mustergültigen Standard erreichte. Der Bestellservice der Buchhandlungen wurde dank der Branchenriesen Lingenbrink und Koehler & Volckmar so weit perfektioniert, daß bald fast jedes gefragte, aber nicht vorrätige Buch innerhalb von zwei Werktagen beschafft werden konnte. Täglich fuhren die Bücherwagen der Barsortimenter alle nennenswerten Buchhandlungen in der Bundesrepublik an.

Und schließlich mußte sich das Buch gegen viele andere Luxusartikel behaupten. Wer im erfolgsentscheidenden Weihnachtsgeschäft durch die Essener Einkaufsstraßen flanierte, durch die Kettwiger, Viehofer und Limbecker Straße, auf der Suche nach Geschenken für die Familie und den Freundeskreis, der war hin- und hergerissen zwischen den unterschiedlichsten Angeboten: Schmuck und Uhren, Textilien, Süßigkeiten, Spielwaren, Unterhaltungselektronik, Fotoapparate und vielerlei mehr lockten die Weihnachtseinkäufer in harter Konkurrenz zum Buch.

Baedeker hielt sich in den folgenden Jahren über Wasser – aber mehr auch nicht. Während andernorts die großen Kollegen, allen voran die Buchhandlung Hugendubel am Münchner Marienplatz, neue Maßstäbe setzten, dümpelte Baedeker vor sich hin und fiel bald vom fünften Rang der größten Buchhandelsunternehmen Deutschlands zurück auf unscheinbares Mittelmaß. Von den vielen Vorzügen dieses Ausnahme-Sortiments im Herzen des Reviers blieb bald nicht viel mehr übrig als sein exponierter Standort – und der sicherte immerhin in diesen schwierigeren Zeiten das nackte Überleben.

Als ich im Weihnachtsgeschäft 1978 bei Baedeker als Aushilfskraft eingestellt wurde, war die Buchhandlung so vollgestopft mit Büchern, daß für Kunden, nur mit leichter Übertreibung gesagt, kaum mehr Platz blieb. Das Mobiliar war überaltert, die endlos langen Schlangen an der Hauptkasse neben dem Eingang schreckten manchen Kunden ab, diesen Laden überhaupt erst zu betreten. Im Keller, wo der ebenfalls unter arger Platznot leidende Wareneingang und das Lager untergebracht waren, rannte ich von früh bis spät zwischen einer Sprechanlage und der steilen Kellertreppe hin und her, um die angeforderten Titel, die „oben" schon in den Regalen fehlten, nachzureichen. Die Taschenbuchsäulen verstopften den einstmals freizügigen „Mittelgang", das Klima war bei allem guten Willen auf Seiten von Kunden und Verkäufern meistenteils gereizt. In den Wintermonaten kam hinzu, daß selbst ein dicker Ledervorhang am Haupteingang nicht den Einbruch der Kälte in den Laden verhindern konnte, wann immer der Ostwind über den gegenüberliegenden Burgplatz blies. Es machte wenig Spaß, unter diesen Verhältnissen Bücher zu kaufen und zu verkaufen. Rückblickend kann ich den Durchhaltewillen meiner damaligen Kollegen nur als verbissenen Heroismus bezeichnen. Die Arbeitsbedingungen schrien zum Himmel – und zumal keine Aussicht auf Besserung dieser unzumutbaren Verhältnisse bestand, ist es nur allzu verständlich, daß sich der Unmut der Mitarbeiter bald schon in einem starken Betriebsrat formierte. Das Betriebsergebnis wurde Jahr für Jahr magerer, die Beschwerden seitens der Kundschaft nahmen zu, der Stiftungsvorstand war in Sorge – da stellte das Schicksal erneut die Weichen des Essener Traditionshauses. Erhart Mauss verstarb plötzlich und unerwartet, an seinem Arbeitsplatz mitten im Laden, im September 1979, im Alter von nur 51 Jahren. Und als unmittelbar darauf auch der zweite Geschäftsführer, Michael Keimer, das Unternehmen verließ, munkelte man in der Branche und besonders bei der örtlichen Konkurrenz, daß die Tage der größten Buchhandlung an der Ruhr gezählt seien.

Zu früh gefreut! Am 1. Juli 1980 trat Leo Joseph Nyssen, zuvor Verlagsleiter und Cheflektor beim Düsseldorfer ECON-Verlag, als neuer Geschäftsführer bei Baedeker an. Nyssen kannte die Essener Buchhandlung gut, war er doch schon zwischen 1960 und 1965 hier als Assistent der Geschäftsleitung tätig gewesen. Und als 1970 wieder einmal Gerüchte über den geplanten Verkauf des Baedekerhauses laut wurden, hatte sich Nyssen in seiner damaligen Funktion als Geschäftsführer des Rheinisch-Westfälischen Buchhändler- und Verlegerverbandes von Düsseldorf aus zu Wort gemeldet: „Der Verlust von Baedeker [...] wäre für Essen blamabel."[6] Ihm war von Anfang an klar, daß der Fortbestand der Buchhandlung an der Kettwiger Straße zuallererst von einer deutlichen Flächenexpansion abhängig war; kein leichtes Unterfangen, da die Nachbarn, Loosen und das Lederwaren-Geschäft Langhardt, keinen Quadratmeter abtreten wollten.

Zunächst hatte sich Nyssen aber mit der Sanierung von „Altlasten" befassen müssen – eine stets undankbarere Aufgabe als die glanzvolle Expansion: Ende Juni 1981 mußte er auf Beschluß des Stiftungsvorstands die Filiale an der Gesamthochschule schließen, aus Rentabilitätsgründen und weil vom dortigen Vermieter kein langfristiger Mietvertrag zu erwirken war. Adäquate Geschäftsräume in unmittelbarer Nähe der Gesamthochschule waren nicht zu finden, und Nyssens Verhandlungen mit dem Land NRW über ein Ladenlokal innerhalb der GHS verliefen im Sande.

Desto mehr Energie setzte Nyssen in seinen Plan, den Hauptstandort im Baedekerhaus auszubauen und zu erweitern. Die einzige Aussicht auf Vergrößerung der Verkaufsfläche bot nach dem Ratschluß des hinzugezogenen Architekten Wolfgang Portten die enorme Deckenhöhe des Baedekerhauses. Portten schlug Nyssen und dem Stiftungsvorstand darum eine Lösung mit Zwischenemporen vor, durch die die Verkaufsfläche auf damals stolze 890 m² erweitert werden konnte. Der Keller, bisher ausschließlich als Warenein- und -ausgang und zu Lagerzwecken genutzt, sollte nach diesen Plänen ebenso durch eine zentrale Treppenanlage erschlossen werden wie das Obergeschoß, das bislang nur umständlich über das alte Seitentreppenhaus erreichbar war. Vor diesem Umbau waren nur 47 Prozent der Gesamt-Mietfläche für den Verkauf genutzt, durch die Emporen-Lösung würde das Verhältnis zwischen Verkaufs- und Verwaltungsflächen bei drei zu eins liegen. Die Banken spielten schließlich mit und genehmigten die erforderlichen Kredite, und ab dem 22. März 1982 dröhnten im Baedekerhaus die ersten Preßlufthämmer.

Glücklicherweise konnte für den Buchverkauf ein nahes Ausweichquartier in ehemaligen Räumen der Stadtsparkasse am Theaterplatz gefunden werden, so daß sich die Umsatzeinbußen während der mehrmonatigen Umbauzeit in Grenzen hielten. Am 13. Juli 1982 um neun Uhr feierten Mitarbeiter und Kunden den Wiedereinzug ins alte Domizil, das nach diesem – nach Nyssens Worten – „Jahrhundertumbau" in neuem Glanz erstrahlte. Über 1,7 Millionen Mark waren investiert worden, und der Vorstandsvorsitzende der Baedeker-Stiftung, Rechtsanwalt Dr. Hartmut Kümmerlein, gab sich optimistisch, daß die Erreichung der ehrgeizigen Umsatzziele bald dieses unternehmerische Wagnis rechtfertigen würde: „Die neue Situation befriedigt uns sehr."[7]

Vielleicht hätte sich Nyssen etwas mehr Zeit lassen sollen, zunächst die Herzen seiner fast 80 Mitarbeiter zu gewinnen, bevor er sich mit allen Kräften in diesen zwar längst überfälligen Um- und Ausbau stürzte. Von der alten Stamm-Mannschaft, die noch den nun schon legendären Anton Kirschner hautnah erlebt hatte, wurde er ständig an dessen menschlichen Qualitäten gemessen. Und die jüngeren Mitarbeiter respektierten den neuen Geschäftsführer spätestens seit dem Weihnachtsgeschäft 1981 nicht mehr, als von ihm unter dem Pseudonym J. Jupiter ein triviales Büchlein in der Reihe *Playboy Esprit* erschien, worin kannibalische Kochrezepte unter Überschriften wie *Geschwollenes Beinfleisch ‚Kassiererin‘ mit genudelten Hautstreifen* zum Besten gegeben wurden. Uns jungen Buchhändlern taten die Damen an der Kasse leid, die als letztes und schwächstes Glied in der Kette nur zu oft das „Fett“ von den Kunden wegbekamen, wenn wir Buchhändler einmal „Mist gebaut“ hatten; und wir empfanden es als einen unziemlichen Ausdruck zynischer Arroganz, daß sich unser höchster Chef, der uns vor dieser unseligen Publikation sein Elaborat wohltönend als „Aphorismensammlung“ angekündigt hatte, dermaßen ungeniert als Misanthrop zu erkennen gab. So jung und unerfahren wir waren, vermochten wir doch zwischen vermeintlichem Esprit und tatsächlicher Geschmacklosigkeit sehr genau zu unterscheiden.

Seit dem 12. März 1981 war ich gewähltes Mitglied im fünfköpfigen Betriebsrat der Buchhandlung. Mittlerweile war die überwiegende Mehrheit der Mitarbeiter der Gewerkschaft Handel, Banken und Versicherungen (HBV) beigetreten. In wenigen Jahren hatte sich das Verhältnis zwischen Arbeitgebern und Arbeitnehmern drastisch gewandelt. Aus der „großen Familie“ im „gemeinsamen Boot“ war so etwas wie ein miniaturisierter Nebenkriegsschauplatz des Klassenkampfs geworden – zu Lasten unserer buchhändlerischen Berufung, zum Nachteil der Kunden und auf Kosten des wirtschaftlichen Erfolges. Mit harten Bandagen, bis hin zur Einigungsstelle vor dem Arbeitsgericht, wurde um tarifliche Eingruppierungen und betriebliche Sozialleistungen gerungen, schließlich auch um betriebsbedingte Kündigungen und Abfindungen. (Im benachbarten Textilkaufhaus Loosen führte die gleiche Entwicklung schließlich zur Pleite.)

Der Stiftungsvorstand war besorgt über diese unerfreuliche Verhärtung der Fronten, zumal sich Klagen seitens der Kunden über schlechten Service und unfreundliche Bedienung bei Baedeker häuften, sicher auch eine Folge des mittlerweile nachhaltig gestörten Betriebsfriedens; und zumal sich abzeichnete, daß die ehrgeizigen Umsatzziele nicht erreicht werden würden. Bald sickerte durch, daß mit möglichen Teilhabern verhandelt und auch schon in Erwägung gezogen wurde, die Buchhandlung ganz zu veräußern, um zukünftig den Stiftungszweck, die Förderung von Kunst und Kultur in Essen, allein aus den Zinserträgen zu erfüllen, die der Verkaufserlös einbringen würde. Am 21. Mai 1983 wurden die Gerüchte öffentlich. Unter der Rubrik *Was man so hört* fragte die *NRZ* in ihrem Essener Lokalteil:

„Wer kauft sich bei Baedeker ein? – Was offiziell noch nicht mitgeteilt wurde, hat sich bei der Belegschaft der renommierten Buchhandlung Baedeker schon herumgesprochen: Die Stiftung sucht neue Geldgeber, um das alteingesessene Unternehmen auf eine bessere finanzielle Basis zu stellen. Der großzügige Umbau in eine Mehretagen-Buchhandlung hatte, wie berichtet, hohe Summen erfordert. Die Firma Baedeker, seit 1775 in Essen vertreten, stand immer im Blickpunkt der Öffentlichkeit. Sie verkörpert kulturelle Tradition, ihr Name steht auch für entscheidende Abschnitte der Essener Zeitungsgeschichte. Und einer aus der Familie, Karl Baedeker, hat mit seinen Reiseführern für weltweiten Ruf gesorgt. Verständlich also, daß man sich an der Kettwiger Straße sorgt, neue Geldgeber könnten vielleicht Kurskorrekturen vornehmen. Aber solche Besorgnisse sind verfrüht. Es ist nicht denkbar, die Stiftung würde billigen, dieses Schaufenster Essener Tradition dem an manchen Stellen schon abgesenkten Niveau der Kettwiger Straße anzupassen. Mehr als zweihundert Jahre Ansehen und guten Ruf zu repräsentieren, das verpflichtet. Man darf wohl davon ausgehen, daß die Stiftung dies zum Maßstab für ihre Entscheidung macht."[8]

Solchermaßen unter den Druck des öffentlichen Interesses in der Stadt gesetzt, sah sich der Stiftungsvorstand gezwungen, die Katze aus dem Sack zu lassen, zumal die Verkaufsverhandlungen ohnehin unmittelbar vor dem Abschluß standen. Am 25. Mai 1983 war dann der Name des Käufers in *WAZ* und *NRZ* zu lesen: Sutter.

Wenngleich diese Veräußerung des Traditionsunternehmens in Presse und Öffentlichkeit zunächst mit gemischten Gefühlen aufgenommen wurde, verbuchte man doch positiv, daß Baedeker in Essener Hand blieb. August Sutter, der Firmengründer der gleichnamigen Unternehmensgruppe, hatte sich hier 1927 mit einem Zeitungsverlag selbständig gemacht. Bis zum Jahre 1943 brachten er und sein Mitgesellschafter Ernst Möller im Hansahaus an der Freiheit als Sonntagszeitung die *Essener Lokal-Post* heraus. Als er kurz nach Kriegsende früh verstarb, übernahm sein Sohn Hans Friedrich Sutter das Unternehmen und baute es als Druckerei- und Verlagsbetrieb für Telefonbücher in der Brunnenstraße in Essen-Rüttenscheid neu auf.

Hans Friedrich Sutter erfüllte sich mit dem Kauf der Buchhandlung Baedeker einen Jugendtraum, hatte er doch in den Nachkriegsjahren im Rahmen seiner Ausbildung selbst Buchhandelsluft geschnuppert. Das Verlegen von Telefonbüchern war zwar ertragreich, befriedigte die Ambitionen des vielseitig gebildeten Inhabers jedoch nicht. Schon mit dem Erwerb des Berliner Verlags Reimar Hobbing im Jahre 1955 hatte er, wenngleich letztlich erfolglos, seinen Neigungen die Zügel schießen lassen. Nun ließ er sich, als Krönung seines erfolgreichen Werdegangs, zum zweiten Male auf das Wagnis ein, abseits von seinem eigentlichen Stammgeschäft in einem neuen Geschäftsfeld Fuß zu fassen, das mehr Renommee und öffentliche Aufmerksamkeit versprach als die Publikation von Telefonbüchern.

Betriebsrat und Belegschaft opponierten zunächst gegen diese durchaus als feindlich empfundene Übernahme. Die Gewerkschaft HBV ließ vor dem Baedekerhaus Flugblätter verteilen, auf denen die Zukunft in schwarzen Farben gemalt wurde:

„Baedeker wird verramscht – 100 Arbeitsplätze stehen auf dem Spiel
Wie der Presse in den letzten Tagen zu entnehmen war, soll die Buchhandlung G. D. Baedeker den Besitzer wechseln. Was dies aber für die Mitarbeiter im Hause und für den kulturellen Rang des Geschäfts bedeutet, ließ sich allenfalls zwischen den Zeilen lesen. – Demnächst: Baedeker's billiger Buchhändler-Bazar – Bisher gehörte Baedeker der gleichnamigen Stiftung, deren Aufgabe die Förderung kultureller Einrichtungen war (Stadttheater, Folkwang-Museum usw.). Nun sollen die Profite allein in private Taschen fließen. Dies muß sich zwangsläufig katastrophal auf das Niveau der Buchhandlung auswirken. – Erst Jahrhundertumbau – jetzt Arbeitsplatz-Abbau – Die ersten Kündigungen liegen schon auf dem Tisch, radikale Rationalisierungen sind für die nächste Zukunft geplant. Die Stadt Essen, die mit Sitz und Stimme im Vorstand der Stiftung vertreten ist, hat tatenlos zugesehen und den Entscheidungen über die Köpfe der Betroffenen hinweg zugestimmt. Dazu sind wir nicht bereit. Betriebsrat, Belegschaft und Gewerkschaft HBV fordern: Die Stiftung muß erhalten bleiben! Kein weiterer Abbau von Arbeitsplätzen!"

Die Einweihung des neu gestalteten Burgplatzes am gleichen Tag wurde von den Mitarbeitern nach Ladenschluß zu einer Protestversammlung genutzt. Besonders der damalige Kulturdezernent, Dr. Wilhelm Godde, geriet als Mitglied des Stiftungsvorstands unter Beschuß. In einem offenen Brief des Betriebsrats und der Gewerk-schaft HBV wurde dem Beigeordneten insbesondere vorgeworfen, daß man die Hauptbetroffenen des Verkaufs, nämlich die Mitarbeiter, nicht rechtzeitig und ausrei-chend in die Überlegungen zur Rettung des Unternehmens einbezogen habe. So sei diesen kaum Zeit geblieben, um mögliche alternative Vorschläge zu beraten und ein-zubringen.[9]

Friedel Hanster, Christel Sutter, Oberbürgermeister Peter Reuschenbach und Hans Friedrich Sutter (v.l.)

Dr. Godde und Stadtdirektor Dr. Eberhard Neumann stellten indessen öffent-lich klar, daß die G. D. Baedeker-Stiftung erhalten bleibe und der Verkauf an die Sut-ter-Gruppe der richtige Schritt sei, die Existenz der Buchhandlung an der Kettwiger Straße und die Arbeitsplätze langfristig zu sichern. Am 3. Juni 1983 wurde der Kauf-vertrag unterschrieben. Hans Friedrich Sutter betonte, daß die A. Sutter GmbH die Buchhandlung „konsolidieren und getreu ihrer Tradition in der bisherigen Form als kulturellen Schwerpunkt Essens weiterführen werde."[10] Ins Baedeker-Gästebuch schrieb Sutter wenige Tage später:

„Am 3. Juni 1983 übernahm die Familie August Sutter die Buchhandlung G. D. Baedeker. In der Sprache des Rechts hieß es: ‚Alle Anteile der G. D. Baedeker GmbH gingen von der G. D. Baedeker-Stiftung auf die A. Sutter GmbH über.' August Sutter (1890-1950) war mit Marta Baedeker und Anton Kirschner befreundet. Im Juni 1983 waren Inhaber der A. Sutter GmbH der Sohn des Firmen-Gründers August Sutter, sei-ne Schwiegertochter Christel und seine Enkel Christian, Martin, Andreas und Anne."

Im Vorgriff auf die weitere Entwicklung der Buchhandlung bis heute darf an dieser Stelle gesagt werden, daß sich die Befürchtungen des Betriebsrats und der Gewerkschaft HBV glücklicherweise nicht bewahrheitet haben. Die Zahl der Arbeitsplätze wurde in den Jahren seit der Privatisierung verdoppelt, der kulturelle Anspruch des Hauses wurde mitnichten dem Mammon geopfert, sondern kam unter dem neuen Inhaber im Gegenteil zu neuer Blüte.

Als erste Maßnahme berief Hans Friedrich Sutter einen ehemaligen Baedeker-Mitarbeiter als buchhändlerischen Berater in den Beirat der Sutter-Gruppe: Dr. Franz-Joachim Klock. Vor Ort wurde die dynamische Betriebsberaterin Britta Schwarzner hinzugezogen. Im Oktober 1983 wurde das Stammkapital der G. D. Baedeker GmbH von 1,2 auf 2 Millionen Mark erhöht. Gleichzeitig gab der Beirat bekannt, daß Joseph Nyssen als Geschäftsführer ausschied. Zu seinem Nachfolger wurde der gelernte Sortiments-Buchhändler Herbert Becker bestellt, der zuvor in der Werbeabteilung des Luchterhand-Verlags und zuletzt beim Kölner Heymanns-Verlag als Verkaufsleiter tätig gewesen war.[11]

Erst 33 Jahre alt, gewann der neue Baedeker-Chef mit seinem optimistischen Tatendrang und seinem kooperativen Führungsstil sehr schnell die Sympathien gerade auch der jüngeren Mitarbeiter. Auch das gestörte Vertrauensverhältnis zum Betriebsrat war bald wiederhergestellt. Nachbesserungen bei der Sortiments-Positionierung brachten jedoch nicht den erhofften, durchschlagenden Erfolg. So stellte Dr. Klock bei einem Besuch im Juli 1985 fest, daß die Verkaufsräume schon wieder mit Waren überladen waren: „Einerseits herrscht eine gewisse Enge durch zu hohe Verkaufsgondeln und eine Fülle von Verkaufsständern, andererseits erreicht der Quadratmeterumsatz nicht den Branchendurchschnitt. [...] Obwohl das Ladengeschäft bekanntlich erst vor kurzer Zeit umgebaut worden ist, bedarf es meines Erachtens schon jetzt wieder eines ‚face liftings'."[12]

Dabei hatte ein unerwarteter Glücksfall Anfang des gleichen Jahres Baedeker endlich eine Aussicht auf Flächenexpansion beschert. Der angeschlagene Textilhändler Loosen trat der Buchhandlung am 1. März 1985 seine Räume in der zweiten Etage ab, eine Fläche von 700 m², die allerdings um- und ausgebaut und an den Laden angebunden werden mußten. Eine kleine und eine große Umbaulösung wurden mit Architekten und Ladenbauern geplant und durchgerechnet. Schließlich entschieden sich Herbert Becker und Hans Friedrich Sutter für die bescheidenere Variante, denn die Erweiterung der Verkaufsfläche auf annähernd 2.000 m² wäre nur durch einen gewaltigen Umsatzsprung rentabel gewesen, den zum damaligen Zeitpunkt niemand für realistisch hielt. Teile der neuen Mietfläche wurden deshalb 1986 untervermietet, allerdings an eigene Tochterunternehmen der Sutter-Gruppe, die Verlage Who's Who und Reimar Hobbing, denn auch in der Firma Sutter an der Brunnenstraße herrschte arge Platznot. Den Rest der Fläche belegte die Baedeker-Verwaltung, so daß in der ersten Etage zusätzlicher Verkaufsraum entstand. Den erreichte man allerdings als Kunde nur, wie sich die Mitarbeiter am Informationsstand im Eingang euphemistisch-knapp ausdrückten, über „dreimalneun Stufen" – nicht eben kundenfreundlich in einer Zeit, als jedes bessere Kaufhaus längst über Rolltreppen und Aufzüge verfügte.

Eine große Schlappe handelte sich Herbert Becker in Borbeck ein. Der unter Ursula Theunissen seit jeher gut florierende Laden in der Rechtstraße, direkt gegenüber von Karstadt, aber nur 65 m² groß, wurde zugunsten eines wesentlich größeren Ladenlokals in der Marktstraße, direkt am Bahnhof, aufgegeben. Auch hier war die steile Treppe, die in den eigentlichen Hauptverkaufsraum führte, eine folgenreiche

Barriere für die Kunden und den wirtschaftlichen Erfolg. 1988 mußte Baedeker seine letzte Filiale schließen.

Am 30. Juni 1987 war Herbert Becker als Geschäftsführer aus dem Unternehmen ausgeschieden und im Oktober des gleichen Jahres Geschäftsführer des Landesverbandes der Buchhandlungen und Verlage in Düsseldorf geworden. Bis zum 1. September führte ich kommissarisch als Ladenchef die Buchhandlung, Heinz Stühmer trat vorübergehend an seine Stelle, verließ das Haus aber bereits wieder Anfang des folgenden Jahres. Hans Friedrich Sutter, der selbst in jungen Jahren durch den frühzeitigen Tod seines Vaters gezwungen gewesen war, die schwere Verantwortung der Firmenleitung zu übernehmen, traute mir, damals gerade 32 Jahre alt, die Geschäftsführung zu und ermunterte mich, durch Fortbildungsmaßnahmen das nötige betriebswirtschaftliche Wissen nachträglich zu erwerben. Doch das schwierige Geschäftsjahr 1988, in dem ich die Hauptverantwortung für den wirtschaftlichen Erfolg der Buchhandlung trug, nahm mir den Mut zu diesem schweren Schritt. Und so wurde der Kölner Einzelhandelskaufmann Uwe Detering Geschäftsführer der Buchhandlung G. D. Baedeker und trat am 8. Februar 1989 seinen Dienst an der Kettwiger Straße an.

Detering kam aus dem Kaufhaus-Geschäft, hatte mehrere Filialen des Kaufhof-Konzerns geleitet und Berufserfahrungen in den USA und in Namibia gesammelt. Als rheinische Frohnatur mit gelegentlichen cholerischen Ausbrüchen, die aber sehr schnell wieder verrauchten, fand er sich schnell in das ihm anfangs fremde Buchhandels-Geschäft und in die Mentalität seiner Mitarbeiter ein, blieb aber immer kritisch gegenüber buchhändlerischem Snobismus. Der Dienst am Kunden, wie er ihn im

Die Filiale an der Rüttenscheider Straße

Kaufhaus von der Pieke auf erlernt hatte, blieb ihm bis zuletzt oberste Verpflichtung jedes erfolgreichen Einzelhändlers, gleichgültig, ob er Edamer Käse oder Goethes Werke an den Mann bringen wollte. Dies zwang manchen altgedienten Buchhändler zum Umdenken, sorgte aber in kurzer Zeit dafür, daß das angeschlagene Dienstleistungs-Image der Buchhandlung wiederhergestellt wurde.

In der Dekade unter Deterings Leitung, von 1989 bis 1999, ging Baedeker wieder auf Expansionskurs. Zum 1. Januar 1991 wurde die renommierte Buchhandlung Theodor Neher an der Rüttenscheider Straße übernommen, deren Leitung ich gleichzeitig übernahm. Auch hier fehlte es vor allem am Platz. Als das Kaufhaus Woolworth Ende 1991 seine Rüttenscheider Filiale im Arosa-Haus, ein paar hundert Meter weiter südlich an der Rüttenscheider Straße gelegen, aufgab, ergriff Detering die Gelegenheit zu einem Ortswechsel. Am 20. März 1992 fand die Neueröffnung auf erheblich erweiterter, übersichtlicher Ladenfläche statt. Mit dem benachbarten *First Reisebüro* wurde eine Kooperation beschlossen: Bücher & Reisen – das paßte in der jahrhundertealten Baedeker-Tradition wieder einmal gut zusammen. Und es war genug Platz vorhanden, in Rüttenscheid auch den Wareneingang für beide Baedeker-Buchhandlungen unterzubringen und so an der Kettwiger Straße zusätzlichen, kostbaren Verkaufsraum zu erschließen.

Nun war die Zeit reif für den tatsächlichen „Jahrhundertumbau" an der Kettwiger Straße. Die Buchhandlung wurde im Januar 1992 vorübergehend ins Amerika-Haus (heute Europa-Haus) auf dem Kennedyplatz ausgelagert. Unter Führung des Architekenbüros RKW aus Düsseldorf entstand an der Kettwiger Straße in einem

Die Filiale im FORUM City Mülheim

Filiale im CentrO Oberhausen

mehrmonatigen Gewaltakt, unter Einhaltung aller Auflagen des Denkmalschutzes, die – wie viele Kenner der Buchhandelslandschaft bei der Neueröffnung am 17. September 1992 meinten – schönste Buchhandlung Deutschlands. Hell und freundlich präsentierte sich auf 2.000 m² ein völlig verwandeltes Ladenlokal. Hofseitig erweitert und dort durch eine imposante Glasfront transparent gemacht, bereichert durch ein *Literatur-Café* im Untergeschoß, einen zentral gelegenen Aufzug und eine Rolltreppenanlage bis hinauf in die zweite, oberste Etage, wurde die Buchhandlung Baedeker endlich wieder ihrem hohen Anspruch auch äußerlich gerecht.

Im Frühjahr 1994 zog die Baedeker-Logistik aus Rüttenscheid in die Druckhalle I am Sutter-Stammhaus an der Bottroper Straße, das alle Tochterunternehmen der Sutter-Gruppe außer Baedeker im Mai 1989 bezogen hatten. Der frei werdende Platz in der Rüttenscheider Filiale wurde gleichzeitig für den Verkauf erschlossen. Am 31. August 1995 eröffnete Baedeker unter Leitung von Thomas Staudinger eine weitere Filiale im FORUM City Mülheim. Und am 12. September 1996 kam unter der neuen Firmierung G. D. Baedeker CentrO GmbH die vierte Baedeker-Buchhandlung mit Sitz in Oberhausen hinzu.

Seither hat das Essener Traditionsunternehmen den Weg vom konventionellen Buchhandel zum modernen Medienhandel konsequent weiter beschritten. Unter der Adresse www.baedeker.de und mit der neu gegründeten G. D. Baedeker Online-Service GmbH ist Baedeker seit einigen Jahren schon sehr erfolgreich im Internet präsent. Und mit dem Pilotprojekt *SuperBuch!* in Holsterhausen hat das Unternehmen wieder einmal buchhändlerisches Neuland betreten: „Gute Bücher zu schlauen Prei-

Der Treppenaufgang mit gläsernem Aufzug im umgebauten Baedekerhaus

sen" – so lautet hier der Slogan. Matthias Bremer, seit dem 1. September 1999 neuer Geschäftsführer an der Kettwiger Straße, kann zuversichtlich in die Zukunft blicken. Ihn binden übrigens auch familiäre Bande an das Buchhandelsunternehmen mit dem großen Namen: Sein Großvater Ferdinand Bremer legte vor genau hundert Jahren, im Jahre 1900, bei Baedeker seine Meisterprüfung als Buchbinder ab.

Anmerkungen

1 Wilhelm Sellmann, Verlag und Buchhandlung zweihundert Jahre in Essen, Ms. Essen 1975, S. 175.
2 Buchhandelsporträt: G. D. Baedeker, in: Buchreport 1972, S. 4.
3 Sellmann, Verlag und Buchhandlung, Anlage 45.
4 Westdeutsche Allgemeine Zeitung (WAZ) vom 26.3.1966.
5 WAZ vom 30.9.1970.
6 WAZ vom 13.7.1982.
7 Neue Ruhr Zeitung (NRZ) vom 21.5.1983.
8 HBV aktuell vom 28.5.1983.
9 NRZ vom 26.5.1983.
10 NRZ vom 6.6.1983.
11 NRZ vom 1.10.1983.
12 Dr. Franz-Joachim Klock in einer *Internen Notiz* vom 22.7.1985.

Matthias Anstötz/Gabriele Jakubowski

Zeittafel zur Geschichte der Familie und Firma G. D. Baedeker in Essen

1613	Das erste in Essen gedruckte Buch, der „Essener Almanach", erscheint.
1614	Das „Essendische Gesangbuch" wird von Johann Zeisse gedruckt und herausgegeben.
1616	Der Buchhändler Johannes Ursinus vollendet in Essen sein Werk über die Geschichte Westfalens mit einem Überblick über den Kohlenbergbau im Essener Raum.
1618 Mai 23	Mit dem Prager Fenstersturz beginnt der 30jährige Krieg, der auch das Ruhrgebiet mehrfach heimsucht.
1680 Sep. 22	Diederich Baedeker wird in Bremen geboren.
1698	Essen erhält über Wesel Anschluß an den Postkurs von Berlin nach Kleve, weitere Essener Postverbindungen entstehen über Bochum nach Dortmund sowie über Kettwig nach Düsseldorf.
1710 ca.	Diederich Baedeker läßt sich in Bielefeld nieder, wo er in die Buchdruckerei der Witwe Traenkner einheiratet.
1712 Dez. 20	Diederich Baedeker wird „königlich preußischer privilegierter Buchdrucker der Grafschaft Ravensburg". Der Titel wird ihm von König Friedrich I. verliehen.
1713 Nov. 4	Geburt von Diederich Baedekers Sohn Gottschalk Diederich.
1717 Mai	Diederich Baedeker stirbt.
1719	Der Buchbinder und Verleger Henrich Kaufmann druckt die „Feuer- und Brandordnung der Stadt Essen".
1737 März 8	Gottschalk Diederich Baedeker kauft die Dortmunder Stadtbuchdruckerei.
1738	Johann Henrich Wißmann gründet eine Druckerei in Essen und plant die Herausgabe der „Essendischen Nachrichten".
1740	Die Wißmann'sche Druckerei wird aufgegeben und geht an das städtische Waisenhaus über. Der Essener Magistrat überträgt dem Dortmunder Buchdrucker Gottschalk Diederich Baedeker das Recht, zusammen mit dem Waisenhaus die Druckerei zu betreiben.
1748	Der Magistrat der Stadt Essen überträgt die Druckerei Johann Sebastian Straube.
1750 Sep. 19	Geburt des zweiten Sohnes von Gottschalk Diederich Baedeker, der auf den Namen Zacharias Gerhard Diederich getauft wird.
1753	J. S. Straube kauft die Essener Waisenhausdruckerei.
1767	Nach mehrfach wechselnden Besitzern übernimmt Johann Christoph Theodor Wohlleben die Druckerei und führt sie erfolgreich bis zu seinem Tode am 24. Dezember 1773.
1769 Jan. 16	Gottschalk Diedcrich Bacdeker gibt die erste Dortmunder Zeitung heraus.

1775 Juli 20   Zacharias Baedeker heiratet Anna Theodora, die Witwe des Essener Buchdruckers Wohlleben und übernimmt dessen Druckerei und Verlag sowie die „Essendischen Nachrichten". Das Geschäft firmiert nun unter dem Namen „Baedeker".

1775   Ab diesem Jahre werden bei Baedeker Kalender gedruckt.

1775 – 1783   Die „Essendischen Nachrichten" berichten ausführlich über den amerikanischen Unabhänigigkeitskrieg.

1777   Das älteste überlieferte Blatt der „Essendischen Nachrichten", in dem Zacharias Baedeker als Herausgeber genannt wird, stammt aus diesem Jahre.

1778 April 9   Gottschalk Diederich Baedeker, Vater von Zacharias, stirbt in Dortmund.

1778 Juli 13   Geburt von Zacharias' Sohn Gottschalk Diederich Baedeker.

1781   Der Duisburger Theologieprofessor Christoph Georg Ludwig Meister läßt sein erfolgreichstes Werk „Lieder für Christen" bei Baedeker verlegen.

1784 Sep. 4   Zacharias Baedeker wird von der Fürstinäbtissin Maria Kunigunde

1785 Jan. 4   das „privilegium exclusivum" verliehen.

Daraufhin kommt es zwischen Stift und Stadt zum sog. „Hofbuchdruckerstreit", der sich bis 1795 hinzieht.

1784 – 1786   Zacharias Baedeker gibt das dreibändige Werk „Auserlesene Lebensbeschreibungen heiliger Seelen" des protestantischen Mystikers Gerhard Tersteegen heraus.

1788   Eröffnung der Baedeker'schen Leihbücherei, die 1799 362 Bände umfaßt, 1802 bereits 2.334 Bände enthält und bis 1843 auf ca. 7.000 Bände angewachsen ist.

1789   Die Französische Revolution findet auch in den „Essendischen Nachrichten" ein breites Echo.

1795 April 2   Tod von Zacharias' Ehefrau Anna Theodora Baedeker, die dem Sohn Gottschalk Diederich auf ihrem Sterbebett das Versprechen abnimmt, das Studium der Jurisprudenz aufzugeben und den Betrieb des Vaters zu übernehmen.

Zacharias huldigt seiner Frau mit einer aufwendigen Todesanzeige am 10. April 1795 in der Lippstädter Zeitung.

1796   G. D. Baedeker tritt als „Adjunct" in das väterliche Geschäft ein.

1798   G. D. Baedeker übernimmt die Druckerei, wenig später auch die Zeitung. Zudem erwirbt er die „Helwing'sche Leihbibliothek" in Duisburg. Es arbeiten schon ein bis zwei Gehilfen in der Druckerei.

1799   Die „Essendischen Nachrichten" werden wegen ihres überregionalen Anspruches in „Allgemeine Politische Nachrichten" umbenannt. Das Blatt erhält außerdem einen Regionalteil für Essen.

1799 Jan.   G. D. Baedeker gründet mit dem Dortmunder Buchhändler Johann Heinrich Blothe und dem Advokaten J. G. Nedelmann ein Geschäft, das unter dem Namen „Heinrich Blothe & Comp." firmiert.

1799 Okt.   G. D. Baedeker zieht sich aus dieser Firma trotz wirtschaftlichen Erfolges zurück, was wahrscheinlich auf fehlenden staatlichen Druckprivilegien in Essen beruht.

1800 ca.	Entwicklung der Papiermaschine, die die industrielle Rohstoffgewinnung aus Textillumpen ermöglicht.
	In Deutschland existieren etwa 300 Buchhandlungen, in denen ca. 4.000 Neuerscheinungen jährlich erhältlich sind.
1800	G. D. Baedeker wird Fähnrich der Essener Schützen-Compagnie.
1800	Seit diesem Jahre bildet Baedeker auch Lehrlinge im Druckgewerbe aus.
1800 Aug. 19	Tod des Zacharias Baedeker nach langjähriger Krankheit.
1800 Okt. 21	G. D. Baedeker heiratet Marianne Gehra, Buchhändlerstochter aus Neuwied.
1800 Nov.	G. D. Baedeker erhält von der Fürstinäbtissin das Recht, in der Stadt Lumpen zu sammeln, welche an Papierfabrikanten in der Umgebung verkauft werden sollen.
1801	Umzug der Baedeker'schen Druckerei von der Limbeckerstraße in gepachtete Räume an der Straße „Auf dem Hospital".
1801 Nov. 3	Geburt von G. D. Baedekers Sohn Karl, dem späteren Reiseführerverleger.
1802	Beginn der Säkularisierung in Essen und Werden, die geistlichen Territorien werden Bestandteil des Königreichs Preußen.
	Ludwig Natorp veröffentlicht bei Baedeker die „Kleine Bibel". Die Herausgabe dieses Werkes gilt als Grundstein für G. D. Baedekers verlegerische Karriere. Zu den bekannten Autoren, die ihre Schriften bei Baedeker verlegen lassen, gehören auch der Theologe Dr. Krummacher und der Pädagoge Adolf Diesterweg. Zu den Kunden von Verlag und Buchhandlung zählen u.a. Kopstadt, Waldthausen, Harkort und Krupp.
1803 Juni 1	Die Landgemeinden Essen und Werden werden im Zuge der preußischen Verwaltungsreform an den klevischen Landkreis Duisburg angeschlossen.
1803 Juli	G. D. Baedeker kauft die Helwing'sche Universitätsbuchhandlung in Duisburg, womit er auch das von 1779 datierende Druck- und Buchhandelsprivileg der Universität Duisburg erhält. Das Geschäft betreibt er zusammen mit einem Kompagnon, seinem ehemaligen Gesellen Johann Adolph Kürzel. Der Verlag firmiert fortan unter der Bezeichnung „Bädeker & Co.".
1806 Okt. 14	Essen und Werden werden von französischen Truppen annektiert. Die Gemeinden sind nun Teil des von Napoleons Schwager Joachim Murat beherrschten Großherzogtums Berg. Sie sind somit Mitglied des neugegründeten Rheinbundes. Essen wird Arrondissementhauptstadt mit Freiherr von Sonsfeld als Unterpräsident.
1808	G. D. Baedeker wird durch den Landesherrn Joachim Murat zwangsweise zum Municipalrat der Stadt Essen ernannt.
	Einige der Baedeker-Druckerzeugnisse werden im Impressum als von „Bädeker & Kürzel" stammend bezeichnet und mit dem Verlagsort Duisburg ausgewiesen.
1809	Die Essener Societät wird als erster bürgerlicher Verein gegründet.
1810	Auch G. D. Baedeker als Herausgeber der „Allgemeinen Politischen Nachrichten" muß sich den französischen Zensurvorschriften beugen und ist damit persönlich haftbar für die Inhalte seines Blattes.

1811	Friedrich Koenig und Andreas Friedrich Bauer entwickeln in London die erste Schnellpresse mit einer Druckgeschwindigkeit von 1.000 bis 1.500 Drucken pro Stunde.
1811 Nov. 20	Friedrich Krupp gründet seine Fabrik zur Produktion von Gußstahl.
1812 Aug.	G. D. Baedeker schließt die Leihbibliothek, um einen Gesamtkatalog erstellen zu können.
1813 – 1814	Während der Befreiungskriege nimmt das durch die französische Zensur stark beschnittene Zeitungswesen wieder einen rapiden Aufschwung, welches allerdings durch die Karlsbader Beschlüsse (1819) erneut einer strengen Zensur - diesmal von preußischer Seite - unterworfen wird.
1813	Die preußische Kommunalverfassung tritt in Kraft.
	G. D. Baedeker tritt als Hauptmann in den Essener Landsturm ein.
1813 Feb. 21	Die Baedeker'sche Leih- und Lesebibliothek wird wiedereröffnet.
1814	G. D. Baedeker eröffnet eine eigene Schriftgießerei, die schon fünf Jahre später wieder geschlossen werden muß.
	Er wird in diesem Jahr in eine Kommission zum Schutz des Eigentumsrechts der Schriftsteller und Verleger gewählt.
1816	Essen zählt 4.496 Einwohner.
1816 Jan. 19	G. D. Baedekers Duisburger Kompagnon Kürzel stirbt. Daraufhin verlagern sich das Hauptgeschäft und der Verlagsort wieder nach Essen.
	Baedekers Verlagsprogramm konzentriert sich zunehmend auf Schulbücher und pädagogische Literatur.
1817	Karl Baedeker beginnt bei J. C. B. Mohr in Heidelberg eine Buchhändlerlehre.
1817 Mai 22	Geburt von G. D. Baedekers Sohn Eduard.
1817 Mai 29	G. D. Baedeker kauft die Harrach'sche Kurie von der Stadt Essen.
1819 Juli 13	Die neuen Räume der Firma Baedeker in der umgebauten Harrachschen Kurie werden in Betrieb genommen.
1819 Nov. 15	Die neue Stadtschule, gebildet aus katholischem und dem seit 1564 bestehenden evangelischen Gymnasium, wird in der Auerspergischen Kurie eröffnet.
	Das gemischtkonfessionelle Gymnasium zieht 1824 in die ehemalige Jesuitenresidenz auf dem Burgplatz um.
1821	G. D. Baedeker engagiert sich bis zu seinem Tode ehrenamtlich in verschiedenen Gremien des Gymnasiums.
1821 Aug. 21	Geburt von G. D. Baedekers Sohn Julius.
1823	Der Essener Verein Societät spaltet sich im Streit um einen neuen Vereinsnamen; die ausgetretenen Mitglieder gründen den Verein Erholung.
1824	Konflikt von G. D. Baedeker mit der Essener Zensur:
	Baedeker druckt in seiner Zeitung eine Notiz aus der Kölner Zeitung über die öffentlichen Kassen ab. Während der Artikel in Köln keine Folgen für die dortige Zeitung hat, muß sich Baedeker vor dem Zensor der Stadt Essen rechtfertigen.
1825	Der „Börsenverein der Deutschen Buchhändler" wird in Leipzig gegründet. Zu den 90 Gründungsmitgliedern gehört auch G. D. Baedeker.

1825	G. D. Baedeker ist fast nur noch auf Reisen innerhalb Deutschlands. Er besucht aber auch England, Frankreich und die Niederlande. In Rotterdam besitzt sein Sohn Adolf eine Buchhandlung, die nach anfänglichen Schwierigkeiten zu einem gewinnbringenden Geschäft wird.
1827 Juli 1	Karl Baedeker eröffnet eine Sortiments- und Verlagsbuchhandlung am Paradeplatz in Koblenz.
1828	Die beiden bürgerlichen Vereine Essens mit insgesamt 116 Mitgliedern schließen sich unter Vermittlung von G. D. Baedeker wieder zusammen. Die Vereinigte Gesellschaft wird der bedeutsamste Essener Verein in den folgenden Jahrzehnten.
1829	Kauf einer Stanhope-Presse für die Baedeker-Druckerei.
1829 Aug.	Die Baedeker-Leihbibliothek wird wegen Katalogerstellung und Bestandsüberprüfung bis Anfang 1830 geschlossen.
1829 Okt. 4	Karl Baedeker heiratet Emilie Heintzmann, Tochter des Essener Oberbergrats und Bergwerkdirektors Heinrich Heintzmann.
1830-1857	Im Baedeker-Verlag erscheinen die von Moritz Diesterweg herausgegebenen „Rheinischen Blätter für Erziehung und Unterricht".
1832	Karl Baedeker erwirbt die Rechte an dem Reiseführer „Rheinreise von Mainz bis Köln. Handbuch für Schnellreisende" von Johann August Klein.
1833	Der gesamte Baedekerbetrieb beschäftigt 16 Personen, darunter zwölf Gehilfen und vier Lehrlinge.
1834	G.D. Baedeker erstellt ein Verzeichnis für Märkte in Rheinland und Westfalen.
1835	Die zweite Auflage der „Rheinreise", bearbeitet von Karl Baedeker, erscheint in seinem Verlag.
1835 Dez. 7	Die erste deutsche Eisenbahn zwischen Nürnberg und Fürth wird eröffnet.
1836	Der Engländer John Murray veröffentlicht sein Reisehandbuch „Handbook for Travellers on the Continent ...".
1838 Feb. 1	Georg Nedelmann gründet den „Gesang-Musikverein" in Essen.
1839	Eduard Baedeker tritt in das väterliche Geschäft ein und kümmert sich um Stereotypie und Kunstdruck, was er in der Hänel'schen Offizin in Magdeburg erlernte.
	Im Verlag Karl Baedeker erscheinen bereits drei Reiseführer: „Rheinreise", „Belgien" und „Holland".
1839 – 1840	Die Brüder Karl und Eduard Baedeker begeben sich gemeinsam auf eine Bildungsreise durch Europa.
1840	Der Verlagskatalog von Baedeker enthält über 600 Werke, die in den letzten 40 Jahren gedruckt worden sind.
1840	Die Papierherstellung basiert zunehmend auf dem Rohstoff Holz und löst die auf Textilumpen beruhende Produktion ab.
1841	Neben der Tuchfabrik Forstmann & Huffmann in Werden und der Wollhandlung Waldthausen in Essen gehört die Buchdruckerei und Buchhandlung G. D. Baedeker zu den größten Unternehmen im Essener Raum. Erst 1850 wird die Gußstahlfabrik Friedrich Krupp zum größten und wichtigsten Unternehmen und läutet den Umbruch Essens zur Montanmetropole ein.

1841 März 23	Tod von Gottschalk Diederich Baedeker.
	Seine Frau Marianne übernimmt die Geschäftsleitung mit Hilfe ihres Schwagers Julius Baedeker aus Wuppertal, der dort einen eigenen Verlag mit Buchhandlung betreibt.
	Eduard Baedeker leitet fortan die Buchdruckerei.
1841 Ende	Julius und Eduard Baedeker schließen die Leihbibliothek, um die Bestände neu zu ordnen.
1842	Die Auflage der „Allgemeinen Politischen Nachrichten" beläuft sich auf ca. 400 Exemplare pro Erscheinungstermin.
	Baedeker druckt erstmals die Statuten der Vereinigten Gesellschaft.
1843	Einweihung des ersten neuzeitlichen Essener Rathauses.
1843 Dez. 1	Wiedereröffnung der Baedeker'schen Leihbibliothek, die ca. 7.000 Bände umfaßt.
1844	Baedeker verkauft nun auch Theaterabonnements und Bilder an die Kundschaft.
1844 Jan. 1	Marianne Baedeker übergibt das Geschäft an ihre Söhne Julius und Eduard.
1844 Juli 2	Eduard Baedeker heiratet Agnes Römer.
1845	Thomas Cook gründet das erste Reisebüro in England.
	Julius Baedeker wird in den Vorstand des 1843 gegründeten Vereins für Bürgerwohl gewählt.
1846	Die „Westfälische Zeitung" wird in Dortmund vom Buchhändler Wilhelm Crüwell gegründet.
	Eduard und Julius Baedeker setzen sich durch entsprechende Artikel in ihrer Zeitung für die neue Kommunalverfassung in Essen ein.
1847	Eröffnung der Köln-Mindener Bahn. Nur über den Bahnhof Altenessen erhält Essen seinen Anschluß an den neuen Transportweg.
1847 Juni 12	Erste Kommunalwahlen nach der neuen Stadtverfassung in Essen.
1848	Baedeker besitzt Nebenstellen seiner Leihbibliothek in Werden, Kettwig, Bochum, Mülheim/Ruhr, Duisburg, Moers und Wesel.
1848/1849	Die bürgerliche Revolution erreicht Essen, ohne daß es jedoch zu blutigen Auseinandersetzungen kommt.
	Das Intelligenzblattmonopol wird aufgehoben.
	Die erstrittene Pressefreiheit wird ab 1850 in der Reaktionszeit wieder eingeschränkt.
1849 Mai 31	Julius Baedeker heiratet in erster Ehe Bertha Barth.
1850	Die erste Schnellpresse für die Baedeker-Druckerei wird erworben.
1850 Juli 13	Diedrich Baedeker wird als ältester Sohn von Julius geboren.
1851	Bei Baedeker arbeiten 36 Personen.
	Ernst Arthur Seemann gründet in Essen eine Buchhandlung, die zu einem bedeutenden Konkurrenten Baedekers wird.
1851 Sep. 26	Bei Baedeker wird ein neues Druckereigebäude feierlich eingeweiht und in Betrieb genommen.
	Nach der Erweiterung im Jahr 1854 stehen sieben Schnellpressen in der Druckerei, die 1869 von einer neuen Zwillings-Dampfmaschine angetrieben werden. Hier werden in den folgenden 50 Jahren 26 Ausgaben des „roten" Baedeker in 343 Auflagen gedruckt, wobei die Gesamtauflage auf 1 Mio. Exemplare geschätzt wird.

1853	Albert Haesters „Fibel oder der Schreib-Lese-Unterricht für die Unterklassen der Volksschule" erscheint erstmals im Verlag Baedeker.
1853	Eduard Baedeker wird Gemeinderatsmitglied in Essen, im Jahr 1856 Stadtverordneter.
1856	Erstmals erscheinen der Baedeker'sche „Berg- und Hütten-Kalender" sowie der „Ingenieur-Kalender".
	Der Verlag Baedeker widmet sich nun auch verstärkt bergbaulichen und wirtschaftlichen Themen.
	Die Reiseführer von Karl Baedeker erhalten ihren charakteristischen Einband mit rotem Leinen.
1857 – 1859	Eine Wirtschaftskrise erschüttert das Ruhrgebiet, in deren Verlauf zahlreiche Zechen stillgelegt werden.
1858	Essen hat 17.200 Einwohner.
	Der bergbauliche Verein nimmt seinen Sitz in Essen.
1859 Aug. 21	Julius Baedeker heiratet in zweiter Ehe seine Nichte Clara Wilberg.
1859 Okt. 4	Todestag von Karl Baedeker.
1860	8.300 Arbeiter fördern auf 65 Essener Zechen 1,47 Mio. t Kohle.
	Unter Julius Baedeker werden die „Allgemeinen Politischen Nachrichten" in „Essener Zeitung. Zugleich als Organ für Bergbau, Hüttenbetrieb, Industrie und Verkehr und als amtliches Kreisblatt" umbenannt. Die Zeitung erscheint nunmehr täglich und hat 1.292 Abonnenten.
1860	Die Baedeker-Leihbibliothek wird endgültig eingestellt.
1862	Beginn der Bismarck-Ära.
	Essen erhält durch den Bau der Bergisch-Märkischen Bahn seinen ersten direkten Anschluß an das entstehende Eisenbahnnetz.
	Allein die Baedeker-Druckerei beschäftigt 62 Arbeiter.
1863	Ludwig von Born eröffnet das erste Bankhaus in Essen.
	Julius Baedeker wird in den Vorstand des Theater-Comités des neuen Theaters an der Kastanienallee gewählt und hält dieses Amt bis zur Schließung des Schauspielhauses 1868 inne.
1864	Essen zählt 31.000 Einwohner. Die „Essener Zeitung" verliert ihren Status als amtliches Kreisblatt, da Julius Baedeker zunächst in Opposition zur preußisch-bismarck'schen Politik steht.
1865	Erfindung der Rollenrotationsmaschine mit bis zu 18.000 Drucken pro Stunde.
1865	Ein wöchentliches Beiblatt zur „Essener Zeitung" erscheint mit dem Titel „Glückauf" zu den Themen Bergbau, Industrie, Handel und Wirtschaft.
	Wilhelm Girardet gründet einen Zeitungsverlag in Essen.
1866	Die Cholera sucht das nordwestliche Ruhrgebiet heim.
	Die Abonnentenzahl der „Essener Zeitung" beläuft sich auf 2.802.
1867	Gründung des gewerkschaftlich organisierten Essener Buchdruckervereins.
1868	Die katholisch orientierte „Essener Volkszeitung" wird als ausdrückliches Gegengewicht zur nationalliberalen „Essener Zeitung" gegründet.
1868 Jan. 1	Dr. Wolfgang Eras wird verantwortlicher Redakteur der „Essener Zeitung".

1869	Einführung der Gewerbefreiheit in Deutschland. Haesters „Fibel" erreicht die 250. Auflage mit bisher 750.000 Exemplaren.
1869 Jan. 1./2.	Feier zum 25jährigen Geschäftsjubiläum von Julius und Eduard Baedeker. In der Firma sind in diesem Jahr 83 Personen angestellt. In den 1870er Jahren sind bis zu 300 Beschäftigte in Druckerei, Verlag und Buchhandlung Baedeker verzeichnet.
1870	13.300 Arbeiter fördern in Essen auf 43 Zechen 3,39 Mio. t Kohle.
1870/71	Deutsch-französischer Krieg und deutsche Reichsgründung in Versailles.
1871	Julius Baedeker übernimmt wieder die Leitung der Redaktion der „Essener Zeitung".
1872	Der Verlag Karl Baedeker wird von Koblenz nach Leipzig verlegt.
1872 Juni 16	Êrster Massenstreik Essener Bergleute, an dem sich mehr als 15.000 Bergarbeiter beteiligen
1873 Okt. 15	Gustav Baedeker heiratet in erster Ehe seine Cousine Helene Baedeker.
1874	Die „Essener Zeitung" wird wieder amtliches Kreisblatt, da Julius Baedeker spätestens mit der Reichsgründung auf den Kurs der bismarckfreundlichen Nationalliberalen eingeschwenkt ist.
1875	Essen zählt 55.045 Einwohner.
1875 – 1876	Diedrich Baedeker schreibt über die 100jährige Firmengeschichte. Er plant eine Geschichte der bei Baedeker erscheinenden Zeitung. Die „Essener Zeitung" besitzt nun 5.325 Abonnenten.
1876	Eduard Baedekers Sohn Gustav tritt als Teilhaber in die Firma ein. Neue Konkurrenz bekommt die „Essener Zeitung" durch den „Essener Generalanzeiger".
1877	Diedrich Baedeker heiratet Doris Borchardt, die jüdischer Abstammung ist.
1878	In der Baedeker-Druckerei stehen elf Schnellpressen.
1878 Juli 13	Erinnerungsfeier an den hundertjährigen Geburtstag von G. D. Baedeker.
1879 März 18	Tod von Eduard Baedeker. Sein Sohn Gustav wird Mitinhaber des Geschäftes.
1880	Gustav Natorp, Geschäftsführer des bergbaulichen Vereins, übernimmt die redaktionelle Leitung des „Glückauf".
1880 April	Julius Baedeker zieht sich allmählich aus der politischen Redaktion der Zeitung zurück.
1881	Julius' Sohn Diedrich tritt als Mitgesellschafter in die Firma ein.
1883	Georg Meisenbach erhält sein Patent für das Autotypierraster.
1883 Mai 15	Die „Essener Zeitung" vereinigt sich mit der „Westfälischen Zeitung Dortmund". Als Folge dessen wird die Zeitung in „Rheinisch-Westfälische Zeitung" umbenannt. Der neue Name steht für die Abwendung von der lokalen Ebene hin zu einer überregionalen Zeitung, die jetzt zweimal täglich erscheint.
1883 – 1886	Ottmar Mergenthaler entwickelt die Linotype-Zeilensetzmaschine.
1884	Silberhochzeit von Julius und Clara Baedeker.

1884 Mai 24	Julius Baedeker stellt seine Tätigkeit als verantwortlicher Redakteur ein, gleichzeitig übernimmt sein Sohn Diedrich Baedeker die Redaktion der Zeitung.
1885	Essen hat 65.000 Einwohner.
1886 Okt. 2	Amtseinführung des Essener Oberbürgermeisters Erich Zweigert mit gleichzeitiger Einweihung des neuen Rathauses.
1887	Der feste Ladenpreis für den Buchhandel wird eingeführt.
1888	Diedrich Baedeker wird Teilhaber im Familiengeschäft.
1888 Juni 19	Diedrich Baedekers Sohn Alfred Wilhelm wird geboren.
1889	Weltausstellung in Paris mit Eröffnung des Eiffelturms.
	Großer Bergarbeiterstreik im Ruhrgebiet. Die „RWZ" steht wie ehedem auf Seiten der Grubenbesitzer.
	Haesters „Fibel" erscheint in der 1.141 Auflage mit insgesamt 3.423.000 Exemplaren bei Baedeker.
	Diedrich Baedeker verfaßt ein Buch mit dem Titel „Alfred Krupp und die Entwickelung der Gussstahlfabrik zu Essen". Das Werk erscheint 1912 in zweiter Auflage im Baedeker-Verlag.
1889 Okt. 15	Marta Preuschel wird in Darkehmen/Ostpreußen geboren.
1890	Die „RWZ" wird von 5.944 Lesern abonniert.
1891 Jan. 1	Diedrich Baedeker wird wie sein Vetter Gustav gleichberechtigter Mitinhaber des Familienunternehmens.
1892	Die Mitarbeiterzahl bei Baedeker beläuft sich auf 166.
1892 Sep. 16	Das von Friedrich Grillo gestiftete Stadttheater wird in Essen eröffnet.
1893 Feb. 16	Das Rheinisch-Westfälische Kohlesyndikat wird mit Sitz in Essen gegründet.
1893 April 1	Einführung der Mitteleuropäischen Zeitrechnung.
1893 Aug. 23	Die ersten Essener Straßenbahnen fahren vom Stadtzentrum nach Borbeck und Altenessen.
1895	Diedrich Baedeker wird Mitglied des „Kommitees zur Errichtung eines Kaiser-Wilhelm-Denkmals" auf der Hohensyburg.
	Diedrich Baedeker übergibt die redaktionelle Leitung der „RWZ" an Theodor Reismann-Grone, der schon seit 1891 die Redaktion des „Glückauf" aufgrund seiner Position als Geschäftsführer des bergbaulichen Vereins innehatte.
1896 März 24	Gustav Baedeker heiratet in zweiter Ehe Frieda Otto.
1896 Juni 10	Mit der Geburt des 100.000ten Einwohners wird Essen zur Großstadt.
1898 April 25	Das Rheinisch-Westfälische Elektrizitätswerk (RWE) wird mit Sitz in Essen gegründet.
1898 Nov. 23	Tod von Julius Baedeker.
1899	Diedrich Baedeker wird zum 2. Vorsitzenden der Deutschen Kolonialgesellschaft Abteilung Essen gewählt.
1899 Sep. 24	Diedrich Baedeker hält die Festansprache zur Enthüllung des Bismarckdenkmals vor der Essener Eisenbahndirektion.
1900	Um 1900 existieren im Deutschen Reich rund 5.000 Buchhandlungen, die jährlich 25.000 Neuerscheinungen anbieten.
	Das Baedekerhaus wird umgebaut.

1901	Die Firma Baedeker beschäftigt 180 Mitarbeiter.
	Die „RWZ" erreicht nach den Umstrukturierungen und Neuerungen durch Reismann-Grone eine Auflage von 10.000 Exemplaren täglich.
1903	Gustav Baedeker scheidet nach Streitigkeiten mit seinem Vetter aus der Firma aus.
1903 Jan. 22	Reismann-Grone kauft die „RWZ" inklusive Buchdruckerei zum Preis von 525.000 Mark von Baedeker. Die Ära der Baedeker-Zeitung geht hiermit zu Ende.
1904 Okt. 1	Einweihung des neuen Essener Saalbaus.
1905 Mai 13	Die Hauptversammlung der Deutschen Kolonialgesellschaft tagt in Essen.
1905 Dez. 24	Anton Kirschner wird in Holztraubach/Niederbayern geboren.
1906	Diedrich Baedeker wird aufgrund seiner vielfältigen Aktivitäten zum 1. Vorsitzenden der Deutschen Kolonialgesellschaft Abteilung Essen gewählt.
	Marta Preuschel beginnt ihre buchhändlerische Ausbildung unter der Ägide von Diedrich Baedeker.
1909	Die Stadt Essen kauft die Grillo-Villa neben dem Baedekerhaus, da am Burgplatz ein neues Rathaus entstehen soll.
1912	Baedeker verkauft unter Androhung der Zwangsenteignung sein Grundstück an der Burgstraße an die Stadt Essen, die hier, den Vorschlägen des Baudezernenten Albert Erbe folgend, ein neues Rathaus errichten will, welches aber nie gebaut werden wird.
	Die Firma Baedeker bleibt aber in den folgenden Jahren als Mieterin in diesem Gebäude ansässig.
1914 Aug.	Hermann Baedeker, das älteste der elf Kinder von Doris und Diedrich, der die Firmenleitung übernehmen soll, fällt in den ersten Tagen des Weltkriegs in Belgien.
1916 Sep. 24	Essen wird erstmals Ziel von Bombenangriffen.
1918 Nov.	Ende des Ersten Weltkrieges.
	Arbeiter- und Soldatenräte bilden sich im Ruhrgebiet. Es kommt zu vielen Streiks in der Industrie und zu Unruhen.
1919 März 31	Die Reichsregierung verhängt den Belagerungszustand über das Ruhrgebiet. Während die Bergleute die Sozialisierung des Bergbaus fordern, wüten überall Freikorps.
1920	Ernst Bode wird städtischer Baudezernent. Er entwirft einen Plan zur Neugestaltung des Burgplatzes mit Geschäftshäusern anstatt des ursprünglich vorgesehenen Rathauses.
1920 März	Durch einen Generalstreik der Arbeiter im Ruhrgebiet wird der Kapp-Putsch vereitelt. Zwischen der neu gebildeten Roten Ruhr-Armee und der Reichswehr kommt es in der Folgezeit zu heftigen Kämpfen.
1920 Juli 6	Diedrich Baedeker wird zum Ehrenvorsitzenden der „Buchhändlervereinigung des Rheinisch-Westfälischen Industriegebietes" ernannt.
1920 Nov. 27	Eröffnung der Fluglinie Essen – Berlin.
1921 Feb. 9	Tod von Gustav Baedeker.
1922	Mit 544.961 Mann erreichen die Belegschaftszahlen im Ruhrbergbau den höchsten Stand ihrer Geschichte.

1922 Jan.	Ein letzter Umbau des alten Baedekerhauses wird begonnen und ein Kunstsalon eingerichtet.
1922 Aug. 2	Tod Diedrich Baedekers.
	Sein Sohn Alfred wird alleiniger Geschäftsinhaber.
1923 Jan. 11	Die Besetzung des Ruhrgebiets durch französische und belgische Truppen beginnt. Infolgedessen kommt es in der jungen Weimarer Republik zur wirtschaftlichen Katastrophe: Versorgungsengpässe, Widerstand in den besetzten Gebieten, Energieknappheit und eine galoppierende Inflation bestimmen das Leben in Deutschland.
1924	Baedeker vereinigt sich kurzzeitig mit Hengstenberg, Bochum, und Brügmann & Vedder, Dortmund, zur „Ruhrland-Buchhandlung".
1924 Nov.	Trotz des von der Stadt Essen ausgeschriebenen Architekturwettbewerbs, zu dem 79 Entwürfe eingereicht werden, wird Baudezernent Bode beauftragt, seinen ursprünglichen Plan zur Neugestaltung des Burgplatzes mit Geschäftshäusern zu realisieren.
1925	Obwohl die Geschäftslage nach der Inflation schlecht ist, feiert Baedeker das 150jährige Bestehen der Firma mit einer Ausstellung über die Firmengeschichte in den Geschäftsräumen.
	Es sind noch etwa 35-40 Personen bei Baedeker beschäftigt.
	Marta Preuschel und Alfred Baedeker müssen Gelder aus ihrem Privatvermögen in die Firma einfließen lassen, um den Konkurs abzuwenden.
	Alfred Baedeker bereist Spanien und Nordafrika mit dem Auto.
1925 Juli 14	Die Besatzungsmächte beginnen mit der Räumung des Ruhrgebiets.
1925 Okt.	Einweihung des Kaufhauses Blum.
	Baedeker zieht in die provisorisch errichteten Geschäftsräume des Nachbarhauses Burgstraße 18.
1925 Okt. 22	Alfred Baedeker heiratet die Buchhändlerin Marta Preuschel.
1925 Nov.-Dez.	Abriß des alten Baedekerhauses.
1926 Juli	Richtfest für das neue Baedekerhaus.
	Alfred Baedeker überläßt seiner Frau Marta in zunehmendem Maß die Leitung des Geschäftes
	Im Ausgleich dazu entwickelt er eine rege Reisetätigkeit; er plant sogar eine Auswanderung in die USA.
1927	Zweiter Parteitag der Ruhr-NSDAP in Essen.
	August Sutter gründet zusammen mit Ernst Möller einen Zeitungsverlag in Essen, in dem bis 1943 die „Essener Lokal-Post" erscheint.
1927 Okt. 16	Eröffnung des neuen Baedekerhauses mit einem „Festtag rheinischer Kultur" und anschließender „Baedeker-Woche".
	Der Bestand der Buchhandlung wird von dem Essener Lokaljournalisten Karl Sabel auf 30.000 Bände geschätzt.
	Baedeker richtet einen neuen Kundendienst mit Laufburschen ein.
1928 Nov. 1	Ruhreisenstreit mit Aussperrung von 240.000 Arbeitern.
1928 Dez.	Erste Essener Lichtwoche.
1929 Juni 29	Eröffnung der Gruga.
1929 Aug. 1	Durch das Gesetz über die kommunale Neugliederung des rheinisch-westfälischen Industriebezirks verdoppelt sich wegen der zahlreichen Eingemeindungen die Gebietsfläche der Stadt Essen nahezu.

1930	Die Bauarbeiten am gesamten Baedekergebäude finden ihren Abschluß.
1930 – 1933	Arbeitslosigkeit, Wohnungslosigkeit und Elend nehmen infolge der Weltwirtschaftskrise katastrophale Ausmaße an.
1931 – 1934	Baedeker steht aufgrund der Wirtschaftskrise erneut vor dem Konkurs, ein Vergleichsverfahren wird eingeleitet. Alfred und Marta Baedeker müssen Privatbesitz veräußern, um die Firma zu retten.
1931 Mai 4	Marta Baedeker übernimmt die Geschäftsführung.
1932	erscheinen im Baedeker-Verlag noch ca. 70 Titel.
	Der Verlag residiert jetzt im Baedeker'schen Privathaus in Essen-Bredeney.
Juli 1932	Marta Baedeker wird auf Drängen ihres Mannes Mitglied in der NSDAP.
1933	Bei Baedeker arbeiten nur noch elf Personen.
1933 Jan. 30	Machtergreifung der Nationalsozialisten.
1933 Okt. 5	Anton Kirschner tritt in die Firma Baedeker ein. Gemeinsam mit Marta Baedeker und Thea Diekhans leitet er das Geschäft, bis er im Jahre 1940 in die Wehrmacht einberufen wird.
1936 März 7	Die Wehrmacht marschiert in das entmilitarisierte Rheinland ein.
1937 Aug. 5	Unfalltod von Alfred Baedeker.
1938 Nov. 9./10.	Reichspogromnacht.
	Auch die Essener Synagoge wird von SA- und SS-Leuten ebenso wie das jüdische Jugendheim und die Steeler Synagoge in Brand gesteckt.
1939 Sep. 1	Beginn des Zweiten Weltkriegs.
1940 Mai/Juni	Erste britische Luftangriffe auf das Ruhrgebiet.
1944	Marta Baedeker verläßt Essen für einige Zeit wegen starker Bombenangriffe und flieht in eine Villa in der Eifel. Das Baedekerhaus wird bis auf die Fassade zerstört, ebenso ist das neue Privathaus in Essen-Rüttenscheid schwer beschädigt.
1945 April 7	Amerikanische Truppen erreichen das Essener Stadtgebiet.
1945 Mai 8	Kriegsende.
1945	Entnazifizierung durch die britische Besatzungsmacht. Marta Baedeker erhält die Erlaubnis zum Buch- und Zeitschriftenhandel, da sie nachweisen kann, daß sie keine aktive Nationalsozialistin gewesen ist. Anton Kirschner kehrt aus britischer Kriegsgefangenschaft zurück und beginnt zusammen mit Marta Baedeker und Thea Diekhans, das Geschäft wiederaufzubauen.
	Es sind nur noch 26 Titel im Baedeker-Verlag erhältlich.
	Nach Kriegsende übernimmt August Sutters Sohn Hans Friedrich das väterliche Unternehmen und etabliert es in der Brunnenstraße in Essen-Rüttenscheid als Druckerei- und Verlagsbetrieb für Telefonbücher.
1946 März 20	Nach dem Krieg erscheint als erste Lokalzeitung im Ruhrgebiet die „Westfälische Rundschau".
1947 Jan. 1	Gründung der amerikanisch-britischen Bizone.
1947 April 3	Die Hungerstreiks nach dem strengen Winter erreichen mit dem Ausstand von über 300.000 Bergleuten im Ruhrgebiet ihren Höhepunkt.
1948 Feb. 2	Der Gipfel der Versorgungskrise ist erreicht.

1948 Juni 20	Währungsreform. Die D-Mark wird eingeführt.
1949	Der Baedekerverlag stellt aufgrund kriegsbedingter Schäden und den daraus resultierenden zu hohen Wiederaufbaukosten seine Tätigkeit ein. In der folgenden Zeit werden nur noch die Restbestände von Schul- und Liederbüchern sowie technischer Literatur ausverkauft.
1950 Dez. 1	Umwandlung der Firma Baedeker in eine Kommanditgesellschaft. Kommanditist und Prokuristin werden Marta Baedekers langjährige Mitarbeiter Anton Kirschner und Thea Diekhans.
	Der Wiederaufbau in Essen schreitet voran: Lichtburg und Essener Opernhaus zeigen ihre ersten Vorstellungen.
1951 Mai 17	Anton Kirschner eröffnet das Baedeker-Gästebuch, in dem sich bis heute viele Prominente verewigt haben.
1952 Mai 9	Beginn der Feierlichkeiten zum 1100jährigen Bestehen der Stadt Essen.
1953	Wolf Thoemmes tritt in die Firma Baedeker ein.
1954	Ihm folgt Erhart Mauss.
1955	Hans Friedrich Sutter erwirbt den Berliner „Reimar Hobbing Verlag".
1956 Jan. 19	Essen wird Bischofssitz für das neu gegründete Ruhrbistum.
1957 Dez.	Anton Kirschner richtet eine Schallplattenabteilung mit eigener Produktion bei Baedeker ein, die im folgenden Jahr von Erhart Mauss weiter ausgebaut wird.
	Die erste musikalische Eigenproduktion kann 1963 mit Hilfe der Stadt Essen und der Firma Krupp realisiert werden. Die Schallplattenserie „Musik auf Villa Hügel" wird auf Anhieb ein großer Erfolg.
1958	Marta Baedeker beendet aus Altersgründen ihre Tätigkeit in der Firma. Die Kommanditgesellschaft wird in eine „Offene Handelsgesellschaft" umgewandelt.
	Anton Kirschner und Thea Diekhans werden persönlich haftende Gesellschafter.
1958 Sep. 1	Der Bau der Grugahalle ist vollendet.
1959	In Essen werden 33 Prozent des gesamten Groß- und Einzelhandels im Ruhrgebiet getätigt. Die Stadt entwickelt sich zur führenden Einkaufsstadt im Revier.
1962 - 1968	Wolf Thoemmes initiiert und betreut das „Graphik-Kabinett G. D. Baedeker".
1963 Juni 7	Die „G.D. Baedeker-Stiftung" zur Förderung von Kunst und Wissenschaft in Essen wird durch Marta Baedeker mit Einverständnis der beiden Gesellschafter gegründet.
	An den Stiftungszweck ist jedoch die Bedingung geknüpft, daß die Buchhandlung im Baedekerhaus auf der Kettwiger Straße verbleiben muß.
1966	Die Stadt Essen unter dem Oberbürgermeister Wilhelm Nieswandt will das Baedekerhaus verkaufen.
	Die Pläne werden aber nicht realisiert.
1968 Aug. 1	Eröffnung einer Baedeker-Filiale in Essen-Borbeck.
1970	Die Baedeker-Geschäftsräume werden umgebaut. Die Verkaufsfläche an der Kettwiger Straße vergrößert sich von 125 qm auf 450 qm. 20.000 Bücher stehen nun im Verkauf, weitere 40.000 im Lager.

1971	Neun große Buchhandlungen, unter ihnen auch Baedeker, schließen sich zu dem Werbeverbund „Buchwerbung der Neun" zusammen.
1972 Aug. 1	Gründung der Gesamthochschule Essen.
1973 Juli 20	Tod von Marta Baedeker. Ihre Beteiligung an der Firma geht an die Stiftung über.
1974 Dez. 11	Der plötzliche Tod von Anton Kirschner überschattet die Vorbereitungen für das 200jährige Jubiläum der Firma Baedeker.
1975	Die Buchhandlung Baedeker beschäftigt 81 Mitarbeiter.
1975 Okt.	In Erinnerung an die „Baedeker-Woche" von 1927 wird das Jubiläum mit einer Festwoche gefeiert. Prominenz aus Kultur, Politik, Gesellschaft und Literatur würdigen die Buchhandlung als eine der bedeutendsten in der Bundesrepublik.
1975 Dez.	Thea Diekhans scheidet als letzte persönlich haftende Gesellschafterin aus der Firma aus.
1976 Jan. 1	Die „G.D. Baedeker-Stiftung" trägt alleine das Unternehmen. Die langjährigen Mitarbeiter Michael Keimer und Erhart Mauss werden zu Geschäftsführern bestellt.
1977	Das Ruhrgebiet entwickelt sich zum Reiseziel. Die Deutsche Bundesbahn bietet erstmals Kurzreisen ins Revier an.
1979 Sep.	Tod von Erhart Mauss im Geschäft.
1979 Nov. 7	Das neue Essener Rathaus, mit 106 Metern das höchste seiner Art in Deutschland, wird eingeweiht.
1980 Juli 1	Leo Joseph Nyssen wird zum neuen Geschäftsführer der Buchhandlung Baedeker ernannt.
1982 März 22	Ein erneuter Umbau des Baedeker-Haupthauses beginnt.
1982 Juli 13	Neueröffnung der umgebauten Buchhandlung.
1983 Juni 3	Übernahme der Buchhandlung G. D. Baedeker durch die Unternehmensgruppe A. Sutter.
1983 Okt.	Leo Joseph Nyssen scheidet als Geschäftsführer aus, Nachfolger wird Herbert Becker.
1983 Nov. 26	Das Museumszentrum Essen wird eingeweiht.
1985 März 1	Das benachbarte Bekleidungsgeschäft Loosen tritt Baedeker seine Räume in der 2. Etage des Baedekerhauses zur geschäftlichen Nutzung ab.
1986 Jan.	Erstmalige Verleihung des „Gottschalk-Diederich-Baedeker-Preises" an den Physiker Prof. Dr. Axel Schenzle.
1986	Teilumbau der Baedeker-Geschäftsräume an der Kettwiger Straße.
1986 Dez. 23	Die letzte Essener Zeche „Zollverein Schacht XII" wird geschlossen.
1987 Juni 30	Herbert Becker scheidet als Geschäftsführer der Buchhandlung Baedeker aus.
1988	Die Baedeker-Filiale in Essen-Borbeck wird geschlossen.
1989 Feb. 8	Uwe Detering übernimmt die Geschäftsführung der Buchhandlung Baedeker.
1989 Mai	Die Sutter-Gruppe bezieht den neuen Firmensitz auf dem ehemaligen Kruppgelände an der Bottroper Straße.
1991 Jan. 1	Die Sutter-Gruppe übernimmt die Buchhandlung Theodor Neher in Essen-Rüttenscheid als Baedeker-Filiale.

1992 Jan.–Sep.	Sanierung und Neugestaltung des Baedeker-Haupthauses an der Kettwiger Straße. Für die Zeit des Umbaus wird die Buchhandlung in das Amerikahaus auf dem Kennedyplatz ausgelagert.
1992 März 20	Die Rüttenscheider Baedeker-Filiale zieht in das Arosa-Haus um.
1992 Sep. 17	Neueröffnung der Buchhandlung Baedeker an der Kettwiger Straße.
1995 Aug. 31	Eröffnung einer neuen Baedeker-Filiale im FORUM City Mülheim.
1996 Sep. 12	Als eigenständige GmbH wird im Oberhausener CentrO eine Baedeker-Buchhandlung eröffnet.
1999 Jan.	Die Mitarbeiterzahl der gesamten Sutter-Gruppe beträgt 812 feste und 200 freie Mitarbeiter. Die Baedeker GmbH beschäftigt 189 Mitarbeiter, die Baedeker CentrO GmbH 29 und die Baedeker-Service GmbH Online zwei Mitarbeiter.
1999 Sep. 1	Matthias Bremer wird neuer Geschäftsführer bei Baedeker.
2000	Die Firma G. D. Baedeker feiert ihr 225jähriges Bestehen mit einem umfangreichen Festprogramm.

Literaturverzeichnis

Allgemeines

Diederich Bädeker, Geschichte der Essener Zeitung gegenwärtigen Rheinisch-Westfälischen Zeitung seit dem Jahre 1844, Essen 1884

[Eduard und Julius Baedeker], Zur Erinnerung an eine Jubelfeier der Firma G. D. Bädeker in Essen am 1. und 2. Januar 1869, [Essen 1869]

Karl Bädeker, Die Einweihung der Neuen Offizin von G. D. Bädeker in Essen am 26. September 1851, [Essen 1851]

Julius Bädeker, Über die Anfänge des Buchdrucks und des Zeitungswesens in Essen und beider Entwicklung im 18. Jahrhundert, in: EB 18 (1898), S. 132-150

Erwin Dickhoff, Der Erwerb der Harrachschen Kurie. Ein Beitrag zur Geschichte der Buchhandlung Baedeker, in: MaH 28 (1975), S. 81-95

Robert Jahn, Essener Geschichte. Die geschichtliche Entwicklung im Raum der Großstadt Essen, Essen 1957[2]

Käthe Klein, Die Baedeker-Zeitung und ihre Vorgängerin in Essen (1738-1848), in: EB 45 (1927), S. 3-127

Karl Friedrich Pfau, Biographisches Buchhändler-Lexikon von 1901

Wolf Schneider, Essen – Abenteuer einer Stadt, Düsseldorf/Wien/New York 1991

Hermann Schröter, Leihbibliotheken und Druckereien in Essen im Anfang des 19. Jahrhunderts, in: MaH 9 (1956), S. 23-26

Burkhard E. Selle, Stadtbürgerliches Bildungsstreben. Buchdruck, Zeitungen und Bücher in Essen zwischen 1777 und 1830, in: Jan Gerchow (Hrsg.), Die Mauer der Stadt. Essen vor der Industrie 1244 bis 1865, Bottrop 1995, S. 197-206

Wilhelm Sellmann, Verlag und Buchhandlung Baedeker zweihundert Jahre in Essen 1775-1975, Ms. Essen 1975

Wilhelm Sellmann, Familie und Buchhandlung Baedeker zweihundert Jahre in Essen 1775-1975, in: Die Heimatstadt Essen. Jahrbuch 1975/76, Essen o. J., S. 101-108

Klaus Wisotzky, Vom Kaiserbesuch zum Euro-Gipfel. 100 Jahre Essener Geschichte im Überblick, Essen 1996

Reinhard Wittmann, Geschichte des deutschen Buchhandels. Ein Überblick, München 1991

Ute Küppers-Braun: „Die Anfänge der Firma G. D. Baedeker in Essen"

Eduard und Julius Bädeker, Familien- und Geschäfts-Nachrichten bei der Einweihung des Druckerei-Neubaues den Geschwistern in's Gedächtniß zurückgerufen, Essen 1851

[Eduard und Julius Baedeker], Zur Erinnerung an eine Jubelfeier der Firma G. D. Bädeker in Essen am 1. und 2. Januar 1869, [Essen 1869]

E[duard] und J[ulius] Bädeker, Zur Erinnerung an die Feier des hundertjährigen Geburtstages unseres sel. Vaters Gottschalck Diedrich Bädecker, des Begründers der Firma G. D. Bädecker in Essen am 13. Juli 1878

G[ottschlack] D[iederich] Bädeker, Väterliche Worte, gesprochen am Sylvesterabend 1840 im Familienkreise, [Essen] o. J.

[Julius Bädeker], Julius Theodor Bädeker. Ein Lebensbild, dargestellt zur Erinnerung an das 50jährige Bestehen der im Jahre 1843 von ihm begründeten Buchhandlung. Ein Beitrag zur Familiengeschichte, Leipzig 1893

Julius Bädeker, Der theueren Mutter zu ihrem 59. Geburtstage den 1. März 1838. Als Manuscript für seine Geschwister. Gesetzt vom Verfasser, Essen [1838]

Karl Bädeker, Zum Tode seines Vaters G. D. Baedeker am 23. März 1841, [Essen 1841]

Karl Bädeker, Die Einweihung der Neuen Offizin von G. D. Bädeker in Essen am 26. September 1851, [Essen 1851]

Hermann Becker, Die Anfänge der Tagespresse in Dortmund, in: Beiträge zur Geschichte Dortmunds und der Grafschaft Mark 11 (1902), S. 97-157

Werner Brauksiepe, Geschichte des Duisburger Zeitungswesens von 1727-1870, Würzburg 1937

Ein Buchhändlerstreit im alten Essen, in: Wissen, Welt und Leben 12 (1912) v. 14. 3.

Walther Däbritz, Die Anfänge des Essener Buchdrucks, in: Die Heimatstadt Essen 1956, Essen 1956, S. 49-55 (Erstveröff. in Gutenberg-Jahrbuch 1955)

Deutsches Geschlechterbuch 12 (1906), S. 5-24 (Baedeker, aus Bremen)

Karl d'Ester, Das Zeitungswesen in Westfalen von den ersten Anfängen bis zum Jahre 1813, Münster 1907. Mikroreprod. Egelsbach u. a. 1992

Die Kataloge der Leipziger Buchmesse, Michaelismesse 1759 Michaelismesse 1800. Microform Hildesheim u. a. 1977

Hans Lülfing, Baedeker, in: Neue Deutsche Biographie (1953), S. 515-517

Peter Jürgen Mennenöh, Duisburg in der Geschichte des niederrheinischen Buchdrucks und Buchhandels bis zum Ende der alten Duisburger Universität (1818), Duisburg 1970

Hans M. Meyer (Hrsg.), „... was in der Westfalennatur steckt ...“ Westfalenbriefe aus der Handschriftenabteilung, ausgewählt, übertragen und kommentiert von Hedwig Gunnemann, Dortmund 1967

Nekrolog [Gottschalk Diederich Bädeker], in: Börsenblatt für den Deutschen Buchhandel [...], hrsg. v. d. Deputierte des Vereins der Buchhändler zu Leipzig 8 Nr. 88 (1841), S. 2137-2143

Richard Walter Piersig, Geschichte der Dortmunder Tagespresse, Dortmund 1915

Marlies Prüsener, Lesegesellschaften im achtzehnten Jahrhundert, Frankfurt a. M. 1972

Konrad Ribbeck, Die älteste Verlagsbuchhandlung Essens, in: MaH 17 (1964), S. 53-56

Rudolf Schmidt, Deutsche Buchhändler, Deutsche Buchdrucker 1 (1902), S. 18-21

Rudolf Schmidt, Die Baedeker. Zum hundertsten Geburtstage Karl Baedekers, in: Zeitschrift für Bücherfreunde. Monatshefte für Bibliophilie und verwandte Interessen 5 (1901/02), S. 398-402

Wilhelm Schulte, Westfälische Köpfe. 300 Lebensbilder bedeutender Westfalen. Biographischer Handweiser, Münster 1963

Gerhard Schulz, 400 Jahre Buchdruck und Buchhandel in Dortmund (1544-1945), in: Alois Klotzbücher (Hrsg.), Literarisches Leben in Dortmund, Dortmund 1984, S. 45-88

Verlags-Katalog von G. D. Bädeker in Essen, [Essen] 1840

Verzeichniß der Leihbibliothek von G. D. Bädeker, Hofbuchdrucker und Buchhändler in Essen, [Essen] 1830

Heinrich Wiedemann, Die Irrungen zwischen dem Stift und der Stadt Essen 1785-1794, in: EB 32 (1910), S. 143-174

Luise von Winterfeld, Aus der Geschichte des Dortmunder Buchhandels, Dortmund 1929

Dorothea Bessen: „Karl Baedeker und die Reiseliteratur"

[Eduard und Julius Bädeker], Zur Erinnerung an eine Jubelfeier der Firma G. D. Bädeker in Essen am 1. und 2. Januar 1869, Essen 1869

G[ottschalck] D[iederich] Bädeker, Väterliche Worte, gesprochen am Sylvesterabend 1840 im Familienkreise, Essen o.J.

Karl Baedeker (Hrsg.), Handbuch für Reisende durch Deutschland und den Oesterreichischen Kaiserstaat.(2. sehr verbesserte Auflage), Coblenz 1844

Ders., Die Schweiz. Handbuch für Reisende. (5. verbesserte Aufl.), Koblenz 1853

Ders., Belgien und Holland. 10. verbesserte und vermehrte Auflage, Koblenz 1868

Ders., Nordwest-Deutschland. Handbuch für Reisende, Leipzig 1892

Ders., Nordwest-Deutschland, 29. Auflage 1908

Stephan Balthasar, Nichts ist unmöglich... Kultur im Revier, Ms. Essen 1993

Peter Baumgarten, Nachwort zur bibliophilen Ausgabe der „Rheinreise von Basel bis Düsseldorf von Karl Baedeker, Coblenz 1849." 4. Auflage, Dortmund 1987

Hermann Bausinger u.a. (Hrsg.), Reisekultur. Von der Pilgerfahrt zum modernen Tourismus, München 1991

Rolf Becker, Der Aufbruch der Moderne im Spiegel der Baedekerschen Reisehandbücher, in: Romerike Berge, Heft 4, 1983

Hans Magnus Enzensberger, Eine Theorie des Tourismus, in: Einzelheiten I: Bewußtseins-Industrie, Frankfurt 1962, S. 179-205

Helmut Frühauf, Das Verlagshaus Baedeker in Koblenz 1827-1872. Katalog zur Ausstellung der Rheinischen Landesbibliothek Koblenz, Koblenz 1992

"Glückauf", Exemplar der Festzeitung zur Silbernen Hochzeit von Julius und Clara Baedeker, 1884

Peter Gruhlke, Der Baedeker-Reiseführer als Indikator einer neuen Form des Reisens im 19. Jahrhundert, Ungedr. Schriftliche Hausarbeit zur Ersten Staatsprüfung zum Lehramt für die Sekundarstufen I und II an der Universität GH Essen 1995

Dirk Hallenberger, Industrie und Heimat. Eine Literaturgeschichte des Ruhrgebiets, Essen 2000

Alex W. Hinrichsen, Baedeker's Reiseführer: 1832-1990, 2. Auflage, Bevern 1991

Irene Kiefer, Reisepublizistik und Entprivilegisierung des Reisens im 19. Jahrhundert aufgezeigt am Beispiel Baedeker, Salzburg Dissertation 1989

Johann August Klein, Rheinreise von Mainz bis Köln. Ein Handbuch für Schnellreisende, Coblenz 1828

Ulrike Pretzel, Die Literaturform des Reiseführers im 19. und 20. Jahrhundert: Untersuchungen am Beispiel des Rheins, Frankfurt/M., Berlin, Bern, New York, Paris, Wien 1995 (Diss. 1995)

Wolfgang Schivelbusch, Geschichte der Eisenbahnreise. Zur Industrialisierung von Raum und Zeit im 19. Jahrhundert, Frankfurt/M., Berlin, Wien 1979

Christoph Suin de Boutemard, ... und zeigte uns „'n BÄDEKER vom Paradies'. Anmerkungen zu Arno Schmidts Reiseführern, in: Zettelkasten 18. Aufsätze und Arbeiten zum Werk Arno Schmidts, Wiesenbach 1999

Verlag Karl Baedeker GmbH (Hrsg.), Ein Name wird zur Weltmarke, Ostfildern 1998

Ludger Claßen: „Die Druckerei war ‚die Seele des Ganzen'"

[*Eduard und Julius Baedeker*], Zur Erinnerung an eine Jubelfeier der Firma G. D. Baedeker in Essen am 1. und 2. Januar 1869, [Essen 1869]

E[duard] und J[ulius] Baedeker, Zur Erinnerung an die Feier des hundertjährigen Geburtstages unseres sel. Vaters Gottschalck Diedrich Bädecker, des Begründers der Firma G. D. Bädecker in Essen am 13. Juli 1878

500 Jahre Buchdruck in Münster, hg.v. der Stadt Münster, Münster 1991

Marion Janzin/Joachim Güntner, Das Buch vom Buch. 5000 Jahre Buchgeschichte, Hannover 1995

Klaus Wisotzky/Michael Zimmermann (Hrsg.), Selbstverständlichkeiten. Strom, Wasser, Gas und andere Versorgungseinrichtungen: Die Vernetzung der Stadt um die Jahrhundertwende, Essen 1997

Claudia Hiepel: Die Baedeker-Zeitung - von den Essendischen Nachrichten zur Rheinisch-Westfälischen Zeitung

Egon Ahlmer, Die Entwicklung des Zeitungswesens im heutigen Gau Essen von den Anfängen bis zur Gegenwart, Diss. Münster 1942

Kurt Koszyk, Anfänge und frühe Entwicklung der sozialdemokratischen Presse im Ruhrgebiet (1875-1908), Dortmund 1953

Kurt Koszyk, Deutsche Presse im 19. Jahrhundert, Berlin 1966 (Geschichte der deutschen Presse, Teil II)

Kurt Koszyk, Die katholische Tagespresse im westfälischen Ruhrgebiet von 1870 bis 1949, Schwerte 1982

Margot Lindemann, Deutsche Presse bis 1815, Berlin 1969 (Geschichte der deutschen Presse, Teil I)

Klaus Werner Schmidt, Die „Rheinisch-Westfälische Zeitung" und ihr Verleger Reismann-Grone, in: Beiträge zur Geschichte Dortmunds und der Grafschaft Mark 69 (1974), S. 243-382

Zwei Jahrhunderte im Spiegel der „Rheinisch-Westfälischen Zeitung". Aus Anlaß des 200jährigen Bestehens hg. v. Verlag Th. Reismann-Grone GmbH, Essen 1938

Thomas Dupke: Die Unternehmerfamilie Baedeker und das Essener Bürgertum im 19. Jahrhundert

Julius Bädeker, Julius Theodor Bädeker. Ein Lebensbild, dargestellt zur Erinnerung an das 50jährige Bestehen der im Jahre 1843 von ihm begründeten Buchhandlung. Ein Beitrag zur Familiengeschichte, Leipzig 1893

Diedrich Baedeker, Alfred Krupp und die Entwicklung der Gußstahlfabrik zu Essen. Mit einer Beschreibung der heutigen Kruppschen Werke, 2. Aufl., Essen 1912

Alex Bein, Friedrich Hammacher. Lebensbild eines Parlamentariers und Wirtschaftsführers 1824-1904, Berlin 1932

Bekanntes und Unbekanntes von Essener Denkmälern, in: Essener Anzeiger 35 (16.10.1938), Nr. 283, S. 14 f

Paul Borchardt, Die Gesellschaft „Verein" in Essen 1828-1928, Essen 1928

Ernst Jakob Broicher, Das Kaiser Wilhelm-Denkmal auf Hohensyburg. Festschrift aus Anlaß der Enthüllung dieses Denkmals, Essen 1901

Otto Dann (Hrsg.), Vereinswesen und bürgerliche Gesellschaft in Deutschland, München 1984

Martin Doerry, Übergangsmenschen: Die Mentalität der Wilhelminer und die Krise des Kaiserreichs, 2 Bde., Weinheim/Basel 1986

Norbert Elias, Studien über die Deutschen. Machtkämpfe und Habitusentwicklung im 19. und 20. Jahrhundert, hrsg. v. Michael Schröter, Frankfurt a.M. 1989

Paul Espey, Bernhard Christoph Ludwig Natorp als pädagogischer Schriftsteller, in: EB 48 (1930), S. 299-383

Justus Gruner, Meine Wallfahrt zur Ruhe und Hoffnung oder Schilderung des sittlichen und bürgerlichen Zustandes Westphalens am Ende des achtzehnten Jahrhunderts, 2. Teil, Frankfurt a.M. 1803

Thomas H. Habig, Die lokalen Eliten des „katholischen" und „nationalen" Lagers in Essen 1890-1914. Vergleichende kollektiv-biographische Analysen, schriftl. Hausarbeit im Rahmen der Ersten Staatsprüfung für das Lehramt für die Sek. II und Sek. I, Essen 1989

Utz Haltern, Die Gesellschaft der Bürger, in: Geschichte und Gesellschaft 19 (1993), S. 100-134

Wolfgang Hardtwig, Bürgertum, Staatssymbolik und Staatsbewußtsein im Deutschen Kaiserreich 1871-1914, in: Jürgen Kocka (Hrsg.), Bürger, Kleinbürger, Nation, Göttingen 1990, S. 269-295

Dieter Hein/Andrea Schulz (Hrsg.), Bürgerkultur im 19. Jahrhundert. Bildung, Kunst und Lebenswelt, München 1996

Hansjoachim Henning, Das westdeutsche Bürgertum in der Epoche der Hochindustrialisierung 1860-1914. Soziales Verhalten und soziale Strukturen. Teil I: Das Bildungsbürgertum in den preußischen Westprovinzen, Wiesbaden 1972

Wilhelm Henning, Geschichte der Stadtverordnetenversammlung von Essen (1890-1914), Diss. phil. Universität Köln 1965

Karl-Ernst Jeismann, Das preußische Gymnasium in Staat und Gesellschaft. Bd. 1: Die Entstehung des Gymnasiums als Schule des Staates und der Gebildeten 1787-1817, 2. Aufl., Stuttgart 1996

Erhard Kiehnbaum, „Wäre ich auch zufällig ein Millionär geworden, meine Gesinnungen und Überzeugungen würden dadurch nicht gelitten haben ..." Friedrich Annekes Briefe an Friedrich Hammacher 1846-1859, Wuppertal 1998

Jürgen Kocka (Hrsg.), Bürger und Bürgerlichkeit im 19. Jahrhundert, Göttingen 1987

Antje Laumann, Drei Denkmäler des 19. Jahrhunderts in Essen. Zur Baugeschichte des Kriegerdenkmals und der Denkmäler für Kaiser Wilhelm I. und Fürst Otto von Bismarck in Essen, in: Das Münster am Hellweg, 28 (1975) H. 1, S. 1-160

Friedrich Meisenburg, Die Stadt Essen in den Revolutionsjahren 1848-1849, in: EB 59 (1940), S. 121-274

Gisela Mettele, Bürgertum in Köln 1775-1870. Gemeinsinn und freie Association, München 1998

Karl Mews, Erstes stehendes Theater in Essen, in: Blätter der Städtischen Bühnen Essen, Spielzeit 1952/53, H. 1, S. 199-202

Karl Mews, Gesellschaft Verein Essen 1828-1953, Essen 1953

B. C. L. Natorp, Grundriss zur Organisation allgemeiner Stadtschulen, Duisburg - Essen 1804

O. Natorp, B. Chr. Ludwig Natorp. Ein Lebens- und Zeitbild aus der Geschichte des Niedergangs und der Wiederaufrichtung Preußens in der ersten Hälfte dieses Jahrhunderts, Essen 1894

Thomas Nipperdey, Gesellschaft, Kultur, Theorie. Gesammelte Aufsätze zur neueren Geschichte, Göttingen 1976

Konrad Ribbeck, Übersicht über die Geschichte des Gymnasiums, in: Festschrift zur Jahrhundertfeier des Gymnasiums am Burgplatz in Essen, Essen 1924, S. 76-119

Guido Rißmann-Ottow, Bürgertum und Luftfahrt in Essen (Diss. phil. in Vorbereitung)

Gisela Schambach, Stadtbürgertum und industrieller Umbruch. Dortmund 1780-1870, München 1996

Max van de Kamp, Das niedere Schulwesen in Stadt und Stift Essen bis 1815, in: EB 47 (1930), S. 121-225

Die Verwaltung der Stadt Essen im XIX. Jahrhundert mit besonderer Berücksichtigung der letzten fünfzehn Jahre. Erster Verwaltungsbericht der Stadt Essen, erstattet von Oberbürgermeister Zweigert, Essen 1902

Karl Wächtler, Die Geschichte der Evangelischen Gemeinde Essen und ihrer Anstalten, Essen 1896

Wolfgang Zerwes, Die Vereinigung von Stiftsschule und Stadtschule zum heutigen Burggymnasium, in: Festschrift 150 Jahre Burggymnasium Essen, Duisburg 1974

Friedrich Zunkel, Die gesellschaftliche Bedeutung der Kommunikation in Bürgergesellschaften und Vereinswesen vom 18. bis zum Anfang des 20. Jahrhunderts, in: Hans Pohl (Hrsg.), Die Bedeutung der Kommunikation für Wirtschaft und Gesellschaft, Stuttgart 1989, S. 255-283

Thorsten Ebers: „Das Baedekerhaus"

Ernst Bode, Neue Bauten der Stadt Essen, Düsseldorf 1927

Ernst Bode, Neue Bauten der Stadt Essen, 2. Folge Berlin-Leipzig-Wien 1929

Norbert Bongartz, Paul Bonatz 1877-1956, Stuttgart 1977

Wilhelm Busch, Bauten der 20er Jahre an Rhein und Ruhr, Köln 1993

Paul Joseph Cremers, Neugestaltung des Burgplatzes in Essen, in: Wasmuths Monatshefte für Baukunst 9 (1925), S. 20-25

Paul Joseph Cremers, Essen, Berlin 1937

Thorsten Ebers, Ernst Bode. Baupolitik und Bauten in Essen 1920-34, Studienarbeit RWTH Aachen 1997

Thorsten Ebers, Ernst Bode 1878-1944, in: Deutsches Architektenblatt 4/97, S. 505-507

Hermann Schröter, Beigeordnete der Stadt Essen bis zum Jahre 1933, in: Die Heimatstadt Essen. Jahrbuch 1960/61, S. 29 - 48

Stadtmuseum Düsseldorf (Hrsg.), Joseph Enseling 1886-1957. Skulpturen, Düsseldorf 1986

Klaus Wisotzky: „… dem Buch eine Heimstätte zu geben"

Das Buch Weihnacht 1926, Essen 1926

Das Buch Weihnacht 1927 im Baedekerhaus, Essen 1927

Dan Diner, Verkehrte Welten. Antiamerikanismus in Deutschland, Frankfurt 1993

Joseph Hansen (Hrsg.), Geschichte des Rheinlandes von der ältesten Zeit bis zur Gegenwart, Essen 1922

Verlagsverzeichnis 1927, Essen 1927

Personenindex

Bildnachweis

A. Sutter GmbH *186, 188, 189, 191, 192, 193,*
195, 196, 197, 206, 207, 208, 209,
Cremers, Paul Joseph: Peter Behrens, Essen
1928 *177*
Deutsches Museum München *58*
Festschrift 150 Jahre Burggymnasium Essen,
Essen 1974 *119*
Die Gartenlaube *52*
Gesellschaft Verein Essen 1828-1953, Essen
1953 *124*
Gutenberg-Museum Mainz *73, 74 o., 74 u.*
Haus-, Hof- und Staatsarchiv Wien *24, 25, 26,*
28, 29
Neue Bauten der Stadt Essen, hrsg. von Ernst
Bode, Berlin – Leipzig – Wien 1929 *160 l.,*
160 r.
Privat *57*
Rheinische Landesbibliothek Koblenz *54, 56, 61*
Ruhrlandmuseum *15, 123*
Stadtarchiv Essen *16, 17, 19, 31, 33, 35, 39, 41,*
63, 64, 65, 67, 68, 72, 75, 76, 78, 79, 80, 81, 83,
86 o., 86 u., 87 o., 87 u., 88 o., 88 u., 98, 103,
108, 115, 116, 117, 128, 135, 136, 137, 138, 140,
141, 142, 143, 150, 152, 154, 155, 158, 167, 168,
170, 171, 173, 174, 176, 179, 180
Stadtbildstelle Essen *145, 151, 181, 182, 204*
Stadtbücherei Essen *12, 22, 90, 94, 99, 101, 105*
Stadtplanungsamt Essen *156, 159, 162, 164*
Zug der Zeit – Zeit der Züge, Berlin 1985 *59 o.,*
59 u., 66
Zwei Jahrhunderte im Spiegel der Rheinisch-
Westfälischen Zeitung, Essen 1938 *20*

Autorinnen und Autoren

Matthias Anstötz (geb. 1966): M. A., Historiker, Netzwerkadministrator, Mitarbeit an bzw. Konzeption von historischen Ausstellungen. Forschungsschwerpunkte: Moderne Stadt- und Regionalgeschichte.

Dorothea Bessen (geb. 1961): Historikerin, Lehrbeauftragte an der Universität GH Essen. Forschungsschwerpunkte: Kulturgeschichte des 19. und 20. Jahrhunderts.

Ludger Claßen (geb. 1953): Dr. phil., Geschäftsführer des Klartext Verlages. Forschungsschwerpunkte: Literaturgeschichte, Geschichte des Ruhrgebiets.

Thomas Dupke (geb. 1963): Dr. phil., Historiker. Forschungsschwerpunkte: Moderne Industrie- und Technikgeschichte, Literatur- und Mentalitätsgeschichte des Kaiserreichs.

Thorsten Ebers (geb. 1970): Dipl.-Ing., Mitarbeiter in einem Architekturbüro. Forschungsschwerpunkte: Architektur des 20. Jahrhunderts.

Manuel Hessling (geb. 1956): Mitarbeiter in der Abteilung Unternehmenskommunikation der A. Sutter GmbH.

Claudia Hiepel (geb. 1967): Dr. phil., wissenschaftliche Assistentin im Fach Geschichte an der Universität GH Essen. Forschungsschwerpunkte: Geschichte von Katholizismus und Arbeiterschaft im 19. und 20. Jahrhundert.

Gabriele Jakubowski (geb. 1967): Buchhändlerin, Studentin der Germanistik und Geschichte. Forschungsschwerpunkte: Moderne Literaturwissenschaft, Lexikographie.

Ute Küppers-Braun (geb. 1950): Dr. phil., Historikerin. Forschungsschwerpunkte: Sozialgeschichte des Adels, Konfessionsstreitigkeiten im 18. Jahrhundert.

Klaus Wisotzky (geb. 1953): Dr. phil., Leiter des Stadtarchivs Essen. Forschungsschwerpunkte: Moderne Stadtgeschichte, Sozialgeschichte des Nationalsozialismus, Sozialgeschichte des Bergbaus.